रज़ा पुस्तक माला

शंखो चौधुरी

जीवनी

रज़ा फ़ाउण्डेशन | THE RAZA FOUNDATION

शंखो चौधुरी

व्यक्तित्व के अनछुए पहलुओं की आत्मीय कथा

मदन लाल

सम्पादक
डॉ. रामशंकर द्विवेदी

राजकमल प्रकाशन

रज़ा पुस्तक माला : **जीवनी**
प्रधान सम्पादक : अशोक वाजपेयी | सम्पादक : पीयूष दईया
राजकमल प्रकाशन प्रा.लि. और रज़ा फ़ाउण्डेशन का सह-प्रकाशन

ISBN : 978-98-88933-86-5

मूल्य : ₹995

पहला संस्करण : 2019

प्रकाशक : राजकमल प्रकाशन प्रा. लि.
1-बी, नेताजी सुभाष मार्ग, दरियागंज
नई दिल्ली-110 002

शाखाएँ : अशोक राजपथ, साइंस कॉलेज के सामने, पटना-800 006
पहली मंजिल, दरबारी बिल्डिंग, महात्मा गांधी मार्ग, इलाहाबाद-211 001
36 ए, शेक्सपियर सरणी, कोलकाता-700 017

वेबसाइट : www.rajkamalprakashan.com
ई-मेल : info@rajkamalprakashan.com

मुद्रक : यश प्रिंटोग्राफिक्स
नोएडा-201 301 (उत्तर प्रदेश)

Shankho Chaudhury
(Biography) by Madan Lal

इरा माँ को

आमुख

कलाओं में भारतीय आधुनिकता के एक मूर्धन्य सैयद हैदर रज़ा एक अथक और अनोखे चित्रकार तो थे ही उनकी अन्य कलाओं में भी गहरी दिलचस्पी थी। विशेषतः कविता और विचार में। वे हिन्दी को अपनी मातृभाषा मानते थे और हालाँकि उनका फ्रेंच और अँग्रेज़ी का ज्ञान और उन पर अधिकार गहरा था, वे, फ्रांस में साठ वर्ष बिताने के बाद भी, हिन्दी में रमे रहे। यह आकस्मिक नहीं है कि अपने कला-जीवन के उत्तरार्द्ध में उनके सभी चित्रों के शीर्षक हिन्दी में होते थे। वे संसार के श्रेष्ठ चित्रकारों में, २०-२१वीं सदियों में, शायद अकेले हैं जिन्होंने अपने सौ से अधिक चित्रों में देवनागरी में संस्कृत, हिन्दी और उर्दू कविता में पंक्तियाँ अंकित कीं। बरसों तक मैं जब उनके साथ कुछ समय पेरिस में बिताने जाता था तो उनके इसरार पर अपने साथ नवप्रकाशित हिन्दी कविता की पुस्तकें ले जाता था : उनके पुस्तक-संग्रह में, जो अब दिल्ली स्थित रज़ा अभिलेखागार का एक हिस्सा है, हिन्दी कविता का एक बड़ा संग्रह शामिल था।

रज़ा की एक चिन्ता यह भी थी कि हिन्दी में कई विषयों में अच्छी पुस्तकों की कमी है। विशेषतः कलाओं और विचार आदि को लेकर। वे चाहते थे कि हमें कुछ पहल करनी चाहिये। २०१६ में साढ़े चौरानवे वर्ष की आयु में उनकी मृत्यु के बाद रज़ा फ़ाउण्डेशन ने उनकी इच्छा का सम्मान करते हुए हिन्दी में कुछ नयी क़िस्म की पुस्तकें प्रकाशित करने की पहल *रज़ा पुस्तक माला* के रूप में की है, जिनमें कुछ अप्राप्य पूर्व प्रकाशित पुस्तकों का पुनर्प्रकाशन भी शामिल है। उनमें गाँधी, संस्कृति-

चिन्तन, संवाद, भारतीय भाषाओं से विशेषत: कला-चिन्तन के हिन्दी अनुवाद, कविता आदि की पुस्तकें शामिल की जा रही हैं।

ऐसे कलाकार कम होते हैं पर सौभाग्य से होते हैं जो अपने सार्थक कला-कर्म के अलावा दूसरों को सार्थक कला रचने के लिए प्रोत्साहित, प्रशिक्षित और प्रेरित करते हैं। शंखो चौधुरी निश्चय ही हमारे समय के ऐसे बड़े शिल्पी और कलागुरु थे। वे आधुनिक भारतीय कला के एक मूर्धन्य हैं : मूर्तिकार होने के अलावा आधुनिक कलाबोध को सक्रिय-व्यापक करने में उनकी निजी और संस्थापरक भूमिका भी रही है। वे शान्तिनिकेतन, बड़ौदा, ललित कला अकादेमी आदि से जुड़े रहे और उनकी जीवन-कथा भारत में आधुनिक कला के वितान और विस्तार की, उसकी अन्तर्भूत बहुलता, निजी और सार्वजनिक प्रसंगों की रोचक गाथा भी है। जिन कई लोगों ने शंखो दा से प्रेरणा और शिक्षा पायी उनमें से वरिष्ठ शिल्पकार मदन लाल हैं जिन्होंने बहुत जतन से, अध्यवसाय और कल्पनाशीलता से, एक तरह से गुरु ऋण चुकाने के भाव से, यह पुस्तक तैयार की है। उसमें जो सामग्री एकत्र है वह शंखो दा के अनेक पक्षों का मार्मिक, समझदार और कलात्मक बखान और विश्लेषण करती है। मेरे जानने में हमारे अनेक मूर्धन्य कलाकारों पर ऐसी पुस्तकें कम ही हैं और हिन्दी में शायद यह पहली है।

याद आता है कि १९७४ के सितम्बर महीने में हमने शंखो दा को अपनी पत्रिका 'पूर्वग्रह' के पहले अंक के लोकार्पण के लिए भोपाल आमन्त्रित किया था। चूँकि इस पत्रिका का बुनियादी पूर्वग्रह ही यह था कि हमारे समय में महत्त्वपूर्ण आलोचनात्मक चिन्तन और निरूपण स्वयं रचनाकार कर रहे हैं और हम उसका मंच बनने की कोशिश कर रहे हैं, शंखो दा का आना महत्त्वपूर्ण था। वे रचनाकार थे जिनके पास आलोचनात्मक दृष्टि और विवेक था। बाद में उनसे जब-तब मिलना होता रहा—उनके अन्तिम चरण में कई बार इण्डिया इण्टरनेशनल सेण्टर, नयी दिल्ली के 'बार' में जहाँ वे कभी-कभार थोड़ी देर के लिए आते थे; उनके ठहाके याद हैं और हमेशा खादी के कपड़े पहनना भी। उनकी कला और जीवन शैली में एक तरह कि गाँधी-सादगी और संयम स्पष्ट ही देखे जा सकते थे। जिन कलाकारों ने आधुनिक ललित कला को हस्तशिल्प से जोड़ने की कोशिश की उनमें शंखो दा महत्त्वपूर्ण थे। कभी इस पर विस्तार से

विचार होना चाहिये कि रामकिंकर बैज, शंखो दा, के.जी. सुब्रह्मण्यन् से लेकर जगदीश स्वामीनाथन आदि ने कैसे हमारी आधुनिकता में लोककला के तत्त्वों को समाहित कर उसे अधिक स्थानीय, अधिक ज़मीनी, अधिक विपुल बनाया है।

इस पुस्तक में जीवनी, कला–विश्लेषण, संस्मरण और स्मृतियों का बहुत मानवीय और रोचक गड्डमड्ड है—उसमें कई दृष्टिकोण भी उभरते हैं जो हमें शंखो दा को समझने में कई तरह से मददगार हैं। इस समय व्यापक विस्मृति और दुर्व्याख्या का जो दौर चल रहा है उसमें एक बड़े कलाकार को इस तरह से याद करना उस विस्मृति को प्रतिरोध देना भी है। कला हमेशा जीवन के प्रति कृतज्ञ होती है और कलाकार अपने दिशा दिखाने वाले पुरखों के प्रति। शंखो चौधुरी के प्रति यह पुस्तक कृतज्ञता–ज्ञापन है और वह उसकी प्रासंगिकता को और प्रखर करता है। *रज़ा पुस्तक माला* में इसे प्रस्तुत करते हुए हमें प्रसन्नता है।

अशोक वाजपेयी
जुलाई २०१९, नयी दिल्ली

एक समूचे युग को समेटने का उपक्रम

मदन लाल की लिखी हुई शंखो दा की यह जीवन-कथा आत्मीय तो है ही, कला-चर्चा की भी एक अनूठी मिसाल है। इसमें आधुनिक/समकालीन भारतीय कला का एक पूरा युग समाहित है, और यह बड़ी सरलता-सहजता से हमें उन पतों-ठिकानों तक ले जाती है जहाँ हमारी आधुनिक कला-चर्चा, कई रूपों में स्पन्दित हो रही है। और अपने उन स्पन्दनों से वे आकार गढ़ रही हैं, जिनसे मूर्तिशिल्प और चित्रकला का आगे चलकर स्वरूप निर्धारण होने वाला था। कला के लिए समर्पित शंखो दा का समूचा जीवन तो यहाँ स्पन्दित है ही, कला शिक्षा की संस्थाओं से लेकर उन कृती व्यक्तित्वों का जीवन, और चिन्तन भी, किसी न किसी रूप में यहाँ प्राणवान और सारगर्भित ढंग से उपस्थित है, जिन्हें हम आधुनिक-समकालीन कला का निर्माता कह सकते हैं। रामकिंकर बैज, बिनोद बिहारी मुखर्जी, के.जी. सुब्रह्मण्यन्, स्वामीनाथन से लेकर युवतर पीढ़ियों तक के कलाकारों, शोधार्थियों, समीक्षकों आदि के साक्ष्य से भरी हुई यह पुस्तक हमें अन्त तक बाँधे रखती है, यह इसकी सरसता का प्रमाण तो है ही, इसके सारग्राही और जीवन्त होने का प्रमाण भी है।

स्वयं मदन का अपना जीवन भी यहाँ हम पाते हैं, स्वाभाविक रूप से, पर, उस जीवन में गुरुओं के प्रति प्रणति का जो भाव है, वह हमें कई तरह से सम्मोहित करता है। यह पुस्तक गुरुओं की कड़ियाँ बनाते हुए आगे बढ़ती है, यह इसकी अपनी ही तरह की एक उपलब्धि है। शंखो दा के गुरु रामकिंकर से यह अपने ढंग से बतियाती है, और राम छाटपार के गुरु शंखो दा से अपने ढंग से, फिर बारी आती है, मदन लाल के गुरु राम

छाटपार की, उनसे तो यह पुस्तक उचित ढंग से, कुछ विह्वल होकर ही संलाप करती है—ग़ौर करने की बात यही है कि यहाँ विह्वलता, केवल भाव-विह्वलता या भावुक विह्वलता होकर नहीं आती—वह कलाकार और उसकी कला के विह्वल मूल्यांकन की विह्वलता बनी रहती है। सच पूछें तो इस पुस्तक का वास्तविक महत्त्व इसी में है कि यह कलाकारों के जीवन-अंकन के साथ उनकी कला के मूल्यांकन के प्रति सचेत बनी रहती है। शंखो दा के सन्दर्भ से, जिन ग्यारह गुणी जनों के विचार स्वयं शंखो दा के जीवन और काम को लेकर सँजोये गये हैं, वे विचार अन्ततः एक कला विमर्श का भी काम करते हैं। भरपूर महत्त्व कला-रचना के संघर्षों को ही दिया गया है, कलाकारों के जीवन संघर्षों भर को नहीं।

पुस्तक में बीसियों प्रसंग ऐसे हैं जो कलाकारों के स्वभाव, उनकी प्रवृत्तियों, उनके बुद्धि वैभव और उनके कौशल से हमें परिचित कराते चलते हैं। और कलाकारों के एक वृहद् परिवार, चाहें तो कह लें, संयुक्त परिवार से हमें मिलवाते हैं, जहाँ सहयोग, सीख, समझदारी, का एक अनवरत सिलसिला ही तो चलता रहता है। राग-विराग के, प्रेम के, सुख-दुःख के, बहुतेरे प्रसंगों से हम रू-ब-रू होते हैं। ठहरकर सोचने भी लगते हैं। एक ऊर्जा का अनुभव भी करते हैं। और इस संयुक्त या वृहद् परिवार में साझा करने का जो अवसर हमें दिया गया है, उसे पाकर एक पाठक के नाते, हम इस पुस्तक के, मदन के, आभारी भी होते चलते हैं कि हमें बहुत कुछ जानने को मिला, जो अन्यथा न जानने को मिलता। कुछ प्रसंग अत्यन्त मर्म भरे हैं, उन्हीं में से एक प्रसंग है मदन का शंखो दा से, अपनी एक प्रदर्शनी के लिए पैसे माँगना, और उस पर शंखो दा की प्रतिक्रिया। यह प्रतिक्रिया फटकार वाली है, एक युवा कलाकार को सचमुच एक सीख देने वाली, फिर इसी में शामिल है, अगले ही क्षण, मदन को गाड़ी में बैठाकर बैंक ले जाना, और वहाँ से रुपये निकालकर मदन को देना। यह अकेला प्रसंग यह बताने के लिए भी काफ़ी है कि मदन ने इस जीवनी में छिपाया कुछ नहीं है, फिर वह चाहे अपने बारे में हो या किसी अन्य के बारे में। दरअसल, यह पुस्तक हमें बहुत प्रिय हो उठती है तो इसलिए भी कि इसमें छोटी-छोटी वे कथाएँ भी हैं जो बहुतेरे लोगों से, गृहिणियों से, किसी के परिजनों से लेकर कला की दुनिया से, अन्य क्षेत्रों से आने वाले व्यक्तियों से जुड़ी हुई है। मसलन, जब स्वामीनाथन, जापान

में मदन के घर जाते हैं, और मदन की पत्नी राजू (राजश्री) से पूछते हैं कि "क्या आप मुझे जानती हैं?" तो राजू से अपनी कविताओं तक की चर्चा से अत्यन्त प्रसन्न हो उठते हैं।

कला और कलाकारों के बनने-सँवरने के प्रसंगों वाली इस पुस्तक में जो पारिवारिकता व्याप्त है, सम्बन्धों की जो मिठास-खटास है, उसका लिपिबद्ध होना इसका एक विशेष अर्जन है। कुल मिलाकर यह कि इस 'पारिवारिकता' के कारण जो कला चर्चा है, जो कला-संवाद और विचार-विमर्श है, वह रूखे-सूखेपन से मुक्त है, रस-सिक्त है। इसलिए भी है कि इसमें स्वयं कलाकृतियों की निर्मिति की जो कथाएँ हैं, वे निरद्ध तकनीकी नहीं हैं तकनीकी रचना-सामग्री एकत्र करने से लेकर, उनकी साज-सँभाल, उनके भाव-अभाव की भी बहुतेरी बतकहियाँ हैं। कलाकारों की जीवन-शैली, उनके रहन-सहन-कहन की शैलियों के सूक्ष्म-दर्शन हैं।

पुस्तक में आये प्रसंगों को, शंखो दा की रुचियों को, दुहराने का अवसर यह नहीं है, क्योंकि वह तो पुस्तक में पहले से मौजूद है, पर, इतना याद करना ज़रूरी लगता है कि उनकी पीढ़ी के अन्य गुरुओं में भी, शंखो दा की ही तरह, संगीत, साहित्य में गहरी दिलचस्पी थी। पुस्तक में रवीन्द्रनाथ ठाकुर के साहित्य का, शान्तिनिकेतन का, एक अवलोकन सहज ही विन्यस्त हो गया है, और बड़ौदा के कला संकाय के बनने-सँवरने की कथा भी आ गयी है। वे दिन भी आ ही गये हैं जब शंखो दा, के.जी. सुब्रह्मण्यन् का जन्मदिन मनाने पहुँचते थे। उन्हें अपनी गाड़ी में घुमाते थे। और कहीं रुककर सब चाय पीते थे, किसी टी स्टॉल में, और वहीं मानो जन्मदिन की चाय पार्टी हो जाती थी। मणि दा ने इस सबको इतनी अच्छी तरह याद किया है मदन को दिये गये इण्टरव्यू में, कि 'वह सब' हमारे मन में सहज ही बस जाता है। कृती व्यक्तित्वों के बारे में जब हम पढ़ते हैं, उनके द्वारा बताये सुझाये गये जीवन-मर्म में उतरते हैं तो स्वाभाविक रूप से एक तृप्ति का अनुभव करते हैं। तृप्ति इसी बात की कि ये कृती व्यक्तित्व भी जीवन के बहुविध प्रसंगों में किसी सामान्य आदमी की तरह ही कितना रस लेते हैं। कभी-कभी बच्चों-किशोरों का-सा व्यवहार करते हैं। और अपने आदर्शों पर खरे उतरने की जो जद्दोजहद जारी रखते हैं, वह वास्तव में हमें मानवीय मूल्यों की विधि सरीखी लगने लगती है। और हम उसे पाकर आकण्ठ एक जीवन-रस से भर उठते हैं। कुछ

विभोर हो उठते हैं। होंठों पर मुस्कान आ जाती है। कभी-कभी रोमांच होता है।

पुस्तक में विविध व्यक्तियों के मैत्री-रूप भी 'सहज' ही चले आये हैं। और यह पुस्तक सहयोग की, कई मित्रों के एक-दूसरे के साथ खड़े होने की, जीवन्त दास्तान भी बन गयी है। और हम इसे मैत्री-रस से पूर्ण एक पुस्तक की संज्ञा भी दे सकते हैं। राम छाटपार शिल्प न्यास का अस्तित्व में आना हो, किसी वर्कशॉप की मित्र-गतिविधियाँ हों, किसी प्रदर्शनी में किसी मित्र-आत्मीय से मिला सहयोग हो—सब कुछ इतने सुन्दर ढंग से, यहाँ वर्णित-अंकित हुआ है कि पुस्तक 'मैत्री-रस' का एक अद्‌भुत संचार करती है।

कला के गुरुओं-शिष्यों की, शोधार्थियों की, छात्र-छात्राओं की, कला-प्रेमियों की, कला-संस्थाओं की, बहुतेरे रचना-संघर्षों की इस कथा के केन्द्र में शंखो चौधुरी ही हैं, पर, उनके जीवन-प्रसंग से, जो लोग इसमें उपस्थित (हुए) हैं, उनकी संख्या सचमुच सैकड़ों में हैं। जिन ग्यारह कलाकारों-अध्यापकों और एक समय बड़ौदा में रहे छात्र-छात्राओं के इण्टरव्यू इसमें हैं, उनमें भी न जाने कितने कलाकारों-आत्मीयों के प्रसंग चले आये हैं। यह इस पुस्तक की सचमुच एक बड़ी उपलब्धि है। फिर मूर्तिशिल्प की रचना-विधियों के जो प्रसंग हैं, वे भी तो दिलचस्प हैं, और गुरुओं और छात्र-छात्राओं के बीच के संवादों, और प्रश्नों का जो सिलसिला व्यक्त हुआ है, उसकी अपनी ही आत्मीय, मुस्कराने-गुदगुदाने वाली दुनिया है।

पोर्ट्रेचर, ब्रोन्ज़ कास्टिंग, मेटल कास्टिंग आदि-आदि को बरतने की विधियों की जो शृंखला बनी है, और ग्राफ़िक विधियों की भी जो चर्चा सहज ही चली आयी है, उस सबकी याद आनन्दित करती है। पृथ्वीराज कपूर जैसे व्यक्तियों का अपने पोर्ट्रेट के लिए 'बैठने' का प्रसंग हो, या अन्य ऐसे ही संस्मरण, कलाओं और कलाकारों की दुनिया के आपसी सम्बन्धों के बारे में बहुत कुछ बताते-कहते हैं।

एक बार फिर याद कर सकते हैं कि इस पुस्तक की रोचकता की निर्मिति के पीछे जो कथाएँ-अन्तर्कथाएँ हैं, उनका संसार विस्तृत और खुला हुआ है। हिन्दी में निश्चय ही ऐसी पुस्तकों का अभाव है, जो इतनी सादगी, संजीदगी, सरसता से एक समूचे युग को उभारने का काम करती हो।

आप इस पुस्तक को किसी भी पृष्ठ से शुरू कर सकते हैं। या उसे खोलकर 'देखने' लग सकते हैं, उसमें कुछ न कुछ ऐसा ज़रूर मिलेगा, जो आपका ध्यान बँटा ले।

शंखो दा की इस जीवन-कथा के प्रसंग से भारतीय समकालीन/आधुनिक कला की जो दुनिया उद्घाटित हुई है, और बड़ौदा, वाराणसी, दिल्ली, शान्तिनिकेतन के साथ, तोक्यो आदि का जो कला-वातावरण उभरा है, वह इतना विविध, इतना आत्मीय, और बहुवर्णी है कि हम 'मदन-दृष्टि' को सराह उठते हैं। आमतौर पर कला को लेकर एक दृष्टि यह बनी हुई है कि कला, जीवन के समानान्तर आकार लेती है, पर, जीवन और कला का रूप अन्ततः बहुत गुम्फित, बहुत संश्लिष्ट, और एक-दूसरे से संयुक्त होता है, और उसे इस रूप में भी देखा जा सकता है। ऐसा ही कुछ बताती-कहती हुई लगती है यह पुस्तक!

सम्पादक की ओर से

मदन लाल की पुस्तक पढ़कर मुझे एक बार पुनः मूर्तिशिल्पी शंखो चौधुरी के सान्निध्य से गुज़रना पड़ा। उनके एक मानवीय रूप से मेरा साक्षात्कार हुआ। वे अपने शिल्प में ही नहीं जीवन में भी महान् थे। शंखो दा में अपने सम्पर्क में आये व्यक्तियों के जीवन को बदलने की विलक्षण शक्ति थी। यह शक्ति उन्हें शान्तिनिकेतन में अपने गुरु नन्दलाल वसु महाशय से मिली थी। यही चीज़ उनके साथ बड़ौदा गयी, काशी गयी और दिल्ली में भी बनी रही। एक वाक्य में दूसरे के स्वभाव को पहचान कर उसे उभारने, विकसित करने और संरक्षण देने की उनमें अपूर्व विलक्षणता थी। इसी वजह से वे जहाँ भी गये लोकप्रिय बने रहे।

उनके व्यक्तित्व की कुछ चीज़ें और थीं जो एक मूर्तिशिल्पी में होती नहीं हैं, उनका होना अनिवार्य भी नहीं होता है, पर शंखो दा में थीं और वे थीं उनकी सामाजिकता, उनकी सबको साथ लेकर चलने की प्रवृत्ति या यों कहिये उनकी संगठनात्मक शक्ति। वे सिर्फ़ मूर्तिशिल्पी ही नहीं थे, वे उसके प्रचारक भी थे। वे समाज में कला के प्रति शिल्प सौन्दर्य के प्रति रुचि भी जाग्रत करना चाहते थे। वे एकान्त में कुटीर बनाकर कला-रचना में मग्न रहने वाले कलाकार नहीं थे, वे उसके सामाजिक, सांस्कृतिक पक्ष को भी लोक के सामने रखना चाहते थे। इसीलिए जब उन्हें गढ़ी (दिल्ली) में स्टूडियो बनाने की बात सूझी तब उन्होंने सभी के लिए स्टूडियो बनाने का प्रस्ताव रखा, केवल अपने लिए ही नहीं। वे एक सामाजिक व्यक्ति थे। इसलिए शंखो दा को जब हम याद करते हैं, तब हमारे सामने एक ठहाके लगाने वाला, मित्रों, शिष्यों से घिरा हुआ एक ऐसा व्यक्ति खड़ा हो

जाता है जिसकी पहचान ही सामूहिकता थी। इसी के साथ याद आता है उनका संगीत प्रेम। संगीत के बिना शंखो दा को याद नहीं किया जा सकता है। वे स्वयं भी बहुत अच्छा गाते थे। रवीन्द्र संगीत उनका प्रिय विषय था। शंखो चौधुरी जैसे व्यक्ति इस धरती पर कभी-कभी ही आते हैं।

शंखो दा की ये सारी ख़ूबियाँ मदन लाल की इस पुस्तक में हैं, जिसे छपने के पूर्व पढ़ने, उसमें डूबने का मुझे अवसर मिला। इस पुस्तक का एक भाग साक्षात्कारों का है। इन साक्षात्कारों से शंखो चौधुरी के साथ बिताये गये क्षण साकार हो उठते हैं। ईरा चौधुरी के साक्षात्कार से उनका घरेलू जीवन उभरकर सामने आ जाता है। यह भी पता चलता है कि शंखो दा अपने कला-कर्म और सामाजिक जीवन में इतने लीन रहते थे कि अपने स्वास्थ्य के प्रति बेहद लापरवाह थे। यह लापरवाही कभी-कभी उनकी पत्नी ईरा चौधुरी को परेशानी में डाल देती थी। ईरा चौधुरी के अलावा इस पुस्तक में समाविष्ट साक्षात्कारों का यदि समेकित अध्ययन किया जाये तो शंखो चौधुरी के व्यक्तित्व का जो व्यक्तित्व आम पाठकों के समक्ष दीप्त होगा, उसमें उनकी असाधारणता, उनकी सहजता, दूसरों के लिए सदा कुछ करने की छटपटाहट के अतिरिक्त एक श्रेष्ठ कलाशिल्पी का रूप उजागर होगा। इन साक्षात्कारों में जो कुछ भी व्यक्त हुआ है वह प्रत्यक्ष अनुभव पर आधारित होने के कारण सीधे दिल में उतर जाता है। अगर एक-एक कला-शिल्पी के अनुभव को समेटा जाये तो शंखो चौधुरी के व्यक्तित्व की तस्वीर कुछ यों बनती है :

> जैसा मैंने बताया कि वे एक महान् टीचर थे, इस बात को किस ढंग से रखना चाहिये, यह मेरे लिए मुश्किल है। उनके सिखाने का जो ढंग था कुछ इस तरह की बात थी कि काम करते जाओ और उसमें से रास्ता ढूँढ़ते जाओ। कभी समझौता मत करो।
>
> आप कितने भी बड़े और महान् शिक्षक के पास पढ़ने के लिए जाओ यदि वे आपको भावनात्मक रूप से आकर्षित नहीं करता है तो उसकी विद्या हम नहीं पा सकते हैं। शंखो दा भावनात्मक रूप से अपना बना लेते थे। (राघव कनेरिया)
>
> मुझे लगता है कि वे केवल हमारे गुरु ही नहीं बल्कि एक पिता की तरह थे। वे एक अलग तरह का सम्बन्ध रखते थे और उसको निभाते थे। वे बहुत नेशनलिस्ट थे, हर एक को कहते थे कि कम से कम एक दिन तो

खादी पहनो।

मैं हमेशा उन्हें एक 'डिफरेंट फ़िगर' के रूप में देखता हूँ। एक गुरु की तरह उन्होंने पढ़ाया, सिखाया पर जो एटीट्यूड की बात है तो वो हमारे पास उन्हीं से आया। (नागजी पटेल)

शंखो के बारे में यही है कि वे बहुत अच्छे व्यक्ति थे, बहुत अच्छे दोस्त थे और बहुत अच्छे गुरु थे। वे हमारे सम्बन्धों का हिस्सा थे। (के.जी. सुब्रह्मण्यन्)

वे एक बहुत ही सोफिस्टीकेटेड व्यक्ति थे। चौधुरी साहब देखने में साधारण लगते थे, मगर काफ़ी ऊँचे दर्जे के व्यक्ति थे। जीवन जीने में उनकी जो दिलचस्पी थी, एक क़िस्म का लगाव था कि आप हर चीज़ को मज़े से लें। खाने-पीने के बहुत शौक़ीन थे, संगीत सुनना, घूमना-फिरना, देखना सब कुछ करते थे। (गुलाममोहम्मद शेख)

शंखो दा को जीवन में दूसरों की ईर्ष्या नहीं झेलनी पड़ी ऐसा नहीं है, एक उदाहरण देखिये; कुछ लोगों में ऐसा लगता है, ख़ासकर वो लोग उनके समान होने की या आगे होने की चेष्टा करते रहे, पर सफल नहीं हो सके। जैसे एक छोटी और बड़ी लाइन की कहानी है। मतलब कि उनसे बड़े नहीं बन सकते तो उनको छोटा दिखाने की कोशिश करते रहे। जब वे ललित कला अकादेमी में एक अच्छी पोजीशन पर थे, चेयरमैन थे, तब यह बात ज़्यादा हो गयी थी। (ज्योति भट्ट)

मेरे लिए तो वे गुरु, पिताजी, गाइड, क्या-क्या कहूँ सब कुछ थे। वो जिस तरह से बड़े हुए, वे बहुत दिल वाले (ज्योत्स्ना भट्ट) हैं।

उनका अद्‌भुत तरीक़ा था, वह हर एक को सोचने के लिए उकसाते थे कि मैकेनिकली तुम जो कर रहे हो, तो क्या कर रहे हो और ऐसा भी नहीं था कि ध्यान से नहीं करना है।

उनकी जीवन शैली का प्रभाव हमको लगता था कि काम करते हुए वे एक्टिव रहते थे। रवीन्द्र संगीत गाते-गाते वे काम करते थे। (रतन परिमू)

कलाकार अच्छा हो या बुरा हो, जो कलाकार बहुत लोगों को जानता है, उनसे मिलता है और उनसे बात कर सकता है कि उसमें क्या ग़लत है, क्या सही है। तो वही आदमी कर सकता है जो बहुत यात्रा करता हो, जिसे ये सब चीज़ें समझ में आती हों।

ऐसा कौन-सा व्यक्ति है जिसे गढ़ी स्टूडियो बनाने का विचार आया? अगर ऐसी बात है कि उस जैसे हज़ार बना सकते हैं, तो एक दूसरा बनाकर दिखाओ।

वे उस समय के बेहतरीन शिक्षक थे। दूसरी बात जो भी व्यक्ति बाहर गया वह बिना उनकी मदद के नहीं गया। वह एक बहुत ही महान् और सहायता करने वाले व्यक्ति थे। (ध्रुव मिस्त्री)

उन्होंने एक बड़ी बात कही कि रचनात्मकता एक कमरे की तरह है, जिसमें कई दरवाज़े हैं। कोई भी दरवाज़ा खोलो और तुम पा लोगी! वे मेरे जीवन के बहुत ही विकट समय में आये, जिस समय कोई निर्णय लेना कठिन हो रहा था। उनके सामीप्य और आशीर्वाद का ही परिणाम है कि आज कला मेरी आत्मा है, और लेखन मेरा जीवन। (ईस्थर डेविड)

ऊपर के सारे उद्धरण इस पुस्तक में समाविष्ट साक्षात्कारों से लिये गये हैं। इन टुकड़ों से शंखो चौधुरी के व्यक्तित्व की एक झलक मिलती है। मुझे यहाँ पर रवीन्द्रनाथ ठाकुर की एक कविता याद आती है जिसमें उन्होंने कहा है कि हे प्रभु! तुम अपनी कीर्ति से महान् हो इसीलिए तुम्हारे जीवन-रथ के पीछे-पीछे कीर्ति की धूल उड़ती जा रही है। मेरे कहने का आशय है शंखो चौधुरी अपनी कीर्ति से भी महान् थे। ऐसे महापुरुषों का जन्म विरल ही होता है।

यहाँ पर मुझे पुनः प्रयाग दा की याद आ रही है। मैं उनकी रचनाएँ पढ़ता था किन्तु उनसे मेरी पहली भेंट तब हुई थी जब वे राष्ट्रीय नाट्य विद्यालय की पत्रिका 'रंग-प्रसंग' के सम्पादक थे। उस समय मेरी उनकी बातचीत का विषय था—क्या हिन्दी में आस्वादपूर्ण गद्य लिखा जा रहा है? फिर जब भी दिल्ली गया, उनसे ज़रूर मिला। वे एक प्रसिद्धि-प्रचार-निरपेक्ष साहित्यकार हैं। उनका उद्देश्य चुपचाप नेपथ्य में रहकर काम करना है। आज तक मैंने उनका कोई साक्षात्कार, उनकी प्रशस्ति में लिखा हुआ कोई लेख नहीं पढ़ा। मैं उनके बंगाली संस्कारों, उनकी शालीनता, बहुत कम बोलना, अपने साथ सदा एक सौन्दर्य बोध का परिवेश लिये रहना, बड़ा अच्छा, स्वादपूर्ण गद्य लिखना, ऐसे लिखना जैसे वे प्रत्यक्ष बात कर रहे हों। उनका गद्य आलाप जैसा है, उसमें एक नपा-तुला आरोह-अवरोह पूर्ण संगीत जैसा लहजा रहता है। इन्हीं के कारण मुझे शंखो दा की 'स्मृति-विस्मृति' में डूबने का अवसर मिला। एक बड़े मूर्तिकार के कला

को समर्पित जीवन को थोड़ा–बहुत थाहने का संयोग बना। उनके व्याम से एक बार फिर किंकर दा, नन्दलाल वसु और रवीन्द्रनाथ द्वारा बनाये गये शान्तिनिकेतन के परिवेश में जाने का मौक़ा मिला। अगर वे मेरे पास 'स्मृति–विस्मृति' न भिजवाते तो मैं इन सब चीज़ों से वंचित रह जाता और वंचित रह जाता मदन लाल जैसे नि:स्वार्थ कला साधक से। इसलिए जिनके कारण यह सारे संयोग घटित हुए उन प्रयाग शुक्ल के प्रति आभार व्यक्त करना मैं उचित समझता हूँ।

यहाँ पर एक शब्द अशोक वाजपेयी के बारे में भी, अभी उस दिन भारत भारद्वाज जी से बात हो रही थी, मैंने उनसे दो साहित्यकारों के बारे में पूछा, एक नामवर सिंह जी के बारे में, दूसरा अशोक वाजपेयी के बारे में, आपका इन दोनों के बारे में क्या विचार है—

नामवर सिंह के बारे में उन्होंने कहा कि अगर उनके मार्क्सवाद के बारे में विशेष लगाव को छोड़ दिया जाये तो वे हिन्दी जगत् के प्रतिनिधि के बारे में आधिकारिक वक्तव्य देने के वही अधिकारी हैं। और अशोक वाजपेयी उनके बारे में उन्होंने दो बातें कहीं—

एक आज के माहौल में कविता को अपना आश्रय स्थल बनाये रखना बहुत बड़ी बात है, दूसरे उन्हें जब, जो भी संसाधन मिले, उनका उन्होंने सदा दूसरों के हित में प्रयोग किया। वे कभी किसी प्रलोभन में नहीं पड़े यह एक ऐसी बात है जो उन्हें शीर्ष पंक्ति में बैठाता है।

अगर अशोक जी रज़ा फ़ाउण्डेशन की ओर से आर्थिक सहयोग न देते तो 'स्मृति–विस्मृति' तथा वर्तमान पुस्तक कभी नहीं छप सकती थी।

इतना लिखकर मदन लाल जी के प्रति मेरा आभार और अशेष शुभकामनाएँ कि मुझे एक बार पुन: शंखो दा के व्यक्तित्व की आभा से अपने को उद्दीप्त करने का मौक़ा मिला।

—रामशंकर द्विवेदी

जुलाई २०१६

१२६०, नया रामगर
उरई २८५००१
मो. : ०९८३९६१७३४९

आभार

मदन लाल

आभार

इस पुस्तक को तैयार करने में अनेक लोगों का बहुत ही अमूल्य योगदान है। यह अक्षरश: सत्य है कि मेरी व्यक्तिगत सीमा कई अर्थों में बाधक रही है। पता नहीं कैसे मैं बराबर कुछ भी करने की धृष्टता करता रहता हूँ जिसके कारण अपने अत्यन्त ही प्रिय लोग मुझे टोकते भी हैं, डाँटते भी हैं, और कहते भी हैं। लेकिन मैं अपने आप को 'कुछ' भी करने से रोक नहीं पाता हूँ। बस, यही सोचता हूँ कि अच्छे-बुरे के ज्ञानाभाव के कारण कहीं मैं जो करना चाहता हूँ वह कहीं मेरे जीवन से छूट न जाये इसीलिए लोगों की नक़ल करके भी मैं अपनी कमज़ोरियों को भरसक छिपाने की कोशिश करता हूँ लेकिन कमज़ोरी छिप नहीं पाती है।

प्रदर्शनी करना मेरी आदतों में रहा है। प्रदर्शनी के लिए छोटे-बड़े कैटलॉग बनाना भी अच्छा लगता है। मुझे याद है कि १९७८, १९८१, १९८७ एवं १९८८ की प्रदर्शनियों के कैटलॉग में मैंने अपने विचार, भाव, उद्गार को उद्धृत किया है। मैं प्रत्येक कैटलॉग शंखो दा को भेजता था। मिलने पर शंखो दा की थोड़ी ही प्रशंसा मुझमें पूरा उत्साह भर देती थी। मेरी लिखने की आदत को शंखो दा के कारण बहुत प्रोत्साहन मिला। कहाँ से मैं वह शब्द लाऊँ और कहूँ कि यह पुस्तक भी उसी का परिणाम है।

इस पुस्तक के सन्दर्भ में तथा इसके पहले भी कई बार यह बात सत्य ही रही है। मैं श्री प्रयाग शुक्ल का हृदय से आभारी एवं ऋणी रहूँगा। जिन्होंने मुझे कम से कम लिखते रहने के मेरी कमज़ोरी को भी प्रोत्साहित किया है और अनेक त्रुटियों को सुधारते हुए मुझमें कुछ करने के साहस को

बढ़ाया है। इसी कारण जब मैंने इस पुस्तक को उनके सामने प्रस्तुत किया और कहा कि शंखो दा के जन्मशताब्दी उत्सव के अवसर पर प्रकाशित करना चाहता हूँ तो उन्होंने साफ़ शब्दों में मना कर दिया कि मदन लाल इस पुस्तक में अनेक त्रुटियाँ हैं, कई कमज़ोरियाँ है जबकि यह एक अच्छी पुस्तक बन सकती है तो आप इसे सुधार करवाकर ही प्रकाशित करें। मुझे जल्दबाज़ी थी; लेकिन अन्ततः मुझे उनकी बात माननी ही पड़ी और आज मैं निश्चित ही सन्तुष्ट हो पाया हूँ।

अगर यह किताब अच्छी बनी है तो उसका एक कारण डॉ. रामशंकर द्विवेदी जी हैं जिनके कठोर परिश्रम के कारण यह सम्भव हुआ है। इसके बावजूद भी अगर बहुत कुछ पुस्तक में कमज़ोर पक्ष हैं तो मैं समझता हूँ कि मुझे परिपक्व होने में अभी बहुत वर्ष लग जायेंगे। द्विवेदी जी का स्नेह मुझे प्रयाग जी के माध्यम से प्राप्त हुआ। द्विवेदी जी ने प्रयाग जी के परामर्श के कारण तथा मेरी प्रार्थना की वजह से पुस्तक को सुधारने का कार्य अपने हाथ में लिया। सचमुच यह बहुत ही कठिन कार्य था और बड़ा भी। मेरे पास शब्द नहीं हैं, मैं कैसे अपनी कृतज्ञता व्यक्त कर सकूँ कि जिनके कारण आज मुझे एक पुस्तक प्रस्तुत करने का अवसर प्राप्त हुआ।

एक सुन्दर-सी बात इसमें और भी जुड़ गयी कि अशोक वाजपेयी जी का योगदान प्राप्त हो गया। अशोक जी से मेरा बहुत वर्षों से परिचय और स्नेह है। संकोचवश मैं एकदम ही इनके सम्पर्क में नहीं रह सका हूँ। लेकिन किन्हीं न किन्हीं अवसरों पर अपनेपन और आत्मीयता का बोध महसूस किया है। संयोगवश द्विवेदी जी एवं प्रयाग जी के उत्साहवर्धन से मैं यह हिम्मत जुटा सका कि अशोक भाई से निवेदन करूँ कि आप कृपया एक शंखो दा की स्वलिखित पुस्तक 'स्मृति-विस्मृति' और दूसरी मेरी पुस्तक 'शंखो दा' को 'रज़ा फ़ाउण्डेशन' से आर्थिक अनुदान प्रदान कर प्रकाशित कराने की कृपा करें। सहृदय अशोक भाई ने मेरी प्रार्थना एक बार में ही स्वीकार कर ली और दो लाख रुपये की धनराशि इन दोनों पुस्तकों के प्रकाशन के लिए रज़ा फ़ाउण्डेशन से प्रदान भी कर दिये। यह धनराशि मेरे लिए इस आर्थिक संकट के क्षण में अत्यन्त ही सहायक रही जिसका धन्यवाद कुछ शब्दों के द्वारा व्यक्त करना कठिन है।

यह पुस्तक, शंखो दा पर एक पुस्तक नहीं बनती अगर इस पुस्तक की अनेक जानकारियाँ ईरा माँ की अँग्रेज़ी में लिखी गयी शंखो दा पर अप्रकाशित

पुस्तक से ली गयी है। मैंने जगह-जगह से कई सारे अंशों को यहाँ पर उद्धृत किया है। ईरा माँ की पुस्तक ने मुझे 'चौधुरी परिवार' की सम्पूर्णता से परिचय कराया। चौधुरी परिवार की अनेक विभूतियों का जो योगदान है, वह अद्‌भुत है। कहते हैं कि पीढ़ी-दर-पीढ़ी का महत्त्व भूत-वर्तमान से भविष्य तक निरन्तर अग्रसर रहता है। मेरा यह सौभाग्य है कि इन गुणीजनों के सान्निध्य के कारण मेरा जीवन भी सुफल है। मुझे लगता है कि मुझे कई जन्म प्राप्त होना चाहिये और शंखो दा की छत्र-छाया मुझे हर जन्म में मिलती रहनी चाहिये। ईरा माँ से आज भी मिलता हूँ, ढेर सारी बातें करता रहता हूँ उसी तरह से जैसे पहले बाबा से करता था। माँ का हृदय से आभारी हूँ।

अन्य अनेक लोग हैं जिनका योगदान भी इस पुस्तक को अन्तिम स्वरूप प्रदान करने में प्राप्त हुआ है, जिसमें ग्यारह कलाकार गुणीजनों का साक्षात्कार प्रमुख रूप से है। अगर यह साक्षात्कार प्राप्त नहीं होता तो शायद यह पुस्तक पूरी तरह से केवल एकाकी हो जाता। अन्त में शुभा दी एवं ईतु भाई का सदैव आभारी रहूँगा जिनका अपनापन मुझे इतना मिलता है कि बहुत कमज़ोरियों के बावजूद भी हिम्मत नहीं हारता हूँ। यह सब अपनेपन के प्रिय हैं जिसे मैंने शंखो दा के कारण पाया है।

प्रारम्भ से लेकर अन्त तक प्रत्येक दिन मैं काशी हिन्दू विश्वविद्यालय का तन-मन से आभारी हूँ कि अगर मुझे इस पुस्तक को लिखने के लिए शैक्षणिक अवकाश (एक वर्ष तीन महीने का) प्राप्त नहीं होता तो यह पुस्तक निश्चित रूप से तैयार नहीं हो पाती। मैंने पूर्ण निष्ठा से शैक्षणिक अवकाश का अनुपालन किया; काशी हिन्दू विश्वविद्यालय के प्रति हृदय से कृतज्ञता ज्ञापन करता हूँ।

—मदन लाल

प्राक्कथन

मूर्तिशिल्पी शंखो चौधुरी का जीवन संघर्षपूर्ण होते हुए भी आनन्द से भरपूर था। वे अपने नब्बे वर्ष के जीवनकाल में जो कुछ 'कला जगत्' के लिए कर गये वह शताब्दियों तक भारतीय कला के इतिहास प्रवाह को दिशा, गति एवं ऊर्जा प्रदान करता रहेगा। शंखो चौधुरी की भूमिका एक प्रतिभावान विद्यार्थी, एक महान् शिक्षक एवं प्रखर मूर्तिशिल्पी की रही है, जिन्होंने कला की समकालीन धारा को उत्प्रेरित एवं प्रोत्साहित किया जो अपने बहुमुखी व्यक्तित्व के कारण भारतवर्ष के कला-इतिहास में अविस्मरणीय रहेंगे।

शान्तिनिकेतन की पवित्र भूमि से कविगुरु रवीन्द्रनाथ टैगोर, कलागुरु मास्टर मोशाय नन्दलाल बसु, आधुनिक भारतीय मूर्तिशिल्प के श्रेष्ठ शिल्पी रामकिंकर बैज एवं प्रबुद्ध मनीषी चित्रकार बिनोद बिहारी मुखर्जी के मार्गदर्शन में प्राप्त शिक्षा के उपरान्त इनके जीवन की धारा कला एवं मानवता की तरफ़ मुड़ गयी। शंखो चौधुरी अपनी कला की अपेक्षा देश और समाज के प्रति अधिक सजग थे : अपने शिष्यों के अलावा, सामान्य लोगों को भी कला के प्रति जागरूक करते रहते थे। विभिन्न संस्कृतियों, विचारों एवं ललित कलाओं के उत्थान के लिए सदा प्रयत्नशील रहते थे। उनके शिष्यों की एक लम्बी सूची है जिसमें केवल मूर्तिशिल्पी ही नहीं, चित्रकार एवं कलाविद् भी हैं, जिनका भारत की समकालीन कला के विकास में बहुत बड़ा योगदान है। शंखो चौधुरी के अनेक शिल्प राष्ट्रीय एवं अन्तरराष्ट्रीय कला संग्रहालयों एवं सार्वजनिक स्थानों पर प्रदर्शित तथा स्थापित हैं। इनकी मूर्त-अमूर्त दोनों शिल्प रचनाएँ उल्लेखनीय हैं—विशेष रूप से त्रिआयामी व्यक्तिमूर्ति शिल्प के सृजन में (Portrait) इन्हें महारत हासिल थी।

शंखो चौधुरी गुरु रामकिंकर बैज के बहुत निकट एवं उनसे बहुत प्रभावित थे। किंकर दा की तरह इनकी जीवन-शैली नहीं थी परन्तु सृजन कार्य की ऊर्जा वस्तुतः उन्हें अपने गुरु किंकर दा से मिली थी। इनकी कला की प्रकृति प्रयोगात्मक एवं आधुनिक थी। शंखो दा उत्सव पुरुष थे, शास्त्रीय एवं रवीन्द्र संगीत में रुचि के साथ स्वयं उसे हृदयस्पर्शी ढंग से गाते थे तथा उसे सुनते थे एवं सुनाते भी थे। उनके व्यक्तित्व का बहुत ही महत्त्वपूर्ण हिस्सा, उनका मानवीय संवेदना से भरा मन था। शंखो चौधुरी अनेक गुणों से ओत-प्रोत थे जिसका प्रभाव आज भी कला-जगत् में विद्यमान है। उनके द्वारा अनेक संस्थाओं के स्थापना कार्य तथा देश-विदेश की विश्वविद्यालयों एवं कला अकादेमियों में प्रशिक्षण, सार्वजनिक प्रदर्शन एवं व्याख्यान उत्प्रेरक हैं। लोगों से आत्मीय सम्बन्धों के कारण वे हमेशा लोगों में लोकप्रिय बने रहते थे।

शंखो दा की प्रासंगिकता दिनोदिन बढ़ती जा रही है। शंखो दा को हमेशा इस बात का ध्यान रहता था कि संस्थाओं को सार्वजनिक स्तर पर कैसे उपयोगी बनाया जाय ताकि उनमें हर विधा के शिल्पियों को अपनी प्रतिभा के विकास का अवसर मिले। जब विशेषज्ञों द्वारा उच्चतम कार्य होंगे तो उसका समाज पर सकारात्मक प्रभाव पड़ेगा तथा भविष्य में नये-नये कार्यक्रमों की शुरुआत भी हो सकेगी। वाराणसी में राम छाटपार शिल्प न्यास की स्थापना भी शंखो चौधुरी के अप्रतिम योगदान का उदाहरण है।

क्रम

एक

प्रारम्भिक जीवन

शंखो चौधुरी के बचपन का नाम 'नरनारायण चौधुरी' था। इनका जन्म २४ फ़रवरी, १९१६ को बिहार के 'देवघर' में हुआ था। पिता का नाम श्री नरेन्द्र नारायण चौधुरी एवं माता का नाम श्रीमती किरनमयी चौधुरी था। इनके पिता श्री नरेन्द्र नारायण चौधुरी के पिता ज़मींदार थे जिनकी ज़मींदारी का कार्यभार इनके पिता नहीं देखते थे बल्कि कोलकाता में वे वकालत करते थे। शंखो दा आठ भाई-बहनों में सबसे छोटे थे। बचपन में शारीरिक रूप से कमज़ोर दिखते थे। शंखो दा के जन्म के बाद माँ किरनमयी का स्वास्थ्य बहुत ही ख़राब रहने लगा था। शंखो दा का प्रारम्भिक लालन-पालन ननिहाल 'देवघर' में ही हुआ था, इनका बचपन बाल विधवा 'मणि मौसी' एवं बड़ी बहन की देखरेख में बीता था। मणि मौसी इनका विशेष ध्यान रखती थी जिनके साथ ये बहुत ही घुले-मिले थे। माँ सभी बच्चों के साथ पूजा के समय लगभग एक माह 'देवघर' में रहती थी। विजयादशमी के अवसर पर धोती और साड़ियाँ परिवार से सम्बन्धित सभी लोगों को एक-एक मिलती थी। नौकरों, प्यादों, कचहरी के कर्मचारियों, डॉक्टर और अन्य छोटे-बड़े सबको। इनके ताऊजी का आदेश होता था कि दशमी के दिन धोती अथवा साड़ी पहन कर ही दुर्गा विसर्जन के उत्सव में जाना पड़ेगा। इनके पिताजी के पिताजी (परदादा) भी एक कट्टर ब्राह्मण थे किन्तु विजयादशमी के दिन, मुसलमान, प्यादा, सरदार, गाँव के माँझी सभी के साथ गले मिलते थे। सभी एक साथ बैठते थे जहाँ उनका जलपान एक साथ होता था। माँ किरनमयी बहुत ही पढ़ी-लिखी महिला थीं, विशेष रूप से अँग्रेज़ी का तथा बंगाल का इतिहास इनकी रुचि में प्रमुख था। शंखो दा के सभी भाई-बहन भी ख़ूब पढ़े-लिखे थे। सबसे बड़े भाई सचिन चौधुरी सुप्रसिद्ध पत्रिका Economics Weekly जो बाद में The Economic and Political Weekly के संस्थापक-सम्पादक एवं अर्थशास्त्री हो गये

थे। इनसे छोटे भाई देवनारायण चौधुरी ने भौतिकी शास्त्र में स्वर्ण पदक प्राप्त किया था। हितेन चौधुरी तीसरे भाई, बम्बई चलचित्र जगत् में सुप्रसिद्ध थे जो कई विख्यात चलचित्रों के प्रायोजक और प्रस्तुतकर्ता थे। शंखो दा बचपन में लिखने–पढ़ने में विशेष रुचि नहीं लेते थे बल्कि लोहा, लकड़ी, मिट्टी, रंग–ब्रश के साथ हमेशा अपने को व्यस्त रखते थे। उसी के साथ खेलना इनकी दिनचर्या थी। चित्रांकन और मूर्ति–रचना की ओर उनकी प्रकृति सदा उन्मुख रही। सभी भाइयों के स्वभाव में सामाजिकता और बन्धु–वात्सल्य प्रत्यक्ष था। शंखो दा के पिताजी के ऑफिस की दीवाल पर लगाये गये एक चित्र की इन्होंने कई बार कॉपी करने की कोशिश की थी जिसमें पेड़ के झुण्ड के पीछे पूर्ण चन्द्रमा उदित हो रहा था और उसके सामने जल था जिसमें उसका प्रतिबिम्ब पड़ रहा था। शंखो दा ने लिखा है कि ''कई बार वही वृक्ष, वही जलाशय, वही चाँद का चित्र बनाता रहा हूँ।'' एक बार की घटना का बड़ी रोचकता के साथ उन्होंने ज़िक्र किया है कि 'जब वह आठ–नौ बरस के थे तब तक बहुत सारे आँके गये चित्रों को उन्होंने गुरुदेव (रवीन्द्रनाथ टैगोर) जब ढाका आये थे तो उन्हें दिखाया था तो गुरुदेव ने उनसे कहा था कि ''तुम्हें चित्रांकन करना स्वयं अच्छा लगता है इसीलिए चित्र बनाते हो या तुम्हारे चित्रों की लोग तारीफ़ करते हैं इसलिए बनाते हो; अथवा दूसरे तुमसे चित्रांकन करने को कहते हैं, इसलिए बनाते हो ? अगर अपनी इच्छा से बनाते हो तो हमेशा चित्र बनाते रहना।'' गुरुदेव की यह बात शंखो दा हमेशा याद करते रहे। ''मास्टर लोगों की बड़ी निर्मम जाति होती है। उनकी बात न सुनना, तुम्हें जो अच्छा लगे, वही करते जाना।'' ऐसी अनेक बातें हैं जो शंखो दा को जीवनपर्यन्त प्रभावित करती रही तथा उन्होंने अपनी ज़िन्दगी को अपनी शर्तों पर जिया। लेकिन बचपन से ही उनमें एक आदत ज़रूर थी, कि कहीं अगर बाहर जा रहे हैं तो वहाँ के कार्य–कलापों की जानकारी माँ को निश्चित रूप से लिखकर बतानी होती थी कि 'क्या–क्या किया', या 'क्या–क्या देखा' आदि। शंखो दा यह कार्य 'माँ' के लिए हमेशा करते रहे थे। यहाँ तक कि जब वह पहली बार लन्दन और पेरिस गये थे तो माँ ने इनसे कहा था कि 'विलायत में जो कुछ देखना उसे लिखना, जिससे मैं तुम्हारी आँखों से उस देश को देख सकूँगी।' धीरे–धीरे लिखने का स्वभाव यहीं से विकसित होता गया।

परिवार में सबसे छोटा होने तथा अक्सर बीमार रहने के कारण घर के बड़े

लोगों का पढ़ाई-लिखाई को लेकर शंखो दा पर कोई दबाव नहीं रहता था। उस बीच ये ढाका में रह रहे थे। इन्हें ११ वर्ष की उम्र में सीधे चौथी कक्षा में दाख़िला मिला था। उन्होंने अपनी बाङ्ला पुस्तक 'स्मृति-विस्मृति' में लिखा है कि ''जब मैं स्कूल में प्रवेश के लिए गया था तो हेड मास्टर ने हमारे 'दादा' (बड़े भाई) से कहा कि इसकी उम्र बढ़ाकर लिखा दो, यही बात उन्होंने पिताजी से कही। यह बात उन्हें अच्छी नहीं लगी और पिताजी ने उत्तर दिया 'जो लोग झूठ बोलकर अपने जीवन की शुरुआत करते हैं उनसे भविष्य में क्या आशा की जा सकती है'' और यह वाक्य शंखो दा के मानस पटल पर हमेशा के लिए अंकित हो गया।

इनके पिता नरेन्द्र नारायण चौधुरी अँग्रेज़ों की सरकारी नौकरी को छोड़कर गाँधी जी के असहयोग आन्दोलन से भी जुड़ गये थे। स्वतन्त्र रूप से वकालती का कार्य करते थे। परिवार में एक तरह की स्वदेशी हवा थी जिसके प्रभाव के कारण सभी लोग खद्दर के वस्त्र ही धारण करते थे। शंखो दा की माता एक प्रतिष्ठित परिवार की होने के कारण खद्दर के वस्त्रों का इस्तेमाल करने में गौरव महसूस करती थीं। इसी कारण ये भी जीवनपर्यन्त खद्दर का प्रयोग करते रहे जिसका प्रभाव बड़ौदा में इनके मित्रों एवं शिष्यों पर भी देखने को मिलता था।

सुप्रसिद्ध बाङ्ला साहित्य की अप्रतिम लेखिका एवं समाज सेविका महाश्वेता देवी, शंखो दा की सगी भांजी हैं जो इनकी बड़ी बहन धरित्री देवी की पुत्री हैं। उन्होंने अपने एक संस्मरण में अपने बचपन की बात लिखी है कि

> बाल्यावस्था-किशोरावस्था में छोटे मामा (शंखो चौधुरी) ख़ूब धमा-चौकड़ी मचाते थे, स्कूल से आते ही खेल में मग्न हो जाते थे। उनकी संगी मैं होती और खाना बनाने वाले का लड़का। तरह-तरह के खेल होते। छोटे मामा मुझे एक कमरे में बन्द कर देते और घर में हल्ला कर देते—महाश्वेता कहाँ ग़ायब हो गयी ? पूरा घर जब चिन्तित हो उठता तो घर का दरवाज़ा खोलकर मुझे बाहर निकालते। छोटे मामा बहुत शरारती थे। मामी छत पर जब अचार सुखातीं तो छोटे मामा मुझसे कहते—जाओ अचार चुराकर लाओ। मैं एक आज्ञाकारी की तरह उनकी बात मानती और जब अचार खाते देखे जाते तो मुझ पर इल्ज़ाम जड़ देते, अचार तो महाश्वेता चुरा कर लायी है। छोटे मामा शरारती थे पर मुझे बहुत मानते थे। वे एक अच्छे इनसान भी थे। छोटे मामा मूर्ति और

> चित्रकला की जिस ऊँचाई पर पहुँचे, उसके पीछे नानी किरणमयी और शान्तिनिकेतन के परिवेश का बड़ा योगदान था। (महाश्वेता देवी)

शंखो दा के मझले जीजा मनीष घटक थे जो उन दिनों नयी धारा के आधुनिक साहित्यकार थे। जिनके कारण ही शंखो दा का बुद्धदेव बसु, अजित दत्त, पवित्र गंगोपाध्याय आदि लोगों से परिचय हो गया था। इनका परिवार प्रारम्भ से ही साहित्यिक गतिविधियों का अड्डा था। ढाका का सांस्कृतिक परिवेश पूर्णरूपेण शंखो दा के जीवन के साथ घनिष्ठ रूप से जुड़ा हुआ था (जहाँ पर हमेशा आमोद-प्रमोद होता रहता था जिसकी कथा बिना कहे उस शहर की कुछ भी कथा नहीं कही जा सकेगी) शंखो दा ने *स्मृति-विस्मृति* में लिखा है कि

> मुझे नहीं लगता है कि आजकल कलकत्ते में इतनी ऐश्वर्यपूर्ण पूजा को लेकर भी इस तरह का सांस्कृतिक उत्साह देखने को मिलता है।'

शान्तिनिकेतन में अध्ययन के लिए जाने के प्रारम्भ में ही पूरा चौधुरी परिवार अनेक दिशाओं में छिटककर बिखर गया। सचिन दा (बड़े भैया) एम.ए. करने के बाद ढाका नहीं आये। देबू दा (मझले भैया) को जर्मनी से फ़ेलोशिप भौतिक विज्ञान से मिली थी लेकिन इनके परिवार को विदेश जाने का वीसा नहीं मिलता था। इस कारण सभी एक-एक कर (हितेन भैया भी) मुम्बई चले आये।

१९३५ में शंखो दा ने हाईस्कूल अच्छे अंकों से पास किया तथा उसी समय उन्होंने कला अध्ययन के लिए शान्तिनिकेतन जाने का विचार किया। शान्तिनिकेतन का रहन-सहन देवघर (बिहार) एवं ढाका (वर्तमान बाङ्लादेश) के रहन-सहन से पूरी तरह अलग था, लेकिन नवीन परिवेश में जाने की उत्कट इच्छा के कारण इन्होंने शान्तिनिकेतन का चुनाव किया था। ये कभी-कभी छुट्टियों में ही अपने घर एवं ननिहाल जाते थे लेकिन अपनी प्रारम्भिक शिक्षा को इन्होंने बड़ी गम्भीरता से प्राप्त किया था।

अध्ययन (शान्तिनिकेतन)

शंखो चौधुरी की बचपन से ही कला में अभिरुचि थी। शान्तिनिकेतन जाने का निर्णय लेने के कारण एक बार इन्हें परिवार के लोगों की अनिच्छा का

सामना भी करना पड़ा। लेकिन नियति ने शायद यही निर्धारित किया था कि ''शंखो' दा को एक कलाकार बनना है। शंखो दा के बड़े भाई सचिन चौधुरी के अन्तरंग मित्र के.आर. कृपलानी जी थे जिनसे गुरुदेव रवीन्द्रनाथ टैगोर की पौत्री नन्दिता टैगोर का विवाह हुआ था; कृपलानी जी के कारण इस समस्या का हल आख़िरकार निकाल लिया गया 'अगर कोई उत्कृष्ट नहीं बन सकता है तो कम से कम किसी विषय में स्नातक तो हो ही जाय, क्यों नहीं, शंखो को शान्तिनिकेतन के शिक्षा भवन में दाख़िला दिलवाया जाय। जहाँ यह प्रतिदिन थोड़ा समय निकालकर 'कला भवन' में जाकर अपनी कलात्मक रुचि को विकसित करे।'' कृपलानी जी के सुझाव को सभी ने माना। उस समय शान्तिनिकेतन में शिक्षा कार्य सर्वसामान्य था। किसी भी विभाग में जाकर अध्ययन करने की पूरी स्वतन्त्रता थी। प्रतिदिन की नियमित कक्षाएँ ग्रीष्म ऋतु में प्रातःकाल ६ बजे से १० बजे तक एवं शरद ऋतु में ७ बजे से ११ बजे तक होती थी। अन्य विभागों में अतिरिक्त कक्षाएँ दोपहर बाद २ बजे से ४ बजे तक होती थी। विद्यार्थी अपनी अभिरुचि के अनुरूप संगीत, नृत्य, चित्रकला, मृण्मय कला एवं कौशल आदि में कार्य कर सकते थे। वहाँ पर बाङ्ला भाषा की कक्षाएँ भी चलती थीं, जिन्हें बाङ्ला भाषा नहीं आती थी वे सीख सकते थे। साथ ही टैगोर साहित्य भी सभी लोगों को पढ़ना अनिवार्य था। इसके अतिरिक्त अन्य गतिविधियों में भी विद्यार्थियों को हिस्सा लेना पड़ता था।

जब गुरुदेव रवीन्द्रनाथ टैगोर जीवित थे तो उस समय रंगमंचीय कार्यक्रम बहुत होते थे। जो स्वयं गुरुदेव के निर्देशन में होते थे। गुरुदेव पूरी शक्ति एवं समर्पण के साथ धनराशि एकत्र करने में, अपनी अस्वस्थता के बावजूद भी, लगे रहते। ऐसा वे विश्वभारती का ख़र्चा चलाने के लिए करते थे। इन्हीं कारणों से एक बार महात्मा गाँधी जी ने उनसे संकल्प लिया—कि अब आप यहाँ-वहाँ धन इकट्ठा करने के लिए कोई कार्यक्रम नहीं करेंगे, इसके पश्चात् गुरुदेव फिर कभी अन्यत्र कार्यक्रम करने नहीं गये। गाँधी जी ने उद्योगपति घनश्याम दास बिड़ला से आग्रह कर कुछ धनराशि की व्यवस्था करवायी थी।

शान्तिनिकेतन में प्रत्येक वर्ष 'पौष माह' की सप्तमी को स्थापना दिवस अभी भी मनाया जाता है, जिसमें हमेशा एक बड़े मेले का आयोजन होता है। शान्तिनिकेतन के आसपास के गाँवों के लोगों द्वारा तथा उनके द्वारा

विभिन्न प्रकार की स्वनिर्मित आकर्षक कृतियाँ लगायी जाती हैं। आज तो आसपास के दूर के लोग भी इसमें हिस्सा लेते हैं। इसी मेले के मध्य में ही यात्रा, (बंगाली लोक नृत्य) बाउल-आउल गीतकारों द्वारा संगीतमय प्रस्तुति तथा अनेक कार्यक्रम भी होते हैं। रोचक कलात्मक गतिविधियों के कारण यहाँ के छात्र किसी भी तरह अलग नहीं रह सकते थे। एक तरह से सभी को इस मेले में एकत्र होना, सम्मिलित होना, हस्त निर्मित कृतियों को रचना, गाना-बजाना अनिवार्य होता था।

पौष मेला के उपरान्त सभी विभागों के छात्र-छात्राओं को देश के रमणीय स्थानों पर पर्यटन करने जाना अनिवार्य होता था। कला भवन में मास्टर मोशाय नन्दलाल बोस हमेशा साफ़-सफ़ाई पर ध्यान देते तथा चुपचाप पूरी दिनचर्या में सम्मिलित होते थे जिसके कारण नवीन और पुरातन छात्रों के साथ-साथ शिक्षक भी इस कार्यक्रम में हिस्सा लेते थे। सभी का यह संकल्प रहता था कि कहीं भी कोई भी अव्यवस्था न हो।

शंखो दा को स्नातक (दो वर्ष) करने के बाद कला भवन के छात्रावास में रहने की अनुमति मिल गयी। नियमित रूप से कला भवन में प्रवेश मिल गया। शान्तिनिकेतन के क्रिया-कलापों का बाह्य एवं आन्तरिक वातावरण का गहरा प्रभाव दिन-प्रतिदिन इन्हें निखारने लगा। मनपसन्द विषय के प्रति, इनकी गम्भीरता, इनकी रुचि धीरे-धीरे स्वभावतः विकसित होती गयी। कला भवन में चित्रकला, मूर्तिकला, आलेखन आदि सभी दृश्य कलाओं की कक्षाएँ समान रूप से चलती थीं। 'बुधवार' को साप्ताहिक अवकाश होता था तथा दुर्गा पूजा की छुट्टियों में वरिष्ठ एवं गम्भीर छात्र अपनी अभिरुचि के अनुरूप किसी भी विभाग में पूरी तरह से सर्जनात्मक कार्य करने के लिए स्वतन्त्र थे। शंखो दा की दिलचस्पी मूर्तिकला में थी, वे अपने गुरु रामकिंकर के अधिक क़रीब थे, उस समय केवल क्ले-माडलिंग की सुविधा थी जिसे बाद में प्लास्टर या सीमेन्ट में कास्ट कर लिया जाता था। इक्के-दुक्के लोग (मूर्तिकला) लकड़ी या पत्थर में कभी-कभी कार्य करते थे।

अक्सर अतिथि कलाकार अथवा परिपक्व दस्तकार (क्राफ्ट्स मैन) अपनी विशेष तकनीकी की कार्यविधि को छात्रों को समझाते एवं सिखाते थे। निश्चित तौर पर कुछ छात्र इसमें उन्हें मदद भी करते थे। एक बार डोकरा पद्धति के हस्तशिल्पी कला भवन में ब्रोंज-कास्टिंग सिखाने के लिए आमन्त्रित

किये गये थे। श्रीमती इरा चौधुरी (शंखो दा की पत्नी) जो उस समय इरा वकील नाम से कला भवन की छात्रा थीं, ने अपनी पुस्तक में ज़िक्र किया है—

> डोकरा पद्धति में गर्म मोम से भरा पात्र, टांग्स (ढलाई का औज़ार) फिसल जाने के कारण शंखो दा के ऊपर पिघला हुआ मोम गिर गया था, स्वाभाविक था कि उस समय साथ में सहयोग दे रहे सभी छात्र पूरी तरह से डर एवं सहम गये तथा रोने-चीख़ने लगे; शंखो दा ने चिल्लाकर उनसे कहा—कि रोना-धोना छोड़ो, पहले मेरे कपड़ों पर से गिरे गर्म मोम को निकालो। गर्म मोम शरीर से चिपक गया था जिसके कारण बहुत जगह शरीर की चमड़ी भी मोम को निकालते समय निकल आयी थी और शरीर के बायीं तरफ़ का हिस्सा भी जल गया था। बहुत ही तकलीफ़ज़दा स्थिति पैदा हो गयी थी। उस समय शान्तिनिकेतन में ऐसा कोई अस्पताल भी नहीं था जहाँ पर इतने गम्भीर रूप से जले हिस्से का उपचार हो सके। तत्काल ही उन्हें कोलकाता ले जाना पड़ा। 'विश्व भारती' की एक पुरानी छोटी-सी बस थी। किसी तरह उसी से उन्हें कोलकाता ले जाया गया। कोलकाता में बहुत ही अच्छा इलाज हुआ तथा जल्द ही काफ़ी सुधार होने लगा। अन्ततः किसी भी प्रकार का जला हुआ दाग़ कहीं भी नज़र नहीं आया। देवू दा शंखो दा के बड़े भाई ने पूरी तरह से अपनी ज़िम्मेदारी एवं देखरेख में इनकी सेवा-शुश्रूषा की, जिसके कारण शंखो दा जल्द ही स्वस्थ हो गये। इसी दौरान शंखो दा को सिगरेट पीने की आदत लगी जो कि लगभग ५० वर्ष तक इनके साथ लगी रही। अन्त में डॉक्टर की सलाह के बाद १९९६ में इन्होंने सिगरेट पीना बन्द कर दिया था। १९४२ (जेल भरो आन्दोलन) में जब शंखो दा जेल में थे, देबू दा उस समय हमेशा उनके लिए सिगरेट का पैकेट और टूथपेस्ट आदि जेल में भेजते थे जबकि इसकी अनुमति जेल प्रशासन से नहीं थी।

इस भयानक दुर्घटना के बाद शंखो दा को जीवन में कई छोटी-बड़ी दुर्घटनाओं का सामना करना पड़ा, लेकिन संकल्प-शक्ति इतनी प्रबल थी कि इन्होंने कभी उफ़ तक नहीं की तथा इसका प्रभाव किसी पर होने भी नहीं दिया। एक दूसरी घटना उस समय की है जब यह घुड़सवारी सीख रहे थे। घोड़े से गिर जाने के कारण इनके हाथ की हड्डी टूट गयी, उस समय प्राथमिक अस्पतालों में 'एक्स-रे' करने की सुविधा नहीं थी। इस कारण

उन्हें किसी बड़े अस्पताल में जाने के लिए प्रमुख चिकित्साधिकारी का अनुमति-पत्र लेना आवश्यक हो गया। स्थानीय अस्पताल के डॉक्टर यह समझ नहीं पाये कि हड्डी टूटी है या केवल चोट लगी है। इस कारण धीरे-धीरे शंखो दा के हाथ की सूजन बढ़ती गयी और दर्द भी असहनीय हो गया। अन्ततः उन्हें कोलकाता के एक बड़े अस्पताल में भर्ती किया गया, जहाँ एक्स-रे से पता चला कि हाथ की हड्डी टूट गयी है जिसे ग़लत ढंग से जोड़ दिया गया है। इस स्थिति में डॉक्टर के समक्ष बस यही समाधान था कि टूटी हड्डी को पुनः विधिवत् सही स्थान पर जोड़ा जाय।

अक्सर बाबा बड़ी रोचकता से कुछ-न-कुछ घटनाएँ बताते रहते थे। मैं बड़ी तत्परता एवं जिज्ञासा से उनसे इस तरह के बहुत से प्रश्न किया करता था। मेरी रुचि होती थी कि बचपन में क्या-क्या गतिविधियाँ इनकी होती थीं, साथ ही शान्तिनिकेतन एवं बड़ौदा की भी बातें करते थे। ये सब मूड की बातें थीं।

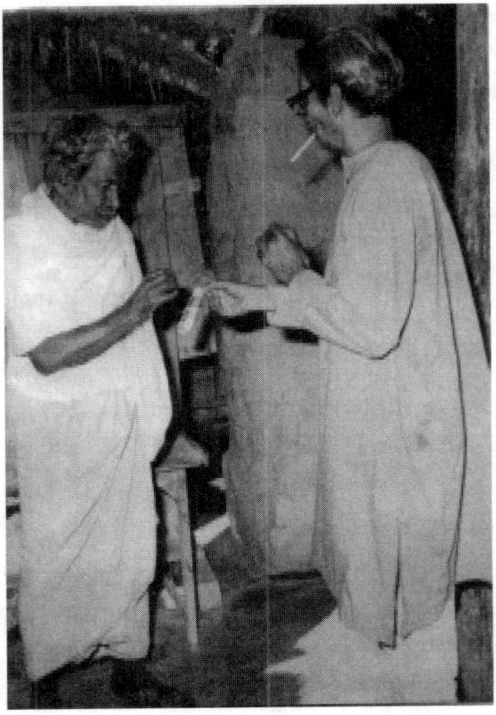

शंखो दा, रामकिंकर बैज के अत्यन्त ही प्रिय शिष्य, आत्मीय एवं आपनजन थे। गुरु-शिष्य के अटूट रिश्तों के साथ एक-दूसरे के स्नेही मित्र भी थे। कभी पिता-पुत्र का प्यार-दुलार या मित्र की तरह कुछ नरम-गरम स्थितियाँ भी इनके साथ रहीं। जिस समय शंखो दा शान्तिनिकेतन में मूर्तिकला के विद्यार्थी थे, उस समय किंकर दा अपने जीवन के उत्कर्ष काल में थे। उनकी ख्याति सम्पूर्ण भारतवर्ष में फैली हुई थी। 'रामकिंकर बैज जन्मजात अद्‌भुत प्रतिभा के धनी थे' ऐसा मास्टर मोशाय नन्दलाल बोस का कहना था। किंकर दा का भोला-भाला मन, अत्यन्त प्रबल इच्छा के बल पर कलाकार बनने के लिए शान्तिनिकेतन आया था। जहाँ वह मास्टर मोशाय के संरक्षण में अध्ययनशील रहे और वहीं कला भवन के मूर्तिकला विभाग में प्राध्यापक भी नियुक्त हुए तथा एक महान् कला गुरु के रूप में पूरे देश में सुप्रसिद्ध हुए।

रामकिंकर बैज का व्यक्तित्व पारम्परिक, रूढ़िवादी न होकर एक अलग क़िस्म की धारणा से ओत-प्रोत था जिसे उन्होंने गुरुदेव रवीन्द्रनाथ की छाया में स्वयं ही विकसित किया था। कुछ असाधारण करने की उत्कट इच्छा हमेशा उनमें विद्यमान थी। प्रारम्भ से ही किंकर दा का स्वभाव अलमस्त था। साधारण जीवन-शैली के कारण विशिष्ट वर्गीय समाज से लगाव नहीं के बराबर था। संथाल समुदाय के सरल एवं भोले-भाले लोगों में वे बड़ी निकटता महसूस करते थे।

> रामकिंकर आधुनिक भारतीय मूर्तिकला के पथ-प्रदर्शक थे। उन्होंने युवा पीढ़ी को कला क्षेत्र की अनेक दिशाओं में मार्गदर्शन किया। रामकिंकर बैज ने शान्तिनिकेतन में मूर्तिकला का नया अध्याय शुरू किया। उनका रवीन्द्रनाथ 'ठाकुर का सिर' और 'धान झराई वाला मूर्तिशिल्प' (पैड़ी थ्रेशर) इस देश में मूर्ति सम्बन्धी (अमूर्तिकरण के श्रेष्ठतम दर्शन हैं।) उस क़िस्म की किसी भी कलाकृति का निर्माण अब तक नहीं किया जा सका है। शंखो चौधुरी (राष्ट्रीय आधुनिक कला संग्रहालय, कैटलॉग 'रामकिंकर', १९९० से उद्धृत)

प्रारम्भिक दौर में किंकर दा मूर्ति-शिल्प-रचना का बहुत अभ्यास करते थे। उन्हें लगता था कि 'लाइफ स्टडी' कर नहीं पाते हैं' इसलिए एक बार संथाली महिला को बहुत ही समझा-बुझाकर न्यूड-स्टडी करने के लिए तैयार किया, लेकिन साधारण संथाल लोगों को यह घटना बहुत ही

अटपटी लगी, जिसके कारण उस समय शान्तिनिकेतन के माहौल में स्थानीय लोगों ने किंकर दा की अप्रतिम प्रतिभा का सम्मान नहीं किया। (इरा चौधुरी की पुस्तक से उद्धृत)

न्यूड स्टडी के लिए रामकिंकर बैज ने जिस संवेदनशीलता की नींव डाली उसे शंखो चौधुरी ने मूर्त रूप दिया। संथाल समाज और शान्तिनिकेतन में जिस अवधारणा के कारण रामकिंकर बैज का सम्मान धूमिल हुआ उसी संकल्पना के कारण शंखो चौधुरी जाने गये। शंखो चौधुरी ने आगे चलकर बड़ौदा कॉलेज में न्यूड स्टडी की स्थापना की जो इस तरह के अध्ययन और प्रयोग का पहला विद्यालय था।

रामकिंकर बैज के कलाकार हृदय को गुरुदेव रवीन्द्रनाथ टैगोर एवं मास्टर मोशाय नन्दलाल बोस बहुत ही अच्छी तरह से पहचानते थे तथा वह सब कुछ करने की आज़ादी उन्हें प्राप्त थी, जो कुछ भी वे कला भवन में करना चाहते थे। किंकर दा सांसारिक दुनिया से दूर रहने वाले बच्चों की तरह नटखट एवं अनोखी प्रकृति के व्यक्ति थे। उनके कई छात्र नज़दीकी एवं घनिष्ठ थे जो अभिभावक की तरह उनकी सभी दिनचर्याओं की देखभाल और सहायता भी करते थे। अक्सर शंखो दा बिना किसी संकोच के किंकर दा के साथ होते और कभी-कभी कोलकाता भी साथ ही ले जाते थे।

१९४५ में नेपाल सरकार ने मास्टर मोशाय नन्दलाल बोस से आग्रह किया कि 'विश्वयुद्ध' में शहीद हुए गोरखा सैनिकों की स्मृति में एक स्तम्भ की रचना के लिए कला भवन से किसी कलाकार को भेजा जाये तो मास्टर मोशाय ने कहा कि 'किंकर को भेजा जा सकता है अगर शंखो साथ जाने के लिए तैयार हो जाये तो।' शंखो दा सहर्ष किंकर दा के साथ नेपाल गये जहाँ पर 'स्तम्भ की रचना' में उनके साथ कार्य किया। उन दिनों काठमाण्डू जाना अत्यन्त कठिनाई भरा काम था। कार्य करने के दौरान इन लोगों को कई तरह की दिक़्क़तों का सामना करना पड़ा और अन्त में किंकर दा नाराज़ होकर शंखो दा को कास्टिंग पूरा करने की हिदायत देकर शान्तिनिकेतन लौट आये। शंखो दा ने स्थानीय कारीगरों के साथ कार्य को सम्पन्न किया।

जब ये लोग शान्तिनिकेतन से नेपाल जा रहे थे तो उस समय मास्टर मोशाय नन्दलाल बोस ने शंखो दा को कुछ धनराशि दी थी और कहा था कि वापस आते समय नेपाल से कुछ ब्रोंज की (हस्तशिल्प) कृतियों को लेते आना, साथ में एक नेपाली तनखा (लोक चित्रकार) को भी बुला लाना। शान्तिनिकेतन

में अतिथि नेपाली कलाकार ने एक भित्तिचित्र बनाया। इसके अलावा शंखो दा के साथ एक-दो ब्रोंज कास्टिंग के सहायक भी साथ आये थे, जिनके साथ शंखो दा के बड़े ही आत्मीय सम्बन्ध बने। उन दिनों हस्तशिल्पी मोम की प्रतिमाओं को कार्य स्थल पर ही प्रदर्शित करते थे तथा इनमें से जिन्हें इन प्रतिमाओं को लेना होता था तो वे फिर नेपाली पद्धति से इसकी कास्टिंग करते थे। उनके पास स्वदेशी ढंग से ब्रोंज या पीतल पर 'सोने का पानी' चढ़ाने की विधि भी थी। जिसे वे 'सोने का मुलम्मा' कहते थे।

किंकर दा के साथ बहुत ही किंवदन्तियाँ जुड़ी हुई हैं। अनेक लोग अनोखे एवं रोचक संस्मरण की चर्चा करते हैं। इस सन्दर्भ में शंखो दा के साथ जब (फुरसत के समय) गपशप होती थी, शंखो दा उन्हें बहुत आत्मीयता से याद करते थे। अक्सर यह महसूस होता है कि कितना कुछ तो वे किंकर दा के बारे में सोचते रहते थे, सोचते ही नहीं रहते थे! जाने क्या वो अबोला, वे किंकर दा को अभिव्यक्त करना चाहते थे। अनेक स्थलों पर अपनी कलाकृतियों के माध्यम से उस अबोले को शंखो दा ने कदाचित् अभिव्यक्त किया है। वह जो कहा नहीं जा सका, शब्दबद्ध/लिपिबद्ध न हो सका उनकी कलाकृतियों में दर्ज होता गया। किंकर दा के साथ शंखो चौधुरी की यह अबोल अभिव्यक्ति अद्भुत थी।

एक छोटी-सी घटना है किंकर दा जिस घर में रहते थे उस घर का बिजली कनेक्शन बिल का भुगतान न कर सकने के कारण कनेक्शन काट दिया गया था, जब यह बात शंखो दा को पता चली तो वह किंकर दा को अपने घर (शान्तिनिकेतन) में रहने के लिए ले आये। उनका वह घर छोटा एवं कच्चा 'खपरैल' का था। मैंने स्वयं उस घर को १९७७ में देखा था जब मैं पहली बार शान्तिनिकेतन गया था। उस समय मेरे प्रिय अग्रज मित्र तपन शान्तिकारी कला भवन में अजित चक्रवर्ती के अधीनस्थ राष्ट्रीय शिक्षा वृत्ति पर उच्च अध्ययन कर रहे थे। मेरी बड़ी इच्छा थी 'किंकर दा से मिलने की'। तपन दा मुझे उनसे मिलाने के लिए उनके घर लेकर गये परन्तु कुछ अस्वस्थता के कारण किंकर दा इलाज के लिए कोलकाता गये हुए थे। पहली बार किंकर दा से मेरी भेंट नहीं हो पायी थी। तपन दा ने बताया कि 'यह घर वस्तुतः शंखो दा का है जिसे उन्होंने किंकर दा को रहने के लिए दे दिया है।' उस समय घर की स्थिति बहुत ही जर्जर हो चुकी थी। मैं वहाँ पर लगभग आधा घण्टा रहा था, शायद मैं वहाँ पर किंकर दा को ढूँढ़

रहा था; उनकी हँसी, उनके ठहाकों को सुनना चाह रहा था, किंकर दा के बारे में जितना कुछ सुना था उससे कहीं अधिक मैंने उनकी अनुपस्थिति में उनके 'विराट व्यक्तित्व' का दर्शन कर लिया था। तपन दा ने पुनः बताया कि 'कई बार, बारिस के समय जब घर में यहाँ-वहाँ बारिश की तेज़ बूँदें गिरने लगती हैं तो किंकर दा अपने कैनवस (पेंटिंग) को छत के साथ किसी तरह व्यवस्थित करके रात-रात भर बारिश से बचने का प्रयास किया करते हैं।' शंखो दा जब भी शान्तिनिकेतन आते तब वह कुछ-न-कुछ घर की मरम्मत करवाते रहते थे। लेकिन जिस स्थिति में मैंने उस घर को देखा था, उस समय वह घर रहने लायक नहीं था। मुझे याद है कि जब मैं दूसरी बार (१९७८, दिसम्बर) शान्तिनिकेतन गया था (तपन दा जम्मू चले गये थे) तो उस समय किंकर दा विश्व भारती (विश्वविद्यालय) के शिक्षक निवास में रह रहे थे। पता चला कि शंखो दा ने विश्व भारती प्रशासन को लिखा कि 'किंकर दा को आजीवन रहने के लिए उचित निवास की व्यवस्था की जाय।' सौभाग्यवश इस बार मुझे किंकर दा से मिलने का अवसर मिल गया। कला भवन में 'नन्दन' (कला दीर्घा) में मेरी ब्रोंज मूर्तिशिल्पों एवं वाराणसी के ही कलाकार विजय सिंह की रेखांकन की एक सामूहिक प्रदर्शनी के उद्‌घाटन के लिए किंकर दा से हम लोगों ने प्रार्थना की, बड़ी मुश्किल थी, किन्तु बड़ी सहजता से उनकी अनुमति मिल गयी। किंकर दा को मैंने बताया कि मैं शंखो दा के छात्र का छात्र हूँ तथा बनारस में पढ़ता हूँ। शंखो दा का नाम सुनकर किंकर दा की आँखों में मैंने अद्‌भुत चमक देखी तथा मैंने महसूस किया कि किंकर दा एवं शंखो दा एक-दूसरे के सचमुच में ही पर्याय हैं। शंखो दा किंकर दा के बारे में जितनी बातें जितनी बार भी करते थे मैंने उनमें यह ज़रूर पाया कि शंखो दा सदैव किंकर दा के साथ रहना चाहते थे। वह अपने जीवन में वह सब कुछ सम्पूर्ण रूप से करना चाहते थे, जो कुछ उन्होंने किंकर दा से प्राप्त किया था।

बिनोद बिहारी मुखर्जी (बिनोद दा) भी उस समय कला भवन में प्राचार्य थे जो प्रबुद्ध चित्रकार, चिन्तक, बुद्धिजीवी कला व्यक्तित्व के लिए सुविख्यात थे। शंखो दा का इनके साथ भी गुरु-शिष्य का सम्बन्ध था। बिनोद दा की प्रतिभा उच्च कोटि की थी जिसका अद्‌भुत प्रभाव उनके अनेक विद्यार्थियों पर पड़ा था। यहाँ यह कहना अतिशयोक्ति नहीं होगी

कि मणि दा (के. जी. सुब्रह्मण्यन्) में बिनोद बिहारी मुखर्जी की विद्वत्ता एवं कला की मर्मज्ञता को निश्चित रूप से देखा जा सकता है। जब कभी शंखो दा बिनोद दा के बारे में बातें करते थे तो उनके साथ मणि दा के व्यक्तित्व की भी चर्चा करते थे। शंखो दा का स्नेह एवं आदर मणि दा के लिए हमेशा प्रिय रहा है।

उस समय शान्तिनिकेतन में आधुनिक कला के जन्मदाता के रूप में एक तरफ़ मूर्तिकला के क्षेत्र में रामकिंकर बैज प्रख्यात थे तो दूसरी ओर बिनोद बिहारी मुखर्जी चित्रकला के साथ सौन्दर्य-कला-दर्शन के चिन्तक के रूप में विख्यात थे। कितने सौभाग्य की बात है कि बिनोद दा के प्रिय छात्रों में (साथ ही किंकर दा के भी) महान् फ़िल्मकार सत्यजित राय का नाम भी उल्लेखनीय है। शंखो दा के व्यक्तित्व में बिनोद दा के प्रगतिशील चिन्तन एवं वैचारिक सहिष्णुता का भी समन्वय मिलता है।

१९४५ में नेपाल से आने के बाद शंखो दा को 'कला भवन' विश्व भारती विश्वविद्यालय से डिप्लोमा में विशिष्ट उपाधि प्राप्ति हुई। तदुपरान्त पुनः एक वर्ष इन्हें कला भवन में रचना-सृजन का अवसर प्राप्त हुआ। कला भवन में उस समय किसी भी प्रकार की परीक्षा का आयोजन नहीं होता था तथा कोई छात्र अनुत्तीर्ण भी नहीं होता था। जिन गिने-चुने विद्यार्थियों को पुनः अवसर मिलता था वे अपने किसी विशेष गुरु के अन्तर्गत एक वर्ष कला भवन में अतिरिक्त कार्य कर सकते थे।

ज़्यादातर छात्र-छात्राएँ अपने व्यावहारिक जीवन की शुरुआत करने के लिए अध्ययन के अन्तिम वर्ष में ही भविष्य की योजना तैयार करते थे। जिसमें कुछ छात्र किसी स्कूल, कॉलेज, इत्यादि में नौकरी की तलाश करते तो कुछ कहीं पर कला सम्बन्धी कार्य कर अपने दैनिक जीवन-यापन का रास्ता तय करते थे। बहुत ही कम छात्र ऐसे होते थे जो इन सब चीज़ों के बावजूद अपनी रचनाधर्मिता की मुख्यधारा को सूखने नहीं देना चाहते थे, चाहे इसके लिए उन्हें कितनी ही कठिनाइयों का सामना क्यों न करना पड़े।

शंखो दा अतिरिक्त कोर्स कला भवन से पूरा करने के बाद १९४६ में मुम्बई आ गये। जहाँ पर इनके बड़े भाई सचिन चौधुरी रहते थे। कई महीने जैसे-तैसे रहने के दौरान शंखो दा ने स्वतन्त्र रूप से शिल्प रचना करना प्रारम्भ कर दिया। मुम्बई में नेवी फोर्स में एक मित्र के माध्यम से इन्हें २५० रुपये का पहला कमीशन एक व्यक्ति का पोर्ट्रेट बनाने के लिए प्राप्त हुआ। उस

समय यह धनराशि कम नहीं थी। (शंखो दा के संस्मरण में इरा जी की पुस्तक से उद्धृत)। उसी समय कुछ पुस्तकों में आरेखन (इलस्ट्रेशन) तथा 'प्रदर्शिनी को व्यवस्थित' रखने का कार्य भी किया। इसी बीच उन्हें एक प्रदर्शनी के लिए बड़ा रिलीफ़ पैनल का कार्य मिला जिसमें इरा दी ने भी सहयोग किया था।

१९४७ में स्वतन्त्रता के बाद भारत सरकार द्वारा छह युवा कलाकारों को आर्थिक अनुदान प्राप्त हुआ जिनमें से शंखो चौधुरी भी एक थे। इस कार्य काल के अन्तर्गत शिल्प रचना के अलावा विभिन्न स्थलों की यात्राएँ भी करनी पड़ीं, जिसमें राजस्थान के कई ऐतिहासिक स्थान प्रमुख थे। शंखो दा शिल्प सृजन का कार्य अपने बड़े भाई के घर पर ही करते थे। पर्याप्त जगह के कारण इन्हें शिल्प सृजन के लिए प्रारम्भिक दिक़्क़तों का सामना नहीं करना पड़ा।

१९४९ शिल्प प्रदर्शनी जहाँगीर आर्ट गैलरी, मुम्बई

१९४९ के प्रारम्भ में शंखो दा की पहली शिल्प प्रदर्शनी जहाँगीर आर्ट गैलरी, मुम्बई में आयोजित हुई। यह बहुत ही सफल प्रदर्शनी थी जिसमें से

इनके कई शिल्प एवं कुछ रेखांकन बिक गये थे। आर्थिक स्थिति ठीक हो जाने के कारण इन्होंने तुरन्त इंग्लैण्ड यात्रा की योजना बना डाली तथा यूरोप के कई देशों पेरिस, इटली, स्विट्ज़रलैण्ड, बेल्जियम और हालैण्ड की यात्रा की। इस यात्रा के दौरान इन्होंने महत्त्वपूर्ण कला-संग्रहालयों को बहुत नज़दीक से देखा। (शंखो दा से बातचीत) इंग्लैण्ड में पूर्व परिचित कई अँग्रेज़ों के साथ शंखो दा के बहुत ही आत्मीय सम्बन्ध बन गये थे, जो एक समय मुम्बई में इनके भाई सचिन चौधुरी के साथ भी रह चुके थे। उन्हीं में से एक अँग्रेज़ मित्र ने इन्हें 'रॉयल कॉलेज ऑफ़ आर्ट' के एक प्रोफ़ेसर से परिचय कराया, जिनसे शंखो दा ने स्टोन कार्विंग सीखने की इच्छा ज़ाहिर की तथा कुछ समय उन्होंने उनके साथ व्यतीत भी किया। अल्प समय के लिए शंखो दा लन्दन से पेरिस गये जहाँ पर उन्होंने अपनी कोई शिल्प रचना तो नहीं की, पर कई सारे कला-संग्रहालयों को देखने में अपना समय व्यतीत किया। शंखो दा अक्सर मुझसे यह चर्चा करते थे कि पेरिस में उन्होंने कई महत्त्वपूर्ण कलाकारों के स्टूडियो को भी देखा था। जिसमें ज़ाडकीन (Zadkin) एवं ब्रांकुसी (Brancusi) का स्टूडियो भी था। पेरिस में एक छोटे से होटल में शंखो दा रुके हुए थे। वहाँ पर कई मित्र भी थे जो उच्च कला का अध्ययन कर रहे थे जिसमें परितोष सेन, नीलिमा बरुआ, कवि अरुण मित्र तथा कुछ अन्य लोगों से इनके मित्रवत् सम्बन्ध बन गये थे।

कुछ समय पश्चात् शंखो दा के घनिष्ठ मित्र चित्रकार के.के. हेब्बर पेरिस आये थे जहाँ पर इन्हें भारतीय दूतावास में एक म्यूरल का कमीशन मिला हुआ था। म्यूरल की तकनीकी शिक्षा शंखो दा ने शान्तिनिकेतन से प्राप्त की थी जिसका सदुपयोग उन्होंने के. जी. सुब्रह्मण्यन् जी के साथ उनके म्यूरल कार्य में सहयोग देकर किया। इस तरह से थोड़ा मेहनताना (फीस) भी शंखो दा को प्राप्त हुआ जिससे पेरिस में रहना कुछ हद तक आसान हो गया। हेब्बर साहेब हमेशा शंखो दा के परम प्रिय मित्रों में से एक बने रहे थे।

शंखो दा को ब्रोंज कास्टिंग सीखने की प्रबल इच्छा थी। भारत में पारम्परिक तरीक़े से कास्टिंग अलग-अलग स्थानों पर स्थानीय तरीक़ों से होती रही है। पर इटैलियन प्रोसेस से ब्रोंज कास्टिंग की फाउण्ड्री उस वक़्त नाम मात्र को ही थी, जबकि पेरिस में इटैलियन प्रोसेस की फाउण्ड्री कई थीं। जिसमें अधिकतर इटैलियन लोग काम करते थे। किसी तरह से शंखो दा ने इस

इरा चौधुरी के साथ

के.के. हेब्बर

के.जी. सुब्रह्मण्यन्

प्रोसेस से दो मूर्ति शिल्पों की ब्रोंज कास्टिंग करवायी। फाउण्ड्री स्टूडियो में कास्टिंग के दौरान उन्होंने सभी प्रोसेस को बड़ी बारीक़ी से देखा जिससे वे बहुत प्रभावित हुए एवं उसे सीखने के लिए ही काफ़ी कुछ प्रयास किया।

यात्रा के बीच में ही शंखो दा को माँ की गम्भीर बीमारी की सूचना मिली, उन्होंने तत्काल भारत वापस जाने का निर्णय ले लिया। भारत वापसी की

तैयारी के पहले हेब्बर साहेब के साथ स्विट्ज़रलैण्ड गये। वहाँ पर इनकी शान्तिनिकेतन की मित्र निवेदिता जी मिलीं, जो प्रिंटिंग (ग्राफ़िक) तकनीकी सीख रही थी। निवेदिता जी के साथ शंखो दा इटली गये जहाँ पर इरा दी भी इन्हें मिलीं जो इनके साथ हो लीं। सभी लोग वापस पेरिस में लगभग एक महीने तक रुके। इस तरह इनकी यूरोप की यात्रा काफ़ी सुखद तथा अनुभवपूर्ण रही। भारत वापस आने के कुछ दिन पश्चात् शंखो दा की एम. एस. यूनिवर्सिटी बड़ौदा में नियुक्ति हुई।

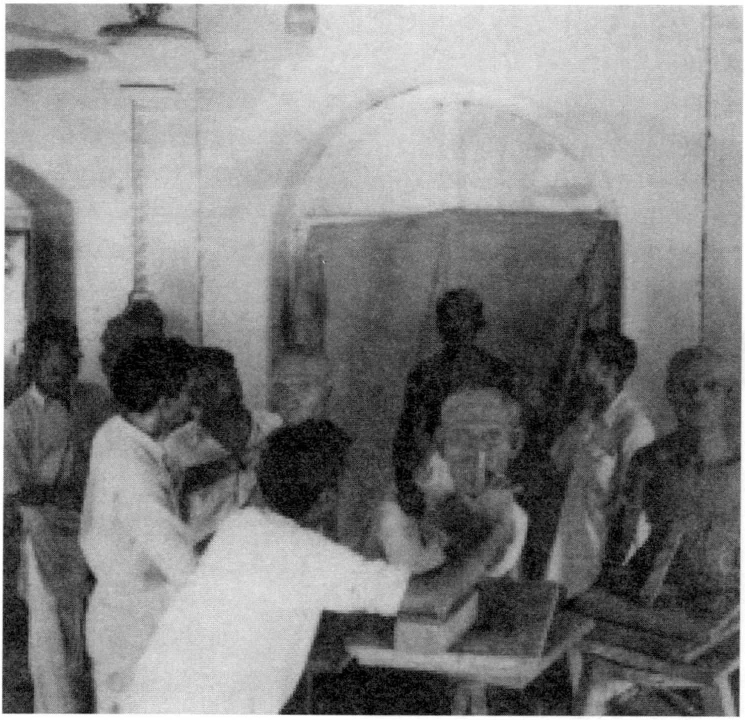

शिक्षण काल बड़ौदा (१९५०-१९७०)

बड़ौदा विश्वविद्यालय में मूर्तिकला विभाग तत्काल ही प्रारम्भ हुआ था; जिसके प्रख्यात मूर्तिशिल्पी प्रदोषदास गुप्ता प्रथम विभागाध्यक्ष थे। जो थोड़े ही समय के बाद 'ललित कला महाविद्यालय-कोलकाता' में प्रधानाचार्य

के पद पर नियुक्त होकर चले गये थे। १९५० दिसम्बर में शंखो चौधुरी को फ़ैकल्टी ऑफ़ फ़ाइन आर्ट्स, एम. एस. यूनिवर्सिटी बड़ौदा में रीडर एवं विभागाध्यक्ष मूर्तिकला विभाग में नियुक्ति मिली।

श्रीमती हंसा मेहता एक तेजस्वी राजनीतिक व्यक्तित्व की प्रतिष्ठित शिक्षाविद् महिला थीं जो उस समय एम.एस. विश्वविद्यालय की कुलपति थीं। उन्होंने साक्षात्कार के समय शंखो चौधुरी से आग्रह किया कि वह कम से कम कुछ वर्षों तक ज़रूर विभाग के कार्यभार का संचालन करते रहें तथा इस नयी संस्था को बनाने में अपना अथक परिश्रम और योगदान प्रदान करें। शंखो दा ने विश्वास दिलाया कि 'मैं कभी भी इस संस्था को कहीं दूसरी जगह उच्च पद के लालच तथा रुपया-पैसा के कारण नहीं त्यागूँगा, अगर संस्था की ओर से किसी भी प्रकार की अड़चनें या दबाव मुझ पर अकादेमिक और प्रशासनिक कार्यों के रूप में नहीं डाला जाता है तो निश्चित रूप से।' इसी भावना के तहत शंखो चौधुरी एवं एम.एस. विश्वविद्यालय के सम्बन्ध हमेशा एक-दूसरे के प्रति आत्मीय एवं विश्वसनीय बने रहे।

'फ़ैकल्टी ऑफ़ फ़ाइन आर्ट्स', बड़ौदा में शंखो चौधुरी का दो दशक व्यापी कार्यकाल (१९५०-१९७०) अत्यन्त ही महत्त्वपूर्ण रहा है क्योंकि यही वे दशक हैं जहाँ से सही अर्थों में आधुनिक कला तथा समकालीन कला का प्रादुर्भाव पूरे भारतवर्ष के लिए वरदान सिद्ध हुआ। इन्हीं बीस वर्षों में महत्त्वपूर्ण एवं प्रभावशाली कलाकारों का एक बड़ा वर्ग पहली बार बड़ौदा से तैयार हुआ। यहाँ कहने की आवश्यकता नहीं है कि कौन-कौन कलाकार, बल्कि भारतवर्ष में स्वतन्त्रता के बाद बड़ौदा के कलाकारों के बिना कलाकारों की सूची पूरी तरह अधूरी है। १९५०-७० के बीच में एक नये कला आन्दोलन के सूत्रपात के लिए प्रमुख रूप से फ़ैकल्टी ऑफ़ फ़ाइन आर्ट्स, बड़ौदा के संस्थापकों को श्रेय प्रदान किया जाता है जिनमें प्रमुख है मार्कण्ड भट्ट, एन.एस. बेन्द्रे, वी.आर. अम्बेडकर, शंखो चौधुरी एवं के.जी. सुब्रह्मण्यन्। इस पूरी नेतृत्व मण्डली को फ़ैकल्टी ऑफ़ फ़ाइन आर्ट्स बड़ौदा में लाने का महान् श्रेय एम. एस. विश्वविद्यालय की कुलपति श्रीमती हंसा मेहता को है, जिनकी आधुनिक शिक्षा के उत्तरोत्तर विकास की भावना के कारण ही यह सम्भव हो पाया। यह देश का प्रथम आधुनिक कला संस्थान है जो पहली बार 'फ़ाइन आर्ट्स' में डिग्री प्रदान करने वाला विश्वविद्यालय बना है। श्रीमती हंसा मेहता के स्वप्न के अनुरूप इस टीम

ने पूरी भावना के साथ 'आधुनिक कला के उत्थान' में अपना सर्वस्व होम कर दिया।

शंखो दा का संकल्प, विचार शक्ति और उनकी अपनी ज़िम्मेदारियों की भावनाओं से ओतप्रोत था। हर तरह के कार्यों को सुचारू ढंग से संचालित करने के लिए वे सभी को अपने साथ जोड़ लेते थे। मुझे याद है कि बड़ौदा में प्रत्येक शनिवार के दिन ११ बजे संकाय में घण्टा बजता था, प्रत्येक अध्यापक, स्टूडियो सहायक एवं छात्र–छात्राएँ सभी अपने विभाग के स्वच्छता अभियान में पूरी तत्परता से लग जाते थे। यहाँ तक कि शौचालय आदि तक को भी चमका देते थे। फ़ैकल्टी ने स्वच्छता अभियान को अपनी साप्ताहिक दिनचर्या में शामिल कर रखा था।

फ़ाइन आर्ट्स के विद्यार्थियों के नित्य प्रयोग में आने वाली कला सामग्रियाँ महँगी होती हैं, परन्तु मूर्तिकला के विद्यार्थियों को विशेष दिक़्क़तों का सामना करना पड़ता है। मूर्तिकला के अधिकतर छात्र आर्थिक रूप से कमज़ोर परिवारों के होते हैं। इक्के–दुक्कों की स्थिति ही सुदृढ़ होती है। शंखो दा इस स्थिति से भलीभाँति परिचित थे। सीमेण्ट–प्लास्टर आदि की ज़रूरतों को पूरा करने के लिए वह छात्रों की भरपूर मदद करते थे या कुछ ऐसे रास्ते निकालते थे कि ग़रीब छात्रों को इससे कुछ राहत मिल सके। वह अपने उद्योगपति मित्र नानू भाई अमीन की कम्पनी में दो घण्टा, चार घण्टा की पार्ट टाइम सहायककर्मी की तरह अपने छात्रों को काम दिलवाते थे। जिससे वे अपनी रोज़मर्रा की ज़रूरतों को पूरा कर सकें, ये बातें शंखो दा मुझसे इसलिए भी कहते थे जिससे यह पता चले कि एक शिक्षक की एक अभिभावक की तरह अपने बच्चों के प्रति क्या ज़िम्मेदारियाँ होती हैं। सस्ते मूल्य पर विश्वविद्यालयों से सीमेण्ट आदि दिलवाते थे। मुझे याद है कि जब मैं काशी हिन्दू विश्वविद्यालय में मूर्तिकला का विद्यार्थी था तो हमारे तत्कालीन विभागाध्यक्ष एम.वी. कृष्णन तेज़ आँधी–पानी के अवसर पर विश्वविद्यालय परिसर में शीशम के गिर पड़े वृक्ष को विश्वविद्यालय प्रशासन से छात्रों को लकड़ी से मूर्ति बनाने के लिए माँग लेते थे। हमेशा उस समय काशी हिन्दू विश्वविद्यालय द्वारा हमारे पाठ्यक्रम में हर तरह की कला सामग्रियाँ विद्यार्थियों को मुफ़्त में प्रदान की जाती थीं जिसके कारण हमारी पढ़ाई आसान हो जाती थी तथा हम निश्चिन्तता से अधिकाधिक कार्य कर सकते थे। (आज यह व्यवस्था दुर्लभ है)।

शंखो दा ब्रोंज कास्टिंग में अत्यधिक रुचि रखते थे। वह चाहते थे कि प्रत्येक छात्र इस विधि का निश्चित ही प्रयोग करे। महँगा माध्यम होने के कारण छात्र इसे कर नहीं पाते थे। जबकि वुड कार्विंग एवं स्टोन कार्विंग भी पाठ्यक्रम में बड़ी प्रमुखता से सिखाया जाता था। फ़ाइन आर्ट्स बड़ौदा में स्टोन, वुड, ब्रोंज के अतिरिक्त कई माध्यमों में अनेक प्रयोग होते थे। शंखो दा जब पेरिस में कुछ समय के लिए थे, उस समय उन्होंने पहली बार ब्रोंज कास्टिंग में कुछ मूर्तिशिल्प तैयार किये थे। उनकी उत्कट इच्छा थी कि मूर्तिकला विभाग में एक ब्रोंज कास्टिंग की फाउण्ड्री होनी चाहिये। उन्हीं दिनों एक जर्मन विशेषज्ञ (ब्रोंज कास्टिंग), महाराज बड़ौदा के आमन्त्रण पर, कुछ मूर्तिशिल्प की ढलाई के सन्दर्भ में राजमहल बड़ौदा में आये हुए थे तथा उन्होंने वहाँ पर एक छोटी-सी ब्रोंज-फाउण्ड्री भी विकसित की थी। शंखो दा ने उन्हें कुछ दिन के लिए विभाग में अतिथि प्राध्यापक के रूप में आमन्त्रित किया था। उन्होंने ब्रोंज-कास्टिंग की इटैलियन प्रोसेस का विधिवत् ज्ञान छात्रों को प्रदान कराया। धीरे-धीरे ब्रोंज कास्टिंग भी एक प्रमुख माध्यम के रूप में फ़ैकल्टी ऑफ़ फ़ाइन आर्ट्स बड़ौदा से प्रारम्भ हो गया तथा यहीं के प्रशिक्षित छात्रों ने देश के अन्य कला संकायों के मूर्तिकला विभागों में इसे विकसित भी किया।

नानू भाई अमीन, शंखो दा एवं इरा दी के अत्यन्त ही नज़दीकी मित्र थे। जिनके साथ इनके पारिवारिक सम्बन्ध आज तक अटूट बने हुए हैं। मुझे याद है कि जब १९८८ जून में जापान से भारत वापस आने के बाद जुलाई १९८८ में शंखो दा के मझले पुत्र ईतु चौधुरी का विवाह-उत्सव दिल्ली में था, मैं उसमें शामिल हुआ था। उसी समय नानू भाई अमीन से बाबा ने मेरा परिचय कराया था—बहुत कुछ बाबा उनके बारे में बताते थे। मुझे अधिक तो याद नहीं है लेकिन एक घटना मुझे कभी नहीं भूलती है जब शंखो दा २१ मार्च, १९९९ को 'राम छाटपार शिल्प न्यास' के 'शिलान्यास' के अवसर पर वाराणसी आये हुए थे और शंखो दा के द्वारा आधारशिला का कार्यक्रम प्रातःकाल सम्पन्न हुआ था। उसी दिन 'प्रथम अन्तरराष्ट्रीय मूर्तिकला कार्यशाला' का उद्घाटन भी शंखो दा ने किया था। दोपहर विश्राम के बाद सायंकाल अचानक बड़ौदा से टेलीफ़ोन द्वारा एक दुखद सूचना मिली कि नानू भाई अमीन बहुत ही गम्भीर अवस्था में अस्पताल में भर्ती हैं। इस ख़बर के बाद बाबा की स्थिति अत्यन्त ही नाज़ुक हो गयी थी। बस, वह

अपनी पीड़ा को अपने हृदय में दबाये चुपचाप थे—किसी तरह से बड़ौदा जाना चाह रहे थे। शाम और रात्रि तक बनारस से कोई हवाई जहाज़ दिल्ली/बड़ौदा तक नहीं था, प्रात:काल ही सम्भव था। तत्काल आगामी प्रात:काल १० बजे की फ्लाइट से वाराणसी–दिल्ली–बड़ौदा के लिए टिकट की व्यवस्था हो गयी। सारी रात बाबा सो नहीं पाये थे। मैं बाबा के पास ही सोता था। मैंने उस दुख की घड़ी में उन्हें बहुत ही अकेला होते महसूस किया था।

शंखो चौधुरी के व्यक्तित्व में अनेक गुण थे जिनमें मैत्री सम्बन्ध सर्वोपरि था। उनके व्यक्तित्व से अनुमान लगाया जा सकता था कि मित्रता ही वह दुर्लभ सम्बन्ध है जहाँ बेहतरीन रचनात्मक अनपेक्षा के साथ जीवन को स्वतन्त्रता से जिया जा सकता है क्योंकि अन्तत: अन्तरंग से अन्तरंग सम्बन्ध भी अपेक्षाओं का बोझ देते हैं और कलाकार सांसारिक अपेक्षाओं के बोझ को बहुत नहीं ले सकता।

इरा दी ने अपनी पुस्तक में ज़िक्र किया है कि नानू भाई अमीन की इंजीनियरिंग फ़ैक्टरी ज्योति लिमिटेड (बड़ौदा) में ब्रोंज कास्टिंग की फाउण्ड्री भी थी, जिसके प्रमुख ढलाई कर्ता (Caster) को नानू भाई ने विदेश इटैलियन प्रोसेस (Last –Wax-Process) में कास्टिंग सीखने के लिए भेजा था। शंखो दा अक्सर] फुरसत के वक़्त] वहाँ पर कुछ–न–कुछ नया प्रयोग करते रहते थे। १९६२ में जब भारत सरकार द्वारा उन्हें महात्मा गाँधी की १६ फीट ब्रोंज में प्रतिमा निर्मित करने का कमीशन प्राप्त हुआ था तो उस समय नानू भाई अमीन ने अपनी फ़ैक्टरी में पूरी सुविधा के साथ इनकी हर सम्भव मदद की थी जो उस समय की स्थिति में इतने उच्च स्तर का कठिन कार्य था।

उन दिनों फ़ैकल्टी ऑफ़ फ़ाइन आर्ट्स, बड़ौदा का स्वरूप छोटा था। धीरे–धीरे १९५० के बाद से ही प्रत्येक विभाग में आन्तरिक स्टूडियो–सुविधा की व्यवस्था होती गयी और एक–एक करके धीरे–धीरे इसका विस्तार होता चला गया। उस समय मात्र १००–१५० विद्यार्थी होते थे जिसमें मूर्तिकला विभाग में सभी २५–३० छात्र ही थे। जब मैं १९७९ में एम.एफ.ए. मूर्तिकला अध्ययन के लिए बड़ौदा गया हुआ था तो वहाँ पूरी फ़ैकल्टी में २५०–३००

१९६२ महात्मा गाँधी की १६ फीट ब्रोंज में प्रतिमा

विद्यार्थी थे। फ़ैकल्टी का वातावरण अत्यन्त ही पारिवारिक था। छात्र, शिक्षक, कर्मचारी एवं प्रशासनिक कर्मी सभी एक–दूसरे के हर सुख–दुःख में सदैव साथ–साथ होते थे।

संकाय के प्रत्येक विभाग की आवश्यकताओं को पूरा करने के लिए अनेकानेक आयोजनों के प्रति सचेत शंखो दा, सबको साथ लेकर आर्थिक संसाधन एकत्र करने के लिए, अनेक उपाय किया करते थे। उनके इस उद्देश्य में उनके उद्योगपति मित्र तथा विश्वविद्यालय–प्रशासन भी अपनी भूमिका अदा किया करता था। शंखो चौधुरी मात्र २० वर्ष तक बड़ौदा में रहे लेकिन वह फ़ैकल्टी ऑफ़ फ़ाइन आर्ट्स एवं स्थानीय लोगों के साथ गहरायी से हमेशा जुड़े रहे जो उनके परिवार के साथ आज तक भी जुड़े हुए हैं। बड़ौदा का कला–समाज एवं कला से सरोकार रखने वाले लोग तथा जो इनसे शायद कभी मिले भी नहीं होंगे वे लोग भी शंखो चौधुरी की शख़्सियत से परिचित थे तथा उनका आजीवन तथा मरणोपरान्त भी सम्मान करते हैं।

बराबर यह प्रश्न उठता है कि शंखो चौधुरी के व्यक्तित्व में ऐसा क्या था जिसके प्रभाव से उनके शिक्षक सहकर्मी तथा उनके अपने शिष्य तथा और भी अनेक लोग उनसे बराबर जुड़े रहे तथा बराबर इनके अद्‌भुत चरित्र की चर्चा बहुत निष्ठा से करते हैं। किन्हीं व्यक्तिगत स्वार्थ के कारण हो सकता है कभी किसी की भावना को ठेस पहुँची हो, परन्तु वे लोग भी इनकी निश्छलता, निष्पक्षता एवं परोपकारी स्वभाव के प्रशंसक रहे हैं। मेरी अनेक लोगों से उनके बारे में चर्चा होती रहती है। मैं उसी आधार पर यह कह रहा हूँ।

शिक्षण कार्य के अलावा वे प्रशासनिक कार्यों एवं अपनी शिल्प–रचना के प्रति हमेशा सजग और समर्पित रहते थे। एक शिक्षक, रचनारत शिल्पी, समग्र रूप से कला उत्थान के कार्यकर्ता के रूप में उनकी पहचान थी। यह कहना अतिशयोक्ति नहीं होगी कि रामकिंकर के बाद मूर्तिशिल्प के क्षेत्र में अगर किसी की प्रसिद्धि है तो वह शंखो चौधुरी हैं।

शंखो चौधुरी संस्थाओं एवं छात्रों के लिए हर प्रकार की चुनौतियों का सामना करने के लिए हमेशा तैयार रहते थे। प्रारम्भिक दौर में कई छोटी–मोटी दिक़्क़तों का सामना करना पड़ा था। मूर्तिशिल्प रचना के लिए स्वभावतः 'स्पेस' (शिल्प–सृजन के लिए जगह, तदुपरान्त मूर्तियों को रखने की

जगह) बहुत महत्त्व रखता है। इस सन्दर्भ में 'उपयुक्त स्टूडियो' का होना आवश्यक होता है। इस तरह की चिन्ताएँ शंखो दा को हमेशा बनी रहती थी। क्योंकि इसके बिना (स्टूडियो) शिल्पकार का रचना में ध्यान लगाना, समर्पित होना एवं कार्य करते जाना कठिन होता है।

शंखो दा कभी-कभी उन दिनों की बातें बताया करते थे जिनका उल्लेख नीलिमा शेख एवं इरा दी ने भी किया है कि 'कैसे उनका अपना घर और फ़ैकल्टी का मूर्तिकला स्टूडियो हमेशा छात्रों के लिए खुला रहता था, चाहे वह रात हो या दिन। यह घर छात्रों की देखभाल करता, अगर आर्थिक कारणों से खाना आदि की दिक़्क़तें हैं या सामग्री ख़रीदने के लिए पैसों की आवश्यकता है या कोई बीमार है तो तुरन्त इलाज और सेवा शुश्रूषा की व्यवस्था की जाती थी। यह तब तक (१९६९) चलता रहा था जब तक शंखो चौधुरी बड़ौदा में अध्यापक रहे थे।' मैं स्वयं उनके छात्र का छात्र हूँ—मुझे याद है कि जब बनारस में मैं अस्पताल में निमोनिया हो जाने के कारण (१९७५) भर्ती था तो उस समय राम छाटपार सर मुझे देखने आते थे तथा छात्रावास में भी आते थे। पैसों की आवश्यकता पर मैं नि:संकोच उनसे सहायता लेता था। पुन: जब मैं बड़ौदा आया तो कृष्ण छाटपार सर का घर तो न जाने कितने छात्रों का उसी तरह से घर था जैसा कि शंखो दा के घर के बारे में नीलिमा बेन ने लिखा है। बड़ौदा में सन् १९७९-८१ तक मैं पूरी तरह आर्थिक रूप से कृष्ण छाटपार एवं श्रीमती इन्दिरा राम छाटपार पर निर्भर रहा हूँ। बहुत से सुपरिचित नाम हैं जिनकी हर तरह की मदद कृष्ण छाटपार करते थे। मैं यहाँ किसी की किसी से तुलना नहीं कर सकता हूँ, परन्तु, यह कहना उचित होगा कि गुरु के शिष्य पर उनके संस्कारों की अटूट छाप होती है। जबकि सच्चे अर्थों में आज यह कम ही देखने को मिलता है।

ब्रोंज कास्टिंग (इटैलियन प्रोसेस द्वारा) शंखो दा के द्वारा पहली बार बड़ौदा में ही प्रारम्भ हुई। रात-रात भर जागकर फायरिंग करना, दूसरे-तीसरे दिन कास्टिंग करना स्वयं मैंने १९७६ में शंखो दा को बनारस में करते हुए यह देखा है। उनके साथ काम करने का माहौल एक उत्सव जैसा होता था। उन्हें अत्यधिक प्रफुल्लित, ठहाके लगाते हुए, बात-बात पर किसी को भी बड़ी कस के डाँटते हुए भी उस समय देखा जा सकता था। छात्रों, शिक्षकों एवं सहायकों के समूह का पूरा ध्यान शंखो दा की आनन्द से भरपूर गतिविधियों पर टिका रहता था।

शंखो चौधुरी गुरु–शिष्य परम्परा के द्योतक थे और इस परम्परा में निश्चित रूप से शान्तिनिकेतन का प्रभाव भी देखा जा सकता है। वे छात्रों में हर तरह का भरोसा पैदा करते थे। अगर किसी तरह की किसी भी छात्र को मदद या प्रश्रय की आवश्यकता पड़ती थी तो तन–मन–धन से सबसे आगे आकर उसकी सहायता करते थे। शंखो चौधुरी का व्यवहार उदारता एवं मानवता का प्रतीक था। इनके स्वभाव का प्रभाव बड़ौदा के सम्भ्रान्त लोगों पर भी पड़ा जिसके कारण फ़ैकल्टी एवं वहाँ के नागरिकों के बीच आपसी सम्बन्ध बहुत मधुर हो गये थे। इनकी बराबर यही चेष्टा रहती थी कि बड़ौदा फ़ाइन आर्ट्स विभाग देश की सर्वोत्तम फ़ैकल्टी बने ताकि एम.एस. विश्वविद्यालय, फ़ाइन आर्ट्स फ़ैकल्टी पर गर्व महसूस कर सके। इसमें कोई सन्देह नहीं है कि आज भी बड़ौदा फ़ैकल्टी की गरिमा बरकरार है तथा यह निश्चित रूप से देश का प्रथम एवं सर्वश्रेष्ठ कला–संस्थान है। आज के समय में बड़ौदा फ़ैकल्टी से जुड़े हुए कलाकार देश एवं विदेश में कार्यरत हैं, वे इसका प्रमुख श्रेय शंखो चौधुरी को प्रदान करते हैं।

१९८८ में जापान से आने के बाद शंखो दा के साथ मेरा सम्पर्क और भी अधिक गहरा हो गया था। अक्सर जब मैं दिल्ली जाता तो बाबा के पास ही रुकता था। फुरसत में अक्सर गपशप करते हुए ढेर सारी बातें बड़ौदा के दिनों की हुआ करती थीं कि किस तरह से फ़ैकल्टी में न्यूड स्टडी की शुरुआत हुई, मुम्बई से एक मॉडल को इसके लिए बड़ी मुश्किल से तैयार करके लाया गया था, पहले कुछ ही दिनों में इसको लेकर (मॉडल को) काफ़ी विरोध का सामना 'उन्हें' करना पड़ा था। उस मॉडल को रहने के लिए कोई जगह न मिलने के कारण शंखो दा ने उसके (कमरा) रहने की व्यवस्था अपनी ग़ैरेज में की थी तब तक जब तक उसे आधिकारिक रूप से कोई जगह उपलब्ध नहीं हो गयी। शंखो दा इन बातों को बहुत ध्यान से बताया करते थे कि बड़ौदा में बहुत लोग, फ़ैकल्टी के कुछ अध्यापक तथा कुछ अन्य लोग भी जब उन्हें यह जानकारी मिली कि यह मॉडल महिला है इसका विरोध किया करते थे। शंखो दा अडिग थे, न्यूड स्टडी कराने के पक्ष में, वाइस–चांसलर श्रीमती हंसा मेहता के भरपूर सहयोग ने इन्हें ऐसी परिस्थिति में हर तरह के विरोध का सामना करने की शक्ति प्रदान की थी। 'कैसे एक संस्था का नव–निर्माण सम्भव होता है, हर असम्भव को सम्भव सिद्ध करके उन्होंने दिखाया।' शंखो चौधुरी की यह एक तरह की ज़िद होती थी।

वस्तुतः भारतीय कला जगत् में न्यूड स्टडी शास्त्रीय रूप में जानी तो जाती थी लेकिन रचनात्मक धरातल पर देह और न्यूडिटी की समझ यहाँ विकसित नहीं थी। निश्चित रूप से कला ही समाज को उसके आदिम अवस्था में भी प्रस्तुत करती है तथा सर्वाधिक सुसंस्कृत और सभ्य अवस्था में भी। शंखो दा व्यावहारिक धरातल पर कला की ज़मीन तैयार करने के लिए अपने स्तर पर निरन्तर जूझ रहे थे। एक ऐसे समाज में जो फ़िलहाल न्यूडिटी और वल्गेरिटी, प्रेम और वासना, सौन्दर्य और आध्यात्मिकता में बुनियादी फ़र्क़ करना नहीं जानता था।

फ़ैकल्टी ऑफ़ फ़ाइन आर्ट्स बड़ौदा के लिए शंखो चौधुरी की भूमिका कई सन्दर्भों में अत्यन्त ही महत्त्वपूर्ण रही है। सबसे प्रमुख था कि कला संकाय को पूर्ण संसाधनयुक्त और विकसित कर उसे रचनात्मक अकादेमिक वातावरण कैसे प्रदान किया जाये। योग्य शिक्षकों की चयन प्रक्रिया में भी शंखो दा की भूमिका निश्चित रूप से हमेशा प्रमुख रही है विशेष तौर पर मूर्तिकला विभाग में। शंखो दा ने अपने कुछ प्रमुख योग्यतम शिष्यों को मूर्तिकला विभाग में नियुक्त किया जिनमें महेन्द्र पाण्ड्या अनेक माध्यमों के प्रयोगकर्मी, राघव कनेरिया क्ले-मॉडलिंग, ब्रोंज, मेटल सिट्स, डायरेक्ट वेस्ट मैटेरियल्स के विशेषज्ञ, गिरीश भट्ट वुड एवं ब्रोंज माध्यम, रजनीकान्त पांचाल ब्रोंज तथा अन्य माध्यमों में कुशल, कृष्ण छाटपार स्टोन, मॉडलिंग आदि में कुशल। जिनके सुयोग्य छात्र-छात्राएँ भारतीय मूर्तिकला के क्षेत्र में अपना अभूतपूर्व योगदान आज भी प्रदान कर रहे हैं तथा परम्परा का निर्वहन भी कर रहे हैं।

आर्थिक सुदृढ़ता के लिए प्रारम्भिक दौर में पहली बार छात्रों एवं शिक्षकों की एक सामूहिक कला-प्रदर्शनी का आयोजन जहाँगीर आर्ट गैलरी में किया गया। प्रदर्शनी को सराहनीय प्रशंसा मिली; पहली बार फ़ैकल्टी ऑफ़ फ़ाइन आर्ट्स बड़ौदा, मुम्बई में ही नहीं देश भर में विख्यात हो गयी। शंखो दा को छोटे-बड़े शिल्प के कमीशन बराबर मिलते रहते थे। उनके निर्माण में वे हमेशा छात्रों को भी लगाये रहते थे जिससे उन छात्रों में तकनीकी ज्ञान के साथ-साथ व्यावहारिक आचार-विचार तथा नेतृत्व की क्षमता विकसित होती रहती थी। उन विद्यार्थियों को उचित पारिश्रमिक भी प्राप्त होता था। जब शंखो दा १९७६ में World Bank of America के लिए एक मूर्तिशिल्प की ब्रोंज कास्टिंग काशी हिन्दू विश्वविद्यालय में कर

रहे थे तो हम कई एक स्थानीय छात्र उनके कार्य में सहायता कर रहे थे। मुझे याद है कि प्रत्येक छात्र को एक निश्चित धनराशि प्रदान की गयी थी। (जिसका ज़िक्र मैंने अपने आत्मीय संस्मरण वाले अध्याय में किया है)।

शंखो दा को हिन्दुस्तानी शास्त्रीय संगीत के साथ अन्य संगीत भी बहुत पसन्द था और बड़ौदा शास्त्रीय संगीत का गढ़ माना जाता है। फ़ाइन आर्ट्स में संगीतमय वातावरण विकसित करने में शंखो दा का विशेष योगदान था। मुझे याद है कि एक बार दिल्ली में मित्र दत्तात्रेय आप्टे से शंखो दा के बड़ौदा में योगदान के बारे में चर्चा हो रही थी तो उन्होंने बताया कि शंखो चौधुरी के निधन के उपरान्त ललित कला अकादेमी, रवीन्द्र भवन, नयी दिल्ली के प्रांगण में श्रद्धांजलि कार्यक्रम का आयोजन किया गया था जिसमें अनेकानेक सुप्रसिद्ध कलाकार, समीक्षक, युवा कलाकार लोगों से प्रांगण भर गया था। वहाँ पर प्रमुख लोगों में के.जी. सुब्रह्मण्यन्, एम. रामचन्द्रन, गुलाममोहम्मद शेख, प्रयाग शुक्ल, केशव मलिक आदि लोगों ने शंखो चौधुरी के व्यक्तित्व एवं उनके योगदान के बारे अपने-अपने विचारों से उन्हें श्रद्धासुमन अर्पित किये थे। गुलाममोहम्मद शेख ने बड़ी प्रमुखता से यह ज़िक्र किया था कि—

> शंखो दा का फ़ैकल्टी ऑफ़ फ़ाइन आर्ट्स बड़ौदा में कई अर्थों में विशेष योगदान रहा है सब कुछ के साथ ही साथ में संगीत के 'संस्कार' फ़ाइन आर्ट्स के विद्यार्थियों में डालना, संगीत से परिचित कराना तथा उनमें रुचि उत्पन्न करना बहुत मायने रखता है क्योंकि उस समय 'महाराजा सयाजी राव के दरबार हॉल' में आम नागरिकों को संगीत सुनने की इज़ाज़त नहीं थी, शंखो दा ने राजघराने के लोगों से विशेष आग्रह कर इस बात की सहमति ली थी कि फ़ाइन आर्ट्स के छात्रों को सुनने की अनुमति दी जाय। शेख सर ने आगे बताया कि अक्सर वह स्वयं फ़ाइन आर्ट्स के छात्रों को लेकर संगीत के कार्यक्रमों में जाया करते थे। उस समय हम विद्यार्थियों के मन-मस्तिष्क पर संगीत का अभूतपूर्व प्रभाव पड़ा था। शंखो दा ने संगीत सुनने की नयी संस्कृति से 'फ़ाइन आर्ट्स' को परिचित कराया। उनका यह योगदान अविस्मरणीय है।

उपर्युक्त सन्दर्भ के अतिरिक्त भी अक्सर जब मैं बाबा से मिलता था तो वे निश्चित रूप से किसी-न-किसी 'उस्ताद' या 'संगीत गुरु' के गायन एवं वादन शैली की विशेषताओं की चर्चा ज़रूर किया करते थे। बाबा अक्सर

मुझे गाकर भी सुनाते थे। रवीन्द्र संगीत ख़ूब अच्छा गाते थे।

शंखो दा संगीत के गम्भीर रसिक एवं गुणी थे। इस भाव को हमेशा मैंने महसूस किया है क्योंकि मेरा रुझान संगीत की तरफ़ रहा है। उन्होंने यह जानकर मेरे संगीत प्रेम को प्रोत्साहित किया है जिसके कारण मेरी संगीत-अभिरुचि और अधिक परिष्कृत हुई है। जब बाबा १९८८ में टोक्यो मेरे प्रवास के वक़्त आये थे तो मेरे निवास पर वे राजू (मेरी पत्नी) के सितार को बजाने लगे तथा आनन्दित एवं उल्लास के साथ गाना भी गाने लगे थे। बाबा का मन उस समय बहुत ही प्रफुल्लित होता था जब वह गाने लगते थे। राम छाटपार सर का कहा गया एक वाक्य मुझे याद रहता है कि 'मदन, अगर तुम संगीत सुनोगे तो ही मेरी तुम्हारी मित्रता स्थायी हो सकती है।' इस भाव के सन्दर्भ में जब मैं इस कथन को देखता हूँ तो लगता है कि शंखो दा के सान्निध्य में उनके शिष्यों में कितनी गहरी अभिरुचि 'संगीत के प्रति' थी जिसकी प्रेरणा और प्रोत्साहन वह अपनी आने वाली पीढ़ियों को दे रहे थे।

शंखो दा 'ख़ान साहेब अब्दुल करीम ख़ाँ' के गायन से बहुत ही प्रभावित थे। अक्सर उनका प्रिय भैरवी राग में यह बन्दिश 'यमुना के तीर' को वह उसी स्वर-ध्वनि में गाकर सुनाते थे। कई मिनटों तक तल्लीनता से गाते रहते थे। इस सन्दर्भ में वे किंकर दा की अक्सर चर्चा करते थे कि वह उन्मुक्त होकर हमेशा गाया करते थे। सर्वविदित है कि किंकर दा के हँसी-ठहाके एवं पूरा खुलकर गान करना, शंखो दा को किंकर दा से प्राप्त हुआ था।

शंखो दा की दूसरी सबसे अधिक रुचि आदिवासी कला एवं मानव निर्मित कलाकृतियों में थी। इरा दी ने अपनी पुस्तक में इसका विशेष ज़िक्र किया है कि कैसे—

> मणि सर एवं शंखो दा अक्सर कुछ छात्रों को लेकर बड़ौदा के आसपास के ग्रामीण एवं आदिवासी क्षेत्र के मेले में ज़रूर जाते थे। शंखो दा को इन त्योहारों-पर्वों में यह विश्वास रहता था कि कुछ-न-कुछ उन्हें उनकी पसन्द का ज़रूर मिल जायेगा। कभी-कभी उन्हें निराश भी होना पड़ता था। एक बार शंखो दा एवं मणि दा दोनों कई दिन तक मेला देखने के बाद बहुत बीमार होकर वापस लौटे थे। मेले के प्रति इनमें बड़ी गहरी आसक्ति थी।

फ़ाइन आर्ट्स फ़ेयर

१९६१ में पहला फ़ाइन आर्ट्स फ़ेयर (ललित कला मेला), फ़ैकल्टी ऑफ़ फ़ाइन आर्ट्स, बड़ौदा से प्रारम्भ हुआ। जिसके बारे में नीलिमा शेख ने उल्लेख किया है कि—

> कला मेले का प्रमुख उद्देश्य बड़ौदा के स्थानीय नागरिकों को फ़ाइन आर्ट्स फ़ैकल्टी के कलात्मक क्रिया-कलापों, छात्रों-शिक्षकों द्वारा निर्मित कृतियों से परिचित कराने के साथ नागरिकों में कला के प्रति सौन्दर्य-बोध और प्रेम उत्पन्न करना है। जिसकी पहल शंखो चौधुरी द्वारा सबसे पहले बड़ौदा में की गयी।

शंखो दा के स्वभाव और उन पर शान्तिनिकेतन के प्रभाव ने इस आनन्द-उत्सव को करने की उत्कट इच्छा ने ही इस कला-मेला को बड़ौदा में जन्म दिया। इस कला मेला को प्रारम्भ करने के लिए शंखो दा ने विद्यार्थियों, अध्यापकों तथा सभी को प्रेरित किया। उन्होंने सुझाव दिया कि छात्रों की प्रयोगात्मक कलाकृतियाँ (Art work) स्टूडियो में बहुत स्थान घेरती हैं क्यों न इनको उचित मूल्य पर नीलाम कर दिया जाय और इस तरह एकत्र धनराशि का निर्धन छात्रों के सहायतार्थ उपयोग किया जाय। बड़ौदा शहर, देश के अन्य शहरों से कला प्रेमियों के लिए,

फ़ैकल्टी ऑफ़ फ़ाइन आर्ट्स फ़ेयर बड़ौदा, आज भी अपनी गरिमा को बरकरार रखे हुए है, आज की स्थिति में लाखों रुपये की धनराशि की कलाकृतियाँ एवं वहाँ के छात्रों, अध्यापकों द्वारा निर्मित कला वस्तुएँ दिन–प्रतिदिन ऊँचाई की तरफ़ अग्रसर हैं।

प्रत्येक देश का अपना सांस्कृतिक उत्सव एक महत्त्व रखता है। यह संयोग की बात है कि बंगाल की पृष्ठभूमि वाले (शान्तिनिकेतन) शंखो दा एवं मणि दा, दोनों ही, बड़ौदा में शिक्षक के पद पर नियुक्त हुए थे। १९५३ के प्रारम्भ में बड़ौदा के अध्यापक एवं छात्रों ने गुरुदेव रवीन्द्रनाथ टैगोर के नाटक 'तासेर देश' की संगीतमय प्रस्तुति की थी। उसके कुछ ही वर्ष बाद सुकुमार राय के 'हायावारला' का गुजराती भाषा में इन लोगों ने मंचन किया था। उपर्युक्त प्रस्तुतियों का उद्देश्य था कि किसी तरह से कुछ निर्धन छात्रों के सहायतार्थ कुछ धनराशि एकत्र की जाय। कहीं–न–कहीं इसके पीछे सभी की भावना रही होगी लेकिन इसकी पृष्ठभूमि को देखा जाय तो 'शंखो चौधुरी की भूमिका' निश्चित रूप से इन्हें प्रेरित करने में अग्रणी थी।

फ़ैकल्टी ऑफ़ फ़ाइन आर्ट्स, बड़ौदा में प्रत्येक त्योहार पूरे उत्साह के साथ मनाया जाता है, जिसमें यहाँ का 'गरबा–नृत्य' प्रसिद्ध है। जिसके कारण यहाँ के स्थानीय नागरिक, फ़ैकल्टी के गरबा उत्सव में, पूरे उत्साह के साथ हिस्सा लेते हैं। मैं स्वयं जब बड़ौदा में पढ़ता था तो उस समय होली, दशहरा, नवरात्रि, दीपावली एवं मकर सक्रान्ति में पूर्णरूपेण त्योहार का माहौल रहता था। शंखो दा की अभिरुचि नाट्य में भी बहुत थी तथा उन्होंने कई नाटक, नृत्य–नाटिकाओं का भी मंचन किया था।

बड़ौदा में जब मैं स्नातकोत्तर की पढ़ाई कर रहा था, उस समय अक्सर रजनीकान्त पांचाल (मूर्तिकला विभाग के वरिष्ठ अध्यापक) शंखो चौधुरी के बारे में ज़रूर चर्चा किया करते थे। हमेशा शंखो दा यह थे, वह थे, इतना सब करते थे, कराते थे। बहुत ही तल्लीन एवं भाव–विभोर होकर उन्हें याद करते थे। मैं उन्हें अपलक देखता रहता, सुनता रहता, मुझे बहुत ही अच्छा लगता, इतना सब कुछ सुनकर। बड़ौदा में मूर्तिकला विभाग के सभी अध्यापक महेन्द्र पाण्ड्या, राघव कनेरिया, गिरीश भट्ट, कृष्ण छाटपार, रजनीकान्त पांचाल, शंखो चौधुरी के ही शिष्य थे साथ ही शिल्पी नागजी पटेल भी उन्हीं के छात्र थे। सभी लोग किसी–न–किसी अवसर पर शंखो

दा की चर्चा करते, किन्हीं-न-किन्हीं सन्दर्भों में शंखो दा को श्रद्धेय गुरु का मान-सम्मान प्रदान किया करते थे। जब मैं बाबा से इन बातों को कहता तो उन्हें बहुत ही आन्तरिक ख़ुशी होती थी। मूर्तिकला विभाग के अतिरिक्त अन्य विभागों के शिक्षक भी उन्हें अपने आदर्श शिक्षक के रूप में आदर प्रदान किया करते थे।

शंखो दा २० वर्ष तक बड़ौदा में रहे। १९५०-७० के बीच उनका योगदान कई अर्थों में बहुत ही उल्लेखनीय रहा है जिसका प्रभाव वर्षों तक भारतीय कला के इतिहास में चर्चित रहेगा। यह किसी तरह की अतिशयोक्ति नहीं है। फ़ैकल्टी ऑफ़ फ़ाइन आर्ट्स, बड़ौदा के पर्याय बन चुके शंखो चौधुरी या शंखो चौधुरी का पर्याय बन चुका फ़ाइन आर्ट्स फ़ैकल्टी हमेशा एक-दूसरे के लिए जाना जायेगा।

दो

दिल्ली (१९७०–२००६)

न जाने कितने कारण हो सकते हैं जिनके कारण २० वर्षों तक बड़ौदा में अध्यापन एवं निवास के उपरान्त शंखो चौधुरी अचानक एम.एस. विश्वविद्यालय को त्याग–पत्र देकर दिल्ली चले आये। शायद नियति ही वह शक्ति है जो व्यक्ति से न जाने कितने कार्य करवाती रहती है। इसका पता किसी को नहीं चलता है। यह सब बस होता रहता है।

१९७० की गर्मी में शंखो दा दिल्ली आ गये। बड़ा बेटा उदित चौधुरी ऋषि वैली स्कूल में पढ़ रहा था। शंखो दा और इरा दी ने सोचा कि क्यों न ईतु छोटे पुत्र को भी ऋषि वैली में प्रवेश करा दिया जाय। शुभा चौधुरी सबसे बड़ी बेटी ऋषि वैली स्कूल की पढ़ाई पूरी करके कॉलेज में पढ़ रही थी। इरा दी ने अपनी पुस्तक में ज़िक्र किया है कि इस प्रकार से बड़ौदा से दिल्ली आने में किसी प्रकार की पारिवारिक दिक़्क़तों एवं परेशानियों का सामना अधिक नहीं करना पड़ा। बाबा के स्टूडियो की पूरी शिल्प कृतियाँ तथा ढेर सारा घरेलू सामान आदि सब बड़ौदा से एक रेलवे बैगन में भरकर दिल्ली लाया गया था।

शंखो दा की इच्छा थी कि अब मैं अपना पूरा समय अपने शिल्प कार्य में ही लगाऊँगा क्योंकि शैक्षणिक ज़िम्मेदारियों के कारण अपनी कला को वह पूरा समय नहीं दे पाते थे। सबसे बड़ी समस्या थी दिल्ली में काम करने की जगह की क्योंकि मूर्तिशिल्प रचना के लिए एक स्थायी एवं उपयुक्त जगह की अत्यन्त आवश्यकता पड़ती है। शिक्षण के दौरान मूर्तिकला विभाग के स्टूडियो की सुविधाएँ तथा बड़ौदा में बड़े आकार में शिल्प के सृजन के समय इनके मित्र नानू भाई अमीन की फ़ैक्टरी में काम करने से ज़रूरतें पूरी हो जाती थीं। दूसरी महत्त्वपूर्ण बात बड़ौदा में यह भी थी कि इनके अपने शिष्य जो इनके शिल्प–रचना कर्म में उत्साह एवं आनन्द के साथ सहायता

प्रदान किया करते थे, वे यहाँ अनुपस्थित थे क्योंकि यह सारी बातें मैं उनके साथ बनारस में अपने मूर्तिकला विभाग के स्टूडियो में काम करते हुए देख चुका था तथा यह सारी बातें राम छाटपार सर काम करते समय हम लोगों को बताया करते थे।

दिल्ली में सबसे नज़दीकी लोगों में कृष्ण कृपलानी एवं उनकी पत्नी श्रीमती नन्दिता कृपलानी थीं, वे इरा दी के साथ शान्तिनिकेतन में पढ़ चुकी थीं। इनसे मिलने शंखो दा एवं इरा दी जब भी दिल्ली आते तो उन्हीं के बँगले पर रुकते थे। दिल्ली आने के बाद कृष्ण कृपलानी शंखो दा के स्थानीय अभिभावक भी बन गये थे। इरा दी ने उद्धृत किया है, जब शंखो

दा ने कई महीने पूर्व एम.एस. विश्वविद्यालय को अपना त्याग-पत्र दे दिया था तो बड़ौदा छोड़ने के पहले वे मकराना आ गये थे जहाँ पर उन्होंने संगमरमर में कई शिल्पों की रचना की, वहीं पर उन्होंने पहली बार कलाकार की अद्वितीय स्वतन्त्रता का अनुभव किया।

२६ जनवरी, १९७१, गणतन्त्र दिवस पर शंखो चौधुरी को भारत सरकार द्वारा पद्मश्री अलंकरण से सम्मानित किया गया। और उसी वर्ष ग्रीष्म ऋतु में राष्ट्रीय आधुनिक कला संग्रहालय, नयी दिल्ली में इनके शिल्पों की एक बड़ी पुनरावलोकन प्रदर्शनी का आयोजन किया गया। सभी मूर्तिशिल्प संग्रहालय की आन्तरिक दीर्घाओं में प्रदर्शित किये गये थे जो दिल्ली के कला अनुरागियों द्वारा प्रशंसित भी हुए।

रहने के लिए किराये का मकान तो था जिसके बरामदे में थोड़ा-बहुत मूर्ति-सृजन भी हो जाता था, लेकिन विस्तार से बड़ा या छोटा कार्य करने की जगह नहीं थी। इस समस्या से शंखो दा हमेशा चिन्तित रहते थे। अक्टूबर १९७१ में इनकी एक शिल्प प्रदर्शनी मुम्बई में भी आयोजित हुई जहाँ पर इनके कला मित्र एवं इनके जानने वालों ने मुम्बई में शिल्प रचना के लिए उपयुक्त स्टूडियो स्थापित करने की योजना बनायी। इरा दी एवं शंखो दा मुम्बई आने के लिए तैयार हो गये। लेकिन शायद नियति को यह मंजूर नहीं था अन्यथा ये लोग मुम्बई आ गये होते।

रूरल इण्डिया कॉम्पलेक्स

१९७२ में हैण्डी क्राफ्ट्स बोर्ड, भारत सरकार, नयी दिल्ली ने शंखो दा से हस्तकला एवं क्राफ्ट कला-कृतियों की प्रदर्शनी लगाने के लिए आग्रह किया जिसे शंखो दा ने Rural India Complex का नाम दिया। शंखो दा की लम्बे समय से इस तरह की प्रदर्शनी करने की बड़ी इच्छा थी। वे चाहते थे कि ग्रामीण अंचलों की जनजाति एवं आदिवासी लोगों के क्षेत्रों की कौशल कला को संगृहीत करके एक अच्छा संग्रहालय (Museum) तैयार किया जाय। एक बार गाँधी शताब्दी वर्ष के उपलक्ष्य में ये लोक कलाकारों द्वारा निर्मित वस्तुओं की प्रदर्शनी का आयोजन भी ललित कला अकादेमी नयी दिल्ली के लिए आयोजित कर चुके थे। शंखो दा का सोचना था कि

भारतीय जीवन शैली दिन-प्रतिदिन बड़ी तेज़ी के साथ परिवर्तित हो रही है चाहे वह ग्रामीण क्षेत्र हो या आदिवासी क्षेत्र। हर क्षेत्र की वस्तुएँ तथा हस्त निर्मित कृतियाँ तेज़ी से बदलती जा रही हैं साथ ही इनकी माँग भी लोगों में बढ़ती जा रही है। शंखो दा का इस तरह की कला-कृतियों के प्रति अगाध प्रेम एवं इनके संरक्षण में गहरी दिलचस्पी थी। वह हमेशा चाहते थे कि ऐसी कला-कृतियों का अधिक-से-अधिक संग्रह कर उन्हें भविष्य के लिए बचाना चाहिये ताकि आने वाली पीढ़ी इनकी क्षेत्रीय मौलिकता को देख सके। दिल्ली में शंखो दा का घर बहुत कुछ भारतवर्ष तथा अन्य देशों की आदिवासी हस्त कलाओं से भरा रहता था। जो इनका व्यक्तिगत संग्रह था जिसे बाद में इन्होंने राष्ट्रीय संग्रहालय नयी दिल्ली को समर्पित कर दिया। श्रीमती इन्दिरा गाँधी (तत्कालीन प्रधानमन्त्री) एवं श्रीमती पुपुल जयकर (कला मनीषी एवं विशेषज्ञ) ने शंखो दा के इस सपने को पूरा करने में बहुत ही सहयोग दिया। एशिया ७२ फ़ेयर (प्रगति मैदान, दिल्ली) में एक हिस्सा Rural India Complex के रूप में स्थापित भी हुआ।

लोककला, जनजातीय एवं आदिवासी कला-कृतियों के संरक्षण के लिए शंखो दा हमेशा सजग रहते थे। वे आजीवन इसके लिए समर्पित एवं प्रयत्नशील बने रहे। १९७२ में जब क्राफ्ट-म्यूज़ियम की स्थापना हो रही थी और जिसके लिए देश के कोने-कोने से कृतियों को एकत्र किया जा रहा था, उस समय प्रगति मैदान में कार्यरत सहयोगी सरकारी उच्च-मध्यम-अधिकारी लोगों की आलोचनाओं का शिकार भी उन्हें होना पड़ता था। ये अधिकारी व्यंग्यात्मक भाषा का प्रयोग करते थे, 'गन्दी एवं भद्दी', 'भारत की ग़रीबी के प्रतीकों' का संग्रह हो रहा है। शंखो दा इन सबकी कोई परवाह नहीं करते थे, उन्हें पता था कि इनकी अज्ञानता ही इनकी सबसे बड़ी योग्यता है। यह अक्षरशः सत्य है कि कला के लिए आज भी यथा-स्थितिवाद भारत के पढ़े-लिखे शिक्षित वर्ग में व्याप्त है। भारतवर्ष में ललित कलाओं को लेकर अनभिज्ञता, अरुचि अधिकतम उच्च शिक्षित लोगों में दिखती है।

हस्तकला संग्रहालय के लिए देश के अनेक कोनों में शंखो दा एवं इरा दी ने व्यक्तिगत रूप से अपने स्वयं के ख़र्च से यात्रा की तथा अनेक जानकारियाँ एकत्र कीं एवं सबसे अच्छा शिल्प (Best) का चयन ही इनकी प्राथमिकता थी। साथ ही उनकी इच्छा थी वहाँ के स्थानीय कलाकार अपने समूह के

साथ दिल्ली आकर अपने क्षेत्र की कलात्मक कृतियों का निर्माण हस्त कला संग्रहालय में करें। अलग-अलग तरह के कॉम्पलेक्स तैयार करने के लिए वे स्वयं अपना सामान भी लाये थे। उन कलाकारों को आने-जाने, रहने-खाने तथा उन्हें उचित पारिश्रमिक प्रदान किया जाय इसका ध्यान शंखो दा एवं इरा दी स्वयं रखते थे ताकि सरकारी अधिकारी किसी प्रकार की हीला-हवाली न कर सकें।

विभिन्न प्रदेशों के अलग-अलग ग्रामीण क्षेत्रों से आये हस्तशिल्पी, लोक कलाकार, आदिवासी कलाकार, तरह-तरह के अपने स्थानीय परिवेश के 'घर' का निर्माण इस कॉम्पलेक्स में कर रहे थे। नागालैण्ड, आसाम, उड़ीसा, अरुणाचल, मध्य प्रदेश, केरल आदि के गिने-चुने कलाकारों ने The Rural India Complex को यादगार बना दिया। शंखो दा के मज़बूत इरादे, दूरदृष्टि के परिणामस्वरूप यह अद्वितीय उपलब्धि देश को प्राप्त हुई। अनेक लोगों के सहयोग एवं परिश्रम का यह प्रयोग सफल सिद्ध हुआ।

शंखो चौधुरी का विश्वास था कि जनजाति के लोग ही अपनी प्रतिदिन की ज़िन्दगी में कला का प्रयोग करते हैं। इनकी रोज़मर्रा की ज़रूरतों को पूरा करने वाले जिन सामानों का ये निर्माण करते हैं उनमें अनेक कलात्मक प्रतीकों का सृजन कर अपनी कलाभिरुचि को अभिव्यक्त करते हैं। जिनकी रचना में इनकी पूरी मौलिकता व शुद्धता रहती है जो मानव सभ्यता की अनोखी रचना होते हैं। इन्हीं सब कारणों से श्रीमती इन्दिरा गाँधी के प्रोत्साहन एवं सहयोग के कारण शंखो चौधुरी 'राष्ट्रीय मानव संग्रहालय' भोपाल की स्थापना कर सके थे।

गढ़ी स्टूडियो

कुछ बनाने के लिए कुछ प्रयास करना ही पर्याप्त नहीं होता है बल्कि तन-मन की सक्रिय भागीदारी भी ज़रूरी होती है उसी से वह सब कुछ बनने लगता है जिसकी मानव समाज को आवश्यकता होती है। आवश्यकता से आविष्कार होता है यह तथ्य सच है।

गढ़ी (कला स्टूडियो) बनने की भी एक कहानी है। अक्सर शंखो दा के घर पर जब मैं कई-कई दिन रुकता था तो उनके साथ उनकी दिनचर्याओं में मैं

शामिल होता था। वे कितने ही व्यस्त क्यों न हों या अस्वस्थ हों, तो भी नियमित रूप से गढ़ी स्टूडियो ज़रूर जाते थे। पहले तो प्रातः १० बजे से १ बजे तक, अपराह्न ३-४ से ५-६ बजे शाम तक, जीवन के अन्तिम काल में जब वह अस्वस्थ चल रहे थे या होते थे, तो भी निश्चित रूप से ११ बजे से १ बजे तक वहाँ ज़रूर जाते थे। घर के लोगों का सहयोग होता था क्योंकि मन की स्वस्थता तो गढ़ी स्टूडियो में जाने से ही बरकरार रहती थी, शरीर को स्वस्थ रखने के लिए अनेक औषधियाँ तो होती ही थीं।

शंखो दा के साथ बातचीत में तथा इरा दी की पुस्तक से और इधर-उधर से गढ़ी के सम्बन्ध में अनेक बातें मुझे सुनने एवं जानने को मिली हैं। शंखो दा को दिल्ली में काम (शिल्प) करने के स्थान की समस्या बहुत बड़ी थी। इरा दी (पॉटरी सम्बन्धी कार्य) की भी चिन्ता थी कैसे एक स्थायी जगह मिले जिससे वहाँ अपनी एक छोटी ही सही काम करने की जगह (स्टूडियो) तथा रहने का स्थान तो हो जाये। किसी एक दिन (१९७२) शंखो दा, इरा दी को नारायण कुलकर्णी (शंखो दा के प्रिय मूर्तिशिल्पी छात्र), ईस्ट ऑफ़ कैलाश (नयी दिल्ली) में कुछ ज़मीन दिखाने के लिए 'लाल डोरा एरिया' की ओर ले गये। वहाँ पर लम्बरदार (गाँव के मुखिया) से एक ज़मीन ख़रीदने सम्बन्धी बातें तय हुईं। ज़मीन भी पसन्द आ गयी थी। लेकिन लम्बरदार का कहना था कि ज़मीन की पूरी क़ीमत नकद देनी होगी।

उसकी बातें बड़ी अटपटी लगीं तथा कुछ काग़ज़ात वग़ैरह से सम्बन्धित जानकारी ग़ैर क़ानूनी लगी जो कि बहुत ही जोख़िम भरी थी। बातचीत यहीं ख़त्म करके शंखो दा थोड़ा आगे की तरफ़ बढ़ चले तो सामने ही मुग़ल शैली का एक द्वार दिखायी पड़ा। वे ठिठककर वहाँ रुक गये। पीछे से इरा दी एवं नारायण कुलकर्णी भी आ गये। सभी लोग अवाक् होकर गेट को देखते ही रह गये। गेट के अन्दर, सपाट जंगल-सा, कुछ अवशेष खण्डहर तथा कुछ भैंसों को उसमें चरते हुए पाया। निश्चित रूप से वे लोग आश्चर्यचकित थे तथा उन्हें महसूस हुआ कि यही जगह एक स्टूडियो के लिए उपयुक्त है।

शंखो दा हमेशा प्रयत्नशील रहते थे कि कलाकारों को एक सुनिश्चित स्पेस मिले, जहाँ पर वे निश्चिन्त होकर अपनी कला-साधना निर्बाध रूप से करते रह सकें। शंखो दा बातों-बातों में ये बातें मुझसे साझा करते थे कि 'जब मैं लन्दन, पेरिस, इटली आदि जगहों पर पहली बार (१९४९) गया था तब वहाँ देखा कि कलाकारों का समूह एक स्थान पर एक साथ काम कर रहा है जबकि कुछ कलाकारों के अपने व्यक्तिगत स्टूडियो भी होते थे।' विशेष रूप से इससे वे बहुत ही प्रभावित हुए थे। शंखो दा जिस समय बड़ौदा में रह रहे थे तो उस समय उन्होंने भारतीय मूर्तिकार संघ (Indian Sculptor Association) की स्थापना की थी। जिसके माध्यम से महाराष्ट्र सरकार (मुम्बई) को इस सन्दर्भ में सहयोग करने का आग्रह भी किया था। कहीं-न-कहीं इन्हीं सबका परिणाम मुम्बई का 'कला नगर' है जो बान्द्रा में स्थित है। शंखो दा को इस समय दिल्ली में दिलचस्पी थी कि किस तरह से कलाकारों को काम करने का स्थान मिले, क्योंकि भारत में कला संस्थानों के अलावा कलाकारों के लिए काम करने की कोई सुनिश्चित जगह नहीं है। उनका विचार था कि अपने स्वयं के लिए घर या अपने व्यक्तिगत स्टूडियो से कहीं ज़्यादा आवश्यकता इसकी है कि सबके लिए एक जगह हो। यह तो अद्‌भुत संजोग की बात थी कि एक बड़े शहर में कैसे सभी के लिए एक स्टूडियो की सुविधा प्राप्त हो।

शंखो दा हमेशा सार्वजनिक स्टूडियो की आवश्यकता की बातें सभी से करते रहते थे। शंखो दा ने कुछ मित्र कलाकारों के साथ दिल्ली के उपराज्यपाल को गढ़ी गाँव में स्थित इस जगह को स्टूडियो के लिए दे दिया जाये इस सन्दर्भ में पत्र लिखा, जिसे श्रीमती अरुणा आसफ अली ने अग्रसारित भी

किया। एक और घटना का ज़िक्र शंखो दा करते थे कि हम लोग स्थान की दिक़्क़तों के प्रति गम्भीर एवं चिन्तित थे जिसके कारण दिल्ली छोड़कर मुम्बई में जाकर स्थायी रूप से रहने की बात सोचते रहते थे। संयोगवश उपर्युक्त बातें कृष्ण कृपलानी जी ने श्रीमती इन्दिरा गाँधी जी को लिखित रूप में बता दीं। श्रीमती गाँधी ने जगमोहन चोपड़ा को इस सन्दर्भ में पत्र लिखा, जो उस समय दिल्ली विकास प्राधिकरण के उपाध्यक्ष थे। जगमोहन जी ने शंखो दा को तत्काल डी.डी.ए. का फ़्लैट देने का प्रस्ताव भेजा और कहा कि वहीं वह अपना स्टूडियो भी बना लें। शंखो दा को यह प्रस्ताव उचित नहीं लगा। उन्होंने जगमोहन को लिखा कि उनकी इच्छा है कि सभी कलाकारों के लिए सार्वजनिक स्टूडियो की आवश्यकता है, यह केवल मुझे ही नहीं चाहिये। जगमोहन ने उपराज्यपाल के सामने आवश्यक कार्यवाही करने के लिए एक सार्वजनिक स्थान की व्यवस्था करने की बातें रखीं जिसके कारण यह गढ़ी गाँव का स्टूडियो बन सका। जब गढ़ी स्टूडियो (१९७६) बनकर तैयार हो गया तो इसकी देखरेख कैसे हो यह किसके अधिकार क्षेत्र में हो जो इसे क्रियाशील रख सके इसकी बात भी उठी। शंखो दा ने स्टूडियो की पूरी देखभाल एवं सुविधाएँ प्रदान करने के लिए इसे ललित कला अकादेमी के अन्तर्गत कर दिया जाये इसका प्रस्ताव रखा जिसे सरकार ने स्वीकार कर लिया। उस प्रस्ताव में था ललित कला अकादेमी सभी कलाकारों को बराबर की सुविधाएँ प्रदान करे तथा मूर्तिकला, पॉटरी एवं ग्राफ़िक के लिए सार्वजनिक स्टूडियो तथा उसमें ज़रूरत की अन्य प्रारम्भिक तकनीकी सुविधाएँ भी प्रदान करे। शंखो दा के प्रयत्न से कुछ अतिरिक्त धनराशि की भी व्यवस्था सरकार की ओर से ललित कला अकादेमी को प्राप्त हुई। संयोगवश शंखो दा उस समय ललित कला अकादेमी के अवैतनिक सचिव थे जिनके अथक परिश्रम एवं सूझबूझ से यह सम्भव हो पाया और १९७६ जुलाई में गढ़ी स्टूडियो पूर्णरूपेण प्रारम्भ हो गया, जिसमें वरिष्ठ कलाकारों के लिए लगभग ८-१० एकल स्टूडियो का भी प्रावधान था। उसी समय ललित कला अकादेमी की विद्वत परिषद् ने निर्णय लिया कि शंखो चौधुरी को एक एकल स्टूडियो आजीवन बिना किसी मासिक या वार्षिक धनराशि के प्रदान किया जाय परन्तु शंखो दा ने स्टूडियो तो स्वीकार किया लेकिन स्टूडियो का मासिक किराया वह हमेशा देते रहेंगे जैसे अन्य कलाकार देते हैं यह बात उन्होंने सबके सामने रखी।

धीरे-धीरे गढ़ी स्टूडियो की संरचना का व्यापक महत्त्व एवं लाभ कलाकारों को मिलने लगा, तथा इसी विचार से प्रेरणा लेकर और अधिक स्टूडियो बनाने के उद्देश्य से ललित कला अकादेमी ने देश के अन्य प्रमुख शहरों में क्षेत्रीय कला केन्द्र के रूप में कला स्टूडियो की स्थापना की, जिसमें कोलकाता, चेन्नई, लखनऊ, भुवनेश्वर प्रमुख रूप से क्रियाशील हैं।

शंखो दा को गढ़ी स्टूडियो से अत्यन्त मोह था, जिसकी वजह से वर्षों तक (दिल्ली से बाहर जाने के अलावा) प्रत्येक दिन वह स्टूडियो अवश्य ही आते थे, काम करते थे तथा 'गढ़ी' पर पूरी नज़र रखते थे। यह मैंने स्वयं अपनी आँखों से देखा है। घण्टों स्टूडियो में उनसे बातें करता तथा उनके साथ कभी उनका कुछ सहयोग करता। स्टूडियो का उनका सपना अद्भुत था। भारत को उनकी यह एक अनमोल भेंट है जो हमेशा-हमेशा के लिए अमर रहेगी।

ललित कला अकादेमी

१९५४ में ललित कला अकादेमी की स्थापना के समय से ही, शंखो चौधुरी का उसके लिए योगदान अत्यन्त महत्त्वपूर्ण रहा है। १९५२ में Indian Sculptor Association के वे पहले अवैतनिक संयुक्त सचिव एवं संस्थापक थे। १९५४ में ही शिक्षा मन्त्रालय भारत सरकार द्वारा आयोजित समकालीन मूर्तिशिल्प की प्रदर्शनी, राष्ट्रीय संग्रहालय नयी दिल्ली में आयोजित की गयी। १९५६ में ललित कला अकादेमी ने इन्हें वरिष्ठ कलाकार के सम्मान से सम्मानित किया तथा इसी वर्ष 'फीगर' शिल्प के लिए राष्ट्रीय ललित कला अकादेमी का पुरस्कार भी इन्हें प्राप्त हुआ।

शंखो चौधुरी का संस्थाओं के साथ अटूट सम्बन्ध रहा है इसलिए हमेशा कुछ-न-कुछ करने के लिए पूरी ज़िम्मेदारी के साथ वे समर्पित रहते थे, लेकिन बराबर अपनी कुछ शर्तों पर। वे अपनी निजी सम्पत्ति को भी संस्था के विकास में लगा देते थे। संस्थाओं के लिए तन, मन, धन से सहयोग करते थे। मैंने यह समर्पण उनके स्वभाव में पाया था।

ललित कला अकादेमी के उत्थान के लिए शंखो दा सरकार को 'येन-केन-प्रकारेण' तैयार करते रहते थे। अकादेमी के सम्मानित सदस्य होने के

ललित कला रत्न, ललित कला अकादेमी, नयी दिल्ली २००४

कारण उसकी कलात्मक गतिविधियों एवं विभिन्न योजनाओं को बढ़ावा देने के लिए सदा कार्यक्रम बनाते रहते थे। १९६० में शंखो दा को यूगोस्लाविया में आयोजित अन्तरराष्ट्रीय मूर्तिकार कार्यशाला में भारत सरकार द्वारा भेजा गया। कार्यशाला के प्रभाव एवं अनुभव की दिलचस्प बातें 'बाबा' से होती रहती थीं तथा उसी के बाद उन्होंने ललित कला अकादेमी को प्रेरित कर मकराना में १९६२ में प्रथम मूर्तिकार शिविर का आयोजन किया, जिसमें कृष्ण छाटपार, शर्वरी राय चौधुरी, महेन्द्र पाण्ड्या आदि लोगों ने हिस्सा लिया था। सम्भवत: यह दिसम्बर का आख़िरी एवं जनवरी का महीना था। इसकी चर्चा कृष्ण छाटपार सर भी करते थे, जिनकी एक संगमरमर में निर्मित बड़े आकार की कृति ललित कला अकादेमी, नयी दिल्ली के प्रांगण में रखी हुई है। एक तरह से भारत में कला शिविर तथा कला-कार्यशाला का प्रारम्भ भी वहीं से होता है जिसका स्वरूप आज उत्तरोत्तर विकसित हो रहा है। सरकारी तथा ग़ैर सरकारी और धनाढ्य लोगों द्वारा कला के विभिन्न माध्यमों में कार्यशालाएँ देश के कोने-कोने में आयोजित हो रही हैं। यह सब शंखो चौधुरी के प्रयत्नों का फल है।

१९७० के बाद दिल्ली में शंखो दा की व्यस्तता दिन-प्रतिदिन बढ़ती गयी। गाँधी शताब्दी वर्ष १९७० में ललित कला अकादेमी द्वारा आयोजित Folk and Trible Images of India का सफल आयोजन शंखो दा द्वारा अत्यन्त सराहनीय रहा। १९७१ में पद्मश्री सम्मान, राष्ट्रीय आधुनिक कला संग्रहालय द्वारा Retrospective तथा Art India III प्रदर्शनी के आयोजन से दिल्ली कला जगत् के साथ-साथ देश के समकालीन कला जगत् में शंखो चौधुरी का यश, कृतित्व सुविख्यात होता गया। के.के. हेब्बर द्वारा संयोजित 25 Years of Indian Art ललित कला अकादेमी द्वारा आयोजित प्रदर्शनी में शंखो चौधुरी का शिल्प प्रशंसित हुआ।

१९७५ में ललित कला अकादेमी ने तृतीय भारत त्रैवार्षिकी का आयोजन किया जिसके लिए अकादेमी प्रबन्ध समिति ने शंखो चौधुरी को त्रैवार्षिकी का कार्यभार सौंपने का निश्चय किया। बहुत संकोच के बाद शंखो दा ने निदेशक का कार्यभार स्वीकार किया। उस समय ललित कला अकादेमी में कोई सचिव भी नहीं था। प्रबन्ध समिति ने सचिव पद ग्रहण करने की भी संस्तुति की जिसे इन्होंने अवैतनिक सेवा के रूप में कुछ समय के लिए परिस्थितियों को देखते हुए स्वीकार कर लिया। द्वितीय त्रैवार्षिकी (१९७२) में बहुत विवाद पैदा हुआ था। जिसकी वजह से कलाकारों के एक बड़े समूह ने अपने आप को उस प्रदर्शनी से अलग कर लिया था। शंखो दा ने तीसरी त्रैवार्षिकी में कलाकारों के बीच आपसी सामंजस्य पैदा किया तथा सर्वसम्मति से कलाकारों के समूह को इसमें पुनः शामिल किया।

तृतीय भारतीय त्रैवार्षिकी को मैंने स्वयं देखा है। सम्भवतः भारत में आयोजित आज तक की यह श्रेष्ठ त्रैवार्षिकी थी जो एक तरह से अविस्मरणीय रही है। मुझे याद है कि ललित कला अकादेमी की सभी गैलरी तथा बहावलपुर हाउस के काफ़ी हिस्सों में अन्तरराष्ट्रीय कलाकारों की कृतियों को प्रदर्शित किया गया था। इसमें अनेक देशों की हिस्सेदारी अत्यन्त ही प्रभावशाली रही थी।

उसी वर्ष भारत सरकार द्वारा नियुक्त प्रतिनिधि के रूप में शंखो दा और इरा दी को फिलीपींस जाने का निमन्त्रण मिला था, जहाँ पर Folk Art Center का उद्घाटन होना था। शंखो दा के लोक-कलाओं के विकास में महत्त्वपूर्ण योगदान एवं गहरी रुचि के कारण भारत सरकार द्वारा प्रतिनिधित्व करने के लिए इन्हें विशेष रूप से भेजा गया था। फिलीपींस की यात्रा आनन्दप्रद और अविस्मरणीय रही थी। उद्घाटन के उपरान्त इस्कलोर विश्वविद्यालय द्वारा इन्हें डाक्टरेट (D.Ltt-Honoris Cause) की उपाधि से सम्मानित

किया गया। यह भारत के लिए गौरव की बात थी। शंखो दा ने अपने वक्तव्य में कहा था : 'यह सम्मान केवल मेरा नहीं है बल्कि हमारे देश भारत का है एवं जिसके कारण मैं इसे स्वीकार कर रहा हूँ।'

ललित कला अकादेमी में कई तरह के महत्त्वाकांक्षी कार्यों और योजनाओं को शंखो दा ने पूरी ज़िम्मेदारी एवं कर्तव्यनिष्ठा के साथ पूरा किया। हमेशा उनका ध्यान रहता था कि प्रत्येक कलाकार के हित में अधिकतम कार्य ललित कला अकादेमी द्वारा होना चाहिये। कलाकारों को हर तरह की सुविधा प्राप्त होनी चाहिये। १९७६ में गढ़ी स्टूडियो के प्रारम्भ होने के बाद 'शायद मैं जानता नहीं हूँ लेकिन मुझे लगता है कि यह शंखो दा की ही सोच रही होगी कि जो भी कलाकार देश के अन्यत्र भागों से दिल्ली आते हैं उन्हें ललित कला अकादेमी की ओर से रहने की भी सुविधा होनी चाहिये। इसीलिए बहावलपुर हाउस में राष्ट्रीय नाट्य विद्यालय के पीछे के एक कोने वाले हिस्से वाले प्रांगण में स्थित ब्रिटिश स्टाइल हवेली को ललित कला अकादेमी का गेस्ट हाउस बनाया गया था। मुझे याद है कि १९७८ से मैं स्वयं अक्सर दिल्ली जाने पर उसमें एक-दो दिन या अधिक समय के लिए रुकता था। जिसका प्रतिदिन दो रुपये के रेट से एक बिस्तरा पलंग की व्यवस्था सामूहिक कक्ष में उपलब्ध रहती थी। ललित कला अकादेमी के सहायक कर्मचारियों एवं अधिकारियों की देखरेख में यह सुचारू रूप से चल रहा था।'

मैं यहाँ पर एक घटना का ज़िक्र करना चाहता हूँ। १९८१-८२ में जब रिचर्ड बोर्थलोम्यू, ललित कला अकादेमी के सचिव थे। उस समय अकादेमी की प्रबन्धक कमेटी द्वारा दो रुपये की जगह पाँच रुपये प्रति बेड प्रति कलाकार का प्रस्ताव रखा गया था तथा जल्द ही उसे शुरू करने की योजना भी बनी थी। संयोगवश कई दिनों के लिए मैं गेस्ट हाउस में रुका हुआ था, मेरे साथ ही देश के अन्य शहरों के कलाकार भी वहाँ पर रुके हुए थे। मूल्य अधिक होने की चर्चा मैंने ऐसे ही शंखो दा से मिलने पर की तो वह अत्यन्त ही दुखी हुए तथा अपनी असहमति प्रकट की कि तुम सभी लोग मिलकर इसका सख़्त विरोध करो। उसी वक़्त शंखो दा ने बताया कि 'कैसे उन्होंने दिल्ली सरकार से अनुरोध कर अपने सचिव कार्यकाल से इस जगह को अकादेमी के गेस्ट हाउस के रूप में प्राप्त किया था। उनकी कल्पना थी कि जो कलाकार दूरदराज से दिल्ली आते हैं उन्हें कम से कम

पैसे में कम से कम रहने की जगह तो उपलब्ध हो जाय क्योंकि दिल्ली में रहने के अलावा अन्य ख़र्च बहुत ही होते हैं।' मैं शंखो दा की बात से बहुत ही प्रभावित हुआ तथा दूसरे ही दिन और कुछ समस्याओं को लेकर गेस्ट हाउस में ठहरे हुए कलाकार मित्रों के साथ ललित कला अकादेमी, रवीन्द्र भवन के प्रांगण में 'धरने पर' बैठ गया। कई घण्टों तक नारेबाज़ी एवं धरना होता रहा। धीरे-धीरे वहाँ पर हम लोगों के साथ दिल्ली के भी कुछ कलाकार इस छोटे से आन्दोलन में शामिल हो गये। सचिव रिचर्ड बार्थलोम्यू ने बड़ी ही सहानुभूति के साथ हम लोगों को आश्वासन दिया कि आप लोगों का प्रस्ताव और माँग प्रबन्धक समिति के समक्ष प्रस्तुत करूँगा तथा आग्रह भी करूँगा कि गेस्ट हाउस का किराया न बढ़ाया जाय। मुझे याद है कि कई वर्ष तक दो रुपया ही गेस्ट हाउस का प्रतिदिन का किराया भुगतान करना पड़ता था।

शंखो दा का ललित कला अकादेमी के साथ औपचारिक तथा अनौपचारिक, दोनों रूपों में, हमेशा स्वस्थ सम्बन्ध बना रहा। इसी कारण से ललित कला अकादेमी के कई महत्त्वपूर्ण कार्यक्रमों में उसके उच्च पदों पर रहते हुए उन्होंने अकादेमी का भलीभाँति संचालन किया। १९८२ में पाँचवीं त्रैवार्षिकी की अन्तरराष्ट्रीय कला प्रदर्शनी में वह चयन समिति के सदस्य थे। १९८४ में इन्हें ललित कला अकादेमी का अध्यक्ष नियुक्त किया गया। श्रीमती इन्दिरा गाँधी का अन्तिम हस्ताक्षर ३१ अक्टूबर, १९८४ को शंखो चौधुरी के चयन-पत्र पर हुआ था। १९८९ तक अध्यक्ष पद पर रहते हुए ललित कला अकादेमी के उत्थान एवं विकास में उन्होंने अपना बहुमूल्य योगदान प्रदान किया था।

ललित कला अकादेमी के कार्यकाल के दौरान अन्दरूनी राजनीतिक (स्वार्थी कलाकारों द्वारा सृजित) कारणों से बहुत बार अनेक दिक़्क़तों का सामना भी शंखो चौधुरी को करना पड़ा था लेकिन अपनी कर्तव्यपरायणता से उन्होंने हर मुसीबत का सामना राष्ट्रीय हित के लिए किया था। शंखो दा की सेवा भावना को कुछ स्वार्थी कलाकारों के द्वारा दुख पहुँचता था लेकिन अनुभवी एवं संयमी शंखो चौधुरी उनके कृत्यों से निराश नहीं होते थे तथा वह हमेशा सत्य-कर्म के साथ खड़े रहे। इन कारणों से इनका व्यक्तिगत शिल्प कर्म निश्चित तौर पर प्रभावित हुआ। लेकिन इससे मुक्त होने के बाद ऊर्जावान शिल्पी की तरह उन्होंने अपनी प्रतिभा को सृजनरत रखा, जैसा कि वे अपने युवा काल में सृजनरत रहते थे।

शंखो चौधुरी के जीवन का अधिकतम समय (३६ वर्ष) दिल्ली में ही व्यतीत हुआ। एम.एस. विश्वविद्यालय बड़ौदा के फ़ैकल्टी ऑफ़ फ़ाइन आर्ट्स से प्रारम्भ शैक्षणिक यात्रा (२० वर्ष तक) का एक सर्वोत्तम उदाहरण एक शिक्षक, कलाकार एवं कलाधर्मी के रूप में इतनी सहजता से उपलब्ध नहीं होता है। ट्राइबल आर्ट्स सेण्टर प्रगति मैदान, गढ़ी स्टूडियो एवं ललित कला अकादेमी की स्थापना एवं उत्थान के योगदान के बाद १९८१ में इन्हें Delhi Arban Art Commission का सदस्य नियुक्त किया गया जो तीन-तीन साल के दो कार्यकाल अर्थात् छह वर्ष तक रहा।

'दिल्ली महानगर कला आयोग' में इनके दूरदर्शी परिश्रम के कारण सार्वजनिक स्थलों पर कलात्मक उत्कृष्ट कृतियों को स्थापित कराने में आपसी सामंजस्य के द्वारा सफलतापूर्वक शंखो दा ने एक नयी दिशा प्रदान की। उसी समय से सरकारी तथा ग़ैर सरकारी भवनों पर अनेक माध्यमों में म्यूरल कार्य तथा बड़े आकारों में कला एवं शिल्प के अन्य माध्यमों में कला को प्रतिष्ठापित करने का अवसर कलाकारों को प्राप्त कराया। एक-दो प्रतिशत भवन की लागत की कलाकृति को भवन के साथ स्थापित या संगृहीत करने की योजना तैयार हुई जो उस भवन को कलात्मक सुन्दरता प्रदान कर सके। इसके लिए उन्होंने अनेक प्रयासों के माध्यम से सरकार को तथा लोगों को बड़े जतन के साथ प्रोत्साहित किया। हमारे देश के पारम्परिक भवनों, मन्दिरों, महलों आदि में उच्च कोटि की कला-कृतियों के उत्कीर्णन, शिल्पन तथा चित्रण बहुत मिलते हैं। इन कृतियों से लोगों में कला के प्रति जागरूकता पैदा करना शंखो दा का उद्देश्य था।

सौभाग्य की बात है कि शंखो दा को अपनी रुचि के अनुसार जीवन में बराबर ऐसे संयोग मिलते रहे जहाँ वह सम्पूर्ण आनन्द और मनोयोग से अनेक योजनाओं का क्रियान्वयन एवं सम्पादन कर सके। शंखो दा का उत्साह ऊर्जापूर्ण रहता था, वह बिलकुल आगे आकर, बिना किसी चिन्ता के, कठिन-से-कठिन कार्यों को पूर्ण होने तक उन्हें करते रहते थे। इस तरह के कई उदाहरण जीवनपर्यन्त उनके साथ जुड़े रहे हैं।

शंखो चौधुरी को कई उपलब्धियाँ दिल्ली प्रवास में प्राप्त हुई हैं जबकि शंखो दा की इच्छा थी कि वह अधिकतम स्वनिर्मित मूर्ति शिल्पों का सृजन दिल्ली में रहकर करेंगे। निश्चित रूप से शिल्प-सृजन करना उनके जीवन काल में सदा प्रधान रहा है। मैंने देखा है कि वह प्रतिदिन निश्चित रूप से

कुछ-न-कुछ शिल्प-सृजन में संलग्न रहते थे। भले ही वह छोटा हो या बड़ा, ऐसे प्रश्नों से वे अलग रहते थे। छोटी-बड़ी अनेक एकल प्रदर्शनियाँ तथा समूहों में देश-विदेश के शिल्प प्रदर्शित होते रहे। कई एक महत्त्वपूर्ण विशिष्ट कार्य भी इन्होंने किये। इनका दिल्ली प्रवास पूर्णरूपेण गतिशील एवं सक्रिय रहा था।

शंखो दा द्वारा नियोजित और सम्पादित कई परियोजनाएँ कला एवं कलाकारों के लिए लाभकारी रही हैं, यदा-कदा वह अतिरिक्त समय अगर अपने शिल्प के लिए नहीं दे पाये तो उसकी जगह वे कुछ महत्त्वपूर्ण कला सम्बन्धी कार्यों को स्वरूप प्रदान करते रहे हैं। यह उनकी कार्यपद्धति एवं एक प्रकार की जीवन-शैली थी। वे अनावश्यक रूप से किसी के हस्तक्षेप को नहीं होने देते थे। उन्हें हमेशा सार्वजनिक प्रशंसा प्राप्त हुई। महत्त्वपूर्ण पुरस्कारों एवं सम्मानों के अतिरिक्त उन्हें ललित कला अकादेमी का मानद सम्मान, डॉक्टरेट डिग्री रवीन्द्र भारती विश्वविद्यालय, कोलकाता और विश्वभारती विश्वविद्यालय, शान्तिनिकेतन से सर्वोच्च सम्मान 'देशकोत्तम' से नवाज़ा गया। भारत भवन भोपाल (मध्य प्रदेश सरकार) द्वारा कालिदास सम्मान २००१ एवं आदित्य बिरला कला शिखर पुरस्कार मुम्बई २००२, ललित कला रत्न, ललित कला अकादेमी, नयी दिल्ली २००४ एवं लाइफ़ टाइम एचीवमेंट अवार्ड, लीजेन्थ ऑफ़ इण्डिया २००४ से उन्हें सम्मानित किया गया।

१९९६ में गढ़ी स्टूडियो में गढ़ी के कलाकारों एवं परिवार के सदस्यों द्वारा आमन्त्रित इनके बहुत मित्रों ने शंखो दा का ८०वाँ जन्मोत्सव बहुत उत्साह के साथ मनाया था जिससे शंखो दा को बहुत ख़ुशी हुई। इतनी अवस्था होने के बाद भी शंखो दा प्रत्येक दिन गढ़ी स्टूडियो काम करने जाते थे। मुझे याद है कि १९९५ के मार्च माह में 'राम छाटपार शिल्प न्यास' द्वारा आयोजित अखिल भारतीय समकालीन मूर्ति शिल्प विषय पर आधारित दो दिवसीय विचार-विमर्श सेमिनार में शंखो दा वाराणसी पधारे थे तथा वह कई दिन तक हमारे निवास पर हमारे परिवार के साथ रहे थे। उनकी उपस्थिति से काशी के कलाकारों को बहुत प्रोत्साहन प्राप्त हुआ था।

इरा दी ने लिखा है कि २००१ में हमारे विवाह की स्वर्ण जयन्ती हमारे सभी बच्चों द्वारा बहुत उत्साह के साथ मनायी गयी थी, जिसमें शास्त्रीय संगीत का कार्यक्रम हुआ था। यह दो-एक दिन का भव्य आयोजन था। चौधुरी

परिवार से जुड़े हुए देश के तथा विशेष रूप से बड़ौदा के बहुत लोग पधारे थे। शंखो दा की उम्र ८५ वर्ष हो गयी थी। ख़ुशी और आनन्द का वातावरण व्याप्त था।

२००१ के बाद से ही शंखो दा के स्वास्थ्य में दिन-प्रतिदिन गिरावट होने लगी थी। लेकिन औषधियों का नियमित सेवन एवं इरा माँ की अप्रतिम सेवा-शुश्रूषा के कारण शंखो दा अपने आप को अस्वस्थ नहीं महसूस करते थे या नहीं दिखाने की कोशिश करते थे। उन दिनों कई बार छोटे-छोटे अन्तरालों में मैं भी दिल्ली जाता रहता था और बाबा के साथ घण्टों बातें करता। वह अक्सर मुझे लेकर गढ़ी स्टूडियो जाते जहाँ पर वह कुछ देर काम करते लेकिन उनकी शारीरिक कमज़ोरी छिपाने से नहीं छिप सकती थी। इन सबके बावजूद जनवरी २००५ में बड़ौदा के सर्जन-आर्ट गैलरी में इनके मूर्ति शिल्पों की एक बड़ी एकल प्रदर्शनी लगी जो कि अत्यन्त ही सफल एवं प्रशंसनीय रही थी। बड़ौदा में इनके मित्र, इनके छात्र और इनके प्रशंसकों की भीड़ ने एक नयी ऊर्जा से इन्हें भर दिया था। इस अद्‌भुत आनन्द के पल को सभी ने महसूस किया था।

'देशकोत्तम' विश्वभारती विश्वविद्यालय शान्तिनिकेतन

तीन

तीन दशक की आत्मीय कथा

वाराणसी – १९७६

प्रो. शंखो चौधुरी से मेरा पहला परिचय १९७६ में, बनारस में, हुआ था। जिस समय वह काशी हिन्दू विश्वविद्यालय के दृश्य कला संकाय के मूर्तिकला विभाग में अतिथि वरिष्ठ प्रोफ़ेसर प्रोग्राम के तहत लगभग ६ माह के लिए आये थे, मैं दृश्य कला संकाय का तृतीय वर्ष (प्रथम वर्ष मूर्तिकला) का विद्यार्थी था। उस समय प्रो. एम.बी.कृष्णन, हमारे मूर्तिकला विभाग के अध्यक्ष थे तथा अन्य वरिष्ठ अध्यापकों में स्व. दिनेश प्रताप सिंह, स्व. के.बी. जेना एवं स्व. राम छाटपार मुख्य शिक्षक थे। उसी वर्ष शान्तिनिकेतन से श्री विनोद चन्द्र पाण्डेय अस्थायी प्रवक्ता पद पर नियुक्त हुए थे। मूर्तिकला विभाग के विद्यार्थियों में अकूँ (अरुन कुमार चक्रवर्ती) रमाशंकर, सुशान्त कुमार दास, महेन्द्र सिंह कुण्डाल, तपन शान्तिकारी, साधना कौल, सुमिता चक्रवर्ती, अमरेश भट्टाचार्या इत्यादि प्रमुख थे। आज की तुलना में विभाग का बहुत ही छोटा परिवार था।

शंखो दा जैसा कि सभी लोग सम्बोधित करते थे, केवल राम छाटपार सर उन्हें 'चौधुरी सर' कहते थे। शंखो दा के ही अधीनस्थ राम छाटपार बड़ौदा में मूर्तिकला विभाग के विद्यार्थी रहे थे। दोनों लोगों का सम्बन्ध बहुत ही घनिष्ठ एवं मधुर था। मुझे याद है कि बाबा, जिन्हें बहुत बाद में मैं बाबा पुकारने लगा था, मात्र ६ महीने के लिए ही बी.एच.यू. आये थे लेकिन

बीच-बीच में दिल्ली भी जाते रहते थे। उसी बीच इरा माँ (इरा चौधुरी) भी कुछ महीने के लिए बाबा के साथ रही थीं। दोनों लोग जब तक बनारस में रहे बी.एच.यू. गेस्ट हाउस में निवास करते थे।

मैं अक्सर ८ बजे प्रातः संकाय आ जाया करता था। संकाय के प्रांगण के बग़ीचे में पौधों-पत्तियों की रेखांकन (ब्लैक इंक), रोज़ाना एक घण्टा नियमित रूप से बनाया करता था। एक रेखांकन को पूरा करने में कई घण्टे लगते थे, कई दिन में एक रेखांकन पूरा होता था। ९ बजे से प्रतिदिन १ घण्टा से डेढ़ घण्टा स्टोन कार्विंग भी नियमित रूप से करता था। जबकि आठ बजे के पहले प्रातः ६ बजे से ८ बजे तक वाटर-कलर लैण्डस्केप और फ्लावर स्टडी भी कर चुका होता था।

मुझे याद है कि एक दिन प्रातः अचानक वहीं ९ बजे के लगभग एक दुबला-पतला लम्बा व्यक्ति चश्मा लगाये हल्के-से कन्धा झुकाये, तेज़ चाल चलता हुआ विभाग के पोर्टिको में खड़ा होकर एकटक इधर-उधर बड़े ही ध्यान से देख रहा था। अचानक मेरी नज़र उन पर पड़ी, मैं पहली बार देख रहा था। सहसा उनकी नज़र मुझ पर भी पड़ी। इशारे से उन्होंने पास में बुलाया। पूछा,'क्या अभी फ़ैकल्टी नहीं खुली है, कितने बजे लोग आते हैं? केवल तुम दिखायी दे रहे हो, क्यों, क्या समय है सबके आने का?' कई प्रश्न एक साथ कर डाले, इससे मैं आश्चर्य से उन्हें देखने लगा था।

कुछ जवाब देते नहीं बन रहा था। क्योंकि उनके कई प्रश्न एक साथ जो थे। थोड़ी सहजता के बाद मैंने कहा, कि लोग आते ही होंगे, वैसे समय तो १० बजे का है। उसी समय कृष्णन सर आते हुए दिखायी दिये तथा दूर से ही, बहुत ही आदर के साथ पुकारते हुए चौधुरी साहेब गुड मॉर्निंग कहते हुए उनसे मिले। मैंने देखा कि दोनों लोग बहुत ही प्रसन्नता के साथ अँग्रेज़ी में बातें करते रहे। तब तक विभाग खुल चुका था, कृष्णन सर शायद उन्हें लेकर अपने चैम्बर में गये होंगे ऐसा मैंने अनुमान लगाया। मैं भी अपने रोज़ाना के कार्यों में लग गया।

लगभग दोपहर तक मुझे भी कहीं से पता चला कि हमारे देश के सुप्रसिद्ध मूर्तिशिल्पी शंखो चौधुरी आज आये हुए हैं। मैं इनके नाम से भलीभाँति परिचित था, पर आज पहली बार देखने का मौक़ा मुझे मिला। प्रातःकाल की पहली मुलाक़ात की सुखद-स्मृति से मैं अभिभूत था।

फिर धीरे-धीरे कई दिन बाद मुझे पता चला कि यहाँ पर चौधुरी साहेब कुछ दिन तक रहेंगे और काम करेंगे। कुछ लोग कहते थे पढ़ायेंगे, सिखायेंगे, कुछ लोग कहते कि नहीं केवल काम करेंगे। मैं इस समय बहुत सारी बातें सचमुच में नहीं समझता था कि चौधुरी साहेब के आने का मूल उद्देश्य क्या है ? ख़ैर, इससे मुझे कुछ लेना-देना नहीं था, बल्कि रोज़ाना की चर्चाओं में एक बड़ा काम विभाग में दोपहर की चाय बनाने का ज़रूर था। मदद करने के नाम पर केवल अंकू दा, जो मुझसे एक वर्ष वरिष्ठ थे, एक तरह से दोनों ही मिलकर पूरे विभाग के अध्यापकों एवं छात्रों की चाय बनाते थे। दूध की मात्रा ज़्यादा होती थी, जैसा कि बनारस में सबको ख़ूब पसन्द आता था। इस चाय की प्रशंसा लगभग सब लोग करते थे, इस कारण से मेरा उत्साह चाय बनाने में लगा रहता था। कृष्णन सर कभी-कभी ही चाय पीते थे। अक्सर लंच के समय या तो घर चले जाते थे या तो कॉलेज में ही पाँचू दादा लंच ले आते थे।

शंखो दा के आने के बाद से ही चाय कई मर्तबा बनने लगी। यह काम लगभग मुझे ही करना पड़ता था। लेकिन अंकू दा हमेशा हमारी मदद करते थे तथा अन्य छात्रों से तो इसका कोई मतलब नहीं होता था लेकिन चाय के समय सब एक साथ इकट्ठा ज़रूर होते थे। प्रत्येक छात्र को चार रुपया और Teacher को शायद दस रुपये महीने देने होते थे। आधे छात्र तो चाय का पैसा ही नहीं देते थे, जो कम पड़ता था वह सब राम छाटपार सर पूरा कर देते थे।

शंखो दा बिना शक्कर की चाय लेते थे। उनके लिए मुझे अलग से चाय बनानी पड़ती थी। उनको भी मेरी बनायी चाय अच्छी लगती थी लेकिन कभी-कभी ज़रूर कहते कि दूध कम डाला करो, मैं चुपचाप कुछ ज़्यादा ही डाल देता था। बाबा को लगता था कि मदन लाल बस चाय ही बनाता रहता है। बात तो सच ही थी, मुझे भी अच्छा लगता था, उन्हें भी अच्छा लगता था, सबको अच्छा लगता था।

दो दिन बाद मैंने देखा कि राम सर ने उनके लिए Portrait-Armature-Stand तैयार किया है तथा उन्होंने विशेष रूप से अपने हाथों से उनके मिट्टी भी तैयार की है। मैं प्रत्येक क्रिया-कलाप को बहुत ही ध्यान से देखा करता था।

बाबा को देखते रहना आश्चर्यजनक लगता था। मुझे याद नहीं आता है कि मैं उनमें निरन्तर क्या देखता रहता और क्या पाता रहता; तब से आज तक यही आश्चर्य की बात है। या तो ऐसा लगता कि मुझे उनके व्यक्तित्व से बीज के लिए एक ज़मीन मिल रही थी जिसे रूप लेने में वर्षों तक लग गये और उस ज़मीन की शक्ति से बीज ने अपने विकास का रास्ता स्वयं तैयार कर लिया जिसका स्वरूप बिलकुल ही अलग है। यह कठिनाई भी हो सकती है कि इसे आसानी से देखा नहीं जा सकता है, सम्भवत: मैं ही उस बीज और पौधे को देख पाया हूँ।

शंखो दा हमेशा बहुत ही हँसते थे, बड़े-बड़े ठहाके लगाते थे। बनारस में तो ऐसे ही बड़े ठहाके लगाने की परम्परा रही है जिसके कारण संकाय के सभी अध्यापकों की इनके साथ की घनिष्ठता बड़ी तेज़ी से बढ़ने लगी थी। शंखो दा देश के ख्यातिलब्ध, प्रमुख शिल्पी एवं सुप्रसिद्ध कला मर्मज्ञ एवं शिक्षक तथा उच्चतर कला प्रशासनिक पदों पर रत, उत्तम व्यक्तित्व के लोगों में गिने जाते थे, जिसके कारण संकाय के सभी शिक्षकों का विशेष लगाव इनके साथ और भी अधिक हो गया था। लोग मूर्तिकला विभाग में आते रहते थे। ज्ञानवर्धन के साथ-साथ सबका एक साथ अच्छा मनोरंजन भी होता रहता था।

शंखो दा अक्सर सुबह ही आ जाते थे; थोड़ा इधर-उधर की चीज़ें देखने के बाद शबीह-रचना की प्रक्रिया में तत्पर हो जाते थे। मुझे याद है कि पहली मुखाकृति शिल्प, चित्रकला विभाग के प्राचार्य जयशंकर प्रसाद मिश्र से प्रारम्भ की थी। मिश्र जी का व्यक्तित्व बहुत ही आकर्षक था। हँसमुख चेहरा, बनारसी मस्ती के स्वभाव का गुण, पान और भाँग के शौक़ीन, लोगों के साथ मिलनसार आदि-आदि गुणों ने शंखो दा को निश्चित ही आकर्षित किया होगा। प्रारम्भ में बहुत दिनों तक उनसे लोग मिलने के लिए लगातार आते रहते थे, जिसके कारण उपयुक्त पोर्ट्रेट के लिए उनकी उपयुक्त व्यक्ति की तलाश भी बड़ी गम्भीरता के साथ चलती रहती थी। अचानक एक दिन मॉडल के रूप में जयशंकर मिश्र का चयन उन्होंने कर ही लिया था।

शंखो दा हमेशा खड़े होकर ही कार्य करते थे, बीच-बीच में कभी-कभी बैठ भी जाते थे जबकि जयशंकर मिश्र जी खड़े ही उन्हें पोज देते थे, कभी-कभी वह भी बैठ जाते थे। मिश्र जी हमेशा शंखो दा की सक्रियता के साथ बहुत ही आदर एवं स्नेह से अपने आप को उनके लिए तैयार रखते थे।

जयशंकर जी के करीने से सज्जित घुँघराले बाल, तेजस्वी ललाट, चंचल आभा की चपलता, दीर्घ कान, रँगीले-रसीले होंठ के ऊपर, रोबीली मूँछें जो किसी राजस्थानी महाराजा के रौब से कम नहीं लगती थीं, उनकी मुखाकृति आकर्षित करने वाली थी।

शंखो दा बातें करते हुए भी इधर-उधर नज़र रखते, हँसते-हँसाते तथा बीच-बीच में ठहाके लगाते, लेकिन मुझे ध्यान है कि वह हमेशा अपने मॉडल के मुख पर आने वाली भावनाओं से अपना ध्यान एक पल के लिए भी नहीं हटाते थे। यह आदत गम्भीर शिल्पियों में होती है। कितनी तल्लीनता एवं तन्मयता से वह शबीह की रचना कब पूरा कर देते थे पता नहीं चलता था। रचना के समय मॉडलिंग टूल्स के नाम पर कुछ लकड़ी के तथा कुछ लोहे के टूल्स ही उपलब्ध होने के बावजूद भी उनका इस्तेमाल कहीं-कहीं बहुत ज़रूरत महसूस होने पर ही करते थे। अन्यथा उनकी अँगुलियाँ ही औज़ार का काम करती थीं।

शंखो दा की अँगुलियाँ पतली, लम्बी थीं, आवश्यकता के अनुरूप उन्हें वह पोर्ट्रेट करते समय दायें-बायें, टेड़ी, तिरछी जिस तरह चाहते वैसा प्रयोग करते थे। जैसा कि सितार के तारों पर पण्डित रविशंकर की अँगुलियों को चलते हुए मैंने देखा है। अँगुलियों का जादू जिस तरह से विभिन्न विधाओं के संगीतकारों का प्रत्यक्ष रूप से झंकृत होता रहता है उसी तरह से शंखो चौधुरी की अंगुलियों का अनोखापन, उनका अन्दाज़ पोर्ट्रेट बनाते समय मैंने क़रीब से देखा है। एक नहीं कई 'शबीह' उन्होंने उस दौरान बनाये थे जो कि जीवन्तता के साथ-साथ अद्भुत थे, जिनकी तुलना मैं निश्चित रूप से महान् शिल्पी रोदाँ की शबीह से कर सकता हूँ। बीच-बीच में अक्सर वह गीले, सूती कपड़े से अपनी अँगुलियों को साफ़ करते रहते थे। हमारे सम्मुख मॉडल, औज़ार इत्यादि जो प्रत्यक्ष दिखते थे, वह तो थे ही, पर सबसे बड़ी बात जो मैंने महसूस की थी वह यह थी कि शंखो दा पोर्ट्रेट बनाते नहीं थे पर वे अकस्मात् बन जाते थे जो उनकी सृजन-रचना की श्रेष्ठतम उपलब्धि होती थी।

शंखो दा पोर्ट्रेट बनाते समय एक तीव्र इच्छा से ओतप्रोत हो जाते थे कि कैसे सन्मुख बैठे व्यक्ति की मुखाकृति पर उभरने और विलीन होने वाले भावों को रचा जाये, उनकी मुलायम अँगुलियाँ कोमल मिट्टी से भावों के ठहराव, उभार को आकार देती थीं, यह देखने की बात थी। बीच-बीच में वे गाते

भी जाते थे। गाने की तान-ताल पर पोर्ट्रेट की शिल्पित लय उभरती जाती थी। कार्य करते-करते उनका मनमोर नाचने लगता था। सन्मुख स्थित मुखाकृति से उसकी एक प्रतिकृति से एक सुन्दर कृति तैयार हो जाती थी। हथेली की गुदलियों से मिट्टी को बड़ी नाजुकता एवं नरमाहट से दबाते थे जिसके कारण मुखाकृति पर उसका अलग प्रभाव स्पष्ट झलकता था। ज़्यादातर उनकी बनायी मुखाकृतियाँ की यह एक बड़ी विशेषता थी। कहीं भी टूल्स का प्रयोग नहीं दिखता था। उनकी मुखाकृति पर अँगुलियों एवं हथेलियों के स्पर्श की अनुभूति को स्पष्टता से महसूस किया जा सकता है उसे शब्दों की भाषा में व्यक्त करना निश्चित ही कठिन है।

छह महीने के दौरान शंखो दा ने मूर्तिकला विभाग में लगभग दस मुखाकृतियों की रचना की होगी ऐसा मेरा अनुमान है। इन मुखाकृतियों के सृजन के समय का मेरा जो दृष्टिगत अनुभव है, मेरी जो अनुभूति है, वह इस प्रकार है कि किसी शिल्पी द्वारा पोर्ट्रेट कैसे बनाया जाता है, वह कैसे उत्कृष्ट एवं अद्‌भुत हो सकता है इसे देखना, समझना ही जीवन की सबसे बड़ी उपलब्धि है। यह केवल कलाकार के पूर्ण समर्पण से ही सम्भव है।

शंखो चौधुरी उन्मुक्त होकर कुछ अलग ही तरह के सोच और दृष्टि के साथ भाव में लीन होकर कृतियों को निर्मित करने वाले कलाकार थे। ऐसा आभास होता था कि वह दुनिया में रहकर भी दुनिया के नहीं होते थे। सब कुछ भूलकर तन्मय हो जाते थे लेकिन इसका ज़रा भी एहसास अपने आसपास की दुनिया को नहीं होने देते थे। बल्कि वह सबसे बड़ी गर्मजोशी से मिलते, उनके साथ पेश आते तथा उनका स्वागत करते। शबीह की रचना करते समय मॉडल के आन्तरिक भावों को अपनी अनुभवी नज़रों से देखते और बातचीत करते-करते उसके चेहरे पर ध्यान केन्द्रित किये रहते और दूसरी तरफ़ मूर्ति सजीव हो जाती। दर्शक सहज रूप से विभोर होकर उनकी रचनाशीलता को देखता रह जाता। कभी अँगुलियाँ मस्तक पर तो कभी आँखों के कोरों से पुतलियों तक को तराशतीं तो कभी अचानक कानों के ऊपर घुँघराले बालों को सँवारतीं, फिर धीरे-धीरे नीचे उतरते हुए थोड़ी हल्की गहरायी को उभारते, सब कुछ होते-होते, थिरकते-थिरकते ऐसा लगता कि मूर्ति अब बस बोल ही देगी! इस प्रकार के मनोभावों की सृजन-प्रक्रिया को समझना भी इतना आसान नहीं था। इस सहज रचना-प्रक्रिया को एक लम्बे समय तक जिसने देखा होगा केवल वही इसे समझ

सकता है।

१९७५–७६ में शंखो दा की उम्र ६० वर्ष रही होगी; मेरी उम्र उस समय मात्र २०–२१ वर्ष की थी। बचपन से ही मेरी आदत थी कि अपने से उम्रदराज व्यक्तियों को बहुत ही अपनत्व एवं आदर के साथ देखना तथा उनके सम्पर्क में रहना और उनको अपना बना लेना मेरी स्वाभाविक प्रकृति थी। लोगों के प्रति गहरा प्रेम एवं आदर अनायास ही मेरे मन में जाग जाता था। भले ही वह व्यक्ति मुझे मानता हो या न मानता हो मैं कभी इसकी चिन्ता नहीं करता था, यह एकतरफ़ा लगाव या प्रेम था। यह सबके साथ नहीं हो सकता था, बस कुदरत के कुछ महान् बन्दे इस जीवन में निश्चित ही प्राप्त हुए हैं जिनमें शंखो चौधुरी भी एक हैं।

शंखो दा का व्यक्तित्व सर्वथा अनोखा था जिसकी चर्चा अगले अध्यायों में करना चाहूँगा। शंखो दा से पहली मुलाक़ात उनके साथ की मित्रता का शुभारम्भ तथा मुखाकृतियों की रचना से उनकी अद्‌भुत कार्य–क्षमता का साक्षात् दर्शन, जिस युवा–दृष्टि से मैंने प्राप्त किया, वह पूर्णतः स्थायी रूप से मेरे हृदय में बस गया। काशी हिन्दू विश्वविद्यालय के मूर्तिकला विभाग का वह सौभाग्य का वर्ष था जब शंखो चौधुरी यहाँ पर कुछ समय के लिए पधारे थे। उनका सान्निध्य सभी लोगों के लिए अत्यन्त ही लाभकारी एवं ज्ञानवर्धक था। शंखो दा से मिली आत्मीयता जीवनपर्यन्त प्रभावशाली रही तथा उसने मेरे जीवन को एक शिल्पी–रूप प्रदान किया।

२

प्रथम दौर में शंखो दा ने कई प्रमुख मुखाकृतियों की रचना की। मुझे याद है कि बीच–बीच में शंखो दा कभी–कभी दिल्ली भी चले जाते थे। एक बार उनके द्वारा निर्मित एक बड़े आकार का प्लास्टर शिल्प बनारस आया जिसके साथ उनके ही बड़ौदा के शिष्य तथा उनके सुयोग्य सहायक युवा मूर्तिशिल्पी चन्द्रकान्त भट्ट भी आये जो शंखो दा के अत्यन्त प्रिय और कुशल शिल्पकार थे तथा बड़ौदा में सत्तर के दशक में शंखो दा के अधीन मूर्तिशिल्प विभाग में अध्ययन करते थे।

मुझे पता चला कि इस प्लास्टर के मूर्तिशिल्प को ब्रोंज में ढलाई होने वाली

वर्ल्ड बैंक ऑफ़ अमेरिका के लिए ब्रोंज शिल्प काशी हिन्दू विश्वविद्यालय १९७६

है यह कार्य शंखो दा को एक Commission के तहत मिला है जो World Bank of America के लिए करना है। उस समय बहुत-सी चीज़ें सुनने के लिए मिलती थीं। लेकिन मैं तत्काल उन्हें भूल भी जाता था। अगर मेरे मतलब की कोई बात है तो वह अपने आप याद रह जाती थी।

हम लोग बड़ी उत्सुकता के साथ इन्तज़ार करते थे कि कब शंखो दा अपना काम शुरू करेंगे ? लगभग वह ५ फीट का शिल्प था जो एक अमूर्त पंखुड़ी के आकार का था। इसे दो पीस में तैयार करने की योजना थी। यह काम

प्लास्टर में फिनिश रूप में था। बस, इसका पीस मोल्ड अब शुरू होने वाला था जिसे प्रमुखतः चन्द्रकान्त भट्ट को करना था। चन्द्रकान्त भट्ट राम छाटपार से दो या तीन साल जूनियर थे जब वह बड़ौदा में पढ़ते थे। भट्ट ने दो-तीन दिन में ही अपनी एक टीम तैयार कर ली, कौन-कौन लोग ब्रोंज कास्टिंग के कार्य में मुख्य रूप से सहायता करेंगे। अंकू को यहाँ के लोगों में प्रमुख रूप से रखा गया साथ ही रमाशंकर, अरुण शर्मा जैसे एक-दो लोग मुख्य रूप से उससे जुड़े हुए थे। राम सर के द्वारा ही सारी बातें तय की जाती थीं, लेकिन कई लोग परोक्ष-अपरोक्ष रूप से इन कार्यों के साथ जुड़े हुए थे जो हमेशा कुछ करें या न करें फिर भी दिखते ज़रूर रहते, शायद शंखो दा को दिखाने के लिए। अजब-ग़ज़ब का माहौल बन गया। मज़ा ही मज़ा आने लगा और रोज़ ही अब काम के साथ-साथ मनोरंजन भी ख़ूब होने लगा था। शायद यह शंखो दा के कार्य करने की विशेष शैली रही हो जबकि शंखो दा बहुत ही कम बोलते थे।

शंखो दा के बारे में तथा उनसे जुड़ी बातों का थोड़ा धीरे-धीरे पता होता गया। मेरी बहुत सारी बातों में कोई अधिक रुचि नहीं थी क्योंकि मेरी आस्था धीरे-धीरे शंखो दा में कुछ अधिक होने लगी थी इसलिए उनके बारे में और अधिक जानने की उत्सुकता नहीं रहती थी। बस, मेरा जो काम रहता उसमें मैं मस्त एवं तल्लीन था। अच्छी चाय बनाने की प्रशंसा मैं लगभग रोज़ उनसे पाता था। उनसे कहीं ज़्यादा दूसरे लोग वहाँ रहते थे तथा उनसे हुँकारी भरवाते थे। लेकिन एक बात ज़रूर थी कि बात-बात पर शंखो दा मुझे ही सबसे अधिक डाँटते थे। लेकिन मुझे तो इतना मज़ा आता था कि क्या बताऊँ बिना वजह ही डाँटते रहते थे। मुझे लगता है कि उन्हें भी ख़ूब मज़ा आता रहता होगा। मुझे तो खिताब ही मिल गया था कि बस अभी शंखो दा इसको डाँटेंगे और मुझसे कहीं-न-कहीं ज़रूर उल्टा-सीधा, कुछ-न-कुछ, ज़रूर होता रहता था।

शंखो दा सुबह का नाश्ता करके ही फ़ैकल्टी आते थे परन्तु दोपहर का खाना अक्सर १ बजे या तो फ़ैकल्टी में आ जाता था या वे गेस्ट हाउस में जाकर खाते थे। खाना खाने के पहले पेट के निचले हिस्से में नाभि के पास इंजेक्शन लगाते थे। सीरिंज, दवाई, रुई, स्प्रिट आदि एक डिब्बेनुमा-से बॉक्स में रहता था, मैं जानता नहीं था यह क्यों रोज़ इंजेक्शन लेते हैं। पता चला कि सर को काफ़ी समय से डायबिटीज है, इसलिए इंजेक्शन लेना,

चीनी बिलकुल नहीं खाना तथा चावल एवं आलू से भी परहेज़ रखना ज़रूरी था। शंखो दा का खाना गेस्ट हाउस से बहुत ही लज़ीज़ आता था, कभी-कभी खाना अधिक होने के कारण, मुझे भी खाने का अवसर मिल जाता था। मुझे लगता अच्छा था शुरुआत में शंखो दा के साथ इरा दी नहीं आयी थीं शायद एक-डेढ़ महीने बाद इरा दी भी बनारस आ गयीं। अक्सर सर के साथ ही विभाग आती थीं। लेकिन थोड़े ही दिन बाद पॉटरी सिरामिक्स सेक्शन में इरा दी ने भी काम करना शुरू कर दिया था। पॉटरी सेक्शन के इंचार्ज के.वी.जेना थे जो देश के सुप्रसिद्ध पॉटर के रूप में विख्यात थे, जिनके नाम पर पॉटरी सेक्शन का नाम भारतवर्ष में प्रसिद्ध था। इरा दी के कार्य करने का अन्दाज़ और तरीक़ा बिलकुल ही अलग था। एक बार कार्य प्रारम्भ हो जाने के बाद, कार्य के समापन तक वह पूरी तन्मयता से लगी रहती थीं। बीच-बीच में इरा दी मूर्तिकला स्टूडियो में चाय पीने के लिए आ जाती थीं। दूध-मिश्रित अधिक चाय नहीं पीती थीं। उनके लिए उबले पानी में चाय की पत्ती फिर अलग से थोड़ा दूध तथा हल्की चीनी ही काफ़ी रहती थी। मेरी बनायी चाय कभी-कभी पी ज़रूर लेती थीं लेकिन उन्हें इस तरह की चाय पसन्द नहीं थी, ऐसा मुझे लगता, क्योंकि कभी भी (आज तक) मुझसे उन्होंने चाय बनाने के लिए नहीं कहा जबकि शंखो दा हमेशा मेरे ही हाथ की बनी चाय की माँग करते थे। इरा दी और शंखो दा की जोड़ी बहुत ही अच्छी लगती थी। शंखो दा ख़ूब तेज़ हँसते थे, ठहाके लगाते थे, इरा दी बहुत ही प्यारी मुस्कान से लोगों का मन मोह लेती थीं। प्रतिदिन सुन्दर-सी साड़ी पहनकर आती थीं, कभी-कभी सलवार-कमीज़ में दिखती थीं। शंखो दा जब मुझे डाँटते थे तो इरा दी ज़रूर टोकती थीं कि क्यों इसको डाँटते रहते हो। लेकिन मुझे यह महसूस होता था कि दोनों का प्यार मुझसे 'शायद' सबसे अधिक था लोगों को लगता था कि मदन लाल को ख़ूब डाँट पड़ती है, मुझे कभी कोई शिकायत नहीं थी इससे मुझे सदा आनन्द ही मिलता रहा था।

इरा चौधुरी का व्यक्तित्व भारतवर्ष में एक पॉटर-शिल्पी (सिरेमिक्स आर्टिस्ट) के रूप में विख्यात है। इनकी भी शिक्षा-दीक्षा शान्तिनिकेतन के परिवेश में ही हुई है जिसका प्रभाव उनकी कलाकृतियों पर देखने को मिलता है। देश की जानी-मानी मौलिक पॉटरी कलाकार में इनकी प्रसिद्धि है। आज भी ९० वर्ष की उम्र में कार्यरत है। गढ़ी कार्यशाला के निर्माण में शंखो चौधुरी

इरा चौधुरी

के साथ इनकी भूमिका भी बहुत ही महत्त्वपूर्ण है। इनके माता-पिता प्रसिद्ध शिक्षाविद् थे जो कुछ समय तक शान्तिनिकेतन में थे। इरा चौधुरी शान्तिनिकेतन में आचार्य नन्दलाल बसु की चित्रकला की विद्यार्थी थी। पॉट पर इनके संवेदनशील डिज़ाइन का सौन्दर्य इनके कला-कर्म की विशेषता है। जिसमें एक तरह का स्पर्शीय प्रभाव भी है। जो अन्य पॉटरी कलाकारों की कला से विशिष्ट शैली का बनाता है।

धीरे-धीरे सब काम आगे बढ़ रहा था। चन्द्रकान्त भट्ट की टीम पूरी तरह से पीस-मोल्ड तैयार करने में लगी हुई थी। राम सर का अधिकतम ध्यान बड़ी गम्भीरता के साथ ब्रोंज-कास्टिंग की तैयारी में लगा हुआ था। मूर्तिकला विभाग में इतनी बड़ी कास्टिंग की सुविधा पहले नहीं थी। शंखो दा के आने के बाद एक नयी ब्रोंज-कास्टिंग-कार्यशाला की योजना में शंखो दा के साथ राम छाटपार एवं पी. चन्द्र विनोद काफ़ी व्यस्त दिखते थे। इसकी समुचित व्यवस्था में कोई कमी न हो इसका विशेष ध्यान तत्कालीन विभागाध्यक्ष एम.वी. कृष्णन रखते थे क्योंकि विश्वविद्यालय में इस तरह का यह पहला बड़ा काम होने वाला था। इसीलिए संकाय के लोगों का आकर्षण केन्द्र हमारा विभाग हो गया था शंखो दा हमेशा अपने कार्य को लेकर प्रसन्न एवं आश्वस्त रहते थे, उन्हें कभी भी चिन्तित नहीं देखा गया। मूर्तिकला विभाग में ब्रोंज-फाउण्ड्री के लिए स्पेस काफ़ी था जो कुछ दिन में बहुत ही अच्छी तरह से १००-१२० किलो तक का मेटल पिघलाने की व्यवस्था के साथ ५-६ फीट का मोल्ड पकाने की फायरिंग भट्ठी बनकर तैयार हो गयी। आज मुझे लगता है कि १९७६ में जो फाउण्ड्री ब्रोंज-कास्टिंग की बनकर तैयार हुई थी वह ४० वर्षों से लगातार बहुत ही अच्छी तरह से प्रयोग में लायी जा रही है। (२८ वर्ष से मैं विभाग में शिक्षण कार्य

पर हूँ। मुझे याद है कि लगभग प्रत्येक वर्ष कम-से-कम छोटी-बड़ी मिलाकर ४०-५० मोल्ड (शिल्प) की कास्टिंग इस कार्यशाला में होती हैं)

पीस मोल्ड के बाद वेक्सिंग (मोम लगाने) का कार्य प्रारम्भ हुआ जो विशेष रूप से चन्द्रकान्त एवं अंकू ही करते थे तथा अन्य लोग इन लोगों की सहायता करते थे। मुझे तो काम के नज़दीक भटकने भी नहीं दिया जाता था। बस, दूर से मैं देखा करता था। बहुत जिज्ञासा और रोचकता के साथ। कभी नज़दीक पहुँचने पर मेरी बड़ी इच्छा होती थी कि मैं भी यह सब करूँ लेकिन कुछ भी ये 'सीनियर' करने नहीं देते थे। कहते थे कि अभी तुम बच्चे हो बस शुरुआती काम करो। यहाँ तक कि प्लास्टर बनाने तक नहीं देते थे। बस, केवल प्लास्टर बनाने वाले बर्तन की सफ़ाई या सुर्ख़ी-प्लास्टर को मिलाने की अनुमति भर थी। अधिक-से-अधिक, कभी-कभी तथा धीरे-धीरे प्लास्टर और सुर्ख़ी को बनाने की अनुमति मिली। लेकिन किसी का भी कोई कार्य मेरे बिना चल नहीं पाता था। प्रतिदिन लंका से चाची की दुकान की जलेबी तथा कचौड़ी लाने का काम मेरा था। सबके चाय-नाश्ता-भोजन की व्यवस्था मेरे ज़िम्मे थी। लगभग १५-२० लोग खाने के लिए आ धमकते थे जिसमें से मात्र ५-६ लोग ही मुख्य कार्य में लगे रहते थे। ४ किलो कचौड़ी तथा १ किलो से २ किलो तक जलेबी रोज़ आती थी। उसके बाद लोगों के लिए पान लाना, सिगरेट लाना, यहाँ तक कि सुर्ती लाना आदि यह सब काम मुझे ही करने पड़ते थे।

कभी-कभी शंखो दा, इरा दी, राम सर तथा अन्य सभी शिक्षक शाम का भोजन साथ में करते थे। कभी चेंज के लिए चन्द्रकान्त 'लाबेला होटल' लंका में ही रात्रि का खाना खा लेते थे इनके साथ रमाशंकर, अंकू भी रहते थे। अक्सर ये लोग रात्रि में ड्रिंक भी करते थे। मुझे देखते ही तुरन्त वहाँ से भगा देते थे। लेकिन मुझे उन लोगों का यह बड़प्पन अच्छा लगता था।

शंखो दा सभी की गतिविधियों पर नज़र रखते थे। आर्थिक व अन्य संसाधनों की व्यवस्था का ध्यान राम सर रखते थे। मैं उपर्युक्त सन्दर्भ से अनभिज्ञ था। मुझे इन सबसे कोई मतलब नहीं था। बस, मेरी इच्छा थी कि शंखो दा ख़ूब ख़ुशी-ख़ुशी यहीं पर रह जायें, क्योंकि इनके आने से विभाग में उत्साह, रौनकता, जीवन्तता तथा मूर्तिकला क्षेत्र की महत्त्वपूर्ण जानकारियाँ प्रतिदिन हम सभी को प्राप्त हो रही थीं। एक नये संस्कार एवं स्वतन्त्र अभिव्यक्ति का वातावरण तैयार हो रहा था।

हम सभी उत्साह से भरे युवा विद्यार्थी शंखो दा के साथ ख़ूब घुल-मिल गये थे। सभी को फुरसत के क्षण में 'बाबा' के अनुभवों की ढेर सारी बातें सुनने को मिलती थीं। वह हर तरह से हम लोगों का मनोरंजन करते थे। हँसी-मज़ाक़ से लेकर गम्भीर बातों में उनकी हिस्सेदारी बिलकुल ही हमउम्र मित्रों की तरह होती थी। एक शाम को ५ बजे के बाद उनके मूर्तिशिल्पों का स्लाइड शो रखा गया था, ५ बजे के बाद क्यों ? यह भी एक ज़िद की बात थी। कहीं-कहीं लगता है कि शंखो दा कुछ बातों को लेकर बहुत ही ज़िद्दी थे लेकिन वह बहुत महत्त्व रखता था। संकाय के वरिष्ठ प्राध्यापकों ने उनसे स्लाइड-शो करने तथा सामूहिक बातचीत का आग्रह किया, शंखो दा तैयार हो गये, लेकिन उन्होंने कहा कि क्लास के समय यह नहीं हो सकता है। सबकी तरफ़ से यही कहा गया कि कक्षाएँ तो ५ बजे तक चलती हैं तथा विद्यार्थी और शिक्षक सभी लोग चले जाते हैं, और संकाय भी बन्द हो जाता है। शंखो दा ने पूछा कि 'इतनी जल्दी संकाय क्यों बन्द होता है, क्लासेज बन्द हों, न कि स्टूडियो, अगर ऐसा प्रतिदिन होता है तो छात्र कहाँ जाकर काम करेंगे ? यह तो अच्छा नहीं है। दूसरी बात यह है कि मैं तो ५ बजे के बाद ही स्लाइड रखूँगा जिनमें देखने तथा सुनने की दिलचस्पी होगी, वह ज़रूर आयेंगे अन्यथा अधिक भीड़ की ज़रूरत भी नहीं है। उनकी बातों के आगे किसी की कुछ भी नहीं चली, उस दिन सायं ५ बजे स्लाइड-शो हुआ। शंखो दा से लोगों ने तरह-तरह के सवाल पूछे। कुछ उनके काम के सन्दर्भ में, तो कुछ आधुनिक एवं समकालीन कला के सन्दर्भ में, भारतीय परिवेश की भूमिका तथा महत्त्व के बारे में। प्रत्येक प्रश्न का उत्तर इतना सटीक था कि उस पर दुबारा प्रश्न करने के लिए कोई जगह ही न बची। हाँ, यह ज़रूर था कि सभी लोग अत्यन्त ही सन्तुष्ट तथा सारगर्भित उत्तर प्राप्त कर अपने अनुभव द्वारा देख सकते थे कि हमारी सोच कला के मूल तत्त्वों की मौलिक सार्वभौमिकता पर है कि नहीं ? या कहीं और है ?

छात्रों को एक नयी दिशा मिल रही थी जितना हमें अपने अध्यापकों से जानकारी मिलती उसकी पुष्टि तथा उसके विस्तार के क्षेत्र का महत्त्व भी अब समझ में आने लगा, जिसके कारण हम लोगों की अभिरुचि को गम्भीर स्वरूप मिलना शुरू हो गया। कला धर्म में आस्था तथा विश्वास और भी गहरा होता गया। इससे प्रेरित होकर हम भविष्य में कला के लिए

अत्यन्त ही महत्त्वाकांक्षी योजनाएँ बनाने लगे। हमें केवल विश्वविद्यालय की डिग्री ही नहीं अपने कला क्षेत्र से गहरायी से जुड़ने का एक रास्ता, एक आधार भी मिलने लगा, ऐसा शंखो चौधुरी के आने के बाद से हम लोगों ने महसूस किया।

कभी-कभी लगता है कि शंखो दा बनारस में मात्र विज़िटिंग प्रोफ़ेसर के तहत कुछ सर्जनात्मक-त्रिआयामी-शिल्पों की रचना तथा मुखाकृतियों की कार्य-विधि को विद्यार्थियों को दिखाने और समझाने के लिए या अपनी एक बड़ी ब्रोंज कास्टिंग करने के उद्देश्य से ही आये हो सिर्फ़ ऐसा ही नहीं था। काशी हिन्दू विश्वविद्यालय के दृश्य कला संकाय में उसी वर्ष १९७६ में 'कला-मेला' का आयोजन हुआ था। इसे एक बड़ी उपलब्धि के रूप में याद किया जायेगा। १९६२ में फ़ैकल्टी ऑफ़ फ़ाइन आर्ट्स, बड़ौदा में शंखो दा कला मेला के जनक माने जाते हैं तथा शान्तिनिकेतनी परम्परा को बिलकुल ही नये रूप, नये कलेवर के साथ उन्होंने फ़ाइन आर्ट्स बड़ौदा में अपने प्रिय सहयोगी के.जी. सुब्रह्मण्यन् के सहयोग से प्रारम्भ किया था जो कि वर्ष-प्रतिवर्ष विकसित होते हुए आज भी बहुत बड़ी ऊँचाई को प्राप्त कर रहा है। राम छाटपार इन्हीं दोनों गुरुओं के निकट के प्रिय विद्यार्थियों में थे। बनारस में शंखो दा के ५-६ महीने के प्रवास काल के दौरान ही यह योजना दृश्य कला संकाय का.हि.वि.वि. के समस्त शिक्षकों एवं विद्यार्थियों के साथ मिल-जुलकर शंखो दा एवं इरा दी के निर्देशन में राम सर ने बनायी थी। मुझे याद है कि इसमें मुख्य भूमिका के.वी. जेना, श्यामल दास गुप्ता, दिलीप दास गुप्ता, दीपक बनर्जी, पम्मी लाल, ए.पी. गज्जर, जयशंकर प्रसाद, पाण्डेय चन्द्र विनोद आदि की थी। इसके अलावा वरिष्ठ छात्र-छात्राओं का उत्साहित समूह भी जमकर इसे सफल बनाने में अपनी कोई कसर नहीं छोड़ा था। बहुत ही भव्यता के साथ दो दिवसीय यह कला मेला अपने अनूठेपन के कारण एक यादगार बन गया। शंखो चौधुरी के कारण यह एक अमूल्य योगदान इस विश्वविद्यालय को भी प्राप्त हो गया जो आज तक बरकरार है। अपरिहार्य कारणों से लगातार तो नहीं हो पाता है, लेकिन एक-दो वर्षों के अन्तराल के बाद कला मेला का आयोजन होता रहता है। फ़ैकल्टी ऑफ़ फ़ाइन आर्ट्स, बड़ौदा में कला-मेला का जो मूल उद्देश्य शंखो चौधुरी एवं अन्य कला अध्यापकों ने रखा था वही अब अनेक कला संस्थानों में, थोड़ी विभिन्नता के साथ, किसी-न-किसी रूप में होता

है। जिस सोच की नींव गहरी होती है वह निश्चित ही लम्बी अवधि तक चलती रहती है। सार्वजनिक उपयोग के कला मेला में आम लोगों का सर्जनात्मक मनोरंजन तो होता ही रहता है साथ ही कला के विद्यार्थियों को एक निश्चित अवधि में संकाय के समस्त छात्रों-अध्यापकों के साथ मिल-बैठकर अनेकों लुभावनी कलाकृतियों का स्वतन्त्र निर्माण करने का अवसर प्राप्त होता है। ये कलाकृतियाँ रोज़मर्रा की घटनाओं, परिस्थितियों तथा सौन्दर्यपरक आकारों पर आधारित होने के कारण लोगों को आकर्षित करती हैं, जिन्हें ख़रीदने का सम्मोहन आम लोगों के बजट के अनुरूप ही होता है। उद्घाटन के ही दिन कला मेले में प्रदर्शित कृतियाँ लगभग बिक चुकी होती थीं, दूसरे दिन तो बस कुछ बचा हुआ ही मिल पाता था।

प्रत्येक वर्ग के लोग कला मेला देखने आते, यह मेला अन्य विविध प्रकार के मेलों से बिलकुल ही अलग (भिन्न) होता था। खाने-पीने की वस्तुएँ मिलतीं, बच्चों के मनोरंजन के लिए जादू तथा अन्य रोचक-मनोरंजक खेल होते। कई घण्टों तक एक साथ रहने के कारण नये लोगों से परिचय होता और अनेक लोगों के साथ मधुर सम्बन्ध बनते। जनसाधारण में कला के प्रति सम्मान और परिष्कृत अभिरुचि जागती। कला का तथा कलाकारों का आम लोगों के बीच विशेष आदर-भाव बढ़ता।

शंखो चौधुरी साहब का सबसे महत्त्वपूर्ण कार्य क्या है—उनके द्वारा प्रारम्भ किये गये कार्यों का समाज पर प्रभाव। उन्होंने जितने भी अनुष्ठान किये उनसे शिल्प की महत्ता का समाज में प्रचार हुआ। लोगों की सौन्दर्य रुचि परिष्कृत हुई और कला के प्रति लोगों में अनुराग बढ़ा। कला के विद्यार्थियों को कलाकार बनने की प्रेरणा प्रदान करना तथा उसकी उपयोगिता बताना शंखो चौधुरी के व्यक्तित्व का बहुत ही प्रभावशाली हिस्सा था। कलाएँ समाज का दर्पण हैं, साहित्य समाज का दर्पण है, इसे हम शंखो चौधुरी के सम्पूर्ण जीवन में उनके द्वारा किये गये कार्यों में पाते हैं। शंखो चौधुरी द्वारा सृजित कृतियों एवं शिल्प-कार्यों से अधिक उनके कला के लिए किये गये प्रयास एवं उसके उत्थान की चर्चा भारत के सभी कला-संस्थानों, कला-विद्यालयों तथा वरिष्ठ एवं युवा विद्यार्थियों के मध्य अत्यधिक लोकप्रिय है।

इसे अतिशयोक्ति नहीं समझना चाहिये कि शंखो चौधुरी का जीवन कला के प्रति समर्पित था। उनका अवदान कला के शैक्षणिक, व्यावहारिक, अकादेमिक विकास तक ही सीमित नहीं था बल्कि जनजीवन से लेकर

लोकजीवन से भी ओत-प्रोत था। शंखो चौधुरी द्वारा स्थापित लोक संस्थान जैसे दिल्ली के प्रगति मैदान में स्थापित कलाशिल्प ग्राम तथा भारत सरकार एवं मध्य प्रदेश सरकार द्वारा स्थापित 'मानव-संग्रहालय' एक अलौकिक उदाहरण के रूप में सुविख्यात है।

धीरे-धीरे दो-ढाई महीने कैसे बीत गये पता नहीं चला। कई एक पोर्ट्रेट तैयार हुए। ब्रोंज मूर्ति का मोल्ड भी लगभग तैयार हो गया था। अब उसे पकाने की तैयारी तथा ढलाई करने की तैयारी होने लगी। जैसा कि मैंने व्यक्त किया है कि मुझे उनके ब्रोंज मूर्तिशिल्प में डाइरेक्ट काम करने की अनुमति नहीं थी, लेकिन उससे सम्बन्धित दूसरी सारी तैयारियों को मैं स्वत: पूरी दिलचस्पी से पूरा करता था। जैसे भट्ठी की साफ़-सफ़ाई, कोयला के बड़े आकार को तोड़कर फायरिंग के अनुरूप तैयार करना, पूजा-पाठ करके प्रत्येक मोल्ड को पकाने से पूर्व मूर्ति ढलाई तक के प्रत्येक कार्यों को करना आदि। इन सब कार्यों में मैं अकेले ही नहीं था, सभी छात्र-छात्राएँ बहुत ही रुचि के साथ इन कार्यों को करते थे। मेरी एक दोस्त रागिनी थी। बहुत ही शैतान पर बहुत ही अच्छी। विभाग के सभी अध्यापक उसे ख़ूब मानते थे, उसे सब लोग दुलार भी करते थे। बहुत ही सुन्दर तो उसे नहीं कह सकते हैं लेकिन बहुत ही चंचल, मस्त, आँखों में ग़ज़ब की चमक थी उसमें। एक बात उसकी सबको अच्छी लगती थी कि वह अँग्रेज़ी बोलती थी। कॉन्वेन्ट की पढ़ी हुई थी। जब देखिये तब कृष्णन सर, राम सर आदि, शंखो दा भी उससे अँग्रेज़ी में ही बातें करते थे। क्योंकि पूरे विभाग में एक मात्र रागिनी तथा एक हम लोगों से वरिष्ठ साधना दी थीं जो अँग्रेज़ी बोलती थीं। हम लोगों से बहुत ही घुली-मिली थीं। रागिनी शंखो दा की भी प्यारी हो गयी थी। शंखो दा ने उसका एक उपनाम रख दिया था।

एक दिन मैंने देखा कि 'बाबा' रागिनी का भी पोर्ट्रेट बना रहे हैं। मैं आश्चर्यचकित था। ऐसा क्या था जो बाबा को उसका चेहरा अच्छा लगा। कई दिन तो नहीं शायद तीन-चार बैठक में ही उसका पोर्ट्रेट तैयार हो गया। अद्‌भुत भावपूर्ण आभा युक्त रागिनी का यह पोर्ट्रेट था, जिसे शंखो दा ने साकार जीवन्त कर दिया था। आमतौर पर जिस तरह से व्यक्ति-चित्रण में भाव-भंगिमाओं को एक कुशल कलाकार अभिव्यक्त करता है यह लगभग उसके बाह्य-सौन्दर्य या कहें कि जैसा दिखता है वैसा ही होता है, ऐसा

करने में ही अपनी वह महारत उजागर करने में सफल होता है किन्तु यह भी कम नहीं होता है, लेकिन शंखो चौधुरी के व्यक्ति-चित्रण में सर्जनात्मक पक्ष का महत्त्वपूर्ण पक्ष ऊँचा रहता। व्यक्ति के आन्तरिक भावों को बड़ी सूक्ष्मता के साथ व्यक्त करना, जो कि प्रत्यक्ष बैठे हुए मॉडल के अनुरूप होते हुए भी उसकी आन्तरिक मुद्राओं को एक परिपक्व शिल्पी द्वारा निर्मित शिल्प में हम देख सकते हैं। यहाँ पर जब हम उनके गुरु रामकिंकर के पोर्ट्रेट को ध्यान से देखने की कोशिश करें तो वही गहरायी एवं विशिष्टता शंखो दा के पोर्ट्रेट में भी मिलेगी। उदाहरण के तौर पर मदुरा सिंह का पोर्ट्रेट, टैगोर का पोर्ट्रेट आदि में रामकिंकर की अद्‌भुत, अनोखी अभिव्यक्ति-भंगिमा या उच्चकोटि की मौलिकता को हम देख पाते हैं, जो रामकिंकर के शिल्प में उनकी अटूट निष्ठा एवं कठोर परिश्रम के कारण ही सम्भव हो सकी है।

शंखो दा की प्रेक्षण क्षमता बहुत ही गहरी थी। मैंने उन्हें बहुत ही नज़दीक से देखा है। बहुत ही क़रीब का रिश्ता था मेरे साथ उनका। मैं जब अपने उन क्षणों को याद करता हूँ तो बराबर देखता हूँ कि उनकी पैनी नज़र कितनी गम्भीरता से कुछ परख रही है, कुछ सुन रही है तथा कुछ कर रही है। वह एक हद तक उसकी 'तह' तक उतरते थे फिर वहीं से बहुत ही सँभालकर कब उसकी अनुभूति करा देते थे, यह हमें पता नहीं चलता था, बस सब हो जाता था। उनका वैशिष्ट्‌य उनके प्रत्येक सृजन में परिलक्षित होता है।

कभी-कभी मैंने ध्यानपूर्वक यह निरीक्षण किया है कि वह कला के ऊपरी चमक-दमक वाले पहलू से हमेशा दूर रहे हैं। वह उसकी सादगी, उसके कोमल पक्षों की तरफ़ स्वतः मुड़ते हुए गहरायी में जाकर उसे रचते हुए नज़र आते हैं जिसके कारण उनके पोर्ट्रेट में व्यक्ति के अन्तर्मन के भावों को उसी भाव-प्रज्ञा के द्वारा अनुभव कर सकते हैं, जिसमें गहरी अनुभूति की प्रमुखता हो।

हम कला के ऊपरी (एक) पक्ष की व्याख्या तो कर सकते हैं किन्तु ऐसा कर-करके उसके मूलभूत सर्जनात्मक पक्ष से अपरिचित रह जाते हैं। हमें कुछ आना चाहिये या ज्ञान होना चाहिये इससे कहीं ज़्यादा महत्त्वपूर्ण यह होना चाहिये कि हमें 'देखना' आना चाहिये। हमारे चाहने से, यह हो जायेगा ऐसा नहीं है, लेकिन धीरे-धीरे जब यह 'चाहना' गहरा होता जायेगा तो उस गहरायी से स्वतः जल-स्त्रोत की तरह ज्ञान भी फूट पड़ेगा और

उसी ज्ञान से श्रेष्ठ रचनाकार शाश्वत–कला को जन्म देगा जो अजर–अमर होगी। यह दुर्लभ है, लेकिन सम्भव है। शंखो दा, पोर्ट्रेट में चेहरे के भाव की पराकाष्ठा को प्राप्त कर लेते हैं, जो अन्य कलाकारों से अलग होता है। मेरी समझ से भारतवर्ष में दो मूर्तिशिल्पी रामकिंकर बैज एवं शंखो चौधुरी के शबीहों को हम अत्यन्त मौलिक, प्राणवान एवं उच्च श्रेणी में रख सकते हैं। पिछले पैराग्राफ़ में हम रागिनी सिंह के पोर्ट्रेट की बात कर रहे थे कि किस तरह से बातों–बातों में रागिनी का पोर्ट्रेट हो गया। रागिनी सिंह का जब पोर्ट्रेट आकार ले रहा था, उसी समय एक विदेशी भद्र युवा महिला विभाग में शंखो दा से मिलने आयी थी। उस महिला का भी शंखो दा ने बहुत सुन्दर पोर्ट्रेट तैयार किया, मुझे याद है कि यह दौर ही शंखो दा की सर्जनशीलता का चरमोत्कर्ष का था।

> आँखों से देखी हुई वस्तु ही जब अनुभव में बदल जाती है, उसका रूप बाहरी रूप के साथ न मिलने पर भी उस समय वह स्रष्टा की निजी अनुभूति की अभिव्यक्ति हो उठती है। (शंखो चौधुरी–स्मृति–विस्मृति)

मैं लिख रहा था कि ब्रोंज–कास्टिंग की तैयारी होने लगी थी, बस ‘मोल्ड’, पकाने के लिए भट्ठी में जा रहा था। उस दिन प्रात:काल का समय था जब मैं प्रारम्भिक तैयारी के लिए आठ बजे ही विभाग में आ गया था। ब्रोंज कास्टिंग फाउण्ड्री में ‘कोयला’ तोड़ रहा था, उद्देश्य यह था कि शंखो दा तथा अन्य और लोगों के आने के पहले, कुछ मध्यम आकार के टुकड़े (कोयला) तैयार मिलने चाहिये। ब्रोंज कास्टिंग फाउण्ड्री के अन्दर ही बिजली का मीटर लगा हुआ था। विश्वविद्यालय के बिजली विभाग से सम्बन्धित एक व्यक्ति मीटर रीडिंग करने के लिए आया हुआ था। अचानक उसने मुझे कोयला तोड़ते हुए देखा तो भौंचक्का होकर पूछ बैठा कि— “क्या यहाँ पर यही पढ़ाई–लिखाई होती है कि तुम कोयला तोड़ रहे हो?” “यह पढ़ाई है क्या?” मैंने चुपचाप उसकी तरफ़ नज़रें उठाकर देखा, जिसमें क्रोध था। उसके इस बचकाने–भरे प्रश्न के लिए—‘क्या यह काम नहीं था, क्या?’ मैंने उसकी बात का कोई जवाब नहीं दिया, उसकी तरफ़ देखा भी नहीं। वह भिनभिनाकर चला गया। मैं दुखी मन से कुछ सोचने लगा, मुड़कर देखा कि उस व्यक्ति की कही गयी बेतुकी बातों को शंखो दा भी सुन रहे थे। वह वहाँ कब आ गये थे, मुझे यह पता नहीं चला था। उस व्यक्ति के जाने के बाद ‘सर’ ने पूछा यह कौन था? क्या तुम उसे जानते

हो। मैंने एक छोटा-सा उत्तर दिया कि हाँ, यह मेरे गाँव का है,'नज़दीकी है', जिनके कमरे पर रहता हूँ—यह विश्वविद्यालय का कर्मचारी है और बिजली मीटर रीडिंग का कार्य करता है। शंखो दा ने फिर कुछ नहीं पूछा, तथा कुछ नहीं कहा। मुझे याद है कि उस समय शंखो दा का मनोभाव बहुत दुखी एवं उदास हो गया था कि पढ़े-लिखे लोग भी 'कर्म' को कई वर्गों के तहत रखकर देखते हैं। कितने नासमझदार होते हैं...आदि-आदि।

उन दिनों छात्र जीवन में जैसा कि हम लोग अपने आचार्यों एवं वरिष्ठ विद्यार्थियों से सुना करते थे कि शंखो चौधुरी देश के जाने-माने अमूर्त मूर्तिकार हैं। भारतीय समकालीन मूर्तिशिल्प जगत् के अमूर्त-सृजन के शिल्पी हैं जो वस्तुतः पहली बार १९४९ के वर्ष में यूरोप यात्रा पर गये थे तथा वहाँ पर महत्त्वपूर्ण यूरोपियन मूर्तिशिल्पकारों से व्यक्तिगत रूप से मिले थे तथा उनके शिल्प स्टूडियो को नज़दीक से भी देखा था। कई बार शंखो दा अपने जीवन की अनेक विदेशी यात्राओं को बहुत ही रोचकता के साथ बताते थे।

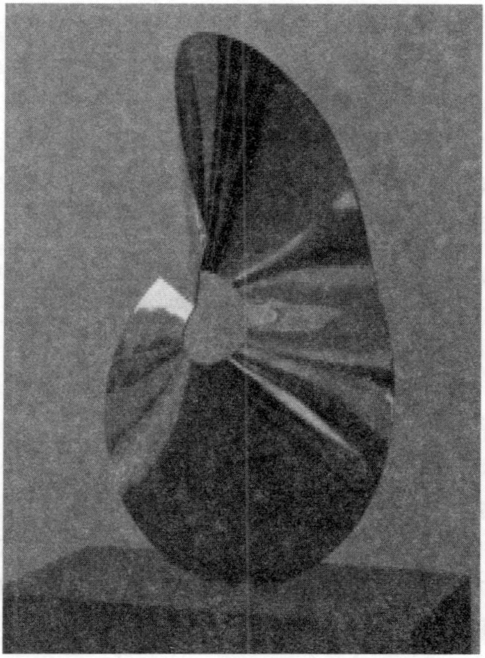

शंखो दा किसी–न–किसी सन्दर्भ में ब्रांकुसी की चर्चा निश्चित करते थे। विशेष रूप से ब्रांकुसी की मौलिकता, शुद्धता एवं परिपूर्णता से भरपूर सरल आकारों के प्रति मेरा भी सम्मोहन है। अभी जब मैं ब्रांकुसी को पढ़ रहा था तो उद्धृत कुछ शब्दों में कहीं–न–कहीं मैं शंखो दा के लयात्मक आकार के साथ रखकर देखता हूँ।

> Brancusi really wanted to be a wholly abstract artist but Lacking the courage to do so, he clocked his pure abstractions in symbolic meaning, Yet the sculptor frequently and vehemetly denied that his work was at all abstract. He held his work at all abstract. He held that it represented a level of existence beyond every day appearances, and it was in order to address that reality that he employed allegory and symbolism.

प्रारम्भ से ही शंखो चौधुरी बहुत ही प्रयोगशील सृजन शिल्पी थे। यहाँ पर इनके गुरु रामकिंकर का भी उल्लेख करना महत्त्वपूर्ण है। क्योंकि रामकिंकर पूरी तरह से भारतीय परिदृश्य के अन्तर्गत अमूर्तन प्रयोगधर्मिता के स्वतन्त्र सृजन शैली के सच्चे अर्थों में प्रथम कलाकार थे, जिसके कारण रामकिंकर को भारतीय आधुनिक मूर्तिकला का जन्मदाता कहा जाता है। और वहीं पर शंखो चौधुरी में उनके प्रभाव को भी स्वीकार कर सकते हैं तथा अपरोक्ष रूप से शंखो दा के शिल्पों में यूरोपियन अमूर्त–प्रभाव को भी स्वीकार किया जा सकता है]जिसके कारण इनकी कृतियाँ अन्तरराष्ट्रीय समकालीन कला की मूल धारा के साथ स्वत: जुड़ जाती हैं।

शंखो चौधुरी के शिल्पों पर कई यूरोपियन मूर्तिकारों के शिल्पों का प्रभाव दिखता है परन्तु शंखो चौधुरी सबसे अधिक महान् शिल्पी ब्रांकुसी को पसन्द करते थे तथा हमेशा यह ज़िक्र करते थे कि ब्रांकुसी जैसी शुद्धता एवं परिपूर्णता होना चाहिये, जिसका परिष्कृत प्रभाव शंखो चौधुरी के अन्तिम काल के मूर्तिशिल्पों पर दिखता है। बनारस में शंखो दा का विशेषत: मूर्तिकला विभाग के लिए महत्त्वपूर्ण योगदान यह रहा है कि उन्होंने कई पोर्ट्रेट की रचना कर उसकी कार्य पद्धति की कलात्मकता के उत्कृष्टतम यथार्थ से हम विद्यार्थियों को परिचित कराया तथा जीवन भर के लिए एक नयी दिशा प्रदान की, जिसकी गहरी यादें हमारी स्मृतियों में रच–बस गयी हैं। इस वजह से मैं बराबर अपने आपको सौभाग्यशाली समझता हूँ।

निश्चित रूप से मैंने कभी पोर्ट्रेट नहीं बनाये पर उनके सान्निध्य में रहने के कारण रचना की उत्कृष्टतम प्रस्तुति से ओत-प्रोत हुआ हूँ। मुझमें थोड़ी समझदारी ज़रूर विकसित हुई है ऐसा मेरा विश्वास है। जिसके कारण मूर्त-अमूर्त संयोजनों को भी गहरायी से देखने, समझने की सूझबूझ भी आयी है जो मैं अपनी कला-यात्रा के क्रमबद्ध विकास में महसूस करता हूँ और निश्चित ही जिसके पीछे अमूर्त रूप में एक अदृश्य गुरु से प्राप्त ज्ञान भी है। शंखो दा के साथ उनकी दिनचर्याओं में हम सभी घुल-मिल गये थे। दिन-प्रतिदिन का समय कैसे गुज़र जाता था, पता नहीं चलता था। सर्जनात्मक-प्रफुल्लता एवं कलात्मक उल्लास के कारण सम्पूर्ण परिवेश जीवन्तता से ओत-प्रोत हो गया था। एक तरफ़ प्रतिदिन अपराह्ण के पूर्व तक पोर्ट्रेट-रचना में व्यस्तता तथा दूसरी तरफ़ उनकी विशाल मूर्तिशिल्प की ढलाई की तैयारी का कार्य अपनी प्रगति की चरमोत्कर्ष पर था, जो राम सर के कुशल निर्देशन तथा चन्द्रकान्त भट्ट की अनुभव-परिपक्वता के कठोर परिश्रम से सम्भव हो रहा था। जिसके कारण स्वयं शंखो दा में ब्रोंज-प्रतिमा की ढलाई के प्रति पूरी निश्चिन्तता एवं सन्तोष दिखता था। कार्यरत सभी सहकर्मी पूरे आत्मविश्वास से परिपूर्ण थे जिसकी गूँज आज भी अनेक अवसरों पर विभिन्न क्रिया-कलापों में जीवन के प्रति समर्पित उनके विद्यार्थियों में तीव्रता से दिखती है।

इटैलियन पद्धति से प्रथम (एक शिल्प का) कास्टिंग सफलतापूर्वक पूर्ण हुआ। लेकिन शंखो दा की कार्य पद्धति एवं नेतृत्व बहुत ही अधिक प्रयोगात्मक होता था जिसके कारण उनमें हमेशा नये तरीक़ों से तकनीकी प्रयोगों में कार्य करने की ज़िद रहती थी। मैंने सुना है कि कई शिल्पों में उन्हें बहुत ही बड़े-बड़े नुकसान भी उठाने पड़े हैं जिससे उनकी आर्थिक क्षति बहुत होती थी। ऐसा ही एक ख़तरा उन्होंने बनारसी पद्धति से अपने उसी शिल्प की पुन: कास्टिंग में आख़िरकार ले ही लिया। उस दिन की वह घड़ी मेरे लिए अत्यन्त ही पीड़ादायक साबित हुई थी, जब पूरा का पूरा २००-२५० किलोग्राम का पीतल कास्टिंग पूरी तौर पर आग में स्वाहा हो गया था। रोंगटे खड़े कर देने वाली उस शाम को याद करके आज भी मेरा मन पूरी तरह से भर आता है। मुझे याद है कि केवल मैं ही नहीं, जितने लोग उस शाम वहाँ पर उपस्थित थे उन सभी लोगों ने अकस्मात् इस घटना पर आश्चर्य तथा दुख महसूस किया था। लोगों की हँसी और ठहाके थोड़े ही

क्षण में कहाँ विलीन हो गये इसका पता भी नहीं चला था, जिस पल पूरा का पूरा पीतल आग में जलकर समाहित हो गया था। रात के प्रथम प्रहर में केवल शंखो दा के ठहाके इधर-उधर लग रहे थे। उनकी वह 'कुदरती' अद्‌भुत हिम्मत की हँसी ऐसी परिस्थिति में बस सबको सान्त्वना दे रही थी कि यह सब जीवन में सम्भव है, जिससे बहुत कुछ नये तरह के अनुभवों से परिचित होना निश्चित होता है, अगर हम इस तरह के भयंकर जोख़िम में अपने को डालने की हिम्मत नहीं रखेंगे या कुछ नुकसान हो जाने के डर से अपने 'शिल्प-प्रयोगों' से पीछे हट जायेंगे तो कैसे हम एक नया आविष्कार कर पायेंगे। इस घटना ने अनेक कठिनाइयों में डटे रहने के लिए मुझे हमेशा उत्प्रेरित किया है। एक नयी ऊर्जा, हिम्मत, साहस को प्रत्यक्ष देखने-समझने और सीखने का अवसर शंखो दा के कारण मुझे प्राप्त हुआ।

हुआ यह था कि मूर्तिकला विभाग में बनारसी डोकरा-कास्टिंग पद्धति के विशेषज्ञ एवं कुशल तकनीकी सहायक कालीचरण मिस्त्री थे। शंखो दा की इच्छा थी कि इस पद्धति से ५.६ फीट के शिल्प की ढलाई होनी चाहिये। मैंने भी कुछ दिन तक मिस्त्री के साथ इस पद्धति से कार्य किया था। मुझे बहुत कुछ सीखने को मिला था। जैसे पीली-मिट्टी को कैसे तैयार होती है उसमें काटन को मिलाकर तब तक कूटा जाता है, जब तक कि मिट्टी और काटन एक साथ मिल न जायें। छोटे आकार के शिल्प की ढलाई या बड़े आकार के शिल्प की भी ढलाई कई भागों में इस पद्धति से होती है। इसमें निश्चित रूप से समय लगता है तथा यह कठिन भी होती है। कालीचरण के साथ इनके कई कुशल, बनारसी सहयोगी भी थे जो इसमें सम्मिलित थे। एक पूरी टीम कार्य कर रही थी। बनारसी पद्धति की यह कास्टिंग अत्यन्त ही रोचक होने के कारण सभी को बहुत ही अच्छी लग रही थी। मैं भी प्रारम्भ से ही इनके साथ लगा रहा, क्योंकि, इस पद्धति की कास्टिंग मैंने कई एक छोटे आकार के शिल्पों में की थी। शंखो दा का शिल्प ५×२'×२' के आकार का था जो तकनीकी रूप से अपने आप में कुछ बड़ा ही था, लेकिन शंखो दा कहते रहते थे कि 'कोई बात नहीं है कास्टिंग के लिए बड़े-से-बड़ा करके देखना चाहिये तभी तो पता चलेगा कि इस प्रोसेस से कितने बड़े तक करने की सम्भावना बनती है।'' इस कारण से किसी की हिम्मत नहीं पड़ती थी, जो उनकी बात में हस्तक्षेप कर सके। मिस्त्री साहेब कहते थे कि ''शंखो साहेब बहुत ही ज़िद्दी हैं लेकिन यह केवल उनके ही

साहस की बात है।'' ख़ैर, दोनों मोल्ड एक ही समय में अगल-बगल पकाये जा रहे थे। मुझे याद है कि इसे पकाने की वास्तविक बनारसी विधि से कुछ अलग तरह से शंखो दा की इच्छा के अनुसार पकाया जा रहा था। मूलतः बनारसी पद्धति के मोल्ड को गोहरी की आग पर ही पकाया जाता है। जहाँ पर गोहरी के साथ थोड़ा लकड़ी के कोयले का हल्का प्रयोग हो सकता है—किन्तु यहाँ पर शंखो दा 'स्टीम-कोक' से इसको पकाने की ज़िद ठाने हुए थे। (क्षमा चाहूँगा शायद यही बात थी) कालीचरण मिस्त्री ऐसी स्थिति में कुछ कह सकने की स्थिति में नहीं थे क्योंकि मूल पद्धति से हटकर कुछ अलग हो रहा था। ख़ैर, बहुत सारी पीतल गलाने की घरियों में पीतल गलाया जा रहा था, शायद १०-१५ रही होंगी, जिनमें से प्रत्येक में २०किलो पीतल गलाने की क्षमता थी। मैं प्रत्येक क्षण को बड़े ग़ौर से तल्लीन और तन्मय होकर देख रहा था। यह अत्यन्त ही रोमांचक घड़ी थी कि ऐसी कास्टिंग का माहौल जो आज हम सभी को देखने के लिए मिला है, शायद वैसा और कभी नहीं मिला था। पूरा वातावरण ही उत्सव का था, मुझे याद है कि उस दिन इरा दी, इन्दिरा दी, श्यामलदा की पत्नी तथा और भी कई वरिष्ठ एवं युवा अध्यापक परिवार यहाँ उपस्थित थे। विभाग के समस्त अध्यापक, छात्र, कर्मचारी तथा अन्य विभाग के लोग भी थे। प्रमुख बात यह भी थी कि उस दिन भोजन की व्यवस्था मुझे ही करनी थी। कई प्रकार के खाद्य पदार्थों के अन्तर्गत मैंने अरहर की दाल-चावल (बिलकुल पूर्वी तरीक़े से) की खिचड़ी, भरता-चोखा के साथ तैयार किया था। बहुत ही ख़ुशनुमा माहौल था। सभी लोग कुछ-न-कुछ खाने के लिए हर एक-दूसरे को आदान-प्रदान कर रहे थे। मुझे याद है कि एक तरफ़ शंखो दा, इरा दी, कृष्णन सर आदि एवं दूसरी तरफ़ राम सर, श्यामल दा, पाण्डे दा तथा कई एक युवा शिक्षक कुछ-न-कुछ ड्रिंक का भी आनन्द ले रहे थे। मैं सबको बहुत ही उत्साहित-प्रफुल्लित होकर 'सर्विस' कर रहा था, सुन्दर-सी शाम थी। राम सर ने कुछ शास्त्रीय संगीत के कैसेट भी लगा दिये थे जिसके कारण सम्पूर्ण वातावरण संगीतमय हो गया था। उसी दौरान बीच में एक बार चौधुरी सर, इरा दी तथा अन्य बाङ्ला बोलने वालों ने रवीन्द्र-संगीत का गान कर माहौल को पूरी तरह से 'शान्तिनिकेतनी' बना दिया था। एक तरफ़ वीर भूमि शान्तिनिकेतन तो दूसरी तरफ़ आध्यात्मिक काशी दोनों का तालमेल एकाकार हो गया था।

सब कुछ अपने समय की गति के साथ चल रहा था। थोड़ी देर पश्चात्

कास्टिंग करने का समय आ गया। कई लोग अपना क़ैमरा लेकर तैयार हो गये एक तरफ़ मेटल पिघलकर तैयार हो गया दूसरी तरफ़ मोल्ड भी पककर लाल हो गया था। ढलाईकर्ता कास्टिंग करने के लिए तैयार हो गये। एक-एक कर पीतल भरा घरिया एक कास्टर उठाता तो दूसरा दूसरी तरफ़ मोल्ड में धीरे-धीरे उड़ेलता जाता पोर करने के लिए, मुख (कप) होता, जिसमें पिघला मेटल डालते जा रहे थे। धीरे-धीरे १०-१५ मेटल के घरिया को दोनों पीस में डाल दिया गया। आश्चर्य से सब देख रहे हैं कि धीरे-धीरे सारा मेटल जो मोल्ड में डाल रहे थे वह एक ही तरफ़ से नहीं बल्कि चारों तरफ़ से बह-बह कर आग में फैल रहा है। सभी ढलाईकर्ता अवाक् (शायद उनकी ज़िन्दगी की यह पहली घटना रही होगी जो इतनी भयानक-आश्चर्यजनक थी) अब करें तो क्या करें—कोई भी, कुछ नहीं कुछ भी नहीं करने की स्थिति में; मुझे याद है कि मैं बुरी तरह भय से घबड़ा गया और सम्पूर्ण मेटल को बहते देख रहा था, तो दूसरी ओर बाबा को देख रहा था—वह अत्यन्त ही गम्भीर मुद्रा में बिलकुल मौन तटस्थ, कुछ क्षण में ही सब कुछ 'अग्नि' में भस्म हो गया। चारों तरफ़ सन्नाटा छा गया। मैं अपने आपको बिलकुल ही नहीं रोक पाया, तुरन्त ही बाउण्ड्री के पीछे की तरफ़ जाकर एकान्त पाकर, अचानक फूट-फूट कर रोने लगा। सच वह आघात निश्चित रूप से मेरे लिए अत्यन्त ही कष्टमय था। मैं रो रहा था, सिसकियाँ रुक नहीं रही थीं। अचानक माँ (इरा दी) मेरे पास पहुँच गयीं, कहा कि 'अरे, यहाँ क्या कर रहे हो', मैं और भी अपने आपको रोक नहीं सका। उन्होंने तुरन्त अपनी बाँहों में भरकर मुझे सान्त्वना, ढाढ़स देने लगीं। मुझे चुप कराने लगीं। मैं धीरे-धीरे सामान्य हुआ। उस दिन मैंने उसके बाद, न तो कुछ खाया, न तो उसके बाद एक शब्द 'बात' भी किसी से कर पाया। धीरे-धीरे उस दिन का सारा उत्सव-पार्टी बहुत ही दुख के साथ ख़त्म हो गयी। सभी लोग अत्यन्त ही दुखी मन से हल्का-फुल्का खा-पीकर बस एक-दूसरे का मन बहलाने की कोशिश कर रहे थे। उस शाम की उदासी के साथ, गहरी अँधियारी रात्रि और भी अधिक सन्नाटे के साथ पूरे वातावरण में फैल गयी। लम्बी रात के बाद प्रातःकाल की किरणों से अगली सुबह जब विश्वविद्यालय का परिसर प्रकाश से आलोकित हो रहा था, उस अगली सुबह एक मात्र सबसे पहले प्रतिदिन की तरह शंखो दा के चहल-क़दमी से विभाग प्रफुल्लित हो रहा था, बीच-बीच में दिन भर (पूर्व दिनों की तरह) उनके ठहाकों से वातावरण पुनः गूँज रहा था।

बड़ौदा-दिल्ली-बड़ौदा (१९७९-१९८१)

अकस्मात् एक बड़ी दुखद बीमारी के कारण हमारे गुरु राम छाटपार का देहान्त १९७८ की पहली फ़रवरी को बाम्बे हॉस्पिटल में कुछ मस्तिष्क सम्बन्धित बीमारी के कारण हो गया। जब मुझे इसकी ख़बर मिली तो मैं और रमाशंकर तत्काल बड़ौदा के लिए प्रस्थान कर गये। राम सर के परिवार में उनकी पत्नी इन्दिरा छाटपार तथा इकलौता पुत्र दो वर्ष का शशा (सिद्धार्थ) को 'राम सर' छोड़कर अचानक कैसे, किस दुनिया में कहाँ चले गये। यह आघात आज भी मुझसे भुलाये नहीं भूलता। जैसे मैं बिलकुल अकेला हो गया, मेरे गुरु, मेरा दोस्त, मेरा सब कुछ, न जाने कहाँ चला गया?

सम्पूर्ण परिवार के दुख में हम भी घुल-मिल गये। राम सर के बड़े भैया कृष्ण छाटपार (मूर्तिशिल्पी एवं शिक्षक), इनसे बड़े भाई सुदर्शन छाटपार (इंजीनियर) एवं सबसे छोटे हरी छाटपार (माइक्रो बायोलॉजी के प्रोफ़ेसर) के साथ चार छोटी-बड़ी बहनों का एक बड़ा परिवार, एकदम अकेला हो गया। बड़ौदा में कई दिन तक रमाशंकर और मैं उन्हीं के परिवार के साथ रहे। संयोग से राम सर के घनिष्ठ मित्र 'भगत'—जो बनारस में Weavers Service Center में कलाकार थे, हम लोगों के साथ ही बड़ौदा आये थे। सबसे कठिन पीड़ादायक स्थिति से हम लोग उस समय गुज़रते थे, जब दो वर्षीय शशा एकटक अपनी नज़रों से हम लोगों से मूक वाणी में पूछ रहा हो कि 'पापा कहाँ हैं', कहाँ चले गये हैं? विधि का विधान, जीवन-मरण, सब कुछ उसी का खेल है! एक 'पहेली', समझ से परे, केवल दुख, दर्द, पीड़ा के बोझ को याद करके मन एक पल-दो पल स्मृति-शेष ही याद कराती है। न जाने कितना कुछ राम सर ने अपने मात्र तीन-चार वर्षों के अन्तर्गत गुरु-शिष्य एवं मित्र के सम्बन्ध को मुझे धरोहर के रूप में दे दिया था कि जिसके कारण मैं आज अपने को ज़िन्दा महसूस करता हूँ। वे केवल शारीरिक एवं मानसिक रूप से न जुड़कर मेरे जीवन के समस्त चेतना-विस्तार, कार्य कलापों से जुड़कर अनेक अनमोल रत्न दे गये हैं। उनके आशीर्वाद के कारण आज मैं अपने आपको धन्य एवं कृतार्थ समझता हूँ। मुझे उनका शिष्य होने पर गर्व होता है। मेरा कर्तव्य एवं ज़िम्मेदारियाँ मानवता के लिए कुछ भी कर गुज़रने के लिए प्रेरित करती रहती हैं।

कृष्ण छाटपार एवं इन्दिरा छाटपार के अटूट स्नेह एवं प्रेम के कारण मेरी भी

फ़ैकल्टी ऑफ़ फ़ाइन आर्ट्स, बड़ौदा से एम.ए. करने की इच्छा हो गयी। मेरी कहीं से भी आर्थिक स्थिति ऐसी नहीं थी कि मैं बड़ौदा जाकर स्नातकोत्तर कर सकूँ, क्योंकि काशी हिन्दू विश्वविद्यालय से स्नातक कितनी कठिनाइयों से मैं कर पाया था; मेरे परिवार के लोगों को यह भरोसा नहीं था कि मैं पूरी पढ़ाई कर पाऊँगा कि नहीं। ख़ैर...। कृष्ण छाटपार सर एवं इन्दिरा बेन के कारण तथा उनकी हर तरह के पूरे सहयोग से यह सम्भव हो पाया कि मैं महाराजा सयाजी राव विश्वविद्यालय से अपनी शिक्षा पूरी कर सका।

बड़ौदा से वापसी में हम दोनों (रमाशंकर) दिल्ली होते हुए बनारस आये। दिल्ली में शंखो दा से मिलने हम लोग उनके घर गये। १९७६ में जब शंखो दा बनारस आये थे, उसके बाद से उनसे मिलना नहीं हुआ था। दिल्ली में यह दूसरी बार (१९७८) भेंट हुई। राम छाटपार के निधन की ख़बर उन्हें मिली थी, जिससे वह बहुत ही मर्माहत थे। उन्हें दुख था कि उनका एक परम प्रिय छात्र ही नहीं एक अच्छा इनसान भी हमने खो दिया है। जिसने अभी-अभी ही तो शिक्षा जगत् को कुछ देना शुरू किया था। एक अच्छा अध्यापक जिसकी कला शिक्षा के क्षेत्र में अति आवश्यकता थी, जिसने एक मिशन के रूप में काशी हिन्दू विश्वविद्यालय में कला शिक्षक की गरिमा को बहुत अल्प समय में ही गौरवान्वित किया था। राम छाटपार जब बनारस में थे उस दौरान शंखो दा का कई बार आना हुआ था। इन्हीं के द्वारा १९७२ में प्रवक्ता पद पर छाटपार का चयन हुआ था। उन्हें इसका गर्व था कि एक प्रतिभाशाली विद्यार्थी काशी हिन्दू विश्वविद्यालय में योग्य शिक्षक पद पर नियुक्त हुआ है। राम छाटपार कुछ ही वर्ष में बतौर शिक्षक सुविख्यात एवं लोगों के प्रशंसनीय हो गये थे।

दूसरे दिन सायंकाल भोजन के दौरान राम छाटपार सर की चर्चा के बीच में शंखो दा ने अत्यन्त ही पीड़ा एवं दुख व्यक्त किया था कि 'राम हमेशा बी. एच. यू. के छात्रों के प्रति बहुत समर्पित था, वह उनकी तरक़्क़ी तथा विकास के लिए बातें करता था, कई तरह की शैक्षणिक योजनाओं को सबसे आगे रखता था। साथ ही कभी भी बी. एच. यू. को त्यागकर कहीं और जगह पर किसी ऊँचे पद या आर्थिक लाभ की कामना से जाना नहीं चाहता था। उसके मन में इच्छा थी कि फ़ैकल्टी ऑफ़ फ़ाइन आर्ट्स, बी. एच. यू. में समकालीन कला के क्षेत्र से प्रतिष्ठित कलाकार वरिष्ठ शिक्षकों

के पद पर नियुक्ति हो, लेकिन उनके देहान्त से जो क्षति यहाँ के छात्रों की हुई है या बी.एच.यू. की हुई है, वह शायद ही कोई आने वाला भविष्य में पूरी कर सके।' (यह बात अक्षरशः सत्य है कि आज लगभग ४० वर्ष बाद भी राम छाटपार का शिक्षण कार्यकाल, मूर्तिकला विभाग बी.एच.यू. का सर्वोत्तम उत्कर्ष काल था।)

शंखो दा ने इन्हीं बातों को आगे बढ़ाते हुए एक बार उसी समय (विशेष रूप से मुझे सम्बोधित करते हुए) कहा था कि तुम्हें अन्दाज़ा नहीं होगा वह तुम सभी को कितना प्यार करता था। वह कितना तुम लोगों के लिए, क्या-से-क्या नहीं करने के लिए चिन्ता करता रहता था, सोचता रहता था। उसकी मृत्यु के बाद अब तुम लोग क्या करोगे—मुझे पता नहीं है लेकिन 'अगर कुछ कर सकोगे तो उसकी आत्मा को निश्चित ही शान्ति प्राप्त होगी।'

मुझे याद नहीं है कि मैं कितनी गहरायी से शंखो दा के द्वारा 'कही गयी इस बात को' ग्रहण कर पाया था कि नहीं, मुझे पता नहीं है, लेकिन उस समय की अपनी बेबसी, मैं अपनी दुखद आर्थिक मन:स्थिति को व्यक्त नहीं कर सकता था। शंखो दा की, उस दिन की मार्मिक बात आज तक कभी भी किसी भी क्षण भूल नहीं सका हूँ। हमेशा जैसे मेरे अन्तस् में बैठ गया था कि कैसे, कब कुछ कर पाऊँ मैं, अपने प्रिय गुरु की स्मृति में। कहाँ से क्या समर्पित कर दूँ कि दादा गुरु शंखो चौधुरी की इच्छा को पूरा कर पाऊँ। उस समय केवल मैं वेदना के मूक स्वर को सुन पा रहा था, तथा अपनी मन:स्थिति एवं परिस्थिति का मूल्यांकन भी कर रहा था, और मन-ही-मन उनके प्रश्न का उत्तर भी दे रहा था कि; कैसे, कहाँ से, किस तरह से, मैं आपको वचन दे पाऊँ कि—'बाबा', अभी कुछ समझ में नहीं आ रहा है कि कहाँ इसका रास्ता है, क्या करना है, आप जो कह रहे हैं (मन की बात) वह समझ में आ तो रहा है लेकिन यह समझ में नहीं आ रहा है कि कैसे उसे पूरा करूँ और कहाँ से पूरा करूँ?

(यहाँ यह लिखना या जोड़ना अतिशयोक्ति नहीं होगा कि शंखो दा का उद्‌बोधन कभी भी कहीं से मेरी स्मृति से विस्मृत नहीं हुआ, न तो कल, न तो आज और न तो आने वाले कल में। १९८७ में जब मुझे कानागावा कला प्रदर्शनी यूकोहामा जापान से ईंट में निर्मित मूर्तिशिल्प पर Semi-Grand-Prix से पाँच लाख जापानी येन का पुरस्कार प्राप्त हुआ था तो मुझे तत्काल

ही शंखो दा की उस दिन शाम की बातें याद आयीं कि आज मुझे उनके सपने को प्रारम्भ करने का अवसर उन्हीं के आशीर्वाद से यह मूल्यवान् पुरस्कार स्वरूप मुझे प्राप्त हुआ है तथा मैंने और मेरी पत्नी राजश्री ने तुरन्त निर्णय लिया कि गुरु राम छाटपार की स्मृति में इसकी आधी धनराशि ढाई लाख येन से कला के विकास के लिए कुछ-न-कुछ भारत वापस आकर प्रारम्भ करेंगे। इस विचार-वचन का हम दोनों ने संकल्प लिया। ईश्वर की कृपा से तदुपरान्त जापान में ही लगातार कई पुरस्कार एवं विशिष्ट कार्य— Commission Work, मुझे प्राप्त होते गये और हम दोनों हमेशा से आज तक की अपनी यथास्थिति से कहीं अधिक धन राम छाटपार शिल्प न्यास की समृद्धि के लिए समर्पित करते जा रहे हैं। आज ख़ुशी हो रही है कि हमारे बच्चे श्रद्धा, प्रज्ञा, मृदुल, भी राम छाटपार की स्मृति को चिरस्थायी करने के लिए तथा इसके सम्पूर्ण विकास की चिन्ता करते हैं। हमें विश्वास है कि आने वाली हमारी पीढ़ियाँ भी इसे आगे बढ़ाने में अपने आप को गौरवशाली महसूस करेंगे।)

बहुत ही शान्त चित्त से शंखो दा का चरण-स्पर्श करते हुए, एक वचन के साथ विदा ली कि निश्चित ही जब ईश्वर, आप लोगों की कृपा से कभी मुझे ज़रा भी सामर्थ्य प्रदान करेगा, उस दिन पहला क़दम निश्चित रूप से 'राम सर' की याद में कुछ ज़रूर कर गुज़रूँगा। चाहे उसके लिए मुझे किसी भी प्रकार की कोई क़ीमत ही क्यों न चुकानी पड़े। बाबा से आशीर्वाद लेकर मैं बनारस आया। बी.एफ.ए. अन्तिम वर्ष की परीक्षा की तैयारी में लग गया क्योंकि मुझे एम.एफ.ए. के लिए अगले सत्र में बड़ौदा जाना था।

लेकिन बी.एच.यू. में उस वर्ष (१९७८) छात्र संघ की राजनीति के कारण समय से परीक्षा नहीं हुई। जो परीक्षाएँ अप्रैल-मई में होनी थीं वे अक्टूबर-नवम्बर में हुईं तथा उनका रिजल्ट अन्तिम सप्ताह दिसम्बर में प्राप्त हुआ। जिससे मेरी एक वर्ष की क्षति हो गयी और मैं समय से बड़ौदा नहीं जा सका। फिर भी मैं बहुत हिम्मत करके १९७९ के जनवरी माह में बड़ौदा आ गया। कृष्ण छाटपार सर के कारण मुझे फ़ैकल्टी ऑफ़ आर्ट्स, बड़ौदा के मूर्तिकला विभाग में तत्काल Non-coligiate students के रूप में मूर्तिकला विभाग के स्टूडियो में कार्य करने की अनुमति प्राप्त हो गयी।

संयोगवश एडमिशन के पहले कोलकाता की बिरला अकादेमी ऑफ़ फ़ाइन आर्ट्स की गैलरी में एकल प्रदर्शनी का मुझे अवसर मिला था जो दिसम्बर

१९७८ के द्वितीय सप्ताह में आयोजित हुआ। पंचवर्षीय पाठ्यक्रम के अन्तर्गत मूर्तिकला में स्टोन-कार्विंग मेरा विशिष्ट चयन था परन्तु मैंने अधिकतम शिल्प-कार्य धातु-ढलाई में किया था। आयरन में भी छह एक शिल्प बनाये थे। सब मिलाकर ब्रोंज में २२ शिल्प तैयार थे।

कोलकाता के साथ शान्तिनिकेतन तथा लखनऊ एवं कानपुर में भी एक ही साथ Travelling एकल प्रदर्शनी की योजना तैयार कर ली थी। ब्रोंज-मूर्तिशिल्पों की यह प्रदर्शनी स्वर्गीय गुरु राम छाटपार की स्मृति में समर्पित थी। एक तीन फोल्ड का साधारण-सा 'पैम्फलेट' जिस पर ब्रोंज शिल्प का मोनो-क्रोम-प्रिंट तथा दूसरे फोल्ड पर (पहली) स्वलिखित अपने निजी अनुभवों की अभिव्यक्ति (Statements) जिसका कुँवरजी अग्रवाल ने हिन्दी से अँग्रेज़ी में भावपूर्ण अनुवाद किया था। प्रदर्शनी को बड़ी प्रशंसा मिली थी। मेरी यह कोलकाता में दूसरी प्रदर्शनी थी। कोलकाता-शान्तिनिकेतन आदि स्थानों के महत्त्वपूर्ण कलाकारों से परिचय तथा उनके द्वारा मेरे शिल्पों की प्रशंसा ने मुझमें नयी स्फूर्ति एवं आत्मविश्वास भर दिया था।

बहुत ही सौभाग्य की बात है कि शान्तिनिकेतन में मूर्तिशिल्पी रामकिंकर बैज द्वारा प्रदर्शनी का उद्घाटन उद्बोधन तथा आशीर्वाद एक साथ प्राप्त हुआ।

किंकर दा के साथ इस प्रथम भेंट ने मुझ जैसे एक युवा कलाकार को अद्भुत ऊर्जा से ओत-प्रोत कर दिया। यह मेरे जीवन का सौभाग्य है कि मुझे गुरु राम छाटपार के गुरु शंखो चौधुरी तथा उनके महान् गुरु रामकिंकर का यहाँ साक्षात दर्शन प्राप्त हुआ। कला जगत् की यह तीन पीढ़ियाँ अपने आप में अनूठी हैं। इन तीनों का साक्षात् कला की और बारीक़ अनुभूति थी। कुछ अनुभव सीखने और पढ़ने या जीवन को लम्बा करके नहीं आते। कुछ अनुभूतियाँ एक क्षण में जीवन के सूत्रधार के रूप में आपके भीतर क्रियाशील हो जाते हैं। इन तीन जीवट, ज़िन्दगी से ओतप्रोत कलाकारों का सान्निध्य मेरे जीवन का सूत्रधार है।

इन सारी बातों को जब मैंने शंखो दा को बताया तो उन्हें भी ख़ुशी हुई। प्रदर्शनी के पश्चात् मैं बनारस से बड़ौदा वाया दिल्ली जा रहा था तो बाबा ने मेरे 'ब्रोंज कास्टिंग' की (तकनीकी पक्ष) 'ढलाई' की प्रशंसा की। Travelling-Exhibition के पैम्फलेट के उद्धृत प्रकथन को निरन्तर 'भावपूर्ण शब्दों' में लिखने का प्रोत्साहन भी दिया। इतनी थोड़ी-सी बात में 'कितनी'

बड़ी बातों का सन्देश होता है जब हम हमेशा छोटी-छोटी-सी बातों को अपने जीवन में समझदारी के साथ धीरे-धीरे अमल करते जाते हैं तो इसके परिणाम से जो आनन्द की अनुभूति होती है वह अवर्णनीय होती है।

१९७९ जनवरी के प्रथम सप्ताह में, मैं आख़िरकार बड़ौदा पहुँच ही गया। बड़ौदा में अपूर्णकालिक विद्यार्थी (Non-Collegiate Student) के रूप में तीन माह के लिए (जनवरी-फ़रवरी-मार्च) प्रवेश मिल गया। सत्र १९७९ जुलाई से स्नातकोत्तर (मूर्तिकला) पाठ्यक्रम का नियमित छात्र हुआ। शंखो दा की खोज़-ख़बर मुझ पर बराबर रहती थी कि क्या करता है, कहाँ है, कैसा है। अक्सर लोगों से भी उन्हें थोड़ी-बहुत जानकारी मिल जाती थी। एक बार उसी दौरान शंखो दा ने कहा कि बड़ौदा में मुझे Diploma Course में दाख़िला लेना चाहिये। मैंने बाबा से पूछा, 'क्यों, डिग्री-कोर्स में क्यों नहीं।' 'बाबा' ने स्वभावतः डाँटते हुए कहा, बहुत सवाल करता है। मैं चुपचाप, फिर थोड़ी देर बाद उन्होंने मुझे समझाया कि 'वहाँ पर आधुनिक कला (राष्ट्रीय एवं अन्तरराष्ट्रीय) तथा पूर्वी एवं पश्चिमी सौन्दर्यशास्त्र का पाठ्यक्रम बहुत ही कठिन है, तुम अच्छी तरह नहीं कर पाओगे, तथा Theory Course के कारण तुम्हारी मुख्य शिल्प-रचना भी प्रभावित हो सकती है। दूसरी प्रमुख बात है कि वहाँ पर अँग्रेज़ी माध्यम में ही पढ़ाते हैं और तुमको अँग्रेज़ी बिलकुल नहीं आती है। एक शब्द बोल नहीं पाते हो।' ख़ामोश होकर मैं सारी बातें 'बाबा' की सुनता रहा। निश्चित रूप से मेरे पास उनके प्रश्न का कोई उत्तर नहीं था। लेकिन मैं कहीं से भी निराश नहीं था, न तो इतना कमज़ोर ही था। सम्पूर्ण संकल्प के साथ 'परिश्रम' कभी व्यर्थ नहीं जा सकता है, ऐसा मेरा विश्वास था और मैं अपने निर्णय पर दृढ़ था। फिर थोड़े ही दिन बाद 'बाबा' को मैंने बताया कि मुझे M.A. (Fine) डिग्री कोर्स में दाख़िला मिल गया है।

प्रारम्भिक (Non-Collegiate) समय जनवरी-फ़रवरी-मार्च (१९७९) बहुत ही संघर्षमय था। मैं किसी भी तरह से बिना किसी मदद के पढ़ाई करना चाहता था। लेकिन मैं अपनी दैनिक जीवन की ज़रूरतों—खाना, रहना तक का इन्तज़ाम कैसे कर सकूँ इसकी थोड़ी चिन्ता होती थी। लेकिन मेरी लाख कोशिशों के बावजूद भी इन्दिरा दी एवं कृष्ण छाटपार सर की ज़िद के आगे प्रतिदिन सायंकाल का भोजन किसी एक के घर ज़रूर करना होता था। वास्तविक रूप से कहीं से कोई इन्तज़ाम नहीं हो पा रहा था—

कोई रास्ता भी नहीं था। लगता है कि सब कुछ जैसे सुनिश्चित था। साथ ही दोपहर का खाना ध्रुव मिस्त्री और रवीन्द्र रेड्डी के साथ उनके रोज़ाना के टिफिन से होता था। ध्रुव मिस्त्री उस समय सैनिक-छात्रावास में 'फ्री' में रहते थे। इनको भोजन बहुत ही न्यूनतम दर पर मिलता था। रवीन्द्र का टिफिन-बॉक्स, फ़ैकल्टी में सबसे बड़ा था जिसमें मात्रा से अधिक भोजन छात्रावास से प्रतिदिन आता था। केवल कभी-कभी छात्रावास-भोजनालय के महाराज को वास्तविकता में दिखाना पड़ता था कि 'मैं (रवीन्द्र) कितनी अधिक मात्रा में भोजन कर सकता हूँ।'

रवीन्द्र का टिफिन तथा ध्रुव की रोटी-सब्ज़ी से हम कई विद्यार्थियों के भोजन की व्यवस्था होती थी। अच्छा माहौल, अच्छे अध्यापक, अच्छे सहपाठी यह सब कुछ बड़ौदा Fine Art में 'उपयुक्त कलात्मक परिवेश' का संस्थान का एहसास हुआ था।

बड़ौदा पहुँचने पर तत्काल मेरी सबसे बड़ी चुनौती यह थी कि तीन महीने बाद अप्रैल १९७९ में एकल प्रदर्शनी का आयोजन 'त्रिवेणी गैलरी' नयी दिल्ली में होना निश्चित था। पहले प्लान था कि Travelling Bronze Sculpture दिल्ली में भी प्रदर्शित कर दूँगा, लेकिन विचार बदल गया कि दिल्ली में इसकी चर्चा तो थोड़ी हो ही गयी है, क्यों नहीं अब नये शिल्पों की प्रदर्शनी करूँ। इसी विचार के कारण 'ईंट' में कई सारे शिल्प मैंने (पहली बार) तैयार किये, सुनिश्चित समय पर प्रदर्शनी हुई। ख़ूब चर्चा हुई, मशहूर अख़बारों में समीक्षाएँ प्रकाशित हुईं। सबसे बड़ी बात, शंखो दा ने उन्मुक्त मन से ईंट-शिल्पों के प्रदर्शन की प्रशंसा अन्य लोगों से भी की। जिसकी ख़ुशी मुझे आज भी याद है। दिल्ली में ईंट की प्रदर्शनी ने सभी का ध्यान आकर्षित किया जिससे मेरी एक छोटी-सी पहचान दिल्ली कला जगत् में बन गयी, जिसे आज भी लोग याद करते हैं। मुझे अच्छा लगता था जब शंखो दा कभी-कभी मेरे शिल्पों की तीख़ी आलोचना करते थे, एवं उस पर ख़ूब डाँटते भी थे, मुझे महसूस होता था कि यह तो उनका स्वभाव ही है कि जब मन हो, तब बस डाँटने लगो। बिना किसी बात पर या किसी बात पर ही सही। उनके घर पर ही ज़्यादातर मुझे डाँट मिलती थी। अक्सर कभी-कभी मैंने देखा कि माँ (इरा दी) को लगता था अब कुछ ज़्यादा हो रहा है, अधिक ही डाँट पड़ रही है तो वह 'बाबा' को टोक देती थीं। मैं बस हँसने लगता था खीजकर, चुपचाप किसी बहाने से 'बाबा' के हाथ की

अँगुलियों का मसाज करने लगता तो उन्हें बहुत अच्छा लगता। फिर आगे कहते कि 'थोड़ा कन्धा दबाओ, फिर पीठ पर भी हल्की मसाज की इच्छा देखते ही मैं प्रसन्नचित्त, मुस्कुराकर उन्हें इधर-उधर बहका देता और उनकी डाँट-डपट अपने आप ही बन्द हो जाती, फिर मेरी 'बारी' आती तो मैं भी कम नहीं था फिर किसी-न-किसी बात पर उनकी 'खिंचाई' करने लगता या थोड़ा इधर-उधर की बातों में उन्हें उलझाते हुए हल्की-फुल्की डाँट भी लगा देता।

आज भी यह स्मरण याद आता है कि 'पौत्र' और 'दादा' के बीच के अन्तरसम्बन्धों की मर्मस्पर्शी आनन्दमयी स्मृतियों से मन विभोर हो जाता है।

अक्सर बड़ौदा से नयी दिल्ली या बनारस से नयी दिल्ली होते हुए बड़ौदा जाने की यात्रा के पड़ाव एवं ठहराव के समय मैं शंखो दा के घर ही रात में रुकता था। दिन भर इधर-उधर दिल्ली की कला-गतिविधियों की दुनिया में भटकते रहना, कुछ प्रदर्शनियाँ देखना, कुछ हमउम्र कलाकार मित्रों से गपशप करना और 'गढ़ी स्टूडियो' में भी कुछ समय गुज़ारना, जिसमें शंखो दा का स्टूडियो प्रमुख होता। धीरे-धीरे हिम्मत शाह जी के साथ का अनुभव भी काफ़ी उत्साहजनक, प्रेरणात्मक और लाभप्रद था। हिम्मत शाह के साथ मेरा पहला परिचय १९७९ की ईंट-शिल्प की प्रदर्शनी के दौरान हुआ था और यह परिचय सुप्रसिद्ध कला-समीक्षक प्रयाग शुक्ल के द्वारा हुआ था। बराबर प्रयाग जी के साथ ही हिम्मत भाई के 'घर-स्टूडियो' पर जाना होता था। उस समय वह लोग ग्रेटर कैलाश में एक-दूसरे के आसपास रहते थे, लगभग खाना-पीना वहीं साथ में होता था। कला-विषयक और अन्य समसामयिक विषयों पर गम्भीर चर्चा हिम्मत शाह और प्रयाग शुक्ल करते थे। मैं इस कला-सत्संग का आनन्द उठाता था। इसी कड़ी में समय के साथ-साथ प्रयाग जी से मेरी अन्तरग मित्रता प्रगाढ़ होती गयी। उनका कला-ज्ञान और अत्यन्त ही सरल-सहज स्वभाव की अभिव्यक्ति, कला की प्रासंगिक चर्चा, बातचीत, निश्चित रूप से मुझे प्रभावित करती थी।

दिल्ली में एक शंखो दा का घर दूसरा प्रयाग जी का घर मेरा अपना हो गया था। अक्सर बाबा पूछते कि 'प्रयाग से मिले कि नहीं', मेरा एक मात्र जवाब होता कि बस उन्हीं के साथ था शाम से रात तथा सुबह तक, अब आपके पास हूँ। मुझे याद है कि 'बाबा' को इससे बहुत सन्तुष्टि मिलती थी, उन्हें इससे प्रसन्नता महसूस होती थी कि प्रयाग जैसे व्यक्ति के साथ मैं अपना अधिक समय व्यतीत करता हूँ।

प्रयाग जी भी बताते थे कि जब बहुत दिन हो जाते थे, (जब मैं दिल्ली नहीं गया होता था) कहीं मिलने पर शंखो दा पूछते कि बहुत दिन हुआ 'मदन' आया नहीं। ये बातें प्रयाग जी मुझे बताते थे। दिल्ली में मुझे अपने दो अभिभावक मिल गये थे।

१९७९ से १९८१ के बीच शंखो दा के सन्दर्भ में बड़ौदा अध्ययन के दौरान ज्ञान-प्रद एवं शिक्षाप्रद कई तथ्य प्राप्त हुए। फ़ैकल्टी ऑफ़ फ़ाइन आर्ट्स, बड़ौदा के मूर्ति कला विभाग में सभी अध्यापक शंखो दा के छात्र थे। एक से बढ़कर एक, महेन्द्र पाण्ड्या, राघव कनेरिया, गिरीश भट्ट, कृष्ण छाटपार एवं रजनीकान्त पांचाल। लगभग प्रतिदिन ही किसी-न-किसी सन्दर्भ में शंखो दा के बारे में किसी-न-किसी शिक्षक से कुछ-न-कुछ चर्चा तथा उनकी शिक्षण कार्य-पद्धति की प्रशंसा मिलती रहती थी। नागजी पटेल भी इनके शिष्य थे। पॉटरी-सिरेमिक्स प्रभाग में ज्योत्स्ना भट्ट तथा कुमुद वेन भी थीं। इतना ही नहीं चित्रकला विभाग में जितने अध्यापक थे, केवल सुब्रह्मण्यन् सर तथा कुछ एक शिक्षकों को छोड़कर अधिकतम शिक्षक किसी-न-किसी तरह शंखो दा से, गुरु-शिष्य रूप में निकट से सम्बद्ध थे। भारतवर्ष के कई विश्वविद्यालयों के चित्रकला एवं मूर्ति कला विद्यालयों में निश्चित रूप से कोई-न-कोई शंखो दा का शिष्य मिल जायेगा। फ़ैकल्टी ऑफ़ फ़ाइन आर्ट्स, बड़ौदा में शंखो चौधुरी का एक शिक्षक के रूप में जो योगदान है वह अवर्णनीय एवं अद्वितीय है। शंखो दा पूरे २० वर्ष तक फ़ाइन आर्ट्स बड़ौदा में थे पर उनका प्रभाव जब मैं १९७९-८१ में पढ़ रहा था तब भी अनेक अवसरों पर चर्चित होता था। ९० के दशक तक शंखो दा एवं सुबह्मण्यम सर की पीढ़ी के इनके शिष्य लोग बड़ौदा में शिक्षक थे तब तक बड़ौदा निश्चित रूप से देश का सर्वश्रेष्ठ कला संस्थान रहा, लेकिन आज भी कुछ-न-कुछ उन्हीं विभूतियों के प्रभावों के कारण बड़ौदा की पहचान बरकरार है।

कहते हैं कि जब पूरी निष्ठा एवं योग्यता के साथ किसी संस्थान की नींव रखी जाती है तो वह इतनी मज़बूत होती है कि उस पर बड़ी-सी-बड़ी शख़्सियत खड़ी होती हैं जिससे संस्कारित, प्रशिक्षित अनेक शिष्य देश-दुनिया में लगातार उस संस्था की पहचान को अमर कर देते हैं। शंखो चौधुरी के पीढ़ियों-दर-पीढ़ियों के उनके शिष्यों के शिष्य द्वारा आज देश के कला संस्थानों में अपनी विद्वत्ता से कला-शिक्षा को विकसित कर रहे हैं।

संक्षिप्त एवं साधारणतया अध्ययन करें तो शंखो चौधुरी के योगदान के समकक्ष आज तक देश में कोई भी समकालीन मूर्तिशिल्प क्षेत्र में वह शिक्षक नहीं हो सका जिसकी तुलना यहाँ पर की जा सकती है लेकिन इसमें कोई दो राय नहीं है कि इनके समकक्ष कनिष्ठ मित्र सुब्रह्मण्यन् का भी नाम चित्रकला के क्षेत्र में अद्वितीय है जो एक महान् शिक्षक, चित्रकार, चिन्तक, आलोचक के रूप में याद किये जाते हैं।

पहली बार मूर्तिशिल्पी रमेश पटेरिया से National Cultural Scholership के दौरान भेंट हुई थी जिसमें वह चयन समिति में थे, और मैं आवेदक था। रमेश पटेरिया, शंखो चौधुरी के निकटतम प्रिय छात्रों में से एक थे। मैंने राम छाटपार के द्वारा बहुत बार रमेश पटेरिया के बारे में सुना था जो राम सर के सबसे घनिष्ठ, संवेदनशील मित्र थे जिन्हें वे बहुत ही पसन्द करते थे। हमेशा मुझसे कहते कि 'तुम्हे रमेश पटेरिया के पास स्टोन कार्विंग के लिए मकराना भेजेंगे, उनके साथ रहना एवं काम करना।' याद आने पर यह सन्दर्भ बहुत ही अच्छा लगता है।

जिस दिन शिक्षावृत्ति का साक्षात्कार हुआ था उस समय मैं ललित कला अकादेमी, गेस्ट हाउस में रुका हुआ था; संयोगवश रमेश पटेरिया भी वहीं पर रुके हुए थे। शाम का वक़्त था। त्रिवेणी गैलरी के पास अचानक वह मुझे मिल गये; उस समय वह शराब पिये हुए थे। बस ऐसे-तैसे मैं उनके पकड़ में आ ही गया। उन्हें शायद पता नहीं था, या पता था कि मैं राम छाटपार का शिष्य हूँ जिनका मात्र डेढ़ वर्ष पहले ही देहान्त हो गया था। वहीं सड़क की पटरी पर चार दिवारी के पास खड़े-खड़े ही अचानक इसी सन्दर्भ में राम सर के बारे में कुछ बातें होने लगीं। रमेश भाई स्मृतियों में डूब गये, पिये हुए तो थे ही और बहुत जल्द ही भावुक होकर फफक-फफक कर रोने लगे। उनका इतना करुण एवं दुखी स्वरूप देखकर मैं अनुमान लगा सकता था कि 'राम सर' क्यों इनकी इतनी प्रशंसा करते थे, कहते थे कि एक मात्र सबसे प्रिय मेरा दोस्त रमेश पटेरिया है, ज़िन्दगी में ऐसे दोस्त बहुत ही कम मिलते हैं। मैं सोचने लगा कि अगर 'राम' और 'रमेश' एक तरह से हमेशा के लिए एक-दूसरे से बिछुड़ नहीं गये होते तो आज शायद ऐसी स्थिति देखने को नहीं मिलती।

उन दिनों शंखो दा ईस्ट ऑफ़ कैलाश में रहते थे। हम दोनों ही बात-चीत में घुल-मिल गये, बात-बात में उन्होंने मुझे शंखो दा के घर जाने के लिए

राजी कर लिया। कहने लगे कि 'चलो चौधुरी सर से मिलवा लाएँ वह हमारे गुरु हैं। तुमसे मिलकर ख़ुश हो जायेंगे' आदि-आदि। मुझे बहुत ही अच्छा लगा कि इसी बहाने कम-से-कम 'बाबा' से मिल लेंगे। क्योंकि इस बार अभी तक उनसे नहीं मिल सका था। मुझे याद है कि जब रमेश भाई शंखो दा के घर जाने लगे तो रास्ते में ही एक बड़ी बोतल 'रम' की ले ली। मैं इतना सब कुछ इनके बारे में जानता था। कहीं से भी मुझे कुछ आश्चर्य नहीं हो रहा था।

रमेश भाई मुझे लेकर शंखो दा के घर पहुँचे। शाम के आठ बज गये थे। आते ही बड़े ही चुपके से शर्माते हुए, शंखो दा से नज़रें चुराते हुए धीरे से उनके हाथ में रम की बोतल पकड़ा दी। शंखो दा ने रमेश भाई को घर में प्रवेश करते ही डाँटना शुरू कर दिया। रमेश भाई ने इरा बेन से गिलास लिया तथा दो बड़े पैग 'रम' के बनाये। फिर क्या? गुरु-शिष्य बैठकर 'रम' के आनन्द में लीन हो गये। सारा दृश्य मेरी आँखों के सामने घूमता है, नाचता है, मैं अपलक इन्हें देखता रहा। इनकी मस्ती, इनकी ज़िन्दादिली, गुरु-शिष्य अति निकट के सम्बन्धों की एक मिशाल अद्‌भुत आनन्दप्रद। (मुझे याद आया किंकर दा की सिगरेट को जलाते हुए शंखो दा की एक फ़ोटो)।

रमेश पटेरिया सत्तर-अस्सी के दशक में संगमरमर में शिल्प रचना के लिए भारत के सर्वोत्तम शिल्पी के रूप में सुविख्यात थे। जिसकी चर्चा उन दिनों Illustrated Weekly, Mumbai से प्रकाशित एक अंक में सुप्रसिद्ध चित्रकार हुसेन साहेब ने अपने लेख में की थी। १९७१ में आयोजित जहाँगीर कला दीर्घा में रमेश पटेरिया के संगमरमर में प्रदर्शित सभी शिल्प बिक गये थे, चर्चा थी कि उन्हें लगभग 'एक लाख सत्तर हज़ार रूपया' प्राप्त हुआ था। उस समय हिन्दुस्तान में इतनी अधिक धनराशि की कला-कृति की, (किसी कलाकार की) बिक्री हो जाना एक बड़ी आश्चर्यजनक घटना बन गयी थी। इन सभी उपलब्धियों का निश्चित रूप से एक गुरु के लिए गौरव की बात थी जो अभी मैं अपने सामने 'शंखो दा' एवं 'रमेश भाई' को एक साथ मद-मस्त झूमते हुए, आनन्द लेते हुए देख रहा था। इरा माँ ने थोड़ी देर बाद खाना भी लगा दिया। खाना खाते-खाते, रमेश भाई तो खाना खा ही नहीं पा रहे थे, बस इरा माँ को देखकर रोने लगते। माँ बस डाँटती रहती कि 'नौटंकी कम करो चुपचाप खाना खाओ और बस।' शंखो दा की चुप्पी

ऐसे समय में बहुत ही बाल-सुलभ-सी लगती थी। मैं इस दृश्य से ओत-प्रोत, एक भावनात्मक-रिश्तों की पराकाष्ठा का साक्षात् दर्शन कर रहा था।

जब बहुत अन्तराल के बाद बाबा से मिलना होता था तो ऐसा लगता था कि न जाने कितने दिनों से हम एक-दूसरे का इन्तज़ार कर रहे होते थे। ऐसा नहीं था कि शंखो दा से मेरा कोई काम रहता था, या बाबा किसी कार्य के लिए मेरा इन्तज़ार कर रहे हों। मुझे याद है कि बाबा कभी भी किसी काम को करने के लिए नहीं कहते थे, अगर कोई कार्य रहता था तो भी करने नहीं देते थे। अक्सर मैं चाहता था कि क्या करूँ, बाबा का ऐसा क्या कार्य मेरे से हो सकता है, पर ऐसा कभी भी कुछ नहीं दिखता था। कभी-कभी लगता है कि बाबा ऐसा कुछ नहीं चाहते थे कि मुझे कुछ कहें। क्यों, मुझे पता नहीं है। लेकिन मिलने पर ऐसा लगता था कि हम दोनों ही एक-दूसरे का इन्तज़ार करते थे। 'शायद बाबा मुझे देखकर डाँटने का इन्तज़ार करते थे।' १९७९ के दौरान शंखो दा निश्चित रूप से कई बार बड़ौदा ज़रूर आये होंगे। उन्हें बड़ौदा से बहुत ही लगाव व मोह था। शायद यह कारण रहा हो कि फ़ाइन आर्ट्स में उनकी उपस्थिति से लोगों में ऊर्जा फैल जाती थी या तो 'लोग' अपने आप को उनके 'समय' के साथ नवीन-स्थिति में उपस्थित करते थे। यह मैं अक्सर महसूस करता था। दूसरा कारण बड़ौदा में उनके प्रिय मित्र नानू भाई अमीन रहते थे जो कि ज्योति लिमिटेड के मालिक थे। तथा नानू भाई के साथ उनका एक पारिवारिक, अटूट तथा अत्यन्त गहरा रिश्ता था जो अनमोल था। धीरे-धीरे इसकी जानकारी मुझे बाद में प्राप्त होती गयी।

शंखो दा निश्चित ही एक बार फ़ैकल्टी आते थे। वहाँ पर, उनसे छोटी-सी मुलाक़ात हो जाती थी। रजनीकान्त पांचाल उनकी सबसे अधिक बातें करते थे, क्योंकि पांचाल सर के साथ मेरा भी काफ़ी मेल-जोल मित्रवत् था। पांचाल सर बहुत ही अच्छे थे। बाबा भी उनकी 'बड़ौदा-प्रसंग' आने पर बार-बार प्रशंसा ज़रूर करते थे।

१९८१ मई-जून में मेरा M.A. (Fine) पूरा हो गया। मैं चाहता था कि कुछ और समय बड़ौदा से जुड़ा रहूँ। क्योंकि मेरा National Cultural Scholership का कार्यकाल १९८१ दिसम्बर में ख़त्म हो रहा था। बड़ौदा में कला का माहौल बहुत ही उपयुक्त था। यही सोचकर पुनः M.A (Fine) करने की इच्छा से Ceramics Sculpture में प्रवेश प्राप्त करने के लिए

अनुमति चाही, परन्तु 'पाण्ड्या सर' की सलाह पर मैंने निर्णय बदल दिया।

१९८१ के सितम्बर माह में मेरी फाईबर-ग्लास में निर्मित शिल्पों की एक बड़ी प्रदर्शनी फ़ैकल्टी गैलरी, बड़ौदा में हुई। तदुपरान्त अक्टूबर के प्रथम सप्ताह में दिल्ली की श्रीधराणी गैलरी में भी आयोजित हुई। उसके पश्चात्-कोलकाता की बिरला अकादेमी में नवम्बर में प्रदर्शित हुई। लगातार तीन बड़े शहरों में एकल प्रदर्शनी करना, वह भी आकार-प्रकार में भी बड़ी, बहुत ही चुनौतीपूर्ण था। कई महीनों से शिक्षावृत्ति की धनराशि प्राप्त नहीं हुई थी जिसके कारण कई कठिनाईयों का सामना करना पड़ रहा था। चिन्ता ग्रस्त था कि कैसे सम्भव होगा।

मुझे याद है कि बड़ौदा से ही मेरी इस प्रदर्शनी के लिए कई तरह की मदद मिलनी शुरू हो गयी थी। जैसे पी.डी. धुमाल ने एक निमन्त्रण कार्ड अपनी सिल्क-स्क्रीन स्टूडियो में बिना किसी शुल्क के छाप दिया था। तत्कालीन संकाय प्रमुख जेराम भाई पटेल ने २०० रुपये उधार दिये थे। कृष्ण छाटपार सर से ५०० रुपये तथा उनके कनिष्ठ भ्राता हरी भाई से भी इतना ही 'कुछ' मैंने उधार लिया था। मेरे मित्र अशोक पटेल ने आर्थिक मदद के साथ बड़ौदा में प्रदर्शनी आयोजित कराने में सहयोग दिया था। शिल्पों को लकड़ी की बड़ी-बड़ी पेटियों में बड़ौदा से नयी दिल्ली तक रेल द्वारा पहुँचाने में बहुत ही सहायता की थी।

दिल्ली में फाईबर ग्लास की शिल्प प्रदर्शनी को अत्यन्त सराहना प्राप्त हुई। गाँव से पिताजी पहली बार दिल्ली मेरी प्रदर्शनी के लिए आये थे। हम दोनों ललित कला गेस्ट हाउस में एक साथ रुके हुए थे। उस समय गेस्ट हाउस का किराया मात्र २ रुपया था। खाने आदि का बजट अधिक नहीं था। फिर भी सब 'फ़ेल' हो गया। सौभाग्य से दिल्ली की प्रदर्शनी से प्रयाग शुक्ल तथा राम कुमार जी (सुप्रसिद्ध चित्रकार) की संस्तुति पर नव-निर्मित भारत-भवन 'रुपंकर' संग्रहालय-भोपाल के लिए मेरा एक मूर्ति शिल्प ५०००रुपये में संगृहीत करने के लिए सुनिश्चित हो गया था। बहुत ही ख़ुशी थी। पिताजी को इससे अपार प्रसन्नता प्राप्त हुई तथा वह मेरे भविष्य को लेकर आश्वस्त हो गये। लेकिन भारत-भवन से धनराशि विलम्ब से प्राप्त होने की सम्भावना थी। तत्काल कोई व्यवस्था नहीं दिख रही थी, मुश्किल में था कि कैसे दिल्ली से कोलकाता के लिए सभी शिल्प ले जा सकूँगा। (बहुत ही दुखद यात्रा है फिर कभी लिखूँगा)!

कहाँ से पैसे का इन्तज़ाम करूँ? कम-से-कम १००० रुपये की तुरन्त आवश्यकता थी। इतनी बड़ी रकम किससे मिलना सम्भव होगा। बहुत ही हिम्मत करके मैं शंखो दा के घर गया, उस समय वह निज़ामुद्दीन में रहते थे। प्रदर्शनी देखकर बाबा ख़ुश थे। बड़ी मुश्किल से थोड़ी अपनी परेशानी बताते हुए उनसे ५०० रुपये की माँग कर ही दी।

तुरन्त बाबा गम्भीर हो गये, कुछ बोले नहीं। घर पर उन्हीं के साथ खाना खाया। (देर तक कुछ जवाब भी नहीं मिला) बहुत देर बाद उन्होंने कहा कि 'चलो, बैंक चलना होगा।' मुझे लेकर बाबा अपनी गाड़ी से बैंक गये। बाबा बहुत ही अच्छी कार-ड्राइविंग करते थे। वहाँ पर उन्होंने तत्काल मुझे ५०० रुपये दिये। बहुत ही गम्भीरतापूर्वक मुझसे कहा कि 'यह पैसा माँगना अच्छी बात नहीं है—अगर तुम प्रदर्शनी को अपने बलबूते पर नहीं लगा सकते हो तो लोगों से माँग-माँगकर प्रदर्शनी लगाने का कोई मतलब नहीं है। एक आर्टिस्ट का नाम लेकर बाबा ने कहा कि 'लोग युवा लोगों की आदतों को ख़राब करते हैं। ख़ुद माँग-माँग कर अपने को चलाते हैं।'

मैं ज़रा भी आहत नहीं हुआ न तो मुझे कहीं से भी बुरा ही लगा क्योंकि बाबा के मन-मर्म की गहरायी को अच्छी तरह समझ गया था। क्योंकि यह मेरे उज्ज्वल भविष्य के लिए अत्यन्त ही ज़रूरी था कि मैं अपनी इस तरह शुरू हो रही 'आदत' पर 'अंकुश' लगाऊँ। मैं दुखी था और मन-ही-मन एक तरह की प्रतिज्ञा की कि यह एक बहुत ही अच्छी सीख है।

शंखो चौधुरी के साथ के ऐसे ही न जाने कितने संस्मरण हैं जिन्हें मैं लिखता जा रहा हूँ तथा 'आज' याद करता हूँ कि 'अयोग्य' को 'योग्य' बनाने में ऐसे महान् गुरुओं की कितनी आवश्यकता है। उनके कारण ही मैं 'आज' अपने आप को बहुत ही थोड़ा 'कुछ' करने में समर्थ पाता हूँ।

१९८२ में चुनार आ गया। वरिष्ठ शिल्पी मित्र रमाशंकर के सुझाव पर। हम दोनों ने चुनार में कला की स्वतन्त्र रचना-धर्मिता को स्वीकार किया, लेकिन कभी-कभी दिल्ली आना होता था। जैसे विदेशी-शिक्षा वृत्तियों के साक्षात्कार के लिए या किसी महत्त्वपूर्ण प्रदर्शनी को देखने के लिए। १९८२ में ललित कला अकादेमी में चतुर्थ भारतीय त्रैवार्षिकी का आयोजन हुआ था साथ ही प्रगति मैदान के दो प्रमुख विशाल हॉल में लगी हुई थी। बहुत ही अच्छी त्रैवार्षिकी थी। विदेशी कलाकारों के खण्ड के साथ-ही-

साथ भारतीय कलाकारों का खण्ड भी सशक्त था। देश के प्रमुख शिल्पकारों के उल्लेखनीय कार्य अत्यन्त ही सार्थक रूप में प्रदर्शित किये गये थे। नागजी पटेल, वेदनायर, बलबीर सिंह कट्ट, ध्रुव मिस्त्री, हिम्मत शाह, इत्यादि। जहाँ तक मुझे याद है कि इस त्रैवार्षिकी में मूर्तिशिल्पी वेदनायर की प्रतिस्थापन कला (Installation Art) को अनुशंसा पुरस्कार मिला था। वेदनायर का दृश्यात्मक आकृतिमूलक वानस्पतिक प्रतिस्थापन आकर्षित करने वाला था। नागजी पटेल की अतिसंवेदनशील तीन संगमरमर की मूर्तियाँ प्रदर्शित थीं। बलबीर सिंह का प्रभावशाली Nadesher एक विशाल काले पत्थर में निर्मित शिल्प था। ध्रुव मिस्त्री का फाइबर-ग्लास में 'आदमी के साथ कुत्ता' ऊर्जायुक्त एक विशिष्ट प्रभावी शिल्प प्रदर्शित था। मुझे याद है कि मृणालिनी मुखर्जी का कार्य भी था जो मुझे विशेष रूप से पसन्द था। त्रिनाले में भारत के परमजीत सिंह (चण्डीगढ़ के चित्रकार) को अन्तरराष्ट्रीय चयन-समिति द्वारा 'पुरस्कार के लिए' चुना गया था। उन्हें पुरस्कार भी मिला था। इस चयन-समिति में शंखो दा भी थे। इस बात को लेकर अधिकतम मूर्तिकारों को एक उम्मीद एवं आशा थी कि निश्चित रूप से किसी मूर्तिकार को अवश्य पुरस्कार मिलेगा। अगर मिला भी तो वेद नायर को अनुशंसा पुरस्कार मिला जिसके कारण वेदनायर जी को मैंने स्वयं बहुत ही नाराज़ देखा था। उन्होंने इस तरह की अपेक्षा शंखो दा के चयन-समिति में रहने के कारण और भी नहीं की थी। इसी तरह से बलबीर कट्ट भी काफ़ी नाराज़ थे। शंखो दा की शिकायत करते हुए कई लोग दिखे थे। जैसा कि अमूमन होता रहता है।

मुझे बराबर शंखो दा के साथ रहने का मौक़ा मिला है। अपने बारे में हर विवादास्पद बात शंखो दा को पता चल जाती थी, कुछ दैनिक पत्रों में भी कुछ हल्की-फुल्की आलोचनात्मक टिप्पणियाँ भी छपी थी।

शंखो चौधुरी का सशक्त, रोचक, आकर्षक, एवं निराला व्यक्तित्व बिलकुल ही अलग एवं अडिग था। आत्म-सम्मान एवं आत्म-विश्वास ही उनकी सबसे बड़ी पूँजी थी। वह शायद ऐसी किसी भी परिस्थितियों से कभी भी विचलित या प्रभावित होने वाले नहीं थे। कभी भी किसी तरह से किसी के प्रभाव या तुष्टीकरण के लिए कोई असंगत निर्णय नहीं ले सकते थे। हमेशा मुझे उनके व्यक्तित्व में विशालता का दर्शन हुआ है। यहाँ मुझे अपनी स्वतन्त्र अभिव्यक्ति को पूर्ण विश्वास के साथ व्यक्त करने में कोई संकोच

नहीं है क्योंकि शंखो चौधुरी जैसा इनसान इस धरा पर कभी-कभी ही पैदा होता है।

१९८१ से १९८५ के दौरान चुनार-बनारस-घर-परिवार-विवाह (१९८३ मई), पत्नी राजू, १३ दिसम्बर, १९८४ बेटी श्रद्धा का जन्म तथा ख़ैरागढ़ (म.प्र.) में जुलाई १९८५ से सितम्बर १९८५ तक तीन महीने का प्रवक्ता पद, इन सभी के बीच कभी-कभी शंखो दा से मुलाक़ात शायद ही हो पाती थी। दिन रोमांचक परिस्थितियों से गुज़र रहा था। बाबा ज़रूर खोजबीन रखते थे। संघर्ष के दौर का एक ख़ूबसूरत मौक़ा, जिसके साथ जीने का तथा कठिन परिस्थिति का अनुभव पाने का यह एक सुअवसर था। सम्भवत: इस दौर में बाबा भी अक्सर विदेश यात्रा तथा अन्य प्रमुख कार्यों में व्यस्त थे। मुझे याद है कि 'बाबा' को यह जानकर बहुत ही अच्छा लगा था कि 'जापानीज़ सरकार' द्वारा प्रदत्त शिक्षावृत्ति पर उच्चशिक्षा अध्ययन के लिए अक्टूबर १९८५ में मुझे जापान जाना है।

टोक्यो यात्रा १९८७

४ अक्टूबर, १९८५ को मेरी पहली विदेश यात्रा, जापान जाने के लिए दिल्ली से ओसाका, जापान एयर लाइन्स द्वारा हुई। जापान जाने के पहले मैं इन्दिरा संगीत कला विश्वविद्यालय, ख़ैरागढ़ में स्थायी प्रवक्ता पद पर नियुक्त था। मात्र तीन महीने की नौकरी से त्यागपत्र देकर जापान जाने की अपनी इच्छा को इसलिए महत्त्वपूर्ण समझा कि मुझे जहाज़ पर बैठने का पहली बार मौक़ा मिल रहा था जिसे मैं किसी भी मूल्य पर खोना नहीं चाहता था। इन सभी बातों को बताते हुए जाने के ठीक पहले मैं बाबा का आशीर्वाद लेने के लिए उनके निवास पर गया। याद है बाबा बहुत ख़ुश थे उनकी ही तरह घर में इरा माँ ने भी ख़ूब आशीर्वाद दिया।

अक्टूबर १९८५ से मार्च १९८६ तक (छह महीने) जापानी भाषा के अध्ययन के लिए ओसाका में रहा। अप्रैल १९८६ में टोक्यो की तामा आर्ट्स यूनिवर्सिटी के मूर्तिकला विभाग में मुझे शुरू में एक वर्ष के लिए शोधार्थी के रूप में प्रवेश मिला। अच्छी Performance के बाद मुझे दो वर्ष के स्नातकोत्तर पाठ्यक्रम में पुन: एक वर्ष के लिए प्रवेश मिल गया।

जापान सरकार की शिक्षावृत्ति पूरे ढाई वर्ष मुझे प्राप्त हुई। लगभग पौने तीन वर्ष तक जापान में रहा था। टोक्यो में शिल्पाध्ययन के दौरान बिलकुल ही एक प्रशिक्षित मूर्तिकार की तरह मैंने अपने आप को जल्द ही स्थापित कर लिया। ख़ूब जमकर काम किया। महत्त्वपूर्ण सार्वजनिक कला प्रदर्शनियों में भाग लिया तथा वहाँ से अच्छी धनराशि के पुरस्कार भी प्राप्त किये। ओसाका में जापानी-भाषा के अध्ययन के दौरान, मैंने काफ़ी संख्या में वाटर-कलर-लैण्डस्केप बनाये थे जिसकी पहली एकल प्रदर्शनी ओसाका शहर में लगायी थी। एकल प्रदर्शनी आयोजित करने का छात्र जीवन से ही मुझे बहुत शौक़ रहा है क्योंकि जब मैं अधिक काम करता हूँ तो उसे तत्काल प्रदर्शित भी करना चाहता हूँ। इस तरह से टोक्यो में धीरे-धीरे काफ़ी शिल्प सृजित होते गये, और संयोग-सौभाग्य से एक-के-बाद एक व्यक्तिगत दीर्घाएँ भी मिलती गयीं। मुझे कई अवसर अपनी एकल प्रदर्शनी आयोजित करने के अवसर मिले। जिसके कारण टोक्यो में समकालीन जापानी मूर्तिकारों के बीच एक छोटी पहचान से हमेशा मैं लाभान्वित होता रहा जो आज तक लगातार बनी हुई है।

ये सारी बातें कभी-कभी मैं 'बाबा' को पत्र में लिखा करता था। मेरा पत्र हिन्दी में होता था, पता नहीं 'बाबा' हिन्दी पढ़ पाते थे कि नहीं, लेकिन कभी-कभी जवाब निश्चित तौर पर उनके द्वारा इंग्लिश में मिलता था। बाबा मुझे इस बात को लेकर हमेशा डाँटते रहते थे कि अँग्रेज़ी पढ़ने-लिखने-सीखने से क्यों भागते हो, ध्यान नहीं देते हो, लापरवाह हो, मेहनत नहीं करना चाहते हो। इंग्लिश सही नहीं करोगे, तो ढेर सारी बातों को समझने से, पढ़ने से वंचित हो जाओगे, आदि आदि।

मैं भागता नहीं था, न ही ऐसा था कि चाहता नहीं था। बहुत कोशिश करता था लेकिन इंग्लिश में कमज़ोर निश्चित तौर पर था जो आज भी महसूस करता हूँ। शायद इसके लिए मैं कोई अलग से मेहनत नहीं करता था—स्वभावत: मैं हमेशा अपने आप को इंग्लिश में कमज़ोर समझता रहा, जबकि अँग्रेज़ी भाषा से मुझे विशेष लगाव है, बचपन से ही अँग्रेज़ी भाषा को सीखने में मेरी दिलचस्पी रही है। इण्टरमीडिएट तक हमेशा एक विषय के रूप में अँग्रेज़ी का विद्यार्थी रहा हूँ। बी.एफ.ए. के दौरान काशी हिन्दू विश्वविद्यालय में राम छाटपार सर एवं कृष्णन सर हमेशा मुझे अँग्रेज़ी पढ़ने के लिए बहुत प्रोत्साहित किया करते थे। इसी तरह से बड़ौदा में कृष्ण

छाटपार सर भी बहुत चाहते थे कि मेरी अँग्रेज़ी थोड़ी तो सुधर जाये। लेकिन बाबा तो इतना चाहते थे कि जितनी बार भी मिलता उसमें सबसे अधिक इंग्लिश के सन्दर्भ में डाँट पड़ती थी। दूसरी बात कि अगर मैं दाढ़ी बनाकर उनके घर न जाऊँ तो भगा तक देते थे, यहाँ तक कई बार वह अपने शेविंग क्रीम, रेजर आदि मुझे देकर ज़बरदस्ती दाढ़ी बनाने के लिए बाथरूम का रास्ता दिखाते थे। आज भी उनके परिवार के लोग तथा मेरे भी घर में कहते हैं कि 'बाबा' ने 'मदन' को दाढ़ी बनाना सिखा दिया। सचमुच मैं सीख गया पर इंग्लिश नहीं सीख सका जिसका दुख होता है। काश! इसे भी सीख पाता तो कितने हमारे गुरुजनों, मित्रों को और भी अच्छा लगता।

शंखो दा दिसम्बर १९८७ में टोक्यो, जापान फ़ाउण्डेशन के आमन्त्रण पर 'विज़िटिंग फ़ेलो' के तहत आये थे। शंखो दा की उम्र लगभग ७१ वर्ष की थी। शायद पहली बार जापान आये थे, और ३ सप्ताह का व्यस्त कार्यक्रम था। ख़ूब बर्फ़ पड़ रही थी। टोक्यो आने के पहले शंखो दा ओसाका, क्योतो, नारा का भी भ्रमण कर चुके थे। उनके साथ बराबर एक दुभाषिया गाइड (जापानी) रहता था जो उनकी इच्छित जगहों के अलावा, जापान फ़ाउण्डेशन द्वारा प्रायोजित महत्त्वपूर्ण कला-स्थलों को भी दिखाता जाता था। बाबा जापान में अत्यन्त ही प्रसन्नचित्त थे एवं उनकी प्राचीन संस्कृति तथा उनके आधुनिक विकास से अत्यन्त ही प्रभावित हुए थे। बाबा तीन दिन के लिए हमारे निवास स्थान पर, हम लोगों के साथ, रुके थे। यह मेरा सौभाग्य था कि बाबा आज जापान आये हैं, क्योंकि जापान आने के बाद मैंने कई बार अपने पत्र में (बाबा को) लिखा था कि काश, आप किसी तरह से हमारे यहाँ रहते हुए जापान आते तो कितना अच्छा लगता। मैं किसी तरह से उनके आने-जाने का किराया तो वहन कर सकता था लेकिन जापान में भ्रमण-यात्रा करना बहुत ही महँगा होता है, यह सोचकर मैं उन्हें आमन्त्रित नहीं कर पा रहा था। लेकिन जब Japan Foundation के द्वारा उन्हें विशेष अतिथि के रूप में निमन्त्रण प्राप्त हुआ तो मुझे अपार प्रसन्नता हुई और मेरी इच्छा भी पूरी हुई।

बाबा हम लोगों के साथ लगभग तीन दिन तक थे। बहुत ही आनन्द आया। दिन भर इधर-उधर मैं उन्हें लेकर घूमता रहता, शाम के वक़्त ख़ूब अच्छा समय हम लोगों के साथ गुज़रता। आख़िरी दिन शाम को मैंने 'तामा कला विश्वविद्यालय' के शिल्पी-गुरु ईसी आत्सुओ, विभागाध्यक्ष प्रो. सागरा

तथा छात्र अधिष्ठाता मासाकाजू उत्सुमी को भोजन पर निमन्त्रित किया। खाने-पीने का एक अच्छा दौर देर रात तक चलता रहा। हमारे जापानी गुरु तथा अन्य प्रोफ़ेसर भी शंखो दा से बहुत ही प्रभावित हुए। शंखो दा, इन सभी लोगों में वरिष्ठ थे तथा उन विद्वानों के जापानी स्वभाव तथा सत्कार के कारण बहुत ही प्रसन्न थे। जबकि बातचीत में भाषा की दिक़्क़तें आती थीं तो थोड़ा मैं तथा अधिकतम हमारे विदेशी छात्र अधिष्ठाता मासाकाजू उत्सुमी दुभाषिये का कार्य करते थे, जिससे बहुत कुछ समझने में आसान हो जाता।

एक दिन सुबह, बाबा और एक जापानी महिला गाइड के साथ हम लोग सुप्रसिद्ध युवा मूर्तिशिल्पी इविजुका के स्टूडियो को देखने गये। इविजुका का स्टूडियो देखकर बाबा बहुत ही प्रभावित एवं आश्चर्यचकित भी हुए कि एक युवा जापानी कलाकार किस तरह से इतने बड़े स्टूडियो की व्यवस्था तथा इतने बड़े-बड़े कार्य को करने की क्षमता रखता है जिससे सम्पूर्ण जापानी-समकालीन-कला के परिदृश्य का पता चलता है। १९८२ पाँचवीं भारतीय त्रैवार्षिकी में इविजुका के विशाल प्रतिष्ठापित मूर्तिशिल्प को पुरस्कार प्राप्त हुआ था। जापान के सुप्रसिद्ध 'मोनोहावाद' के यह प्रमुख कलाकारों में से एक थे। वे प्रमुख कला विद्वान प्रो. तोनो के शिष्य तथा उनके ही सान्निध्य में उत्तर-आधुनिक कला इतिहास के तामा कला विश्वविद्यालय में ही सहायक प्राध्यापक थे। इस तरह से शंखो दा को कई कलाकारों के व्यक्तिगत कला स्टूडियो में भ्रमण करने का भी मौक़ा मिला। टोक्यो में आधुनिक कला संग्रहालयों के साथ जापानी-लोककला, जनजातीय कला तथा अन्य महत्त्वपूर्ण कला-स्थलों को उन्होंने क़रीब से देखा।

श्रद्धा तीन वर्ष की थी उसी समय राजू ने टोक्यो में सितार सीखना शुरू कर दिया था। घर पर 'बाबा' राजू के सितार को लेकर बजाते तथा गाते थे। श्रद्धा के साथ ख़ूब खेलते। हम लोगों के लिए टोक्यो में बाबा के साथ रहने का यह छोटा-सा ही अवसर हमेशा के लिए यादगार बन गया। बाबा कई बार जापानी बाज़ार को देखने की इच्छा जताते लेकिन मेरी समझ में नहीं आता था कि इतने महँगे जापानी डिपार्टमेंटल स्टोर से क्या इनकी पसन्द की कोई वस्तु मिल जायेगी। लेकिन एक दिन मैं स्वयं ही आश्चर्यचकित हुआ कि इन्होंने एक लोहे की अतिसुन्दर केतली ख़रीदी जो अत्याधुनिक जापान की हस्त कला का उत्कृष्ट नमूना था। मौलिकता की पहचान किसी

तीन वर्ष की श्रद्धा के साथ 'बाबा' दिसम्बर १९८७

भी देश की कला में निश्चित ही मिल जाती है, बस शंखो दा की तरह उसकी पहचान एवं ढूँढ़ने का धैर्य होना चाहिये।

कितना अच्छा संयोग था कि जब बाबा टोक्यो आये थे तो ठीक उसी समय टोक्यो में स्थित भारतीय दूतावास ने मेरी (ईंट और पत्थर के मूर्तिशिल्पों की) तथा एक जापानी कलाकार के चित्रों की प्रदर्शनी 'दूतावास की दीर्घा' में आयोजित की थी। उस समय जापान में हमारे भारतीय राजदूत माननीय ए. माधवन थे जो बहुत ही कुशल प्रशासनिक अधिकारी के साथ अत्यन्त ही संवेदनशील इनसान थे जिनमें कला, संगीत, साहित्य की गहरी समझ थी। ए. माधवन हमेशा मेरी प्रत्येक एकल प्रदर्शनी में निश्चित आते थे, साथ ही इनकी धर्मपत्नी भी अत्यन्त दयालु स्वभाव की थीं जो कला-संगीत को समर्पित कलाकार के रूप में भी जानी जाती थीं। हम लोगों का मधुर सम्बन्ध इनके साथ बहुत ही पारिवारिक हो गया था। भारतीय दूतावास के अधिक-से-अधिक सांस्कृतिक कार्यक्रमों में जाना होता था। माधवन सर मेरे शिल्प-कार्य को हमेशा प्रोत्साहित करते थे।

शंखो दा के साथ माधवन सर का एक अच्छा परिचय हो गया। दूतावास की प्रदर्शनी भी एक उपलब्धि हो गयी। बाबा बहुत ही ख़ुश थे, उन्हें इस बात की प्रसन्नता हुई थी कि आख़िरकार मदन लाल को जापान में हर वह

मुकाम मिला जिसे परिश्रम तथा लगन से प्राप्त किया जा सकता है।

बाबा ने जापान में नवनिर्मित मेरे संगमरमर तथा ईंट के शिल्पों को देखा। दूतावास की गैलरी के बाद थोड़े ही समय के उपरान्त जनवरी ११, १९८८ में नये शिल्पों की अगली एकल प्रदर्शनी का आयोजन गिन्जा (टोक्यो) स्थित सेन्ट्रल प्वाइंट गैलरी में होना सुनिश्चित था। जब Center Point Gallery के निदेशक को पता चला कि सुप्रसिद्ध भारतीय शिल्पी शंखो चौधुरी जापान आये हैं तथा उनका मेरे साथ सम्बन्ध भी है तो उन्होंने एक दिन दूतावास में ही मुलाक़ात के समय मेरी प्रदर्शनी के कैटलॉग के लिए कुछ सन्देश-शब्द लिखने का आग्रह किया। शंखो दा ने सहर्ष उस कैटलॉग में 'दो शब्द' मेरी मूर्तियों के सन्दर्भ में लिखा। जिसकी मुझे बहुत ही ख़ुशी हुई तथा वे प्रथम तथा अन्तिम 'दो शब्द' थे जो बाबा ने मेरे कार्य के सन्दर्भ में लिखे थे।

मैं टोक्यो में शंखो दा के साथ हमेशा रहता। जैसे उनकी छाया—मेरे मन की ज़रूरत थी। कहीं से कुछ पाने के लिए नहीं, बस उनके पास रहने से मेरी सारी इच्छाएँ, मनोकामनाएँ पूरी हो जाती थीं। मैं हमेशा अपने माता-पिता-गुरु के साथ सम्पूर्णता के साथ जुड़ा हुआ था। वे मेरी वह ज़मीन थे जिस पर मैंने चलना सीखा, दौड़ना सीखा और कुछ करना सीखा। वह ज़मीन जो हमेशा-हमेशा से मेरे साथ है, कहीं से कभी एक पल के लिए भी अलग नहीं हुई है क्योंकि मैं आज भी उसी ज़मीन पर हूँ, उन्हीं की छत्र-छाया का आज भी मन में एहसास करता हूँ।

१९८७-८८ का वर्ष जापान में भारतीय ललित कलाओं के उत्सव का वर्ष रहा है। सब कुछ सुनियोजित ढंग से अपने आप ही देखने और जानने का अवसर मुझे भी प्राप्त हुआ था। १९८७ में सुप्रसिद्ध 'गैलरी वातारी' (टोक्यो) में भारतीय समकालीन कला के विख्यात चित्रकार भूपेन खख्खर के रेखांकन की प्रदर्शनी आयोजित हुई। भूपेन भाई टोक्यो आये थे। मैं और मेरी दोस्त अर्चना हेब्बार कई दिन भूपेन भाई की प्रदर्शनी में मिलते और शाम के समय वहाँ घूमते-फिरते थे।

वरिष्ठ चित्रकार चिन्तक, विद्वान जे. स्वामीनाथन १९८८ में इण्डिया-फ़ेस्टिवल की तैयारी में कई बार जापान आये। टोक्यो के अतिरिक्त जापान के सुप्रसिद्ध संग्रहालयों में भारतीय लोक-कला एवं जनजातीय कलाओं

की एक बृहद प्रदर्शनी की तैयारी कराने से लेकर आयोजित होने तक 'स्वामी भाई' टोक्यो में आते-जाते रहते। स्वामीनाथन के साथ मेरा अतिआत्मीय सम्बन्ध था जबकि 'स्वामी भाई' मुझसे उम्र में लगभग २०-२५ वर्ष के वरिष्ठ भारतवर्ष के अति महत्त्वपूर्ण, सुप्रसिद्ध चित्रकार थे। उनसे मेरे विधिवत् सम्बन्ध भारत-भवन (भोपाल) के उद्घाटन के अवसर पर १३ फ़रवरी, १९८२ को हुए थे। मैं उन्हें जानता था एवं बहुत ही हृदय से उनके चित्रों की प्रशंसा करता था एवं वह मेरे अत्यन्त ही प्रिय चित्रकारों में से एक थे।

टोक्यो में 'स्वामी भाई' जितनी बार आये, सम्भवत: उतनी बार मेरी उनसे मुलाक़ात निश्चित हुई थी। जिसमें वह एक-दो बार हमारे निवास पर भी आये थे। हम लोगों के साथ उन्होंने कई घण्टे बिताये थे। 'राजू' स्वामी भाई की कविता तथा चित्रों से परिचित एवं प्रभावित थी। उन्हें वह भी पहले से जानती थी। जब स्वामी भाई मेरे निवास पर पहली बार पधारे तो उन्होंने 'राजू' से प्रश्न किया कि आप मुझे जानती हैं? राजू ने विश्वास से कहा कि बहुत ही पहले से—स्वामी भाई ने पूछा कि नहीं, हम तो पहली बार मिल रहे हैं। तो राजू ने उत्तर दिया कि 'शादी के पहले इन्होंने (मदन) ललित कला अकादेमी की 'समकालीन कला' पत्रिका दी थी उसमें आपके चित्र थे तथा कई कविताएँ थीं जिसमें आपकी एक कविता 'हवा ने कहा पेड़ों' से, हमें बहने दो, बहने दो, चिड़ियों ने कहा आकाश से, हमें उड़ने दो, उड़ने दो' आदि-आदि। स्वामी भाई अत्यन्त ही प्रसन्नता से बोले कि 'तुम सचमुच मुझे जानती हो।'

हमारी बातचीत के दौरान ही मुझे पता चला कि स्वामी भाई और शंखो दा एक-दूसरे के प्रशंसक थे। मैं जानता था कि ये दोनों अच्छे कलाकार अपनी कार्यशैली से देश की समकालीन एवं लोक कलाओं के विकास के लिए अपनी व्यक्तिगत उपलब्धियों तक को तिलांजलि देने वालों में से थे। शंखो दा के गढ़ी स्टूडियो के प्रारम्भिक काल के अभियान से स्वामी भाई जुड़े हुए थे। इन सब लोगों ने एक पवित्र भावना से एक महत्त्वपूर्ण ललित कलाओं का गाँव 'गढ़ी' को एक लम्बे समय तक सजाया-सँवारा था। अपना सब कुछ समर्पण करके कला के उत्थान के लिए स्वामी भाई की श्रेष्ठ उपलब्धियों में भारत-भवन एक 'महान-कला-संस्थान' के रूप में आज विश्वविख्यात है।

भोपाल में स्थित 'इन्दिरा गाँधी मानव संग्रहालय' शंखो चौधुरी की अध्यक्षता

में लगातार कई वर्ष तक उनके कठोर परिश्रम एवं दूरदर्शिता के परिणामस्वरुप आज एक अत्यन्त ही महत्त्वपूर्ण भारतवर्ष का ऐसा संग्रहालय बन गया है जो कि विश्व के महत्त्वपूर्ण संग्रहालयों की सूची में उल्लेखनीय है।

India-Festival १९८८ में कई तरह के आयोजन हुए। संगीत, नाटक, नृत्य बैले इत्यादि-इत्यादि। टोक्यो में सीबू डिपार्टमेंटल स्टोर (माल) में सीबू संग्रहालय है, जिसमें महान् कवि कलाकार गुरुदेव रवीन्द्रनाथ टैगोर के लगभग ६५ चित्रों की एक विशाल प्रदर्शनी आयोजित हुई थी जिसमें हमारे सुप्रसिद्ध कलागुरु के.जी. सुब्रह्मण्यन् विशेष रूप से आमन्त्रित थे। मणि दा के कई कला-व्याख्यान आयोजित हुए थे। सौभाग्यवश मुझे मणि दा के साथ कई दिन तक टोक्यो में उनके साथ भ्रमण करने तथा घूमने का अवसर प्राप्त हुआ था।

शंखो चौधुरी, जे. स्वामीनाथन, के.जी. सुब्रह्मण्यन् तथा भूपेन खख्खर का (जापान प्रवास काल की) यादगार स्मृतियों में हम रच-बस गये। अच्छा लगता है जब हम अपने अत्यन्त प्रिय लोगों से सात समन्दर पार के देश में मिलते हैं तो एक सुखद स्मृति हमारे मानस पटल पर अंकित हो जाती है।

मुझे यह सोचकर बहुत ही अच्छा लगता है कि एक साधारण से बालक 'मदन लाल' को कैसे इतने महान् लोगों के नज़दीक रहने-जीने का अवसर प्राप्त हो गया। मैं जब स्नातक-स्नातकोत्तर कक्षाओं के दौरान भारतीय समकालीन कला-इतिहास के क्लास में इन लोगों के तथा इनकी कलाकृतियों के सम्बन्ध में पढ़ता था तब और अब यह सोचकर आश्चर्य होता है कि इनके साथ रहने का सुअवसर अपनेपन के साथ इनकी इतनी आत्मीयता मुझे प्राप्त हुई। जो कुछ पढ़ा, उससे कई गुना अधिक इनके थोड़े से सम्पर्क में रहकर जाना कि 'कलाकार सचमुच में एक विलक्षण प्रतिभाशाली इनसान होता है।' वह ईश्वर का वरदान है जिसे उसने अपनी ही कई तरह की विशेषताओं के अलग-अलग रंगों-रूपों, राग-रागिनियों आदि के रूप में सृजनात्मक शक्ति के आलोक से भरकर मानव जीवन को आनन्दित करने के लिए हमारे बीच भेजा है। 'कला और कलाकार' ईश्वर एवं प्रकृति से भी ऊपर हैं क्योंकि कला में कलाकार की प्रतिभा के कारण ही ईश्वर के असीम स्वरूप का दर्शन होता है।

यह अतिशयोक्ति नहीं है कि इसी धरा पर महान् कलाकारों के मार्गदर्शन से

हमें ज्ञान प्राप्त होता है, तथा पूर्वज कलाकारों तथा भावी कलाकारों के प्रति हमारे हृदय में अपार श्रद्धा-भक्ति उत्पन्न हो जाती है।

बचपन से ही सुनी गयी बातों और कही गयी उक्तियों के अनुसार 'कलाकार महान' होता है, तो क्यों? इस गहन-गम्भीर प्रश्न का उत्तर सागर की गहराइयों से मोती प्राप्त करने के समान है। कला के सान्निध्य में कलाकार के सत्संग-संसर्ग के कारण थोड़ा समझना आसान हो जाता है कि कला या कलाकार क्यों महान् होता है।

'महान कलाकृतियों' का सृजन एवं निर्माण का कारण उच्चकोटि की प्रतिभा से ओत-प्रोत कलाकारों' के कारण ही सम्भव होता है। प्रतिभा के साथ-साथ एक कलाकार में अपनी विषयवस्तु के प्रति आत्मीयता भी होनी चाहिये। यहाँ आत्मीयता से तात्पर्य है कि कलाकार का अपने कलात्मक विषय के साथ एकात्म हो जाना। सुगन्ध कला है तो फूल कलाकार है, जैसे ये दोनों एक होते हैं और इन्हें अलग नहीं किया जा सकता है, उसी तरह दोनों एक होते हैं।

ऐसी ही एकात्मता मुझे कुछ विशिष्ट कलाकारों में प्राप्त हुई है जिसके पीछे उनकी कला सृजन की उत्कृष्टता विद्यमान है। जिसकी वजह से उनके प्रति मेरे मन में एक तरह की श्रद्धा, भक्ति और सम्मोहन उत्पन्न हो जाता है। उनकी कला अजर-अमर, शाश्वत आनन्द से ओत-प्रोत कर देती है।

शंखो दा की जापान-यात्रा छोटी-सी थी लेकिन मेरे लिए कई कारणों से बड़ी हो गयी थी। मेरी सबसे बड़ी इच्छा थी कि मेरे प्रवास-काल के समय एक बार 'बाबा' आते तो कितना अच्छा होता। बाबा आये तो न जाने कितने वर्षों से नहीं मिल सके थे, यह कमी पूरी हो गयी, जैसे मैं उन्हें और भी अधिक पा गया।

मुझे याद नहीं है कि मैंने बाबा से 'राम छाटपार' की स्मृति में कुछ करने की योजना के बारे में जापान में बातचीत की थी या नहीं। क्योंकि नवम्बर १९८७ में कानागावा कला प्रदर्शनी (युकोहामा) से मुझे Semi-Grand-Prix की जो पुरस्कार राशि प्राप्त हुई थी उसकी आधी धनराशि से मैंने 'राम सर' की स्मृति में कुछ करने की योजना का प्रारम्भ अपने मन में कर लिया था जिसके लिए सहर्ष राजू (पत्नी) भी तैयार हो गयी थी। लेकिन प्रारम्भिक धनराशि मात्र ५,००,००० जापानीज़ येन थी जिसका उस समय भारतीय

मूल्य मात्र ५०००० रुपया था। फिर भी एक छोटा-सा 'बीज' तो उससे प्रारम्भ किया ही जा सकता था।

लेकिन इतना ज़रूर याद है कि जब 'मणि दा' मई १९८८ में टैगोर की प्रदर्शनी के उद्घाटन समारोह में मुख्य अतिथि तथा वक्ता के रूप में टोक्यो आये थे तो मैंने मणि दा से अपनी योजना की विस्तार से चर्चा की थी। मुझे याद है नवम्बर १९८७ से मई १९८८ तक मैंने कई पुरस्कार-कमीशन तथा कुछ शिल्पों की बिक्री के कारण 'दो लाख पचास हज़ार रुपये की धनराशि' 'राम सर' की स्मृति में 'कुछ' करने के लिए एकत्र कर ली थी। मणि दा ने अपनी प्रसन्नता तथा आशीर्वाद से मेरा मार्गदर्शन किया। यह मेरा सौभाग्य है कि मणि दा हमेशा मेरा उत्साहवर्धन करते रहे हैं। वह हमारे 'राम छाटपार शिल्प न्यास' (भारत) के प्रथम परामर्शदाता भी रहे। यह गौरव की बात है।

मुझे बल मिलता है, मेरा आत्मबल मज़बूत होता है जब इतने कृपालु गुरुओं का आशीर्वाद हमारे साथ हमेशा से है तो एक-न-एक दिन मेरे 'सपने' ज़रूर पूरे होंगे।

शंखो दा के सान्निध्य के कारण ही मेरा अनुभव है कि बाबा कभी भी किसी प्रकार के व्यक्तिगत लाभ का कोई भी कार्य नहीं करते थे, अलबत्ता मैंने देखा कि अगर कहीं उनको निजी स्वार्थ या लाभ का आभास मिल जाय तो वह तत्काल उसे त्याग देते थे। उन्होंने अपने लिए (स्वयं) कभी भी कुछ नहीं किया। केवल अपनी 'शिल्प-रचना-धर्मिता' एवं सृजन के लिए सम्पूर्णतः समर्पित थे। संस्थाओं के प्रति अपनी ज़िम्मेदारी एवं कर्तव्य पर अडिग रहते थे। अगर विरोध होता था तो मुझे लगता है कि उसे निःसंकोच बिना किसी वाद-विवाद के 'त्याग' भी देते थे।

इस स्वभाव के कारण अनेक 'सादर-आमन्त्रण' स्वतः शंखो दा को प्राप्त होते रहते थे। जापान फ़ाउण्डेशन का कार्यक्रम भी सम्भवतः इन्हीं सम्भावनाओं पर आधारित था। इसी कारण शंखो दा जहाँ भी जाते थे उनका सम्मान एवं 'ध्यान' विशेष रूप से विदेशी एजेन्सियों, सरकारी एवं ग़ैर सरकारी संस्थाओं द्वारा रखा जाता था।

जापान फ़ाउण्डेशन के द्वारा आयोजित उनकी यात्रा बहुत ही महत्त्वपूर्ण थी क्योंकि भारत वापस आने के बाद वह हमेशा इसकी मुझसे चर्चा किया करते थे, और जब भी मैं कई बार जापान आया तो उन्हें इस बात की ख़ुशी

होती थी कि मुझे जापान में प्रशंसा के साथ-साथ मान्यता भी मिल रही है जिसके कारण ही बार-बार भ्रमण का अवसर मिलता है। उन्हें सन्तुष्टि मिलती थी कि मेरे परिश्रम का फल जापान में मिल रहा है।

जापानी गुरुओं एवं कलाकार मित्रों के साथ, अनेक अवसरों पर मैं शंखो दा की चर्चा किया करता था। जब शंखो दा द्वारा 'राम छाटपार शिल्प न्यास' की स्थापाना हुई तो उस पहली अन्तरराष्ट्रीय मूर्तिशिल्प कार्यशाला एवं प्रदर्शनी में कई महत्त्वपूर्ण जापानी कलाकार मित्र जापान से आये थे। उस समय भी जापान के कलाकारों के साथ शंखो दा की भेंट तथा उनके साथ आत्मीय सम्बन्ध महत्त्वपूर्ण यादों से भरे हुए थे।

१९८६ की छठी भारतीय त्रैवार्षिकी में मेरा एक पाँच पीस का सैण्ड स्टोन का शिल्प प्रदर्शित हुआ था। उस समय मैं जापान में था। छठी त्रैवार्षिकी अन्य त्रैवार्षिकियों की तरह थोड़ी-बहुत तो विवादित थी ही, परन्तु जापान में ऐसा कुछ जानने-सुनने के लिए बहुत ही कम मिलता था। मैंने शिल्पकार मित्र रवीन्द्र रेड्डी से सुना था कि मेरे शिल्प को पुरस्कार देने की चर्चा हुई थी, लेकिन किस कारणवश यह नहीं मिला, यह अज्ञात रहा। मुझे इससे कुछ भी फ़र्क़ नहीं पड़ता था कि 'पुरस्कार मिला कि नहीं', क्योंकि इसके पहले भी कई बार राष्ट्रीय पुरस्कार की पहली पंक्ति से एकदम किसी-न-किसी कारण बाहर कर दिया गया हूँ। कभी भी भारत में यह चिन्ता का विषय नहीं था, तो अब जापान में क्यों करूँ। जापान में मुझे उससे कहीं अधिक महत्त्वपूर्ण पुरस्कार मिले, जिसका आर्थिक मूल्य भी आकर्षक था। छठी त्रैवार्षिकी में प्रदर्शित मेरे शिल्प (पाँच पीस) का दुखद पहलू यह रहा कि प्रदर्शनी के दौरान किसी अबोध बालक के द्वारा थोड़ा धक्का लगने से गिर जाने के कारण तो (शिल्प) पीस टूट गये थे, जिसका दुख शंखो दा को भी बहुत अधिक हुआ था क्योंकि उस समय ललित कला अकादेमी के वही अध्यक्ष थे। अकादेमी के प्रयास से इंश्योरेन्स कम्पनी द्वारा उसकी चौथाई धनराशि मुझे प्राप्त हुई एवं भारत वापस आने के बाद खण्डित शिल्प को ललित कला अकादेमी द्वारा सुरक्षित वाराणसी पहुँचवाया गया। यह एक अच्छा शिल्प था। स्वामीनाथन जी भारत भवन के लिए इस मूर्तिशिल्प को लेना चाहते थे परन्तु विखण्डित होने के कारण शिल्प संग्रह के लिए उपयुक्त नहीं हो सका।

राजू हमेशा याद करती है, कहती भी है कि बाबा का स्वभाव एकदम बच्चों

जैसा है, जैसे वह हमारे परिवार के एक अभिन्न अंग हैं, हमारे सबसे नज़दीकी और संरक्षक के रूप में। राजू को अगर मुझे 'हड़काना' रहता था तो बस कहती कि बाबा से ही आपकी शिकायत की जा सकती है, केवल वही आपको ठीक कर सकते हैं और कोई नहीं, और यह सबसे बड़ा सच था। टोक्यो में बाबा के साथ मात्र कुछ ही दिन रहना हो पाया लेकिन उन दिनों की यादों की चर्चा आज हम सभी बच्चों के साथ हमेशा करते रहते हैं। हमारे तीनों बच्चे बाबा को 'हँसने वाला बाबा' और बापू को 'डाँट लगाने वाले बाबा' कहते थे। कभी-कभी मैं सोचता हूँ कि कैसे जीवन में यह सब कुछ होता रहता है, कैसे एक छोटा-सा बालक, लालगंज जैसे गाँव से, साधारण परिवार का अदना-सा, कैसे शंखो चौधुरी साहेब जैसे महान् व्यक्ति एवं शिल्पी के सान्निध्य में रहने का अवसर प्राप्त कर पाया तथा उनकी प्रेरणा से, आशीर्वाद से अपने आप को धन्य समझता है। कैसे सब कुछ इस संसार में सुनिश्चित है, हम कुछ नहीं जानते हैं, बस जब पूरे तन-मन से किसी के साथ रहते हैं, जीते हैं तो धीरे-धीरे सब कुछ का 'बोध' हो जाता है कि यह सब 'कुछ' तो होना ही था, यह तो पहले से निश्चित था।

चार

राम छाटपार शिल्प न्यास (१९८९-२००६)

१९८८ अप्रैल में तामा आर्ट यूनिवर्सिटी टोक्यो से मुझे स्नातकोत्तर (मूर्तिकला) की डिग्री प्रदान की गयी। संयोगवश उसी वर्ष मार्च में ही कावासाकी संग्रहालय के लिए अन्तरराष्ट्रीय मूर्तिशिल्प आयोजन में मुझे एक बड़े शिल्प को तैयार करने का निमन्त्रण प्राप्त हुआ और जिसमें मुझे पुरस्कार भी प्राप्त हुआ। उसी दौरान होटल हिल्टन इण्टरनेशनल टोक्यो के लिए दो छोटे आकार के संगमरमर में शिल्प तैयार करने का कमीशन प्राप्त हुआ। इन्हीं कारणों से तीन महीना टोक्यो में रहने का अतिरिक्त समय मिला। तामा कला विश्वविद्यालय के मूर्तिशिल्प विभाग का मुझ पर बड़ा उपकार था कि मुझे मूर्तिशिल्प-रचना के लिए विभागीय स्टूडियो में काम करने की अनुमति मिल गयी थी। मैं रात-दिन एक करके अपने शिल्पों की रचना में पूरी तरह से लगा रहा।

जून १९८८ में हम सब अपने घर भारत वापस आये। मेरा पैतृक निवास लालगंज (आजमगढ़) उत्तर प्रदेश में है। मेरी पत्नी का पैतृक निवास जौनपुर शहर में स्थित है। दोनों के बीच मात्र ४० किलोमीटर की दूरी है। यह तो पहले से ही तय था कि हम लोगों को न तो लालगंज में रहना है और न तो जौनपुर में ही। टोक्यो रहने के दौरान ही हम दोनों ने सुनिश्चित कर लिया था कि वाराणसी में स्थायी रूप से निवास बनायेंगे तथा पास ही में वाराणसी से ४० किलोमीटर दूर चुनार है, जहाँ पर पूर्व की भाँति जापान जाने से पहले (१९८२-१९८५) रहकर वहाँ के पत्थरों पर अपनी शिल्प रचना स्वतन्त्र रूप से करता रहूँगा। मेरे लिए चुनार ही एक उपयुक्त Stone Carving Studio का स्थान था। जब मैं पहली बार चुनार में रह रहा था तो उस समय मेरा यही एक 'मॉडल व सपना' था। श्रद्धा ४ वर्ष की हो चुकी थी तथा एक आगन्तुक बच्चे को जल्द ही परिवार में हम लोगों के साथ जुड़ना था (दूसरी बेटी प्रज्ञा का जन्म २४ अक्टूबर, १९८८ में हुआ)।

इसीलिए हम लोगों को हमारे जापानी गुरु प्रो. आत्सूओ ईसी ने यह सलाह देकर सुनिश्चित किया था कि बच्चों का लालन-पालन, शिक्षा तथा स्वास्थ्य की दृष्टि से वाराणसी निवास स्थल के रूप में ठीक रहेगा और 'गुरु' के आशीर्वाद से वाराणसी में रहते हुए आज ३० वर्ष में यह अक्षरश: सत्य सिद्ध हुआ है।

लेकिन तत्काल (जून १९८८) व्यवस्था कहाँ और कैसे हो इसकी चिन्ता हम दोनों को बहुत थी। राजू का निश्चय था कि अगले बच्चे के जन्म के बाद थोड़े दिन तक क्यों न मैं माँ के पास जौनपुर में रहूँ। 'ताकि मुझे किसी भी प्रकार की कोई दिक़्क़त न हो।' कुछ दिन लालगंज परिवार के साथ रहने के उपरान्त राजू अपने माता-पिता के पास जौनपुर आ गयी। लगभग तीन वर्ष जापान-प्रवास के बाद भारत वापस आना हुआ था। जापान में रहते हुए मैंने अपने देश तथा अपने लोगों की बहुत ही कमी महसूस की थी। संयोगवश जुलाई (१९८८) के अन्तिम सप्ताह में शंखो दा के द्वितीय पुत्र ईतु चौधुरी की शादी सुनिश्चित थी। राजू जा नहीं सकती थी। बहुत दिन के बाद मैं दिल्ली गया और विवाह में शामिल भी हुआ। वहाँ पर बड़ौदा से हमारे गुरु राघव कनेरिया के अलावा बहुत लोग आये हुए थे। लगभग एक सप्ताह तक दिल्ली में रहा। शंखो दा के परिवार के सभी सदस्य काफ़ी व्यस्त थे और शादी के माहौल से बहुत ही आनन्दित थे। व्यस्तता के बावजूद भी बाबा से ढेर सारी बात करने का अवसर मुझे मिल ही जाता था। बाबा अपने सभी मित्रों से तथा अपने परिवार के लोगों से मेरा परिचय ज़रूर कराते थे। मुझे याद है यहीं पर पहली बार नानू भाई अमीन से भी मेरा परिचय हुआ था जो बाबा के अन्यतम घनिष्ठ मित्रों में से एक थे। दोनों में अगाध प्रेम था। जैसा कि बाद में बाबा व माँ द्वारा मुझे पता चला। उसी दौरान कनेरिया सर, ज्योति भाई, ज्योत्स्ना बेन आदि लोगों ने मुझसे बड़ौदा आने का आग्रह किया तथा कनेरिया सर की इच्छा थी कि क्यों न मैं तत्काल 'फ़ैकल्टी ऑफ़ फ़ाइन आर्ट्स, बड़ौदा' के मूर्तिकला विभाग में प्रवक्ता (अस्थायी) पद पर आवेदन करूँ। उस समय राघव कनेरिया मूर्तिकला विभाग के अध्यक्ष थे। शंखो दा ने भी मुझे प्रोत्साहित किया कि तुम्हारा बड़ौदा में जाना अच्छा रहेगा।

एक सप्ताह दिल्ली रहने के उपरान्त मैं बड़ौदा आ गया। वहाँ पर दो-तीन दिन के अन्दर ही एक दिन फ़ैकल्टी ऑफ़ फ़ाइन आर्ट्स में मैंने अपने

जापान में निर्मित मूर्तिशिल्पों का स्लाइड-शो किया, जिसका आयोजन कनेरिया सर के द्वारा करवाया गया था। स्लाइड-शो को संकाय के सभी प्रोफ़ेसर, वरिष्ठ शिक्षक एवं युवा शिक्षकों के अलावा फ़ैकल्टी के छात्र-छात्राओं ने भी देखा, जिसकी बड़ी सराहना हुई। दो-ढाई घण्टों के स्लाइड-शो के दौरान जापान-प्रवास के अनुभवों की चर्चा के अलावा, समकालीन जापानी कला के सन्दर्भों पर विस्तार से बातचीत हुई।

उसी सप्ताह के अन्दर ही फ़ैकल्टी ऑफ़ फ़ाइन आर्ट्स द्वारा मूर्तिकला विभाग में एक अस्थायी अध्यापक पद का विज्ञापन प्रकाशित हुआ। चूँकि यह विज्ञापन मुझे वहाँ पर तत्काल नियुक्त करने के लिए हुआ था, कनेरिया सर की प्रबल इच्छा थी तथा वहाँ के लोग भी चाहते थे कि मैं वहाँ ज्वाइन करूँ। मेरी भी वहाँ रहने की बहुत इच्छा हो गयी। यह सौभाग्य का विषय था कि जापान से तुरन्त आने के बाद मुझे देश के सबसे महत्त्वपूर्ण विश्वविद्यालय की सर्वश्रेष्ठ फ़ैकल्टी में शिक्षक होने का एक अवसर दिया जा रहा था। यह सर्वविदित है कि एन.एस. बेन्द्रे, शंखो चौधुरी, के. जी. सुब्रह्मण्यन् जैसे महान् शिक्षकों का बड़ौदा फ़ैकल्टी के लिए महान् योगदान है, जिनके कारण यह संस्थान देश-विदेश में जाना व पहचाना जाता है तथा तत्कालीन शिक्षक जे. राम पटेल, महेन्द्र पाण्ड्या, गुलाममोहम्मद शेख, राघव कनेरिया, कृष्ण छाटपार, ज्योति भट्ट, नसरीन मोहम्मदी, रतन परीमू , वी.आर. पटेल, वी. एस. पटेल आदि उच्च कोटि के कला-शिक्षक तथा कलाकार अपनी प्रतिभा से इसे विश्वपटल पर चमका रहे थे।

बड़ौदा में शिक्षक बनने के पीछे सचमुच में मेरा भी एक लालच था। ख़ैरागढ़ में तीन महीने प्रवक्ता पद पर रहने के बाद मुझमें कला शिक्षक बनने की इच्छा जाग्रत हुई थी तथा जापान में अपने जापानी गुरु आत्सूओ ईसी की घनिष्ठता तथा साथ ही राम छाटपार, एम. बी. कृष्णन एवं शंखो दा जैसे शिक्षकों के सान्निध्य में रहने के कारण शिक्षक के महत्त्व को समझता था तथा सोचता था कि जीवन में इससे बड़ा शायद और कोई कर्म और धर्म नहीं होगा। 'शिक्षा लेना', 'शिक्षा देना', 'शिक्षित होना', 'शिक्षित करना' मनुष्य जीवन के महान् कर्तव्यों में से एक है। बचपन से ही आदर्श शिक्षकों का प्रभाव मुझ पर बहुत ही गहरा पड़ा था। जैसे लगा था कि मुझे जन्म देने वाले माता-पिता के बाद आज तक हमारे शिक्षकों ने कई तरह से मुझे जीवन धर्म और कर्म का बोध कराया है। मुझे आभास होता है कि शिक्षा के

कारण ही मुझे प्रतिदिन एक नया जीवन प्राप्त हुआ है। यह मात्र गुरु के कारण ही सम्भव हो सकता है।

फिर भी पता नहीं, हृदय के अन्दर के एक कोने से एक आवाज़ आयी थी कि बड़ौदा में शिक्षक बनना अभी मेरे लिए उपयुक्त नहीं है। मैं तत्काल इसे स्वीकार नहीं करूँ तो अच्छा होगा। ऐसा बार-बार मेरा मन, हृदय जैसे कह रहा था कि नहीं बड़ौदा मत आओ, बस वापस बनारस चले जाओ। मैं एक गहरे असमंजस, संकोच तथा अनिर्णय की स्थिति के संकट में फँस गया था। समझ में नहीं आ रहा था कि क्या करूँ...।

मेरे मन ने हमेशा अपना निर्णय समयानुसार उचित ही लिया है। गुरु राघव कनेरिया का चरण-स्पर्श करते हुए मैं, इस अवज्ञा के लिए उनसे हृदय से क्षमा माँगा, कनेरिया सर ने अत्यन्त ही सहृदयता के साथ मुझे अपनी इच्छा के अनुसार चलने का पुनः आशीर्वाद प्रदान किया। गुरु का प्रेम अकारण नहीं होता है, शिष्य की अपार श्रद्धा-समर्पण के कारण गुरु हमेशा उचित मार्गदर्शन प्रदान करता है।

बाद में जब बाबा को यह सारी बातें पता चलीं तो मुझे याद नहीं है कि उनकी कोई प्रतिक्रिया मुझे सुनने को मिली या नहीं। लगता है सब कुछ अपने समय चक्र के साथ चल रहा था एवं जिसका पूर्वानुमान हमें कुछ भी नहीं था।

बड़ौदा से विदाई लेते हुए मैं एक-दो दिन के लिए अहमदाबाद गया। रवीन्द्र रेड्डी उस समय कनोरिया आर्ट सेंटर में निदेशक का कार्य समर्पित होकर एक कला सेंटर के रूप में इसे विकसित कर रहे थे। रवीन्द्र एक अच्छा दोस्त ध्रुव की ही तरह, वह भी अत्यन्त ही प्रतिभावान कृष्ण छाटपार के शिष्यों में है। दोनों ने ही समकालीन भारतीय मूर्तिकला के नये स्तम्भ को बड़ी मज़बूती से खड़ा किया है, देश के अग्रणी मूर्ति शिल्पकारों में इनका महत्त्वपूर्ण योगदान है।

मैंने एक दिन शाम को CEPT कैम्पस के कनोरिया आर्ट सेंटर में 'स्लाइड शो' दिखाया। दूसरे दिन 'नेशनल स्कूल ऑफ़ डिजाइनिंग' में स्लाईड शो लेक्चर रखा। दोनो ही स्थानों पर जापान में निर्मित-सृजित मूर्तिशिल्पों की प्रशंसा लोगों ने की।

गुजरात की यात्रा के उपरान्त मैं 'ख़ैरागढ़ इन्दिरा संगीत कला विश्वविद्यालय'

भी तीन-चार दिन के लिए चक्कर लगा आया। मात्र तीन महीना ही ख़ैरागढ़ में शिक्षक के रूप में वहाँ था परन्तु बहुत ही आत्मीय दिन मेरी ज़िन्दगी के वह तीन महीने रहे थे। वहाँ भी स्लाईड शो लेक्चर हुआ, ख़ैरागढ़ के अपने छात्रों एवं शिक्षकों के बीच पुनः संवाद स्थापित होना, सुखद अनुभूति से मन भर गया था।

लगभग इधर-उधर की सभी यात्राएँ एक महीने से ऊपर तक हो गयी थीं। अगस्त के अन्तिम सप्ताह में घर (वाराणसी) वापस आया। एक-दो दिन लालगंज रहने के उपरान्त जौनपुर (ससुराल) में एक-दो हफ़्ते तक रहा। राजू का सातवाँ महीना चल रहा था, द्वितीय शिशु के आगमन की ख़ुशी हम सब को ख़ूब थी। जौनपुर में कई दिन रहने के उपरान्त राजू से कुछ भविष्य की योजनाओं के बारे में बातचीत करने के बाद मैं बनारस आ जाता था। बी.एच.यू. के हॉस्टल में अपने पुराने-युवा, कला-विद्यार्थियों के साथ रात्रि विश्राम करता दिन भर इधर-उधर घूमता रहता। उसी दौर किसी 'आवासीय-प्लाट की तलाश' भी कर रहा था। काशी हिन्दू विश्वविद्यालय के आसपास की ही जगह ढूँढ़ रहा था क्योंकि जापानी गुरु आत्सूओ ईसी ने कहा था कि 'बच्चों के विद्यालय के साथ-साथ स्वास्थ्य सम्बन्धी सुविधाओं का होना भी अतिआवश्यक है।' महत्त्वपूर्ण बात यह भी थी कि काशी हिन्दू विश्वविद्यालय के आसपास के क्षेत्र में रहने से रामनगर होते हुए चुनार जाने के लिए (चुनार में स्टूडियो बनाने की योजना के कारण) बहुत ही सुविधाजनक साधन थे जिससे मैं प्रतिदिन चुनार से आवाज़ाही कर सकता था।

महीनों तक मैं प्रतिदिन अपने परिचितों से नित्य मिलता रहता था। दिन-प्रतिदिन कुछ नये लोगों के परिचय से भी कई एक विकसित-अविकसित कॉलोनियों में आवासीय प्लाट देखने का कोई अवसर नहीं छोड़ता था।

बहुत दिन तक ढूँढ़ने के बाद, प्रज्ञा बेटी के जन्म के थोड़ा पहले ही, कोशलेश नगर कॉलोनी में एक प्लाट (बिलकुल ही अविकसित परन्तु बी.डी.ए. द्वारा एप्रूव्ड) मुझे मिल गया। कोशलेश नगर कॉलोनी एकदम ही कूड़े के ढेर पर बसी हुई एक कॉलोनी है जो आज की तारीख़ में इस एरिया की अत्यन्त ही विकसित कॉलोनियों में से एक सबसे क़ीमती कॉलोनी हो गयी है।

२४ अक्टूबर, १९८८ को 'प्रज्ञा' का जन्म जौनपुर में हुआ। श्रद्धा एवं मृदुल का भी जन्म जौनपुर में ही हुआ है। मेरी माँ नहीं थी, राजू की माँ ने सारा

भार लेकर मेरी माँ की तरह ही मेरे बच्चों का बचपन में पालन-पोषण किया।

एक-दो महीने तक मैं वाराणसी-जौनपुर, तो कभी लालगंज, तो कभी चुनार आदि का इधर-उधर भ्रमण करता रहता। कोशलेश नगर में हमने एक ६०'×४०' का प्लाट 'राजश्री' के नाम से अन्ततः सुनिश्चित कर लिया। इस कॉलोनी में अभी प्लाटिंग शुरू ही हुई थी। किसी की बाउण्ड्री-वाल तक नहीं बनी थी। निश्चित रूप से इस कॉलोनी के विकसित होने में समय लगने वाला था। इसलिए मुझे कहीं-न-कहीं तत्काल एक कोई छोटी-सी जगह परिवार को साथ लेकर रहने के लिए लेना आवश्यक थी। काफ़ी तलाश के बाद संकट मोचन मन्दिर के पास लंका क्षेत्र में 'भोगावीर कॉलोनी' में एक सहृदय बंगाली बुजुर्ग दम्पती के निवास में एक कमरा, किचन, बाथरूम तथा बरामदे के साथ, मात्र ४०० रु० के महीने में मिल गया।

१९८९ जनवरी से मैं उस एक कमरे के घर में रहने के लिए राजू तथा दोनों बच्चों को लेकर आ गया। श्रद्धा मात्र ५ वर्ष की, प्रज्ञा २ महीने की थी। बाबा विश्वनाथ की कृपा से संकट मोचन बाबा के सान्निध्य में हम लोगों का सकुशल आनन्दमय जीवन प्रारम्भ हो गया।

जनवरी १९८९ के ठण्ड भरे रात-दिन बिताते हुए हम (राजू-श्रद्धा-प्रज्ञा) एक साथ एक कमरे में रहने लगे। भगवान विश्वनाथ की अनन्य कृपा से जीवन का, अत्यन्त ही सुन्दर गृहस्थ जीवन का, आरम्भ भी हुआ। एक लम्बे जापान-प्रवास के बाद देवभूमि काशी ही अब कर्म-भूमि हो गयी। शंखो दा को अपनी स्थिति-परिस्थितियों को पत्रों के माध्यम से सूचित करता रहता था। बाबा का यह प्रश्न हमेशा होता था कि क्यों बनारस में रहते हो जहाँ कोई Professional Life भी नहीं है, कला-उत्थान की सोच के लिए आधुनिक विचार का कोई परिवेश नहीं है, न तो कुछ ऐसा भविष्य भी है कि जो एक युवा समकालीन मूर्तिकार के लिए उपयुक्त हो।

मैं उनकी विचारों से पूर्णतः सहमत था। लेकिन मुझे पता नहीं है कि क्यों मैं उनकी इस बात से कभी भी सहमत नहीं हो सका कि बनारस छोड़कर कहीं और जाना चाहिये। अक्सर ऐसे द्वन्द्व की स्थिति में मुझे एक बात से हमेशा हिम्मत होती (काशी में रहने की इच्छा इसलिए होती थी) कि राम

छाटपार को बनारस में 'कुछ' करने की इच्छा थी कि यहाँ पर 'एक कला का सेंटर' होना चाहिये ताकि दुनिया के लोगों के बीच बनारस भी 'समकालीन कला क्षेत्र' में अग्रणी अपनी भूमिका अदा कर सके। समकालीन कला के लिए एक नया ऊर्जापूर्ण परिवेश स्थापित हो। जबकि संगीत-साहित्य, धर्म, संस्कृति के लिए काशी प्राचीन काल से ही सुप्रसिद्ध रहा है। शंखो दा, राम सर को बनारस से वापस ले जाना चाहते थे लेकिन राम सर जीवन भर बनारस में ही रहे। लगता है कि कहीं-न-कहीं वही इच्छा मेरे मन में रच-बस गयी हो, और आज १९८९ से अब तक यह इच्छा-शक्ति और भी बलवती होती जा रही है। अनेक ऐसे अवसर भी आते रहते हैं, जहाँ कई प्रकार की कठिनाइयों का भी घनघोर सामना करना पड़ता है, फिर भी विश्वनाथ की नगरी को छोड़कर कहीं और जाने की इच्छा कभी भी नहीं करती है।

स्थापना वर्ष १९८९

वाराणसी में एक सुखद शुरुआत हो गयी। जापान से आये हुए सात-आठ महीने के लगभग हो चुके थे, न तो अपने सृजन कार्य के लिए और न ही कोई महत्त्वांकाक्षी योजना 'राम छाटपार शिल्प न्यास' के लिए मैं प्रारम्भ कर सका था। परिवार और अपने लोगों के बीच सामंजस्य के पश्चात् मैं एकदम ख़ाली हो गया था। अक्सर ऐसा होता है कि किसी काम की सम्पूर्णता के बाद, रिक्तता का अनुभव और पुनः 'कुछ' नया प्रारम्भ करने के लिए उतावला कर देता है, कुछ ऐसी ही अनुभूति उस समय मुझे होने लगी। लेकिन क्या करूँ, कैसे करूँ, कहाँ करूँ आदि प्रश्न एक नया उत्तर तलाशने में स्वतः लग गये थे। ईश्वर की अद्‌भुत कृपा है कि कुछ भी न तो कभी सोचा-विचारा और न कभी 'योजनाबद्ध तरीक़ों से कार्य करने की आवश्यकता ही महसूस हुई। कुछ व्यावहारिक कमज़ोरियों के कारण मैं अव्यवस्थित था। कोई संस्था कैसे बने, कैसे चलायी जायेगी इसका भविष्य क्या है, ऐसे विवेकपूर्ण विचारों का मुझे ज्ञान ही नहीं था और आज भी बिलकुल नहीं है। बस चलता है, चल रहा है। राम के भरोसे, शंखो के भरोसे या फिर भगवान भरोसे।

दूसरी बेटी प्रज्ञा, मात्र तीन-चार महीने की थी जो मुझसे बहुत हिली-मिली

थी। जिसके साथ मेरा अधिकतम समय गुज़रता था। अगले शिल्प-सृजन की प्रेरणा 'प्रज्ञा' ही बन गयी। छोटे-छोटे संगमरमर के कई रंग के खण्डों में विभिन्न प्रकार के आकार, प्रज्ञा के शिशु स्वरूप की लीला-अनुभूति से प्रेरित होकर कठोर संगमरमर में कोमल बनने लगे। बसंत ऋतु से प्रारम्भ होकर तीक्ष्ण ग्रीष्म ऋतु के बीच तक लगभग ३०-३२ शिल्प आकारों ने कोमल स्पर्श से भरे संगमरमरी रूप ग्रहण कर लिये।

जब सृजन होता है तो उसको फिर अनेक अवसर भी लोगों के बीच पहुँचने के मिल जाते हैं। सी.एम.सी. गैलरी नयी 'दिल्ली' में इन शिल्पों को प्रदर्शित करने का आमन्त्रण दिसम्बर १९८९ में प्राप्त हुआ, फिर 'बिरला अकादेमी कोलकाता' में मार्च १९९० में तथा ताज आर्ट गैलरी मुम्बई में अगस्त १९९० में प्रदर्शित करने का अवसर मिला। कई शिल्पों को प्रशंसकों ने अपने स्थायी संग्रह के लिए ले लिया। आकारों की नवीनता के कारण एवं संगमरमर में हो रहे भारतीय मूर्तिशिल्प कला परिदृश्य से भिन्न ये कुछ अलग तरह के शिल्प हर व्यक्ति ने पसन्द किये। अगस्त १९९० में हमारे जापानी गुरु आत्सूओ ईसी भारत-यात्रा पर आये थे जिनके साथ अजन्ता-एलोरा, अहमदाबाद, खजुराहो, बोधगया आदि जगहों पर मुझे भी भ्रमण करने का आनन्द प्राप्त हुआ। २२ अक्टूबर, १९९० को काशी हिन्दू विश्वविद्यालय के दृश्य कला संकाय में मूर्तिकला विभाग में प्रवक्ता के पद पर मैं नियुक्त हुआ। इस बीच बराबर शंखो दा से मुलाक़ात भी होती रही। 'राम छाटपार शिल्प न्यास' की योजनाओं के बारे में भी चर्चा होती थी। १७ नवम्बर १९८९ को 'राम छाटपार शिल्प न्यास' का विधिवत् वाराणसी कोर्ट से रजिस्ट्रेशन हो गया, जिसके प्रथम अध्यक्ष तथा आजीवन न्यासी के रूप में प्रो. शंखो चौधुरी तथा न्यास के परामर्शदाता प्रो. के.जी. सुब्रह्मण्यन् ने अपनी सहर्ष सहमति दी। उसी समय एक छोटा-सा पैम्फलेट हिन्दी-अँग्रेज़ी में पहली बार 'राम छाटपार शिल्प न्यास' भारत के उद्देश्य, कार्य, तथा अन्य आजीवन न्यासी लोगों के परिचय के साथ प्रकाशित किया गया, जिसमें शंखो दा के राम छाटपार शिल्प न्यास के सन्दर्भ में विचार उद्धृत थे।

इसके साथ शंखो दा एवं अन्य लोगों की सहमति से 'राम छाटपार फ़ेलोशिप' की उद्घोषणा भी की गयी। देश के उदीयमान चार युवा मूर्ति शिल्पकारों को वर्ष १९९०-९१-९२ में भारतीय ७०० रुपये मासिक की धनराशि प्रदान की गयी।

मुझे ध्यान आता है कि शंखो दा की 'राम छाटपार शिल्प न्यास' के सम्बन्ध में बहुत कुछ अलग तरह की विचार-प्रेरणाएँ एवं महत्त्वाकांक्षाएँ थीं। शंखो दा हमेशा शिल्प न्यास की कार्य-पद्धति तथा अत्यन्त धीमी गति और प्रगति के बारे में चिन्तित एवं व्याकुल रहा करते थे। वह कभी-कभी बहुत ही व्यथित हो जाते थे। मुझसे अक्सर कहा करते थे कि 'तुम कुछ करता नहीं है, बस 'शिल्प न्यास' बनाकर बैठ गया है। हम लोगों का नाम उसमें छाप दिया है। कुछ नहीं करना है तो मैं छोड़ देता हूँ, जब अपने मन का ही सब कुछ करना है तो करो' आदि-आदि इतनी डाँट-फटकार इतनी आकुलता और व्यग्रता मैंने 'शंखो दा' में शिल्प न्यास के बारे में देखी है। इसका वर्णन शब्दों में सम्भव नहीं है। मैं चुपचाप उन्हें देखता या गर्दन झुकाकर बस सुनता रहता था। इसके सिवा कर भी क्या सकता था। थोड़ी देर बाद 'बाबा' शान्त हो जाते, चुप रहते, फिर दूसरी तरह की (न्यास से सम्बन्धित नहीं) बातों की तरफ़ मुड़कर मेरे काम आदि के बारे में बातचीत करने लगते। दाढ़ी अगर नहीं बनाकर आया हूँ तो उसके सन्दर्भ में डाँट-फटकार कर के गम्भीरता के साथ (शिल्प न्यास की) बात को धीरे-धीरे दूसरी तरफ़ मोड़ देते। मैं सामान्य हो जाता, फिर हँसना, बोलना, मज़ा करना घण्टों तक हम लोगों का चलता रहता।

न तो कभी मैं, न बाबा ही कभी चैन से बैठने वालों में से थे। 'राम छाटपार शिल्प न्यास' की योजनाओं की कटिबद्धता एवं प्रतिबद्धता को लेकर हम दोनों में अन्दर-ही-अन्दर, निरन्तर कुछ-न-कुछ चलता रहता था। आज मुझे ध्यान आता है कि उनकी एक-एक इच्छाएँ बहुत धीरे-धीरे स्वरूप ले रही हैं। बाबा जानते थे कि यह अकेला (मदन लाल) क्या कर लेगा, इसे कहाँ से किसका सपोर्ट मिलेगा? पता नहीं कुछ होगा कि नहीं, आदि-आदि। मुझे लगता था कि धीरे-धीरे अपने सम्पूर्ण 'जीवन' को समर्पित करते हुए 'ज़रूर थोड़ा-सा', अकेला ही सही, मैं ज़रूर कुछ कर लूँगा। और आज तक धीरे-धीरे कुछ-न-कुछ होता चला जा रहा है। बस, ईश्वर से प्रार्थना करता हूँ कि 'दादा गुरु शंखो चौधुरी' की इच्छाओं के अनुरूप इस शिल्प न्यास का कुछ विकास, कुछ स्वरूप माँ गंगा के पावन तट पर तैयार हो जाये।

शिल्प न्यास का प्रथम आयोजन (१९९५)

हमें इसका पता नहीं रहता है कि आगे क्या होने वाला है लेकिन जब भी 'कुछ' होता है, चाहे वह सकारात्मक हो या नकारात्मक, तो यही कहते हैं कि संयोग है, विधान है, यह तो होना ही होना था, बस हमें पता नहीं था। वर्तमान हमेशा अपनी गति से क्षण-प्रतिक्षण भविष्य की ओर अग्रसर होता रहता है और तब हमें पता चलता है कि भविष्य के गर्भ में क्या-क्या छुपा हुआ है। क्या होने वाला था, और वह क्या है जो वर्तमान में घटित होकर भविष्य में चिरस्थायी बन जाने वाला है।

संयोगवश १९९४ में मेरे मन में एक विचार ने जन्म लिया कि Sculpture '९५ शीर्षक से 'समकालीन भारतीय मूर्तिशिल्प' की एक बड़ी प्रदर्शनी आयोजित की जाये। श्रीमती रेनू मोदी के सहृदयतापूर्ण सहयोग तथा उनकी गैलरी एस्पास के संरक्षण में Sculpture '९५ की प्रदर्शनी ललित कला अकादेमी, रवीन्द्र भवन, नयी दिल्ली में आयोजित हुई। Sculpture '९५ अनोखी एवं प्रशंसनीय रही, जिसकी चर्चा आज भी होती है। प्रदर्शनी के पूर्व अप्रैल १९९५ में राम छाटपार शिल्प न्यास के तत्त्वावधान में 'समकालीन भारतीय मूर्तिशिल्प-परिसंवाद' शीर्षक से, १३ कौशलेश नगर, सुन्दरपुर, वाराणसी में कार्यक्रम आयोजित हुआ, कार्यक्रम की अध्यक्षता स्वयं शंखो चौधुरी ने की, जिसमें देश के प्रमुख हिस्सों से मूर्तिशिल्पी तथा कला समीक्षकों ने हिस्सा लिया था। दिल्ली से कला समीक्षक, कवि प्रयाग शुक्ल, विनोद भारद्वाज, मूर्तिशिल्पी प्रशान्त (दिल्ली), राजेन्द्र टिक्कू (जम्मू), जोजो (ग्वालियर), राधिका वैद्यनाथन (चेन्नई), एम.एस. उमेश (बैंगलुरु), सुमति गंगोपाध्याय (कला समीक्षक, बड़ौदा), तथा स्थानीय कला चिन्तक कुँवरजी अग्रवाल, मूर्तिशिल्पी बलवीर सिंह कट्ट, पाण्डेय चन्द्र विनोद, विनोद सिंह, तपन शान्तिकारी इत्यादि लोगों ने हिस्सा लिया था। तीन दिन का यह एक वृहद् आयोजन था, जो उल्लेखनीय इसलिए भी माना जाता है कि Sculpture '९५ की प्रदर्शनी की सफलता में इस संगोष्ठी का महत्त्वपूर्ण योगदान रहा। एक तरह से 'राम छाटपार शिल्प न्यास' ने इसे आयोजित करके Sculpture '९५ को और प्रभावशाली बना दिया था।

शंखो दा राम छाटपार शिल्प न्यास के इस आयोजन से अत्यन्त ही प्रभावित हुए। पहली बार उनकी इच्छा बलवती एवं आश्वस्त हुई कि इस तरह का

आयोजन लगातार शिल्प न्यास की तरफ़ से होना चाहिये। इसके लिए कोई-न-कोई 'स्थायी' या तत्काल 'अस्थायी' जगह निश्चित रूप से हो जहाँ पर इस तरह के कार्यक्रम निरन्तर आयोजित हो सकें। राष्ट्रीय-अन्तरराष्ट्रीय स्तर के आयोजनों के अनुरूप जो स्वरूप होता है वह राम छाटपार शिल्प न्यास द्वारा प्रदर्शित होना चाहिये।

संगोष्ठी के समापन के दूसरे ही दिन शंखो दा ने एक औपचारिक बैठक शिल्प न्यास के न्यासी सदस्यों के साथ हमारे निवास १३, कौशलेश नगर, वाराणसी में रखी। उनकी अध्यक्षता में, यह निर्णय लिया गया कि 'राम छाटपार शिल्प न्यास' के लिए १३, कौशलेश नगर, वाराणसी में मदन लाल राजश्री गुप्ता का निवास स्थान है उसके नीचे वाला तल हॉल क्यों न शिल्प न्यास के ऑफ़िस तथा उसके कार्यक्रमों के लिए प्रयोग में लिया जाय। हम दोनों ने सहर्ष अपनी सहमति दी, क्योंकि हमें भी एक नयी दिशा मिली तथा हमारी चिन्ता भी दूर हुई कि कम-से-कम 'शिल्प न्यास' के लिए एक मुकम्मल कोई स्थान तो सुनिश्चित हो गया। इस तरह से शंखो दा की भूमिका तथा शिल्प न्यास के लिए योगदान का महत्त्व और भी काफ़ी बढ़ जाता है। शिल्प न्यास के समस्त विकास तथा उत्थान में शंखो चौधुरी की प्रेरणा तथा उसके भविष्य के लिए उनका उचित मार्गदर्शन समय-समय पर मिलता रहा है।

शंखो दा के हम बहुत ही आभारी तथा ऋणी हैं कि उन्होंने मुझ अनभिज्ञ व्यक्ति को किसी संस्था के 'उच्चतम स्वरूप की अभिकल्पना' का प्रथम बीज स्वरूप से परिचित कराया।

उसी मीटिंग में शंखो दा ने प्रयाग शुक्ल को स्थायी रूप से शिल्प न्यास का आजीवन न्यासी तथा सदस्य के रूप में मनोनीत किया। साथ ही जापान के कला समीक्षक तोशीआकी मिनेमुरा तथा मूर्तिशिल्पी तोशीकी कोईजमी को हमारे आग्रह तथा अनुमोदन पर शिल्प न्यास समिति का आजीवन न्यासी सदस्य मनोनीत किया।

धीरे-धीरे यहीं से शंखो दा ने शिल्प न्यास को एक नया आयाम देना शुरू कर दिया। वह भविष्य की सम्भावनाओं एवं समस्याओं की चिन्ता करते थे कि कैसे सब होगा लेकिन उनकी उत्कट इच्छा के कारण धीरे-धीरे आज निश्चित ही शिल्प न्यास का एक छोटा-सा स्वरूप दिखायी देने लगा है

और आने वाला कल अवश्य ही सुनहरा होगा ऐसा विश्वास हमारे साथ है।

मेरा बराबर दिल्ली आना-जाना होता रहता था। हमेशा मैं बाबा के पास उनके घर पर रुकता था। समय मिलता था, तो बहुत बातें अधिकतर 'राम छाटपार न्यास' की ही होती थीं। वह अपने सपने मुझे दिखाते थे। मैं एक चलचित्र की तरह से देखता रहता, चुपचाप सोचता रहता कि सपने कितने सुन्दर होते हैं और जब वह धीरे-धीरे पूरे होने लगते हैं। बीज अँखुआने लगा, धरती के गर्भ से उसकी कुछ मुलायम शाखाओं के साथ-साथ, नन्ही-नन्ही कोमल पत्तियाँ दिखने लगीं इन सबसे मैं बहुत ही रोमांचित होता, मेरा समर्पण और आकर्षण इस सपने को जल्द-से-जल्द बड़ा देखने के लिए उतावला होने लगता।

Portraiture Work Shop (1996)

इसी श्रृंखला में शंखो दा के निर्देशन और सलाह से अखिल भारतीय शबीह मूर्ति शिल्प कार्यशाला का आयोजन जनवरी १९९६ में पुनः कौशलेश नगर वाराणसी में आयोजित हुआ। किन्हीं अपरिहार्य कारणों से शंखो दा नहीं आ पाये थे परन्तु प्रतिदिन के कार्यक्रम की जानकारी फ़ोन द्वारा प्राप्त करते रहते तथा मुझे निर्देश देते रहते। Portraiture Work Shop 1996 में देश के जाने-माने वरिष्ठ मूर्तिशिल्पी शर्वरी राय चौधुरी (शान्तिनिकेतन), अवतार सिंह पवार (लखनऊ) के साथ-साथ ही विशाखापट्टनम से रवि पटनायक, दिल्ली से सुशान्त कुमार दास तथा स्थानीय शिल्पी तपन शान्तिकारी एवं विनोद सिंह की सहभागिता से एक सशक्त कार्यशाला का आयोजन शिल्प न्यास द्वारा सम्पन्न हुआ।

शिल्प न्यास के लिए स्थान की तलाश

१९९५ में आयोजित 'अखिल भारतीय समकालीन मूर्तिशिल्प परिसंवाद' एवं १९९६ की 'शबीह-मूर्तिशिल्प-कार्यशाला', शंखो चौधुरी के मार्गदर्शन के कारण सफल एवं सम्भव हुई, जिसके कारण तत्काल हम दोनों के

(राजू एवं मेरा) मन में विचार आया कि 'राम छाटपार शिल्प न्यास' के लिए एक 'उचित' स्थान की खोज में हमें लग जाना चाहिये और हम उसकी खोज में बड़ी तन्मयता से लग गये जिसकी अब अति आवश्यकता थी। मेरी इच्छा थी कि 'भारत भवन' (भोपाल) की तर्ज पर अगर बाबा विश्वनाथ एवं गुरु कृपा से माँ गंगा के तट पर कोई उपयुक्त स्थान मिल जाता तो पहली बार 'भारत भवन' को देखकर मैंने जिस सपने को सँजोया था वह पूरा हो जाता। लेकिन यह अत्यन्त ही कठिन तथा कई तरह की मुश्किलों से भरा-पूरा 'सपना' था क्योंकि 'भारत भवन' के निर्माण की भूमिका में किसी भी प्रकार की कठिनाइयाँ नहीं थीं, वह 'मध्य प्रदेश सरकार' एवं 'भारत सरकार' द्वारा प्रदत्त सरकारी अनुदान से निर्मित हुआ था। दूसरी बात यह थी कि 'भारत भवन' के निर्माण में जिस तरह से उच्च श्रेणी के विशेषज्ञों की टीम ने कार्य किया था उससे मैं अवगत था। भारत भवन का उद्घाटन समारोह १३ फ़रवरी, १९८२ को हुआ था, वहाँ मैं युवा कलाकार के रूप में आमन्त्रित था, जहाँ से इस तरह की कल्पना के बीज ने मेरे मन में जन्म लिया था। भारत भवन के निर्माण में तत्कालीन मुख्यमन्त्री अर्जुन सिंह, कला पारखी तथा संस्कृति सचिव अशोक वाजपेयी और विशिष्ट चित्रकार जे. स्वामीनाथन का अप्रतिम योगदान मुख्य रूप से निहित था। भारत भवन ललित कलाओं का सम्पूर्ण संग्रहालय है, जिसका उदाहरण भारतवर्ष में अन्यत्र कहीं नहीं मिलता है।

ऐसी स्थिति में गंगा के तट पर 'राम छाटपार शिल्प न्यास' को प्रतिस्थापित करना कितना कठिन होगा यह सोच-सोच कर मैं काँप जाता था और घबड़ा जाता था। सबसे बड़ी समस्या थी सरकारी सहयोग एवं सहायता की। हमेशा सरकारी डर (V.D.A.) कि कोई भी संस्था या व्यक्ति गंगा के तट पर किसी भी प्रकार का निर्माण नहीं करा सकता है—अगर कराता है तो उसे बिना किसी कारण के धराशायी किया जा सकता है। यह भय आज भी हम दोनों के मन में तथा हमारे बच्चों में बना हुआ है। क्या करें? फिर भी, हम कर रहे हैं। जबकि अनेकों निजी भवन, संस्थायें, आश्रम आदि गंगा के तट पर अनवरत निर्मित हैं और होते जा रहे है।

एक और डर हमेशा लगा रहता है कि गंगा में जब बाढ़ आती है तब कटान के कारण तट पर बना कोई भी 'निर्माण' ख़तरे के अन्दर ही होता है। कब बाढ़ निर्माण को गिरा दे, बहा दे, या एक बड़ा नुकसान पहुँचा दे सब कुछ

अनिश्चित है। जैसा कि वर्ष २०१२ एवं २०१६ की बाढ़ ने 'राम छाटपार शिल्प न्यास' को काफ़ी नुकसान पहुँचाया था। सारी की सारी बाउण्ड्री वाल गंगा में गिर गयी थी।

एक और बड़ी समस्या धनराशि की थी, कहाँ से संस्था के लिए इतना धन आयेगा, जो मेरे 'गुरु' के नाम पर है। इसके संस्थापक सदस्य और अध्यक्ष आजीवन न्यासी जन न तो ही किसी राजनीतिक, सामाजिक, धार्मिक संस्था से जुड़े हुए हैं, कि जिससे वे किसी को प्रभावित कर, या उनसे प्रार्थना कर न्यास के लिए कुछ धन संग्रह कर सकें। ख़ैर, उस समय ज़मीन ख़रीदने के लिए हम दोनों ही लगातार अत्यन्त चिन्ता में रहते थे—हमारा मकान तो हो गया था, तीन बच्चे थे, मेरी का.हि.वि.वि. में लेक्चरर की नौकरी थी, कभी-कभी मेरे मूर्तिशिल्प की बिक्री से थोड़ी धनराशि मिल भी जाती थी लेकिन वह कहीं से पर्याप्त नहीं था। 'राम छाटपार शिल्प न्यास' के लिए मैंने जापान में अपनी पुरस्कृत कलाकृतियों की धनराशि से मात्र 'ढाई लाख रुपये' एकत्र किया था, बस ले-देकर वही था। उसके बाद फिर कुछ आगे नहीं बढ़ सका था। मात्र 'ढाई लाख रुपया' और सपना बनारस में 'भारत भवन' बनाने का!

मैं सोचा करता, मैं क्या कर सकता हूँ, और समझ में नहीं आता और न ही इसका कोई उत्तर दे सकता था कि क्या-क्या किया जा सकता है। मेरे पास मात्र एक संकल्प-शक्ति, समर्पण, बलिदान के सिवा कुछ भी नहीं था और बस इसी को ही दे सकता था। इसके उपरान्त कहीं से चाहे अपनी कला से, चाहे अपनी नौकरी से, जो पैसा इसमें समर्पित कर सकता हूँ, वही बस। सरकार से, लोगों से, रिश्तेदारों से, भाई-बन्धुओं से किसी से भी मैं इस स्थिति में अपने आप को तैयार नहीं कर पाता था कि उनसे कोई सहायता प्राप्त कर सकूँगा और कोई दूसरा प्रयत्न भी नहीं हो सकता था। कभी बहुत ही कोशिश करने पर सरकारी दफ़्तरों में तथा उदार-परिचित-मित्रों से मैंने सहायता माँगी पर कभी कहीं से कोई सफलता नहीं मिली। बस, केवल थोड़ी ही सही-कुछ ही सही—जापान से हमारे गुरु, मित्र, शुभचिन्तकों ने कुछ अंश-धनराशि का महेश नगर (गंगा तट पर) में ज़मीन ख़रीदने के लिए दान दी थी।

लेकिन बराबर जो ताक़त और हिम्मत मुझे शंखो दा से प्राप्त हो रही थी वह दुनिया की बड़ी-से-बड़ी धनराशियों से कहीं बड़ी थी। यहीं पर मैं महसूस

करता हूँ कि 'प्रेरणा' ही सबसे बड़ी ताक़त होती है। भगवान विश्वनाथ की कृपा एवं माँ गंगा के आशीर्वाद से अन्ततः महेश नगर कॉलोनी में सामने घाट, लंका, वाराणसी में बिलकुल 'गंगा के तट' पर अवर्णनीय, अद्‌भुत एक छोटा-सा सुन्दर भूखण्ड' (८०'× ६०') मिल गया। छोटा-सा स्थान, प्राकृतिक दृश्य एवं सौन्दर्य से पूरी तरह ओतप्रोत (अगर कुछ विषमताओं को छोड़ दिया जाये तो) उस स्थान से काशी के सम्पूर्ण क्षेत्र का अवलोकन किया जा सकता है। 'गंगा' थोड़ा-सा आगे जाकर 'अस्सी घाट' के बाद उत्तर वाहिनी एवं दशाश्वमेध के बाद पूर्व वाहिनी हो जाती हैं। 'राम छाटपार शिल्प न्यास' के तट से राजघाट के प्राचीन मालवीय पुल को भी देखा जा सकता है। उस पार पूर्वी तट पर थोड़ा और आगे 'रामनगर का क़िला' अपनी प्राचीन विरासत की छाप लिये प्रतिदिन देखा जा सकता है। अन्ततः यह स्थान हम दोनों को बहुत ही पसन्द आया। इस स्थान का पहला परिचय हमारे दो युवा मित्रों स्वर्गीय रवि सिंह एवं सरोज सिंह ने कराया था। दोनों मित्र इसी कॉलोनी में उस समय (१९९६) अपने-अपने भवन के निर्माण में लगे हुए थे। दोनों ही कला के विद्यार्थी थे जिसके कारण ये दोनों 'राम छाटपार' सर के नाम से सुपरचित थे तथा इन्हें मालूम भी था कि हम लोग 'राम छाटपार शिल्प न्यास' के लिए उपयुक्त स्थान की खोज कर रहे हैं। यह संयोग एवं सौभाग्य की बात है कि महेश नगर कॉलोनी के प्रबन्धक श्रीकान्त सिंह भी उदार व्यक्तियों में से एक थे जिन्होंने किसी भी प्रकार की अग्रिम धनराशि न माँगते हुए हमें सहर्ष इस भूखण्ड (८०'×६०') की रजिस्ट्री भी करा दी। बाद में पता चला कि श्रीकान्त सिंह हमारे चित्रकार मित्र सन्तोष सिंह के प्रिय मित्रों में से एक हैं। सबकी कृपा और आशीर्वाद से माँ गंगा के तट पर आख़िरकार 'राम छाटपार शिल्प न्यास' के लिए अत्यन्त सुन्दर और उपयुक्त स्थान प्राप्त हो गया। सपने का प्रथम चरण पूरा हुआ।

इन सबके बीच सबसे बड़ी कठिनाई 'धन' की आयी थी कि 'साढ़े सात लाख' की ज़मीन के लिए इतना पैसा कहाँ से आयेगा? क्योंकि ले-दे कर मात्र ढाई लाख रुपया 'राम छाटपार शिल्प न्यास' के बचत खाते में था जिसे मैं सदा बचाकर रखे हुए था। 'राम छाटपार शिल्प न्यास' के अन्तर्गत बीच-बीच में जितने भी कार्य आयोजित होते थे उन्हें मैं अपने प्राध्यापकी के मासिक वेतन की बचत से तथा इक्के-दुक्के शिल्प की बिक्री से

बचायी गयी धनराशि से आयोजित किया करता था जिसके कारण मूल धनराशि ढाई लाख रुपये पर पाँच वर्ष के बैंक ब्याज को जोड़कर पौने चार लाख रुपया तक एकत्र हो रहा था। विश्वविद्यालय में प्रवक्ता पद पर मात्र पाँच वर्ष तक की नौकरी थी जिसके कारण P.F. में भी कोई विशेष धनराशि नहीं थी। मुझे याद आ रहा है कि किसी तरह से चार लाख रुपया इकट्ठा हो पा रहा था। और धनराशि कहाँ से आयेगी, किससे प्राप्त होगी और कैसे और व्यवस्था होगी, हमारी रात-दिन की यह चिन्ता थी। पर मन नहीं मानने वाला था। ७ से ८ लाख तक रुपया होना चाहिये। श्रीकान्त सिंह को १०१ रुपया का अग्रिम बयाना देकर हमने ज़मीन लेना पूरी तरह से निश्चित कर लिया था। अपनी पूरी स्थिति से श्रीकान्त सिंह को अवगत कराया तो उन्होंने आश्वासन दिया कि 'आपने जब निश्चय कर ही लिया है तो आप ले लीजिये चिन्ता मत करिये, जब चाहे तब रुपया दे दीजियेगा।' लेकिन चिन्ता थी और मैं किसी निश्चित समय तक का वादा नहीं कर पा रहा था, फिर भी हिम्मत करके मैंने रजिस्ट्री करा ही ली। ६०'×८०' का भूखण्ड 'राम छाटपार शिल्प न्यास के नाम', ४०'×४०' का भूखण्ड राजश्री के नाम से रजिस्ट्री दो हिस्से में हुई।

उपर्युक्त ब्यौरा, १९९६ जनवरी में आयोजित शबीह कार्यशाला के उपरान्त का है। इसी बीच एक अद्भुत संयोग की घटना घटित हुई कि 'जापान सरकार' द्वारा मोनवुसो शिक्षावृत्ति अध्येताओं को पुनः एक बार तीन माह के लिए Short Term Fellowship प्रदान की जाती थी इसकी जानकारी मुझे मित्र राजीव लोचन (आधुनिक कला संग्रहालय के भूतपूर्व निदेशक) से प्राप्त हुई थी जो एक-दो वर्ष पहले इसी Fellowship पर जापान हो आये थे। जानकारी प्राप्त होने पर मैंने भी अपना आवेदन जापान सरकार के शिक्षा मन्त्रालय को भेजा था। १९९६ मार्च-अप्रैल में मुझे ख़ुशख़बरी प्राप्त हुई कि ३ महीने की Fellowship Award हुई है पुनः Tama Art University में 'प्रायोगिक शिल्प सृजन' के लिए। हमारी ख़ुशी की कोई सीमा नहीं रही और मुझे पूरा विश्वास हो गया कि अब निश्चित ही महेश नगर में 'राम छाटपार शिल्प न्यास' के लिए ज़मीन प्राप्त करने में आ रही रुपयों की दिक़्क़तें ज़रूर ख़त्म हो जायेगी। मुझमें पूरा विश्वास भर गया तथा मैंने संकल्प किया कि कितना भी परिश्रम क्यों न करना पड़े मैं अतिरिक्त धनराशि को प्राप्त करने के लिए अपने आप को पूरी तरह से समर्पित कर

दूँगा। गंगा के तट पर 'शिल्प न्यास' के लिए इस भूखण्ड को प्राप्त करना 'मेरा एक मात्र उद्देश्य' बन गया था।

१९९६ अगस्त, सितम्बर, अक्टूबर में पुनः तामा कला विश्वविद्यालय की अध्येतावृत्ति प्राप्त हुई। मात्र ३ महीने के अन्दर २० शिल्पों का विभिन्न पत्थरों में सृजन तथा उसकी एक अत्यन्त ही प्रभावशाली प्रदर्शनी टोक्यो की सुप्रसिद्ध गैलरी सेहो में आयोजित हुई जो हमारे गुरु आत्सूओ इसी के प्रयास से प्राप्त हुई थी। इस प्रदर्शनी ने प्रशंसा के साथ टोक्यो में मुझे ख्याति भी प्रदान की। कलाकारों एवं मित्रों को मैंने राम छाटपार शिल्प न्यास की स्थायी स्थापना एवं उसके बारे में भावी योजनाओं की जानकारी दी तथा उनका परामर्श और सहयोग प्राप्त करने का अनुरोध भी किया कि अगर मेरे द्वारा निर्मित शिल्प मूर्तियाँ (२० पीस) बिक जाते हैं तो उससे 'प्राप्त' धनराशि से मुझे शिल्प न्यास के लिए ज़मीन प्राप्त होने में बड़ी सफलता मिल जायेगी।

सभी लोगों ने आदर के साथ अपनी सामर्थ्यानुसार धनराशि से मेरी शिल्पकृतियों को ख़रीदकर धनराशि इकट्ठा की। कुछ धनराशि कम होने के कारण हमारे गुरु ईसी आत्सूओ ने तथा कुछ एक-दो मित्रों ने अतिरिक्त धनराशि प्रदान कर उस लक्ष्य को पूरा कराया।

ईश्वर की अनुकम्पा, गुरु की कृपा तथा अपने लोगों के अपार प्रेम-स्नेह के कारण ही 'शिल्प न्यास' की ज़मीन प्राप्त हो सकी। भारत वापस आने के तुरन्त बाद नवम्बर १९९६ में हमने तत्काल श्रीकान्त सिंह को ज़मीन की पूरी धनराशि प्रदान कर एक बार में ही सम्पूर्ण इच्छित भूखण्ड (७२०० वर्ग फीट) की वाराणसी कचहरी में रजिस्ट्री करा ली।

उपर्युक्त सारी घटनायें मैंने शंखो दा को बतायीं। बाबा बहुत ही प्रसन्न एवं प्रभावित हुए। उनकी इच्छा एवं आशीर्वाद के कारण ही यह सम्भव हो पाया क्योंकि इसके मूल प्रेरणास्रोत 'शंखो दा' ही थे।

कभी-कभी अजीब तरह के प्रश्नों से मन घिर जाता है कि सब कुछ क्यों होता जाता है? और जो अपने आप ही होता है, होना है, तो होता है, भले ही आपको कितनी परेशानियों, दिक़्क़तों, समस्याओं, यहाँ तक कि बहुत कुछ तकलीफ़ों से क्यों न जूझना पड़े। लेकिन होगा, आप बच नहीं सकते हैं, और यही होता जाता है; हम कुछ नहीं कर सकते हैं। जब कुछ हो जाता

है, तो उस समय ही वह इतना महत्त्वपूर्ण हो जाता है, और बन जाता है कि फिर मन इससे भी बड़ी कठिनाइयों से जूझने के लिए तैयार हो जाता है।

इन सब विचारों के परिप्रेक्ष्य में जब मैं शंखो दा का मूल्यांकन करता हूँ तो वहाँ वह कारण बहुत ही स्पष्ट दिखायी देता है, जो मेरी हिम्मत को बहुत ही बढ़ाता है, प्रेरित करता है जिसके कारण 'आज' तमाम संघर्षों के बावजूद 'राम छाटपार शिल्प न्यास' जिस तरह तैयार हो रहा है वह शंखो चौधुरी के प्रभाव के कारण ही सम्भव हो पा रहा है जो मुझे तन-मन-धन से पूरी तरह और गहरायी से समर्पित करने की प्रेरणा देता है।

१९९७ में दिल्ली के गैलरी-एस्पास में मेरी 'जलनिधि-सीरीज़' के संगमरमर-पत्थर-के मूर्तिशिल्पों की प्रदर्शनी के दौरान शंखो दा का भरपूर स्नेह एवं आशीर्वाद प्राप्त हुआ। मैं जब भी उनसे मिलता तो हमेशा उनकी आँखों में देखने से लगता था कि वह एक प्रश्न पूछ रहे हैं कि 'शिल्प न्यास' का क्या हो रहा है? बस ज़मीन लेकर चुपचाप बैठ गये हो? निश्चित ही हमेशा मिलने पर सवाल-जवाब ज़रूर होता था। इससे लगता है कि कभी भी बाबा मुझे चैन से बैठने नहीं देना चाहते थे। यह सोचकर आज इतना अच्छा लगता है कि अगर प्रत्येक मुलाक़ात पर वे यह प्रश्न न पूछते रहते तो फिर कैसे 'कुछ' हो पाता। प्रश्न बड़ी ही कठोरता से पूछे जाते थे, जैसे कि 'मास्टर साहेब' ने Home Work दे दिया हो—दूसरे दिन तो हम आये नहीं—फिर कई दिन दिखे नहीं, जब आये तो कोई प्रश्न पूरा कर नहीं लाये तो मास्टर साहेब, चुप क्यों रहेंगे, ज़रूर डाँट पड़ेगी, इतना कि आप भाग खड़े हों? ख़ैर! मैं भागा नहीं, अन्यथा मैं क्या था, मेरी सामर्थ्य क्या थी, कि मैं भाग नहीं जाता। यह तो प्रारब्ध ही था जिससे सब कुछ सम्भव हो पा रहा था। १९९७-९८ ख़त्म होते-होते ही इसी बीच में एक बड़ी योजना बना डाली कि किसी तरह से महेश नगर कॉलोनी में स्थित 'राम छाटपार शिल्प न्यास' के भूखण्ड की बाउण्ड्री-वाल के साथ-साथ क्यों न शिल्प न्यास का विधिवत् 'शंखो दा' के कर कमलों द्वारा शिलान्यास करा लिया जाय और उसी अवसर पर अन्तरराष्ट्रीय मूर्तिकार कार्यशाला का आयोजन भी क्यों न हो जाय?

उसी पावन पर्व पर अन्तरराष्ट्रीय समकालीन मूर्तिशिल्प-नृत्य कार्यशाला का आयोजन हुआ जिसमें जापान, जर्मनी, फ्रांस, आस्ट्रिया, अमेरिका के साथ भारत के महत्त्वपूर्ण शिल्पी ध्रुव मिस्त्री, राजेन्द्र टिक्कू, राधिका वैद्यनाथन

२१ मार्च, १९९९, 'राम छाटपार शिल्प न्यास' की आधारशिला शंखो चौधुरी के करकमलों द्वारा सम्पन्न हुई।

भी शरीक हुए। यह एक बहुस्तरीय एवं बहुत ही सफल आयोजन था। देश-विदेश में इसकी चर्चा रही। इस अवसर पर शंखो दा आन्तरिक आनन्द से हर समय ओतप्रोत दिखायी दिये इससे मुझे बहुत ही सन्तुष्टि मिली। १९८९ में राम छाटपार शिल्प न्यास, भारत की स्थापना (रजिस्ट्रेशन) के बाद से ही लगातार कुछ-न-कुछ कला सम्बन्धी कार्यक्रम होता रहा। देश-विदेश के कलाकार मित्रों के साथ संवाद-सम्बन्ध-शिष्टाचार बढ़ता ही जा रहा था। १९९८ में 'राम छाटपार शिल्प न्यास' भूखण्ड को चारों तरफ़ की चहारदीवारी द्वारा घेर लिया गया। जापानी कलाकार-मित्रों के साथ कुछ यूरोपियन कलाकार-मित्रों को एक साथ लेकर अन्तरराष्ट्रीय-मूर्तिकला परिसंवाद की योजना तैयार की गयी थी जो २१ मार्च से ३१ मार्च, १९९९ तक आयोजित हुई थी।

उचित अवसर पर हमेशा महत्त्वाकांक्षी योजनाएँ साकार होती हैं, सब कुछ 'समय' के गर्भ में छिपा रहता है। उपर्युक्त कार्यक्रम को सभी ने हृदय से स्वीकार किया और तन-मन-धन से इसे सफल बनाने के लिए पूरी तरह से समर्पित रहे।

तीन-चार महीने पहले से ही तैयारी शुरू हो गयी थी। शंखो दा से आशीर्वाद

प्राप्त करने के लिए मैं दिल्ली गया। सारी बातें अपने विदेशी कलाकारों के सन्दर्भ में तथा प्रस्तावित कार्यक्रम की योजना के बारे में उन्हें अवगत करायी। 'बाबा' अचम्भित थे परन्तु उन्हें शंका ज़रूर थी कि कैसे यह सब हो पायेगा ? क्या यह आसान है कि एक अन्तरराष्ट्रीय कार्यक्रम बग़ैर किसी आर्थिक अनुदान तथा किसी उपयुक्त स्थान के कैसे सम्भव हो पायेगा ? मैं उन्हें भरोसा दिलाता रहा कि 'हो जायेगा, आप चिन्ता मत करें, बस आप हाँ कर दें।' किसी तरह से बाबा ने असमंजस की स्थिति के साथ अपनी 'हामी' भरी थी। उन्होंने मेरा यह प्रस्ताव भी स्वीकार कर लिया कि २१ मार्च को 'राम छाटपार शिल्प न्यास' की आधारशिला भी उन्हीं के कर कमलों द्वारा स्थापित की जायेगी। 'आज' जब मैं उस समय की स्थिति के बारे में सोचता हूँ और देशकाल-परिस्थिति को देखता हूँ तो मैं भी कम नहीं था, पता नहीं किस विश्वास के साथ हवाई सपनों की उड़ान भरता रहता था, ऐसी-ऐसी कल्पनाएँ करता था कि बस सब 'कुछ' हो जायेगा। लेकिन आज पूर्ण विश्वास होता है कि सचमुच ही वह 'हवा-हवाई-सपनों की उड़ान' बस अपने आप सफल भी हो गयी। इसके पीछे कौन-सी प्रबल शक्ति थी जो सब कुछ पूर्ण करती जा रही थी, मुझे सचमुच नहीं पता है।

बाबा अन्तरराष्ट्रीय कार्यशाला के प्रारम्भ होने से दो-तीन दिन पहले ही बनारस आ गये थे। विदेशी कलाकार भी एक-दो दिन पहले आ गये थे। बाबा हमारे घर कौशलेश नगर में रुके थे। राजेन्द्र टिक्कू एवं राधिका वैद्यनाथन हम लोगों के साथ ही रुके थे। जापानी तथा यूरोपीय कलाकार अस्सी घाट स्थित गंजेज-विव होटल में रुके थे। उस समय महेश नगर कॉलोनी में मात्र गंगा के तट पर इक्के-दुक्के मकान ही बने थे तथा कुछ बन रहे थे। 'शिल्प न्यास' की बाउण्ड्री बस तैयार ही हुई थी। कोई कमरे वग़ैरह, वहाँ कुछ भी नहीं था। एक लम्बी दीवाल के सहारे, बीस फीट का एक टिन-शेड डाल दिया गया था।

शंखो दा आते ही बोले, "चलो हमें दिखाओ, जहाँ पर यह कार्यक्रम करने वाले हो।" किसी तरह से उन्हें सुबह का नाश्ता आदि कराकर मैं उस स्थान पर ले गया। पहली बार जहाँ पर उनके चरण-कमल पड़े थे वह दिन १९ मार्च, १९९९ का था, बाबा ने देखा, देखते रहे, थोड़ी देर बाद, जैसी उनकी आदत थी, बस ग़ुस्से में बोले, "कैसे दूसरे देश के कलाकार लोग यहाँ काम करेंगे। इतनी गर्मी शुरू हो गयी है, न तो पानी की व्यवस्था है न तो

कोई टायलेट आदि है। कहाँ जायेंगे, अगर किसी को टायलेट जाना पड़ा तो।'' मैं घबड़ा गया कि क्या जवाब दूँ, बस भरोसा दिलाता रहा कि ''चिन्ता नहीं करें, सब ठीक होगा।'' 'बाबा और ग़ुस्सा', दोनों एक-दूसरे के पर्याय थे, पर वह भी क्या करें? उस शाम विदेशी कलाकारों से मैंने, एक-एककर सभी से उनका परिचय कराया। बाबा ने बहुत ही अपनेपन, आत्मीयता और सहृदयता से पूरे सम्मान के साथ, उन सबका स्वागत किया तथा बहुत ही आभार व्यक्त किया कि ''आप लोग यहाँ सचमुच में पधारकर शिल्प न्यास की नींव को मज़बूत किये हैं।''

हमारे सभी मित्र शंखो दा के व्यक्तित्व से अत्यन्त प्रभावित हुए। फिर तो धीरे-धीरे स्थिति सामान्य होने लगी। मैं मौक़ा पाकर इधर-उधर बाबा की नज़रों से भागता ही रहा। लेकिन कलाकार मित्र मेरी स्थिति को भाँप गये थे। सभी शंखो दा के साथ इतना घुल-मिल गये और सबने कहा कि 'सब कुछ हो जायेगा, आप चिन्ता न करें।' मुझे याद है कि उसी दिन रात में सभी ने बाबा के साथ मिलकर बाउण्ड्री के बाहर से ईंटें ढो-ढो कर, आख़िरकार एक अस्थायी शौचालय बना ही दिया, ताकि पेशाब लगने पर लोग इधर-उधर जाकर भारतीय स्टाइल में खड़े होकर पेशाब न करते हुए मिलें। बाबा भी थोड़ा सन्तुष्ट हो गये।

देर रात्रि तक कई दौर बियर एवं व्हिस्की के चलता ही रहा। उस समय बाबा भी पीते थे। मुझे बहुत ही अच्छा लग रहा था बाबा को अन्ततः बहुत ख़ुश देखकर।

दो-एक दिन में धीरे-धीरे सारी तैयारी बहुत ही अच्छी तरह पूरी हो गयी। २१ मार्च, १९९९ को प्रातःकाल भारतीय परम्परा के अनुसार विधिवत् मन्त्रोच्चार एवं मंगलाचरण के साथ शंखो दा के कर कमलों द्वारा आधारशिला रखी गयी। दो-तीन दिन पहले ही चुनार से एक विशाल शिलाखण्ड, गुलाबी बलुआ पत्थर, स्थापना-स्थल पर लाया जा चुका था।

शुभ नवरात्रि की प्रातःकालीन बेला में, माँ गंगा के पावन तट पर, कलाकार, कला अनुरागियों तथा काशी के नागरिकों के मध्य समस्त कार्यक्रम विधिवत् सम्पन्न हुआ। पूजा-पाठ के उपरान्त जर्मनी के संगीतकार वर्न्ड पिचल्वक्र द्वारा प्रातःकालीन राग भैरवी की एक बन्दिश, सितार वादन हुआ। सभी कलाकारों के विधिवत् आदर-सम्मान के उपरान्त शंखो दा द्वारा 'प्रथम

अन्तरराष्ट्रीय मूर्तिशिल्प एवं नृत्य परिसंवाद' के शुभारम्भ की उद्घोषणा हुई। दोपहर का भोजन–विश्राम के पश्चात् 'कार्यशाला' उसी दिन से प्रारम्भ हो गयी।

अकस्मात् उसी दिन देर शाम को बड़ौदा से फ़ोन मिला कि नानू भाई अमीन बहुत ही गम्भीर स्थिति में हॉस्पिटल में भर्ती हैं। बाबा इस घटना से अत्यन्त ही पीड़ित और दुखी हो गये, तथा तत्काल बड़ौदा जाने के लिए व्याकुल हो उठे। किसी तरह से दूसरे दिन प्रात:काल की फ्लाइट से वाराणसी से नयी दिल्ली होते हुए बड़ौदा दोपहर तक पहुँच पाये थे। अन्ततः बहुत ही दुखद समाचार प्राप्त हुआ कि 'नानू भाई अमीन, बाबा के प्रियवर मित्र अब इस संसार में नहीं हैं।'

शंखो दा मात्र पूरे तीन–चार दिन ही रुके थे परन्तु उनकी उपस्थिति, हम सभी कार्यशाला के दौरान प्रतिदिन महसूस करते रहे। उनकी बातें होती रहती थीं, हमारे देशी–विदेशी कलाकार मित्र उनसे बहुत मित्रवत् हो गये थे तथा 'राम छाटपार शिल्प न्यास' के प्रति उनकी ज़िम्मेदारी, भूमिका, समर्पण को याद करके चर्चा करते रहते थे। ८३ वर्ष की उम्र में भी उनकी सक्रियता तथा कार्य–क्षमता की लोग बार–बार प्रशंसा करते थे।

मुझे याद है कि बाबा कुछ दिन बाद जब शान्तिनिकेतन गये थे तो वहाँ इसकी चर्चा मणि दा से भी की थी। वे जहाँ भी जाते वहाँ के लोगों से इस स्थान की भव्यता, सुन्दरता तथा लोकेशन की चर्चा अवश्य करते थे। 'राम छाटपार शिल्प न्यास' एक अत्यन्त ही सुन्दर जगह पर स्थित है, जो अद्भुत संयोग के कारण प्राप्त हुआ है। सौभाग्य की बात है कि कुछ दिनों बाद ही मणि दा का एक पत्र मुझे प्राप्त हुआ, जिसमें उन्होंने गंगा तट पर स्थित शिल्प न्यास की प्रशंसा शंखो दा से सुनकर अपनी प्रसन्नता व्यक्त की थी।

मुझे याद है, शंखो दा फिर उसके बाद कभी बनारस नहीं आ सके, लेकिन शायद ही कोई ऐसा दिन रहा हो जिस दिन मैंने स्वयं अपने आप से तथा लोगों से इनकी चर्चा नहीं की हो। चिन्ता थी कि शिल्प न्यास किसी तरह से जितनी जल्दी हो तैयार होकर खड़ा हो जाये।

१९९९ के बाद से लगातार मैं शंखो दा के सम्पर्क में रहा। उनके और भी नज़दीक होता गया। बाबा हमेशा मुझे कुछ–न–कुछ विचार देते रहते, हज़ारों कठिनाइयों के बावजूद भी 'राम छाटपार शिल्प न्यास' कुछ–न–

कुछ धीरे-धीरे बनता जा रहा था। शिल्प न्यास उस सम्पूर्णता के आकार की तरफ़ धीरे-धीरे अग्रसर है जिसकी एक गहरी इच्छा शंखो दा की थी कि "देखो, यहाँ पेरिस जैसा म्यूज़ियम बनना चाहिये।" प्रतिदिन-प्रतिपल-प्रतिक्षण उनकी यह इच्छा मेरे कानों में गूँजती रहती है। जीवन के अन्त तक, मैं चैन से तब तक नहीं बैठूँगा, जब तक कि उनकी यह इच्छा पूरी न कर लूँ। कुछ भी हो, एक छोटा-सा ही म्यूज़ियम बनाकर रहूँगा।

दृढ़ संकल्प की शक्ति मुझे बराबर शंखो दा से प्राप्त होती रही है। मैं विचलित होता हूँ, परेशान होता हूँ, पागल-सा हो जाता हूँ अपने इस पागलपन पर (या बाबा के पागलपन पर कि कैसे, कहाँ से, कब तक, 'राम छाटपार शिल्प न्यास' एक म्यूज़ियम बनकर तैयार होगा)।

कई तरह की दिक़्क़तें-संकट सामने खड़े हैं। सबसे बड़ी बात 'आर्थिक संकट की है', जितना भी रुपया-पैसा मिलता है, धीरे-धीरे एकत्र होता है, सब एक-एक बार, कुछ हिस्सा पूरा करने में ऐसा ख़त्म हो जाता है कि 'भगवान' यह सब कब, कैसे, किस दिन, पूरा होगा। फिर भी मन में अन्दर से आवाज़ गूँजती है कि निश्चित ही यह पूरा होगा। धीरे-धीरे कुछ हो रहा है न, कुछ न कुछ होता रहता है न, और धीरे-धीरे ही पूरा होगा।

मई-जून १९९९ में चीन के ग्यूलिन शहर में आयोजित 'अन्तरराष्ट्रीय प्रस्तर शिल्प सिम्पोजियम' में कई देशों के कुशल मूर्तिकारों से बहुत ही अच्छा सम्बन्ध बना। उनसे विचारों का आदान-प्रदान हुआ जो बहुत ही लाभकारी रहा। चीन जाने के पहले मार्च १९९९ में एम.एस. विश्वविद्यालय फ़ैकल्टी ऑफ़ फ़ाइन आर्ट्स, बड़ौदा के मूर्तिकला विभाग में प्रोफ़ेसर के लिए मैंने साक्षात्कार दिया था। जिसमें ध्रुव मिस्त्री की Professor पद पर नियुक्ति भी हुई। परन्तु वहीं पर कुलपति के द्वारा मुझे Assosiate Professor (Reader) पद के लिए Offer मिला। यह प्रस्ताव तथा सुझाव शंखो दा के कारण मुझे कुलपति महोदय के द्वारा दिया गया था। मैंने बिना किसी कारण के अस्वीकार कर दिया था, जिसके कारण शंखो दा काफ़ी नाराज़ भी हुए तथा मुझे बड़ी डाँट भी लगायी थी। लेकिन मुझे लगता है कि मेरा निर्णय सही था। इसके पहले भी मैं बड़ौदा में प्रवक्ता पद को (१९८८) अस्वीकार कर चुका था।

बनारस में आये दिन कठिनाइयों और समस्याओं का सामना करना पड़ता

था, जिसका एक कारण बी.एच.यू. के दृश्य कला संकाय में जड़ जमा चुकी कुटिल राजनीति है, फलतः इससे उत्पन्न होने वाली असहज परिस्थितियाँ सहन शक्ति की हद तक दुखदायी भी हो जाया करती रही है। शंखो दा जब 'राम छाटपार शिल्प न्यास' के प्रथम 'अखिल भारतीय मूर्तिशिल्प परिसंवाद' (१९९५) के अवसर पर बनारस आये थे तो उन्होंने उस समय दृश्य कला संकाय के कुछ प्रमुख शिक्षकों एवं विद्यार्थियों के आचरण एवं व्यवहार को बहुत ही गम्भीरता से लिया था जिसके कारण ही शंखो दा ने एक दिन सुबह नाश्ते के दौरान मुझे सख़्त हिदायत दी कि "You must to leave this place either these people will kill you!" थोड़ी देर पश्चात् मैंने पूछा कि "Can you tell me any place in the world where I cannot be killed?" बाबा चुप! थोड़ी देर बाद बाबा ने समझाया कि "तुम इस (बनारस) जगह को छोड़कर कहीं नयी शुरुआत करो, वही तुम्हारे लिए और तुम्हारे शिल्प कार्य के लिए अच्छा होगा।"

शंखो दा के कई बार के प्रयासों के बावजूद भी मैंने यहाँ उनकी बातों को नहीं माना। मुझे इसका ज़रा भी दुख नहीं है क्योंकि बाबा की इच्छा अगर मैंने मान ली होती तो आज 'राम छाटपार शिल्प न्यास' क्या बनारस में स्थापित हो पाता और जबकि यह राम छाटपार की इच्छा थी कि 'काशी आधुनिक कला का केन्द्र बने।'

आज मैं बहुत ही ख़ुश हूँ कि 'कुछ बन सका या नहीं बन सका', यह अलग बात है, पर निश्चित ही 'राम छाटपार शिल्प न्यास' आज धीरे-धीरे ज़रूर बन रहा है।

यथार्थ के धरातल पर शंखो चौधुरी के व्यक्तित्व के कारण ही एक मज़बूत नींव पड़ी और इसी कारण से मेरी उनके साथ जुड़े रहने की कहीं-न-कहीं एक महत्त्वपूर्ण भूमिका है। यह मैं मात्र भावुकता में नहीं व्यक्त कर रहा हूँ या लिख रहा हूँ, बल्कि वास्तविकता है कि शंखो चौधुरी का मेरे जीवन में बहुत बड़ा महत्त्व है जिसके कारण उनका प्रभाव बहुत कुछ मेरे जीवन-कर्तव्यों के साथ घुला-मिला है।

शंखो दा के छात्रों की एक लम्बी सूची है जिन्होंने देश में 'भारतीय समकालीन मूर्तिशिल्प' को व्यावहारिक दिशा और एक नयी आधुनिक ऊर्जा से ओतप्रोत किया है। शंखो चौधुरी की महानता, उनके अनेक छात्रों से

आज भी मुझे सुनने को मिलती है, न जाने कितने उनके महत्त्वपूर्ण छात्र आज नहीं है, लेकिन जो हैं, वह भी इस समय ८०-८५ की उम्र के नज़दीकी लोगों में से हैं।

मैं साक्षात् शंखो दा का छात्र नहीं हूँ, लेकिन उनकी भूमिका मेरे 'दादा गुरु' के रूप में बहुत बड़ी है। उससे बड़ी बात है कि शंखो दा के साथ मैं लगातार तीन दशक १९७६ से २००६ तक जुड़ा रहा हूँ, उनको अपना सबसे नज़दीक का बिलकुल उनको अपना बनाकर मैं उनके साथ जिया हूँ।

एक बार की एक घटना है कि वर्ष २००० में मैं अपने कुछ वरिष्ठ अध्यापकों द्वारा कुछ अधिक ही परेशान किया जा रहा था। उस बार मैं सचमुच में ही घबड़ा गया कि अब तो बी.एच.यू. छोड़ ही देना चाहिये—मैं निश्चित इस्तीफ़ा सौंपने की स्थिति में हो गया था। जबकि इस तरह की परिस्थिति कई बार मेरे सामने आयी थी। बड़ी हिम्मत करके मैंने शंखो दा को विस्तार से सारी स्थितियों से अवगत कराया था। बाबा ने कहा कि 'मैं तो कब से कह रहा हूँ कि छोड़ दो।' मैंने अपनी पारिवारिक, आर्थिक आदि स्थितियों के बारे में भी बताया, शंखो दा अन्ततः सब कुछ जानते हुए भी यही कहते रहे कि छोड़ दो। तुम्हें कोई दिक़्क़त नहीं होगी। उसी बीच मैंने उत्सुकतावश पूछ ही लिया कि क्या अब मुझे बड़ौदा Fine Arts में Readership मिल सकती है जिसका 'ऑफ़र' कुछ ही महीने पहले आपके कहने पर एम.एस. विश्वविद्यालय के कुलपति ने दिया था। शंखो दा ने बहुत ही डाँटा, ख़ूब ग़ुस्सा हुए, उन्होंने कहा कि "जब तुम्हें दिया जा रहा था तो नकार दिया, अब क्या औचित्य बनता है। यह ठीक नहीं है?" मैं उनकी बातों से पूरी तरह सहमत हुआ तथा फिर कभी इसकी चर्चा तक उनसे नहीं की।

कुछ ही महीने बाद मेरी मनःस्थिति कुछ अच्छी हुई और मैं पुन Fine Arts B.H.U. विभाग में कतिपय परेशानियों से जूझने की हिम्मत बनाता गया।

लेकिन बाबा ज़रूर कुछ बातों से दुखी होते थे, पर व्यक्त नहीं करते थे। ऐसा मैंने कई बार महसूस किया है। इसलिए कभी-कभी कोशिश करता था कि 'बाबा' को मेरी किसी बात से या मेरी अपनी निजी व्यक्तिगत बातों से भी कभी सोचने का या दुखी होने का अवसर न मिले।

वर्ष २००१ से बाबा का स्वास्थ्य दिन-प्रतिदिन ठीक नहीं रहता था लेकिन

वह अपनी शिल्प-रचना तथा दूसरे सामाजिक सरोकारों की, देश की कलागत परिस्थितियों की, सदा चिन्ता करते रहते थे। अपनी ज़िम्मेदारी तथा कर्तव्यों से हमें बराबर अवगत कराते, उत्साहित करते कि कभी भी किन्हीं स्थितियों में अपने आपको कमज़ोर मत समझो।

मैं अक्सर दिल्ली पहुँचता था क्योंकि कई तरह के ऐसे अवसर मिलते थे कि दिल्ली आना-जाना लगा रहता था। जितनी बार दिल्ली जाता, हमेशा मैं एक रात या दो रात निश्चित ही बाबा के साथ रहता। बाबा से ढेर सारी बातें करता, उनके ढेर सारे उलाहने, शिकायतें सुनता, डाँट खाता, मुझे अच्छा लगता। एकमात्र शंखो दा ही थे जिनसे मैंने अपने जीवन में सबसे अधिक डाँट खायी है। शायद ही उन्होंने इतना किसी और को डाँटा होगा। लेकिन उनसे कितना प्यार और अपनापन मैंने पाया है शायद ही उतना किसी और ने पाया हो। बल्कि मेरे पहले रमेश पटेरिया को मिला है। क्योंकि रमेश पटेरिया को शंखो दा बहुत ही मानते थे। मैंने एक-दो बार शंखो दा और रमेश भाई को एक साथ मिलने पर देखा था। १९८८ में जब मैं मकराना गया था तो एक-दो दिन मैं रमेश पटेरिया के साथ था। रमेश भाई उस दिन केवल शंखो दा एवं राम सर के बारे में ही बातें करते रहे। न जाने कितनी बातें करते थे। बीच-बीच में इतना भावुक हो जाते थे कि ख़ूब बिलख-बिलख कर रोने लगते। कभी एक बार शंखो दा के लिए, तो कभी एक बार राम सर के लिए। यह मात्र कोई भावुकता ही नहीं थी। मैंने एक-दो दिनों में राम सर एवं शंखो दा के बारे में रमेश भाई से बहुत कुछ जाना। मेरा लगाव रमेश पटेरिया से और भी गहरा हो गया।

जब कभी मैं शंखो दा से रमेश पटेरिया के सन्दर्भ में बातें करता या उनके बारे में शंखो दा से जानने की इच्छा व्यक्त करता तो शंखो दा हमेशा कुछ-न-कुछ ऐसी बातें बताया करते थे जो एक कलाकार के व्यक्तित्व की विशेषताओं के साथ गहरायी से जुड़ी होती थीं। जिनको शब्दों में व्यक्त करना कठिन लगता है। शंखो दा को अपने अन्य शिष्यों के बारे में भी जानने की इच्छा हमेशा बनी रहती थी। अक्सर हर बार की भेंट में किसी-न-किसी विशेष शिष्य की चर्चा हो ही जाती थी। शंखो दा के अनगिनत शिष्य थे जो केवल मूर्तिशिल्पी ही नहीं, बल्कि सुपरिचित चित्रकार, कला चिन्तक, कला अनुरागी तथा कला मित्र भी थे जो शंखो दा को गुरु जैसा सम्मान के साथ सम्बोधित करते थे। शंखो दा से जानने एवं सीखने जैसा

बहुत कुछ था, जिसे मैं बिलकुल ही नहीं सीख पाया, जिसका मुझे बहुत दुख है—शायद यही मेरे जीवन की सबसे बड़ी कमज़ोरी है कि अच्छे-अच्छे गुरुओं के रहते हुए भी मेरे अन्दर कुछ भी 'सीखने' जैसा ज्ञान नहीं पैदा हुआ—शायद मुझे पता नहीं। बस मैं देखता था, सुनता था, मनन करता था, इन सब के बाद पता नहीं कहाँ से कैसा विचार—या कुछ करने की प्रेरणा—आ जाती थी कि मैं उसे करने में ही मशगूल हो जाता, आनन्द मिलने लगता, बस उसे पूरा करने की धुन जाग जाती और अपने आपको पूरी तरह उसमें लगा देता। वह क्या है, कला है या कुछ और, मैं कुछ नहीं जानता था क्योंकि मैं कुछ नहीं कर पाता था जो सब लोग एक-दूसरे से या गुरु से सीखकर या रटकर या अभ्यास करके करते थे। मैं क्या पाता था और उसे कैसे कर जाता था, बस वही जो कर जाता था वही सचमुच ही मेरी सन्तुष्टि तथा मेरी उपलब्धि बन जाती थी। फिर थोड़े अन्तराल के बाद मैं कुछ नया करने के लिए व्याकुल हो जाता था, हो जाता हूँ।

इन सबके कारण अक्सर मैं लोगों के उलाहनों का शिकार हुआ कि मैं कुछ नहीं जानता हूँ, कुछ नहीं करता हूँ। पता नहीं कुछ कर पाऊँगा कि नहीं...आदि आदि...।

वर्ष २००० में विश्वभारती विश्वविद्यालय, शान्तिनिकेतन का सबसे बड़ा पुरस्कार देशीकोत्तम से शंखो दा को सम्मानित किया गया। वहीं २००१ में 'कालिदास सम्मान' मध्य प्रदेश सरकार द्वारा दिया गया। इस बीच लगातार शंखो दा को कई बड़े पुरस्कारों एवं सम्मानों से सम्मानित किया गया। अक्सर मैं दिल्ली जाता था, शंखो दा की उपलब्धियों पर हमेशा मुझे गर्व होता, लेकिन हमेशा 'आज' तक इस बात का बहुत ही बड़ा दुख होता है कि भारत के सर्वोत्तम पुरस्कारों का उन्हें समय से नहीं मिलना, तथा प्रमुख पद्म पुरस्कारों का न प्राप्त होना, इससे हम सभी कलाकारों को दुख होता था। क्योंकि उनका जो योगदान भारतीय कला के लिए है वह अद्वितीय है जिसकी कोई तुलना नहीं की जा सकती है। शंखो चौधुरी किसी प्रकार के पुरस्कारों एवं सम्मान से हमेशा दूर रहे हैं। जो मिल गया वह सब ठीक है, अगर नहीं मिला तो वह भी ठीक है, किसी और को पुरस्कार प्राप्त होने पर (मैंने देखा है कि) 'बाबा' उसकी योग्यता तथा उपलब्धियों की प्रशंसा किया करते थे। वे अन्य वरिष्ठ तथा कनिष्ठ कलाकारों को सम्मान एवं पुरस्कार प्रदान करवाने के हिमायती भी थे। इन्हीं सब कारणों से वह अलग

तथा महान् तो थे ही लेकिन इस बड़प्पन की आभा एवं शक्ति से वह ओतप्रोत थे। ८७–८८ वर्ष की उम्र में तमाम शारीरिक रोगों तथा कमज़ोरियों के बावजूद भी वह निरन्तर अपनी रचनाधर्मिता से जुड़े हुए थे। मैं देख रहा था बाबा के अन्तिम दिनों में ढेर सारी छोटे मूर्तिशिल्पों की संरचनाओं को जिन्हें उनके सम्पूर्ण कला–जीवन के उच्चतम कोटि के शिल्प–सृजन की उपलब्धि के रूप में माना जा सकता है।

शंखो दा कई बीमारियों के कारण 'कला–सृजन' नहीं कर पा रहे थे लेकिन वह बिना कला–सृजन किये रह भी नहीं पाते थे। घर–परिवार के लोगों का विशेष रूप से 'इरा माँ' का उनका विशेष ध्यान रखना अद्वितीय था जो कि कोई भी नहीं कर सकता था। बाबा को हमेशा स्वस्थ देखना व रखना इरा माँ के प्रत्येक दिन का पहला उद्देश्य था। उनकी देखरेख इतनी गहरी होती थी कि कहीं से छोटी–सी चूक भी बाबा को तकलीफ़ पहुँचा सकती थी। मैंने देखा कि कितना नाज़ुक दौर का दौर वह था।

उन दिनों शंखो दा गढ़ी स्टूडियो जाने की स्थिति में नहीं थे, फिर भी बहुत ही ज़िद करके जाते थे। डॉक्टर की भी सलाह थी यह जितना अपने आपको क्रियाशील रखेंगे उतना ही अच्छा रहेगा, लेकिन बराबर इनके साथ देखरेख करने के लिए कोई–न–कोई ज़रूर होना चाहिये। मैंने अक्सर नोटिस किया कि इरा माँ उन दिनों इन्हें अकेला एकदम नहीं छोड़ती थीं। २००२ से जुलाई २००६ तक शंखो दा से अक्सर मैं मिलने जाता था, वे कहा करते कि "मेरी सेवा–शुश्रूषा के कारण इरा काम नहीं कर पा रही है।" उस परिस्थिति को मैं समझ रहा था। अन्दर–ही–अन्दर सभी लोग आन्तरिक रूप से बहुत ही संवेदनशील थे। वह बाबा के गिरते हुए स्वास्थ्य को देखकर चिन्तित थे। लेकिन इसके बावजूद शंखो दा के इस समय निर्मित अल्प आकार के शिल्प बहुत ही अच्छे हुए। उन्हीं दिनों मुझे पता चला कि काफ़ी कुछ आर्थिक दिक़्क़तें भी थीं। लेकिन कभी भी कहीं से कुछ भी आभास नहीं होने देते थे। बाबा के देहान्त के बाद इसकी चर्चा मुझे सुनने को मिली। उन्हीं दिनों मेरा का.हि.वि.वि. का एक छात्र 'श्याम कुमार' बाबा के स्टूडियो में कार्य करता था तथा उनकी मदद भी करता था। श्याम, बाबा का धीरे–धीरे नज़दीकी हो गया था। श्याम स्वभावतः अत्यन्त ही विनम्र छात्र था। बाबा भी उसको पसन्द करते थे। एक बार श्याम ने बताया कि शंखो दा ने कहा है कि 'यह मेरे छोटे आकार के ब्रोंज के

मूर्तिशिल्प हैं उन्हें कुछ गैलरीज़ (दिल्ली) आदि के पास बिक्री के लिए ले जाओ जिसे कुछ भी मूल्य में बेच दो, १५-२० हज़ार भी मिल जाते हैं तो बहुत ही काम आ जायेंगे।' श्याम ने बताया कि उन्हीं दिनों शंखो दा के इलाज में लगभग दो-ढाई हज़ार रुपये प्रतिदिन की दवाइयों पर ख़र्च आ रहा था। मैंने श्याम से कहा कि कम-से-कम मुझे तो कुछ भी बताया होता? श्याम ने कहा कि 'बाबा ने सख़्त मना किया था कि किसी से इसकी चर्चा मत करना।' बाद में इसकी चर्चा उनके मरणोपरान्त ही सुनने को मिली जब उनके शिल्प बहुत ही ऊँची क़ीमत पर बिकने लगे।

अन्ततोगत्वा शंखो दा के अन्तिम वर्ष २००५ की एकल प्रदर्शनी, जो बड़ौदा के सृजन आर्ट गैलरी में कई वर्षों के बाद आयोजित हुई, वह अत्यन्त ही सफल रही। बड़ौदा के उनके अपनों ने उन्हें सर-आँखों उठा लिया था। लगभग सभी कृतियों में से कई एक कृतियाँ बिक गयी थीं। २००० से २००५ तक की सभी नवीन कृतियाँ छोटे आकारों में थीं जिसे बाबा प्रत्यक्षतः धातु की पतली चादर में तैयार करने के बाद उस पर मोम चढ़ाकर मन के अनुरूप मोटाई से अन्तिम रूप प्रदान किये थे तथा उस शिल्प को उनके अत्यन्त ही प्रिय छात्र-सहयोगी चन्द्रकान्त भट्ट द्वारा पूर्ण किया जाता था। चन्द्रकान्त भट्ट शंखो दा की कृतियों को उनकी बिलकुल इच्छा के अनुरूप तैयार करने में उस्ताद थे। शंखो दा अपने शिल्पों को ब्राकुँसी के शिल्पों जैसी चमक, फिनिशिंग और लयात्मकता जैसे उच्चतम गुणों की तरह तैयार करने की इच्छा रखते थे। इसकी चर्चा कई बार मुझसे भी किया करते थे कि "ब्राकुँसी जैसा शिल्प बनाने की इच्छा है जो संवेदनात्मकता से ओतप्रोत हों।" मैंने कई बार पूछा था कि क्या आप ब्राकुँसी से मिले थे, "नहीं, जब मैं उनका स्टूडियो देखने गया था तो उनसे मुलाक़ात नहीं हो पायी थी। यह सन् १९४८-४९ की बातें हैं।" वैसे बाबा कई एक महत्त्वपूर्ण यूरोपीय शिल्पकारों से मिले थे। कई लोगों के स्टूडियो का भ्रमण भी किया था। इन्हीं सबसे प्रेरित होकर उन्होंने गढ़ी स्टूडियो की स्थापना भी १९७३-१९७५ में की, जिसका भारतीय समकालीन कला के उत्तरोत्तर विकास में एक महत्त्वपूर्ण स्थान है। गढ़ी स्टूडियो शंखो चौधुरी का अप्रतिम योगदान है।

अन्तिम वर्ष (२००६)

किसी को क्या पता होता है कि अब आगे क्या-क्या होने वाला है, तथा जो कुछ हो रहा है, वह क्यों हो रहा है, धीरे-धीरे समय दिखाता तथा बताता चलता है, पर हम कितना अपने 'समय' को समझ पाते हैं? २००१-२००६ तक का शंखो दा के लिए या कहें कि कला जगत् के लिए अत्यन्त ही महत्त्वपूर्ण समय था जिसमें वयोवृद्ध तपस्वी शिल्पी शंखो चौधुरी को कई एक पुरस्कार-सम्मान प्राप्त हुए। उनकी इस काल विशेष में बनाये शिल्प आकारों ने उनकी आजीवन क्रियाशीलता को प्रतिस्थापित किया जो देश के लिए अद्वितीय योगदान के रूप में इतिहास में याद किये जायेंगे। २००१-२००६ शंखो दा के जीवन के अनेकानेक महत्त्वपूर्ण कार्यों का अर्द्धदशक वर्ष रहा है।

लेकिन अन्त समय तो अन्त समय ही होता है, न ही पहले और न ही बाद में। बाबा की शारीरिक शिथिलता कई बीमारियों के कारण कई वर्षों से जारी थी। अचानक २००५ के मध्य से कुछ विशेष ही स्वास्थ्य में अधिक गिरावट होने लगी थी। इस बीच मेरा भी दिल्ली जाना अधिक होता था। मैं उन्हीं दिनों 'ब्रोंज' शीर्षक से भारतीय समकालीन मूर्तिकारों की एक बड़ी प्रदर्शनी Gallery Espace के लिए Curate कर रहा था, जो ललित कला अकादेमी की गैलरीज में दिसम्बर २००६ में आयोजित होने वाली थी। जनवरी २००६ में ही यह निश्चित हो गया था। ब्रोंज (प्रदर्शनी) की तैयारी के लिए बार-बार दिल्ली जाना होता था और जितनी बार जाता था उतनी बार शंखो दा से ज़रूर मिलता था। शंखो दा के अचानक गिरते हुए स्वास्थ्य को देखकर बहुत ही चिन्ता होती थी। भगवान से उनके ठीक होने और अधिक-से-अधिक समय तक हम लोगों के बीच रहने की विनती किया करता। 'राम छाटपार शिल्प न्यास' के लिए बाबा ने जो सपने देखे थे वह कहीं से, कुछ भी पूरे नहीं हुए थे। जिसकी चिन्ता हमेशा मुझसे मिलने पर किया करते थे। ऐसी स्थिति में भी वह शिल्प न्यास की बातचीत ज़रूर किया करते।

एक बार दिल्ली पहुँचा ही था कि पता चला कि बाबा अस्पताल में भर्ती हैं। दिल्ली में जितने दिन तक था मैं बाबा से मिलने हॉस्पिटल रोज़ जाता था। हॉस्पिटल में उनका स्वास्थ्य सुधर जाता तो घर आ जाते थे, लेकिन कुछ

सप्ताह बाद या कुछ दिन बाद फिर उनका स्वास्थ्य अचानक गिर जाता तो कई बार, थोड़े-थोड़े अन्तराल पर, अस्पताल जाना होता था। शंखो दा मिलते ही प्रसन्न होते थे, ढेर सारी बातें करते। मैं कई-कई घण्टे उनके पास रहता, बस चुपचाप, उन्हें देखता उन्हें सुनता रहता। लगता था कि बाबा कितनी बातें हमसे करना चाहते हैं? मैं भी अधिक समय तक उनको सुनता रहूँ, इसलिए एकदम ही नहीं बोलता था, उनके पास बैठा रहता। बाबा को जब मैं अस्पताल में मिलता तो वह अपने आपको बहुत ही असहाय या 'असहज' जैसे दिखते शायद कुछ कहना चाहते मैं समझता था मन रखने के लिए बाबा को ऐसी बातें बोलकर उन्हें बच्चों जैसा उत्तेजित करता कि वह सब कुछ भूलकर बस मुझे डाँटने लगें? लेकिन नहीं डाँटते, ऐसी स्थिति में मैं बहुत ही गम्भीर हो जाता।

२८ अगस्त, २००६ बाबा का स्वर्गवास हो गया। इसकी सूचना सबसे पहले SMS द्वारा शेख सर (गुलाममोहम्मद शेख) द्वारा दोपहर बाद मिली। मैं अवाक् सीधे फ़ैकल्टी से घर आया, तब तक एक-दो फ़ोन भी मुझे बड़ौदा और दिल्ली से मिल गये थे। मैंने राजू से कहा कि "जैसे भी हो मुझे तत्काल दिल्ली जाना है। शाम होने को थी कोई फ्लाइट भी नहीं मिल सकती थी। बस शाम की एक-दो ट्रेनें थीं जो सुबह १० बजे तक दिल्ली पहुँचा सकती थीं। मैंने तुरन्त शिवगंगा एक्सप्रेस से दिल्ली जाने की योजना बना ली। जो बनारस से उस समय साढ़े सात बजे रवाना होकर सुबह साढ़े आठ-नौ बजे तक दिल्ली ज़रूर पहुँचा देती थी। आरक्षण मिलने की कोई सम्भावना नहीं थी, द्वितीय श्रेणी का टिकट लेकर मैं शयनयान बोगी में चढ़ गया। संयोगवश शिवगंगा एक्सप्रेस में कोई-न-कोई परिचित मिल जाता था तो उसके साथ तालमेल हो ही जाता था। उस शाम भी ऐसा ही हुआ, अपने लालगंज गाँव का एक परिचित व्यक्ति मिल गया था, जिसके कारण कोई असुविधा नहीं हुई। सारी रात मैं सो नहीं पाया था, बस बाबा को एक टूक याद कर रहा था। कैसे सारी रात जगकर पूरी यात्रा की थी। 'ध्यान' में केवल बाबा थे। मन में बार-बार यही लग रहा था कि किसी तरह से भी दिल्ली जल्द पहुँचूँ, और उनका अन्तिम दर्शन कर पाऊँ। क्योंकि सूचना मिली थी कि प्रात:काल ही लोग श्मशान घाट पर ले जाकर अन्तिम संस्कार कर देंगे। बस, यही ध्यान में लगा हुआ था कि जल्दी यह रात व्यतीत हो, किसी तरह से देर न हो, समय से मैं दिल्ली पहुँच गया। मैं भागा-भागा

स्टेशन के बाहर गया और वहाँ से कैलाश कॉलोनी, 'ईस्ट ऑफ़ कैलाश' के लिए ऑटोरिक्शा लिया, वहाँ पहुँचते-पहुँचते १० बज गये थे। मैं बदहवास-सा (जैसा याद है) ऊपरी सातवीं मंज़िल पर उनके दरवाज़े पहुँचा, देखा कि दरवाज़े के बाहर ढेर सारे फूल-पंखुडियाँ बिखरे पड़े हैं, धूपबत्ती की सुगन्ध चारों तरफ़ फैली हुई है, लगता था बाबा के शरीर की सात्त्विक सुगन्ध पूरे वातावरण में व्याप्त है। सब कुछ ख़ामोश, उदास था जैसे अपना सब कुछ आज खो दिया है जो अनन्त में विलीन हो गया है। मैंने घण्टी बजायी, मुझे आभास मिल चुका था कि 'शरीर' अन्तिम संस्कार के लिए प्रस्थान कर चुका है। तत्काल किसी महिला ने दरवाज़ा खोला। शायद मुझे पहचानती थी। उसने बताया कि अभी सम्भवत: गढ़ी में उनका शरीर लोगों के अन्तिम दर्शन एवं प्रार्थना के लिए रखा हो फिर वहीं गढ़ी से होते हुए श्मशान घाट ले जाया जायेगा। इससे ज़्यादा मुझे और कोई जानकारी नहीं मिली। मैंने एक-दो मित्रों को फ़ोन लगाया तो उन्होंने बताया कि "निज़ामुद्दीन में स्थित श्मशान पर शायद ले जाया गया है, और मैं भी वहीं पहुँच रहा हूँ फिर मैं भी तत्काल पहले गढ़ी गया, तो वहाँ से पता चला कि अभी-अभी लोग एक ट्रक से निकले हैं लेकिन यह पक्का नहीं बता पाये कि किस 'घाट' पर। मैं पुन: उसी ऑटोरिक्शा से निज़ामुद्दीन श्मशान घाट पर गया वहाँ संस्कार करने वालों ने बताया कि इस परिवार (चौधुरी) का कोई नहीं आया है। उन लोगों ने ही सलाह दी कि आप राजघाट पर स्थित दोनों श्मशान घाट पर जाकर पता कर सकते हैं। मैंने पुन: उसी ऑटो को राजघाट की तरफ़ दौड़ा दिया। वहाँ पर दो घाट थे। इधर से जाते समय दाहिने हाथ पर एक-डेढ़ कि.मी. की दूरी पर दोनों स्थित थे। मैं पूछते-पूछते थोड़ा आगे निकल गया दूसरे पर गया तो वहाँ भी 'नहीं' का ही उत्तर मिला था। मुझे याद है कि सारी रात कुछ खाया-पिया नहीं था। गला सूख रहा था, प्यास लगी थी फिर भी समय नहीं मिल पा रहा था तथा कोई ऐसी जगह नहीं मिल पा रही थी (कम समय के कारण) कि मैं एक बोतल पानी तक ले सकूँ। फिर वहाँ से निराश होकर थोड़ा पहले वाले अन्तिम संस्कार (राजघाट पर ही) आया तो वहाँ पता चला कि यहाँ पर चौधुरी परिवार के साथ अनेक लोग हैं। मैं श्मशान में पहुँचा। चारों तरफ़ नज़रें दौड़ायी, देखते ही देखते कई सारे कलाकार परिचित-अपरिचित दिखने लगे। समझ गया कि मैं बाबा के पास आ गया हूँ। दौड़ा-दौड़ा किसी से बिना कुछ पूछे एकदम उनके पास पहुँचा। मैंने देखा कि बाबा की अजर-अमर-आत्मा का 'शरीर'

बस अपने आपको पंचतत्त्व में विलीन होने के लिए बिलकुल अन्तिम स्थिति में है। ग़मगीन वातावरण को देखकर मुझे लगा कि जैसे उनका अन्तिम दर्शन करने के लिए मेरा ही इन्तज़ार हो रहा था। दोपहर हो रही थी। समय हो चुका था। कुछ मिनटों तक मैं अवाक् कभी बाबा के फूल मालाओं से सुशोभित-सुसज्जित शरीर को देख रहा था तो कुछ एक बार माँ (इरा दी), तथा अन्य को एक सरसरी निगाह से देखकर अपने आपको अन्दर ही अन्दर बिलकुल चुप (ढाढ़स बाँधने की) कराने की कोशिश कर रहा था, जैसे सभी लोग बस पूरी तरह से शान्त-चित्त मन से 'बाबा' को अन्तिम विदाई दे रहे हों, तथा उनकी आत्मा को अनन्त शान्ति देने के लिए प्रार्थनारत हो गये हैं। सब कुछ ख़ामोश था, पता नहीं कब अचानक मुझे, याद नहीं है, कैसे मैं बड़ी ही चीख़ के साथ विलाप करने लगा। 'सम्पूर्ण' वातावरण अचानक अचम्भित हो गया। मैं बिलख-बिलख कर बहुत देर तक रोता रहा, बस रोता रहा। शायद देर होने लगी थी। शुभा दी ने मेरे कन्धे पर हाथ रखा। मदन चलो, अब बाबा को अन्तिम संस्कार के लिए ले चलें। धीरे से बाबा का अन्तिम चरण-स्पर्श करते हुए उठा, फिर उन्हें उठाया गया, मेरा कन्धा सबसे पहले आया, आख़िरी बार उन्हें देने के लिए। अन्तिम कन्धा। बस, जीवन को ऊर्जा ज्योति-शक्ति-प्रेरणा-प्रेम सब कुछ सौंपकर आज 'राम छाटपार' की पहली एवं अन्तिम कड़ी भी मेरा कन्धा लेकर अपने अन्तिम संस्कार के लिए अग्नि की पवित्रता में समाहित होने जा रही थी।

घटना चक्र-१

शंखो चौधुरी की जीवन और कार्यशैली कई विशेषताओं से युक्त थी जिनका वह हमेशा दृढ़ता से पालन किया करते थे। वह अपने आसपास के वातावरण के साथ हर कठिन परिस्थिति से प्रेरणा लेकर भी अपने जीवन में अग्रसर रहे। वह कभी सफलता के लिए नहीं बल्कि आत्म सन्तुष्टि, आत्मविश्वास और आत्म सम्मान के लिए जीते रहे।

२००६-२०१६-प्रेरणा का एक दशक है जिसमें बाबा की अमूर्त उपस्थिति सब परिस्थितियों में हमेशा मेरी प्रत्येक गतिविधि के साथ है। इन्हीं कारणों

से मैं हमेशा उत्साहित रहा और 'शिल्प न्यास' के निर्माण में अपना सर्वस्व लगाने में अपने को ख़ुश-क़िस्मत समझता रहा। बाबा के निधन के बाद की कार्य-अवधि, उनके सपनों को किसी तरह से जितना भी हो सके उतना पूरा करने के संकल्प के साथ, मैं अनवरत अपने लक्ष्य में लगा रहा।

समय बदलने के साथ कई सारी विडम्बनाओं का भी सामना करना पड़ता है। शंखो दा के निधन के पश्चात् उनके सम्पूर्ण व्यक्तित्व को जानने-समझने का समय मेरे लिए २०१६ तक का विशेष महत्त्वपूर्ण है। क्योंकि उनके महत्त्व की परोक्ष भूमिका का निर्देशन मेरा निरन्तर मार्गदर्शन करता रहा, उन्होंने मुझे देश-समाज के प्रति कुछ करने को प्रेरित किया तथा एक कलाकार के रूप में मुझे निरन्तर अपने स्वधर्म के प्रति जाग्रत किया। शंखो चौधुरी के साथ के ३० वर्ष जिन्होंने मुझे कला को, व्यक्ति को तथा जीवन को देखने की क्षमता दी अब उसी को देखते हुए तथा कुछ उसी का अनुपालन करते हुए मैंने भी अपने जीवन को सार्थक दिशा की ओर मोड़कर बहुत दूर तक धीरे-धीरे चल रहा हूँ या कह सकता हूँ, अब मैं थोड़ा सा समझ पा रहा हूँ कि शंखो चौधुरी एवं उनके शिष्य 'राम छाटपार' के प्रभावशाली व्यक्तित्व के कारण मैं भी थोड़ा धन्य हूँ तथा इसी समझदारी के कारण कला, जीवन तथा मानवीय विशेषताओं से आनन्द का थोड़ा अनुभव प्राप्त करता हूँ। मुझे याद आता है, शंखो दा के मुखमण्डल का भाव सदैव शान्ति से ओतप्रोत रहता था, कभी तनाव नहीं देखा। उनका हँसना तथा ठहाके लगाना तो प्रसिद्ध था ही, लेकिन वहीं पर 'बाबा' का ग़ुस्सा भी बहुत तेज़ था हालाँकि वह बहुत बनावटी और नाटकीय लगता था, बल्कि उन्हें बुरा लगता था, चिन्ता होती थी, लोगों की स्वार्थी मानसिकता पर और किसी तरह की 'ओछी' बातचीत पर। बाबा की प्रतिक्रिया बहुत ही कम मिलती थी। बस, जो उनके काफ़ी नज़दीक थे, वह निश्चित रूप से उनके चेहरे के भाव से समझ लेते थे। शंखो दा का मुक्त ठहाका उनके व्यक्तित्व की अद्‌भुत पहचान थी। उन्मुक्त ठहाकों के लिए किंकर दा के बाद शंखो दा का लोग उदाहरण देते थे। विशिष्ट गुणों के कारण उनके व्यक्तित्व के महत्त्व की चर्चा निरन्तर होती है।

जो अभिकल्पना शंखो दा ने १९७८ में राम छाटपार के देहान्त के पूर्व मुझे दी थी, जिस स्वप्न का मुझमें बीजारोपण किया था, उससे जापान में पुरस्कृत धनराशि से राम छाटपार शिल्प न्यास का जन्म हुआ। आज वह

लगभग ३० वर्ष का युवा 'शिल्प न्यास' हो गया है। और यहीं से युवा-शिल्प न्यास की संघर्ष यात्रा भी प्रारम्भ हो गयी है, मैं मात्र एक सूत्रधार की तरह ही इसके भविष्य से पूरी तरह अनजान हूँ, किन्तु इसके लिए मैंने अपने को पूरी तरह समर्पित कर दिया हूँ। मैं अब 'करो या मरो' के भाव से ओतप्रोत हूँ, अब 'मरो और करो' के आनन्द में गोते लगा रहा हूँ और कुछ करने के आनन्द में जी रहा हूँ।

'राम छाटपार शिल्प न्यास' (बीज) का जो वृक्ष स्वरूप है, वह अद्‌भुत है जिसकी कई शाखाएँ धीरे-धीरे अब निकल रही हैं, और वह अपने उज्ज्वल भविष्य की ओर अग्रसर है। यह निश्चित ही शंखो चौधुरी के आत्मविश्वास रूपी जल से सिंचित होने के कारण ही सम्भव हो पा रहा है। इन्हीं कारणों से 'राम छाटपार शिल्प न्यास' के लिए शंखो चौधुरी के आशीर्वाद रूपी योगदान को आगे आने वाला कल कभी नहीं भुला पायेगा।

ऐसी बातों को लिखने के पीछे मेरी इच्छा न तो उनकी प्रशंसा करना है न उन्हें महान् बनाना है। किन्तु यह है कि उन्हीं की प्रदत्त-ऊर्जा से ही सब कुछ सम्भव हो रहा है। लगता है कि मेरी हर तरह की स्थिति एवं परिस्थिति में वह हमारे सामने आकर, मुझे प्रत्येक कठिनाइयों और समस्याओं से लड़ने की क्षमता प्रदान कर रहे हैं। प्रत्येक शाखाओं में अत्यन्त ही सुन्दर टहनियों के संग पुष्प-पत्तियों के साथ-साथ मधुर फल से भी इस राम छाटपार शिल्प न्यास के वृक्ष को सुसज्जित कर रहे हैं, अत्यन्त ही सुन्दर बना रहे हैं। आशा है कि भविष्य में निश्चित रूप से 'राम छाटपार शिल्प न्यास' कला को समर्पित एक संस्था मानवता के सर्वोच्च कार्यों के लिए समर्पित होगी।

बाबा के निधन के पश्चात् 'राम छाटपार शिल्प न्यास' द्वारा शंखो दा के जन्मदिन पर प्रथम २००७ में शिल्पोत्सव-कला मेला का आयोजन २४-२८ फ़रवरी (पाँच दिवसीय) प्रारम्भ हुआ जो अब 'राम छाटपार शिल्प न्यास' का एक वार्षिक आयोजन हो गया है। जो अभी अपनी बाल अवस्था में ही है पर निश्चित रूप से इसका भविष्य भी उज्ज्वल है, भारत में कला-मेला का पहला स्वरूप सन् १९६२ में फ़ाइन आर्ट्स, बड़ौदा से प्रारम्भ हुआ था। आज Fine Art Fair Baroda सार्वजनिक जीवन में प्रवेश कर गया है जो निश्चित रूप से कला एवं कलाकर्मी लोगों के लिए शुभकर और लाभप्रद है, ऐसा मेरा मानना है। 'राम छाटपार शिल्प न्यास' का Fine Art Fair (२००७-२००८) के प्रथम-द्वितीय वर्ष में लोगों के

उत्साह ने मुझे बहुत ही प्रोत्साहित किया था। वह सभी लोग जो आशीर्वाद-शुभकामनाओं के शुभचिन्तक थे धीरे-धीरे उनका स्नेह-प्रेम कम होता दिखने लगा। कुछ लोग अत्यन्त ही हमारे साथ-साथ मिलकर, मुझसे जुड़े थे, वह भी धीरे-धीरे अलग-अलग होते चले गये, जो थोड़ा दूर के थे, वह तो एकदम ही दूर हो गये। लेकिन 'वाराणसी कला मेला' अनवरत रूप से हर २४-२८ फ़रवरी तक आयोजित हो रहा है, होता रहेगा।

यहीं पर शंखो दा की बहुत ही याद आती है, वह आज नहीं हैं लेकिन उनकी आत्मा जैसे 'राम छाटपार शिल्प न्यास' में रच-बस गयी है जो क्षण-प्रतिक्षण मुझे सहारा दिये हुए है। यहीं पर मैं अपने स्वर्गीय पिता को याद करना चाहूँगा, उनकी एक बड़ी इच्छा होती थी कि जीवन में कुछ-न-कुछ ऐसा होना चाहिये जिसे लोग याद करते रहें तथा जिसका लोगों के जीवन के साथ सम्बन्ध बना रहता है, उसकी उपयोगिता मानवता के साथ-साथ जुड़ी होती है। मुझे याद आता है कि कैसे पिताजी हमेशा मुझे महान् लोगों की छोटी-बड़ी कृतियों एवं उपलब्धियों को दिखाते थे, बताते थे कि "यह सभी मनुष्यों के द्वारा ही तो निर्मित की गयी हैं, उनके श्रम, प्रेम के 'स्मारकों' को ही तो उनकी अन्तिम यादगार एवं पहचान के रूप में 'ज़माना' हमेशा याद करता है।" माँ बचपन से ही हमेशा उत्साहित रहती थीं कि उनका बेटा कुछ ऐसा ही सोचता है, करता है। शायद यह सारी बातें निश्चित तौर पर 'राम छाटपार शिल्प न्यास' के नवनिर्माण में सहायक हो रही हैं।

आज २४ फ़रवरी, २०१४ है जो शंखो दा की ९८वीं वर्षगाँठ है। आज के दिन हम उनके जन्मदिन पर सात वर्षों से शिल्पोत्सव (वाराणसी कला मेला) का आयोजन शिल्प न्यास प्रांगण में करते आ रहे हैं। कभी कम कभी ज़्यादा लोग ज़रूर हिस्सा लेते हैं पर हम प्रत्येक वर्ष एक संकल्प के साथ कर रहे हैं। आज सायंकाल 'बाबा' के चित्र के सामने दीप प्रज्वलित करने के उपरान्त श्रद्धा का शास्त्रीय गायन हुआ तथा राजू द्वारा स्वनिर्मित कुछ मिष्टान्न से हम लोगों ने उनका जन्मदिन मनाया। कम लोग थे पर मेरे लिए इस वर्ष का यह २४ फ़रवरी २०१४ का दिन (सोमवार) यादगार का दिन है, क्योंकि आज हम लोगों ने 'येन-केन-प्रकारेण' शंखो चौधुरी के मूर्तिशिल्पों का स्थायी रूप से 'संग्रहालय' के रूप में दूसरे तल की छत का सफलतापूर्वक निर्माण कर लिया है और जिसका उद्‌घाटन माँ इरा चौधुरी

के कर कमलों द्वारा २४ फ़रवरी, २०१६ में उनके १००वें जन्मोत्सव पर अब होना निश्चित हो गया है।

घटना चक्र–२

शंखो चौधुरी शताब्दी वर्ष समारोह उनके १००वें जन्मदिवस पर राम छाटपार शिल्प न्यास परिसर में २४–२६ फ़रवरी, २०१६ तक सम्पन्न हुआ। अन्ततः यह संकल्प पूरा हुआ। शब्द नहीं है कि कैसे ढाई–तीन वर्ष का यह समय चक्र किस तरह से पूरा हुआ। निश्चित रूप से इसका भी वर्णन होना चाहिये।

वर्ष १९९९ में बाबा राम छाटपार शिल्प न्यास के शिलान्यास के अवसर पर २१ मार्च को काशी आये थे एवं उसी दौरान शिल्प न्यास का प्रथम अन्तरराष्ट्रीय मूर्तिशिल्प एवं नृत्य परिसंवाद का उद्घाटन भी किया था। समारोह के लगभग एक वर्ष पहले मुझे उनका एक पत्र ३१ जनवरी, १९९८ का प्राप्त हुआ था जिसे उन्होंने कोलकाता से लिखा था। जिसमें शुभा दी ने उन्हें फ़ोन द्वारा सूचना दी थी कि एक महीने के अन्दर ही गढ़ी स्टूडियो को सभी लोगों को ख़ाली करना होगा। पत्र में और भी कुछ ज़िक्र था।

मैं कई बार दिल्ली में गढ़ी स्टूडियो के बारे में सुनता रहता था, मुझे इस बात का बहुत ही दुख होता था कि जिस इनसान ने अपने सम्पूर्ण जीवन को देश के लिए, संस्थाओं के लिए तथा समाज में कला के उत्थान के लिए अपना सब कुछ समर्पित कर दिया, आज उसके पास न तो अपना रहने का मकान है न तो काम करने के लिए स्थान ही है। ऐसी अवस्था में मुझे नहीं लगता है कि केवल मैं ही, बल्कि देश के प्रत्येक हिस्से से शंखो दा को समर्पित करने के लिए मकान और काम करने का स्थान प्रदान करने वालों की कहीं कोई कमी होगी। मैं बराबर बाबा से प्रार्थना करता था कि आप बनारस आ जायें। यहीं रहें, यहीं काम करें। लेकिन बाबा...

बाबा ने अपने पत्र में यही ज़िक्र किया था कि 'तुम हमेशा बनारस में मेरा स्टूडियो रखने का ज़िक्र करते थे क्या अभी भी इच्छा रखते हो? गढ़ी स्टूडियो से मेरा सारा शिल्प तथा स्टूडियो सम्बन्धी सभी सामान बनारस लेकर जाओ तथा इसके बारे में शुभा से जल्द बात कर लो।'

बहुत अन्तराल तक इस पर कोई चर्चा नहीं हुई। मुझे याद है कि जब मैं १९८८ में जापान से भारत वापस आया तो उसके बाद बाबा से अक्सर बातचीत और भेंट होती थी (जिसका उल्लेख पिछले अध्यायों में मैंने किया है)। बाबा अक्सर कुछ न कुछ दिल्ली से अपने शिल्पों को राम छाटपार शिल्प न्यास को प्रदान करने की बातें करते थे तथा एक बार मेरे जन्मदिन पर एक ब्रोंज शिल्प मुझे भेंट की थी। उसके बाद गढ़ी में अक्सर मिलने पर यह बात वह ज़रूर करते थे कि 'यह सब शिल्प और पूरा स्टूडियो बनारस ले जाओ।' मैं बराबर मना करता और मेरी कभी भी यह इच्छा नहीं होती थी कि मैं इनके स्टूडियो से कुछ भी अपने साथ बनारस ले जाऊँ। मैं यह सोच भी नहीं सकता था। इस कारण कोई न कोई बहाना बनाकर मैं मना कर देता था। लेकिन अक्सर इसी बातचीत के दौरान उनके स्टूडियो में स्थित रामकिंकर बैज का 'हार्वेस्टर' (ब्रोंज) स्कल्पचर की माँग ज़रूर कर देता था। मैं कहता था कि पहले आप किंकर दा का स्कल्पचर मुझे दे दें। इसे मैं राम छाटपार शिल्प न्यास में आधुनिक मूर्तिशिल्प संग्रहालय के लिए आप से ले जाऊँगा। क्योंकि मैं सोचता था कि किंकर दा के शिल्प के कारण शिल्प न्यास संग्रहालय का महत्त्व बहुत बढ़ जायेगा। तब मैं आपका स्कल्पचर ले जा सकता हूँ। बाबा कहते कि 'नहीं, यह केवल मेरे पास ही रहेगा।' उनकी बात मानने के कारण मुझे भी एक रास्ता मिल जाता था और मैं कभी स्वयं उनका एक भी स्कल्पचर दिल्ली से वाराणसी नहीं लाया।

शायद १९९४-९५ के पहले एक बार मेरा एक विद्यार्थी कृष्णा यादव को बाबा की किसी तरह की मदद करने के लिए मैंने दिल्ली भेजा था, मुझे पूरा-पूरा याद नहीं है। बनारस वापस आते समय कृष्णा के द्वारा बाबा ने कई एक शिल्प ब्रोंज के, प्लास्टर के साथ ही किंकर दा का 'हार्वेस्टर' भी भेज दिये थे। मैं आश्चर्यचकित कौतूहल से भरपूर बहुत ही असमंजस में कि हे भगवान! बाबा ने कैसे इतने क़ीमती शिल्पों को हमारे पास भेज दिया है। जिसमें पूर्व प्रधानमन्त्री श्रीमती इन्दिरा गाँधी का तीन ब्रोंज में तथा एक सिरामिक्स में और कुछ महत्त्वपूर्ण शिल्प थे। मैं इस अमानत को कैसे सँभाल सकूँगा मैं सोच भी नहीं सकता था। साथ १९५४-५५ का एक पूरा स्केचबुक जिसमें ७०-७५ रेखाचित्र, एलोरा-महाबलीपुरम के तथा उनकी अपने शिल्पों के रेखांकन भी थे।

(मेरी समझ से शायद यही वह प्रथम अवसर रहा होगा जब शंखो दा ने राम छाटपार शिल्प न्यास में कला संग्रहालय का प्रथम 'बीज' अपने शिल्पों को प्रदत्त करके प्रदान किया था।)

शंखो दा अप्रैल १९९५ में राम छाटपार शिल्प न्यास द्वारा आयोजित राष्ट्रीय समकालीन कला परिसंवाद के अवसर पर बनारस आये थे। शंखो दा की अध्यक्षता में यह कार्यक्रम बहुत ही सफल रहा। उस समय हमारे पास अपना निवास स्थान कौशलेश नगर को छोड़कर कोई दूसरा शिल्प न्यास के लिए स्थायी जगह नहीं थी कि मैं इस तरह के आयोजन को आयोजित कर सकता था। इस अवसर पर बाबा के स्केचबुक से लगभग पच्चीस रेखाचित्रों को अन्य कलाकारों के शिल्पों के फ़ोटोग्राफ़ और कैटलॉग आदि के साथ प्रदर्शित किया था। उसी अवसर पर ही शंखो दा ने राम छाटपार शिल्प न्यास के लिए स्थायी स्थान की आवश्यकता पर विशेष ज़ोर दिया था जो कि १९९६ में माँ गंगा के तट पर अन्ततः प्राप्त भी हो गया।

३१ जनवरी, १९९८ को जिस पत्र में शंखो दा ने अपना स्टूडियो दिल्ली से बनारस स्थानान्तरित करने का ज़िक्र किया था, सम्भवतः पुनः गढ़ी स्टूडियो की परिस्थिति सामान्य हो जाने के बाद तात्कालिक चिन्ता से हम सभी कुछ समय के लिए निश्चिन्त और मुक्त हो गये थे। मार्च १९९९ में बाबा जब शिल्प न्यास के शिलान्यास के सन्दर्भ में काशी आये थे तो उस समय इसका ज़िक्र उन्होंने नहीं किया था। मैं बराबर दिल्ली जाता रहता था। उनका स्वास्थ्य कुछ न कुछ कारणों से गिरता जा रहा था। लेकिन उनकी चिन्ता हमेशा बरकरार रहती थी कि गढ़ी स्टूडियो में स्थित उनके अनेकों विभिन्न माध्यमों के छोटे-बड़े, आधे-अधूरे शिल्पों का क्या होगा, क्योंकि ललित कला अकादेमी, नयी दिल्ली के प्रशासनिक आपत्ति के कारण गढ़ी स्टूडियो में सृजनरत सभी कलाकारों के लिए अनेक समस्याएँ नित्य उपस्थित होती रहती थीं। अक्सर जब मैं दिल्ली जाता था तो देखता था कि गढ़ी में कार्यरत सभी कलाकारों को इस विपरीत परिस्थितियों का सामना करना पड़ रहा था। जिसकी कल्पना कभी किसी ने नहीं की होगी। अन्ततः दुख की बात है कि कलाकारों के कितने प्रयास एवं संघर्ष के बाद गढ़ी स्टूडियो का निर्माण हुआ था। फिर वह कभी भी सरकारी फरमान के सामने सब कुछ धराशायी होने की स्थिति में पहुँच जाता है। सचमुच अपने देश की यह एक अजीब विडम्बना है।

ललित कला अकादेमी द्वारा गढ़ी स्टूडियो को ख़ाली करने का आदेश वहाँ पर सभी को मानसिक रूप से प्रताड़ित कर रहा था जिससे कोई भी अछूता नहीं था। शंखो दा गढ़ी स्टूडियो के संस्थापक थे जिनके कारण ही दिल्ली में गढ़ी स्टूडियो की स्थापना हुई थी अन्यथा यह असम्भव था। शंखो दा अपनी इस पीड़ा को निश्चित ही किसी से व्यक्त नहीं करते थे। लेकिन अकादेमी के इस व्यवहार से तथा भविष्य में कला की क्या परिणति इस देश में होगी इससे उन्हें ज़रूर चिन्ता होती थी। यह आज निश्चित रूप से ललित कला अकादेमी की अनेकों गतिविधियों को देखकर अन्दाज़ा लगाया जा सकता है। आज गढ़ी स्टूडियो बिलकुल ही अस्त-व्यस्त एवं ध्वस्त हो चुका है। गाहे-बगाहे कोई भी गम्भीर प्रकृति का कलाकार वहाँ पर जाना पसन्द नहीं करता है।

बाबा के मृत्युपरान्त कई शिफ्टों में गढ़ी स्टूडियो से शंखो दा की कलाकृतियाँ बनारस हमारे पास पहुँचती रहीं। राम छाटपार शिल्प न्यास का दूसरा अन्तरराष्ट्रीय मूर्तिशिल्प कविता परिसंवाद का २१ फ़रवरी, २००५ से दो सप्ताह तक के लिए आयोजन हुआ था। शिल्प न्यास परिसर में निर्माण का कार्य भी उसी वर्ष प्रारम्भ हुआ जिसमें बेसमेंट लगभग ६० × १०० फीट तक का भूतल पर एक गैलरी ३५ × ४० फीट की तैयार हुई जिसमें अन्तरराष्ट्रीय कार्यशाला में निर्मित कलाकृतियों की प्रदर्शनी भी लगायी गयी थी। खुले मंच पर संगीत एवं नृत्य के कई कार्यक्रम भी आयोजित हुए थे।

दो-तीन वर्ष पूरी तरह शिल्प न्यास के क्रियाकलापों में देने के बाद मेरी आदत है कि मैं अपनी कला-रचना एवं उसके आयोजनों में फिर कई वर्ष तक समर्पित रहता हूँ। क्योंकि तन-मन-धन सब कुछ शिल्प न्यास में लगाने के बाद मुझे लगता है कि फिर अगले तैयारी तक के लिए पुनः सम्पूर्ण रूप से मन एवं धन की आवश्यकता होगी। इस तरह २००५ के आयोजन के बाद मैं छह-सात वर्ष तक शिल्प न्यास में कोई भी निर्माण सम्बन्धित कार्य करने की स्थिति में नहीं था। लेकिन अपने शिल्प-सृजन सम्बन्धित कार्यों का निश्चित रूप से विस्तार थोड़ा कर पाया था। उसी बीच कई प्रदर्शिनयाँ देश में तथा दो टोक्यो में मैंने आयोजित की थी। बहुप्रतिष्ठित अपनी एक पुस्तक का प्रकाशन भी कर लिया था। २०११ में मेरी बड़ी पुत्री श्रद्धा का विवाह भी सम्पन्न हुआ।

दिसम्बर २०१२ में लोहे के मूर्तिशिल्पों की पुनरावलोकन प्रदर्शनी काशी

हिन्दू विश्वविद्यालय के दृश्यकला संकाय की गैलरी में आयोजित हुई। २०१३ मई-जून में टोक्यो की गैलरी में प्रदर्शनी का आयोजन हुआ।

लेकिन इन्हीं सबके बीच शिल्प न्यास का वार्षिक कार्यक्रम अनवरत चलता रहा। शंखो दा के निधन के बाद २००७ से उनके जन्मदिन पर २४-२८ फ़रवरी तक प्रत्येक वर्ष शिल्पोत्सव का भी आयोजन होने लगा। २४ फ़रवरी, २०११ के शिल्पोत्सव के आयोजन में इरा दी, शुभा दी, ईतू भाई, भाभी और बेटी उत्तरा ने भी तीन-चार दिन के लिए उस कार्यक्रम में हिस्सा लिया था। मुझे याद है कि उसी वर्ष माँ ने बाबा के जन्मदिन पर (शिल्पोत्सव के अवसर पर) शंखो दा का एक बहुत ही सुन्दर ब्रोंज शिल्प प्रदान किया था। उस वर्ष शिल्पोत्सव के अवसर पर दो दिवसीय संगीत कार्यक्रम भी आयोजित हुआ था।

श्रद्धा के विवाह के बाद मैं अपनी शिल्प रचना में काफ़ी व्यस्त हो गया। क्योंकि २०१३ में मेरी एक प्रदर्शनी का आयोजन टोक्यो में होना सुनिश्चित था। लोहे के शिल्पों की रचना चल रही थी। १९९६ से लेकर २०१२ तक के लोहे के शिल्पों के रचना संघर्ष की कथा को भी मैंने लिखा है। जिसका हिन्दी से अँग्रेज़ी एवं जापानी में अनुवाद भी हुआ। टोक्यो में २०१३ मई-जून के लोहे की प्रदर्शनी के आयोजन के ठीक पहले भारत से जापान शिल्प को भेजने की बहुत पीड़ादायक परिस्थिति से मुझे ही नहीं मेरे समस्त परिवार के सदस्यों को भी झेलना पड़ा था। शायद मेरे जीवन की इससे बड़ी कोई और कष्टप्रद स्थिति नहीं होगी।

लोहे के शिल्प बहुत ही बड़े आकार में थे। जो कई एक बड़ी लकड़ी की पेटियों में पैक करके वाराणसी से दिल्ली एक आयात और निर्यात कम्पनी द्वारा भेजना तय हुआ था। इसके पहले जब भी मैं जापान शिल्प भेजता था तो वह सीधे वाराणसी से एक निर्यात कम्पनी के द्वारा भेजता था। दुर्भाग्यवश उस वर्ष वाराणसी से नहीं हो सका।

२० मई से ३ जून, २०१३ तक टोक्यो की 'गैलरी सेहो' में प्रदर्शनी होना सुनिश्चित था। जिसके कारण मार्च के अन्तिम सप्ताह में ही शिल्प दिल्ली पहुँच गया था। जो कि कस्टम आदि की कार्यवाही पूर्ण होने के बाद सड़क मार्ग से मुम्बई जाता तथा वहाँ पानी के जहाज़ से टोक्यो समय से यानी अप्रैल के अन्तिम सप्ताह या मई के प्रथम सप्ताह में निश्चित ही टोक्यो

पहुँच जाता। जैसा कि पहले भी इसी समय सीमा में हमेशा पैकेट्स अपने गन्तव्य पर पहुँचता था। लेकिन निर्यातक एक बहुत बड़ा विश्वासघात करने वाला ब्लैकमेलर निकला। शिल्प दिल्ली पहुँचने के बाद उसने बड़ी ही चालाकी से सभी पेटियों को कस्टम गोदाम के अन्दर पता नहीं कस्टम की औपचारिकता पूरी करने के बाद या ऐसे ही तीन सप्ताह तक दिल्ली में ही रोक दिया। बार–बार सही स्थिति की जानकारी तथा अन्य विवरण माँगता ही रहा कि किस दिन दिल्ली से मुम्बई और मुम्बई से टोक्यो शिल्प पहुँचने वाला है। क्योंकि इसके पहले जब भी मैंने बाहर शिल्प भेजा था तो सब कुछ पहले से ही पता चल जाता था तथा वह किस स्थिति में कहाँ है वह भी सूचना बराबर प्राप्त होती रहती थी। लेकिन इस बार तो होनी–अनहोनी कुछ और ही होनी थी। निर्यातक लगभग एक महीना तक हम लोगों को उलझाये रखा। समय भी नज़दीक आ गया था। पूरा अप्रैल ऐसे ही अन्धकार में व्यतीत हो गया।

१६ मई को मेरा टोक्यो के लिए एयर टिकट था। मैं रात–दिन परेशान था। राजू के साथ श्रद्धा के यहाँ मैं दिल्ली आ गया था। सिद्धार्थ (चित्रकार–दामाद) रात–दिन, सब एक–एक करके सारी जानकारियाँ लेने की हज़ारों कोशिशें करते रहे, फिर भी निराशा और हताशा के सिवा कुछ भी हाथ नहीं लगती। समझ में नहीं आ रहा था कि आख़िरकार शिल्पों से भरी मेरे पैकेट्स कहाँ हैं दिल्ली में, मुम्बई में या हवा में। निर्यातक से रात–दिन हमलोग सम्पर्क बनाये हुए थे। उसे एक मोटी अग्रिम धनराशि भी एक–एक कर चुका दी थी। जब उसने देखा कि यह लोग अब कुछ ज़्यादा परेशान हो चुके हैं तो उसने कहा कि कुछ त्योहारों के कारण तथा कस्टम कार्यालयों में अवकाश के कारण आपका काम अभी तक मुम्बई में ही पड़ा है। मुझे लगता है कि आपका काम अब समय से टोक्यो नहीं पहुँच पायेगा। इसलिए मुझे उसे हवाई जहाज़ से भेजना पड़ेगा जिसके कारण आपको और अधिक धनराशि देना पड़ेगा ताकि हम तुरन्त उसे मुम्बई से टोक्यो भेज सकें। यह लगभग उस दिन की बात है जिस दिन मुझे दिल्ली से टोक्यो निकलना था। मेरी हालत एकदम ख़राब! मैं किसी ऐसी स्थिति में नहीं कि क्या करूँ, कहाँ जाऊँ, कैसे इस परिस्थिति से बाहर निकल सकूँ।

किसी तरह से लगभग एक लाख रुपया अतिरिक्त देकर उन लोगों ने (सिद्धार्थ, श्रद्धा, राजू) निर्यातक से बारम्बार विनती की 'अब तो आप

किसी तरह शिल्प को टोक्यो पहुँचवा दें।' उसने ग़लत-सलत काग़ज़ आदि देकर मुझसे कहा कि आप टोक्यो पहुँचो, एक-दो दिन में आपका काम भी टोक्यो पहुँच जायेगा। मुझे किसी भी स्थिति में उसकी बात को मानने के सिवा और कोई रास्ता नहीं दिख रहा था। उसी दिन रात्रि में मैं दिल्ली से टोक्यो के लिए रवाना हुआ और दूसरे दिन प्रातः पहुँच भी गया। अवसाद, निराशा-हताशा की ऐसी स्थिति मैंने अब तक के अपने जीवन में कभी भी नहीं देखी थी। किंकर्तव्यविमूढ़ मैं किसी तरह थका-हारा नरिता एयरपोर्ट से अपनी जापानी मित्र चिकाको हासेगावा के घर पहुँचा। मैंने सारी स्थिति से उन्हें अवगत कराया। सभी लोग आश्चर्यचकित एवं असमंजस तथा दुखी हुए। उन लोगों को यह अन्दाज़ा लगाना इतना कठिन हुआ कि क्या भारत में ऐसी भी स्थिति पैदा करने वाले लोग हैं। मुझे बिलकुल उदास, दुखी एवं निराश देखकर वे लोग बार-बार सान्त्वना प्रदान कर रहे थे कि चिन्ता न करें सब ठीक हो जायेगा। ईश्वर निश्चय ही कोई न कोई सहायता करेंगे। और मैं यह महसूस कर रहा था कि न जाने यह किस जन्म का या इस जन्म का किस अपराध का यह दण्ड मिल रहा है। मैं इस बात से अपने आप को सान्त्वना दे रहा था कि निश्चय ही किसी मेरे अपराध के कारण यह सब हो रहा है। अगर मुझे इसी संसार में आनन्द, प्रेम और सुख भी मिला है तो जाने-अनजाने मेरी ग़लतियों के कारण यह दुःख, यह निराशा, यह पीड़ा आज उसी की सज़ा है। यह सत्य महसूस हुआ कि सब कुछ हमें यहीं भुगतना है—अच्छा भी, बुरा भी।

मैं लगातार सम्पर्क में लगा रहा कि कितनी जल्दी, किस समय मेरा शिल्प टोक्यो पहुँचे। शुक्रवार का दिन था जिस दिन मैं टोक्यो किसी तरह पहुँचा था। सारी रात मुझे नींद नहीं आयी थी। दूसरे दिन सुबह मैं गिंजा स्थित 'गैलरी सेहो' पहुँचा वहाँ गैलरी के अध्यक्ष एवं मालिक को भी पूरी स्थिति से अवगत कराया। वह भी बहुत-बहुत ही दुखी हुए। उन्हें चिन्ता हुई कि अगले इसी सोमवार को प्रदर्शनी का उद्घाटन होना सुनिश्चित है तथा जिसका निमन्त्रण पत्र जापानी कलाकारों एवं प्रशंसकों के बीच प्रसारित किया जा चुका है। उनकी चिन्ता मेरी चिन्ता के साथ और भी अधिक हो गयी। धीरे-धीरे टोक्यो में हमारे गुरु तथा जापानी मित्रों के माध्यम से सैकड़ों लागों में यह ख़बर फैल गयी कि मदन लाल के साथ ऐसी घटना-परिस्थिति उत्पन्न हो गयी है कि अब क्या होगा ? हम लोग क्या कर सकते

हैं? कैसे इनकी मदद करें? सोमवार को प्रदर्शनी शुरू होनी है। अभी तक काम पहुँचने की कोई सूचना नहीं है।

अचानक शनिवार की रात्रि में मुझे पता चला कि आज किसी तरह मुम्बई से सिंगापुर मेरी शिल्पों की पेटियाँ पहुँची हैं और विश्वासघाती-निर्यातक और रुपयों की और माँग कर रहा है कि अब हमें सिंगापुर से टोक्यो, बाई एयर काम भेजना होगा ताकि यह जल्दी पहुँच सके। इस बार दो लाख रुपये की उसकी माँग हुई। हम सभी लोगों की हालत बहुत ही ख़राब होती जा रही थी। हम सभी समझ नहीं पा रहे थे कि कब उसकी ब्लैकमेलिंग बन्द होगी। मेरी चिन्ता बढ़ गयी कि पैसा देने के बाद भी मेरा काम टोक्यो पहुँचेगा कि नहीं, सिंगापुर से टोक्यो पहुँचने में हवाई जहाज़ से ज़्यादा समय तो नहीं लगेगा लेकिन फिर भी मन पूरी तरह विश्वास नहीं कर पा रहा था कि इस समस्या का निदान कैसे होगा। यह सब सोच-सोच कर और देख-देखकर हम सभी की स्थिति असामान्य होती जा रही थी; आज भी वह सब याद कर हम लोगों के रोंगटे खड़े हो जाते हैं। परिवार के सभी जन चिन्ताग्रस्त दुखी शायद अपने आप को भी कहीं से सान्त्वना नहीं दे पा रहे थे कि कैसे इस विपत्ति से छुटकारा मिलेगा।

यह तो पता चल ही गया था कि उस निर्यातक के चंगुल में मैं बुरी तरह से फँस गया हूँ अब कैसे निकल पाऊँ यह बड़ी समस्या बन गयी थी। भारत में परिवार के लोग उससे बात करने की कोशिश करते और मिलते तो वह सीधे एक ही बात करता कि आप इतना पैसा दे दो तभी काम टोक्यो पहुँच पायेगा।

आख़िरकार कोई-न-कोई रास्ता निकलता ही है शायद इतनी तकलीफ़ के बाद कुछ राहत की आशा दिखायी दी। दिल्ली में मेरी मुँह बोली बड़ी बहन आशा दीदी रहती थी उनके पति राम राठौर एयरफोर्स में बड़े अधिकारी रह चुके थे। अचानक मुझे याद आया कि निश्चित ही राम जीजा के द्वारा इसका निदान निकल जायेगा। टोक्यो से तुरन्त मैंने उन्हें फ़ोन किया और सारी स्थितियों से अवगत कराया। उन्होंने मुझे पूर्ण आश्वासन दिया और कहा कि चिन्ता मत करो तुरन्त यह काम मैं करता हूँ। संयोगवश दिल्ली में कस्टम ऑफिस के कमिश्नर राम जीजा के मित्र थे, उन्होंने उन्हें सारी बातें बताकर तत्काल कार्यवाही करने की बात कही, और किसी तरह से इस ब्लैकमेलर के चंगुल से मुक्त करा दे। राम जीजा और कमिश्नर की

सक्रियता के कारण कई पुलिस अधिकारियों के द्वारा उस ब्लैकमेलर को दिल्ली में पकड़ा गया तथा उसे कड़े शब्दों में चेतावनी दी गयी कि जल्द से जल्द मदन लाल के पैकेटों को टोक्यो पहुँचवाओ। और न जाने कितनी जल्दी कार्यवाही हुई कि मेरा काम उसी दिन रात में टोक्यो एयरपोर्ट पर पहुँच गया। इसी बीच एक घटना यह हुई कि सिंगापुर से बाई एयर टोक्यो पहुँचवाने में मुझे बहुत धनराशि देनी पड़ी थी। टोक्यो एयरपोर्ट से क्लियरेंस कराने में भी बहुत रुपया देना पड़ा। इस तरह से लगभग पाँच लाख रुपये भरना पड़ा लेकिन जिस तकलीफ़ का सामना मुझे और मेरे परिवार को देखना पड़ा वह अवर्णनीय है। हमारे बच्चों को बहुत मानसिक कष्ट से गुज़रना पड़ा। मृदुल आई.आई.टी. प्रवेश परीक्षा दे रहा था उस पर भी इसका एक गहरा दुष्प्रभाव पड़ा, जिसके कारण उसका रिजल्ट प्रभावित हुआ।

पाँच दिन विलम्ब से मेरा शिल्प मुझे टोक्यो में प्राप्त हुआ जिसके कारण प्रदर्शनी भी पाँच दिन बाद प्रारम्भ हुई। जापानी गुरु ईसी आत्सूओ तथा प्रो. तोशीआकी मिनेमुरा और अनेक जापानी मित्रों की हार्दिक सान्त्वनापूर्ण सम्वेदनाओं के कारण मैं धीरे-धीरे इस संकट की पीड़ा घड़ी से उबरने की कोशिश करने लगा।

इतनी सारी बातों को व्यक्त करने के पीछे, मैं केवल यह कहने का प्रयास कर रहा हूँ कि इसी समय मैंने 'शंखो दा पर पुस्तक' लिखना यहीं से प्रारम्भ किया था। टोक्यो में रात-रात भर नींद नहीं आती थी, क्या करता दिन भर प्रदर्शनी के दौरान गैलरी में व्यस्त रहता और रात के उस अकेलेपन में कुछ ही दिन पहले की घटना-त्रासदी को किसी भी तरह से भूल नहीं पा रहा था, लगता था यह जो दुःस्वप्न था वह कितना तकलीफ़देह और पीड़ादायक था। एक दिन रात में मिसेज चिकाको हासेगावा के उस अतिथि शयन कक्ष से जिसमें मैं ठहरा था उसमें मुझे एक ख़ाली डायरी मिल गयी और उसी रात मैंने निश्चय किया कि शंखो दा के साथ व्यतीत किये तीन दशकों की कथा और उनके साथ के एक-एक पल की, यादों को लिखना प्रारम्भ कर दूँ। कैसे इतने कष्टमय परिस्थितियों से अन्ततः ईश्वर हमें उबारते हैं तथा पुनः हममें एक नयी ऊर्जा, नयी दिशा और नया जीवन प्रदान करते हैं। हमें पुनः आगे अग्रसर कर देते हैं और चलते रहने की प्रेरणा प्रदान करते हैं। प्रतिदिन मैं बाबा के साथ बिताये अपने क्षण को लिखते चला गया। धीरे-

धीरे इस पुस्तक को लिखने की पूरी योजना टोक्यो से ही प्रारम्भ हुई।

आज भी जब मैं उन दिनों की, उस समय को याद करता हूँ तो सोचता हूँ कि जीवन में निश्चय ही अनेक प्रकार के दुख और सुख से सामना करना पड़ता है। हम लोग कभी भी इस घटना की चर्चा तक नहीं करते हैं क्योंकि उसे याद करके हम बिलकुल ही सिहर जाते हैं, काँप जाते हैं। यहीं मुझे लगता है कि कठोर से कठोर संघर्ष जीवन में निश्चित ही कोई न कोई नयी दिशा, नया ज्ञान हमें प्रदान करता है। अगर हम उस संघर्ष की आग में अपने आप को स्वाहा न करके उससे निकलकर कुछ करने का साहस करते हैं और बराबर यह मानकर भी चलते हैं कि जीवन निश्चित ही अनेक दुख और सुख, पीड़ा और आनन्द से भरपूर है। मेरे जीवन में अनेक-अनेक ऐसे कारण निरन्तर रहे हैं, संघर्ष और उसके साथ कुछ न कुछ करने का जुनून हमेशा मुझमें विद्यमान रहा है।

अन्ततः टोक्यो की इस व्यथा भरी यात्रा के दौरान आख़िरकार शंखो दा के साथ अपने आत्मीय सम्बन्धों की कथा का प्रारम्भ हो ही गया, क्योंकि आज मुझे लगता है कि इस पुस्तक का होना मेरे लिए कितना आवश्यक था। २०१६ में बाबा की जन्म-शताब्दी पड़ रही थी यह सोचकर भी मुझसे यह लेखन का कार्य शायद उस समय इसीलिए प्रारम्भ हुआ था। आज अत्यन्त ही आनन्द महसूस कर रहा हूँ कि बाबा की कृपा से ही यह सम्भव हुआ।

जैसा कि पहले लिख चुका हूँ कि कई शिफ़्टों में बाबा का काम दिल्ली से आता रहा। यह राम छाटपार शिल्प न्यास के उत्तरोत्तर विकास क्रम की बहुत ही बड़ी उपलब्धि के रूप में याद किया जायेगा। शंखो चौधुरी के शिल्पों के कारण ही राम छाटपार शिल्प न्यास का महत्त्व स्वर्णिम होगा। इस गौरव भरी उपलब्धि (शंखो चौधुरी की कलाकृतियाँ) किसी न किसी रूप में हमेशा के लिए प्रतिस्थापित करना हमारा दायित्व बन गया। येन-केन-प्रकारेण किसी भी तरह २४ फ़रवरी, २०१६ तक शंखो दा के शिल्पों का स्थायी संग्रहालय तैयार करना मेरे जीवन की सबसे बड़ी ज़िम्मेदारी बन गयी, शायद मेरे जीवन काल का यह सबसे बड़ा पुरस्कार है। मैंने हर तरह से अपने आप को तन-मन-धन से इसको तैयार करने के लिए २०१३ से ही झोंक दिया। इन तीन वर्षों का मात्र एक लक्ष्य बस शंखो दा के शिल्पों को रखने के लिए स्थान को तैयार करना।

जैसा कि होता है जब हम बहुत बड़े लक्ष्य की तरफ़ बढ़ने लगते हैं तो उसके सामने उसके रास्ते में कई एक कठिनाइयाँ और चुनौतियाँ ज़रूर आती रहती हैं। 'रुपया पैसा' ही सबसे बड़ा एक संकट की तरह हमारे सामने खड़ा हो जाता है क्योंकि हमारे पास समय भी होता है, ऊर्जा भी होती है, सब कुछ दाँव पर लगाने के लिए सब कुछ रहता है लेकिन पैसा नहीं रहता है।

शंखो दा का शिल्प उनके परिवार द्वारा राम छाटपार शिल्प न्यास को प्रदान करना, मेरे लिए इतना उत्साह का कारण बना कि मैं बड़ी से बड़ी कठिनाइयों की भी बिना परवाह किये (मुख्य रूप से धनराशि को लेकर) उनके शिल्पों के लिए उपयुक्त स्पेस (शंखो चौधुरी शिल्प संचय) तैयार करने में लग गया। २०१३ टोक्यो की प्रदर्शनी की व्यथा-कथा मैं लिख ही चुका हूँ कि उस प्रदर्शनी में मेरे पास से संचित धनराशि समाप्त हो चुकी थी। मैं पी.एफ. (प्रॉविडेंट फण्ड) पर अपनी नज़र नहीं रखता हूँ तथा कई बार पत्नी के समक्ष बड़ी से बड़ी क़सम खाने के बावजूद भी यह ग़लती ज़रूर कर देता हूँ कि मैं अपने किसी भी कला सम्बन्धित भावना और इच्छा को रोक नहीं पाता हूँ उसके लिए जितना आवश्यक होगा उतना तमाम क़समों-वादों के बावजूद भी प्रयोग कर डालूँगा।

लेकिन क्या पी.एफ. की धनराशि से पूरा होगा ? क्या मेरी मासिक तनख़्वाह से एक म्यूज़ियम का सपना पूरा होगा ? क्या कभी-कभी अपने शिल्प-कर्म से मात्र कुछ धनराशि से पूरा होगा ? नहीं, इन सबका थोड़ा-थोड़ा अंश भी लक्ष्य को प्रदान करने में निश्चित ही सहायक होता है। यही विश्वास करता हूँ कि जब हम अपनी पूरी शक्ति से अपने आपको समर्पित कर देते हैं तो 'ईश्वर' इन्हीं छोटी-छोटी धनराशियों को एक-एक जोड़-जोड़ कर पता नहीं कैसे हमारी इच्छा को एक स्वरूप दे देता है और जो आज 'शंखो चौधुरी शिल्प संचय' के रूप में आपके सामने राम छाटपार शिल्प न्यास में स्थित है। आनन्द की बात है कि जिसका उद्घाटन परम पूजयनीय माँ इरा चौधुरी के कर कमलों द्वारा २४ फ़रवरी २०१६ को अन्ततः सम्पन्न हुआ जो हमेशा-हमेशा के लिए अमर हो गया।

पाँच : साक्षात्कार

शंखो चौधुरी के व्यक्तित्व के सन्दर्भ में जो कुछ भी मेरे हृदय में श्रद्धा का भाव था उसे मैंने पूरे मन से व्यक्त किया है फिर भी मन नहीं भरता है। कहीं न कहीं अभी इतना कुछ बाक़ी है जिसका वर्णन करने में मुझ जैसे व्यक्ति को एक युग लग जायेगा। कई दशकों से उनके बारे में सुनता आ रहा था, १९७६ में जब मैं उनसे पहली बार मिला था और उसके पहले अपने गुरु राम छाटपार से शंखो दा के बारे में कुछ न कुछ सुनने को मिलता रहा था तभी से उनके बारे में जानने की मुझमें उत्सुकता पैदा हो गयी थी। उनकी बातचीत में हमेशा मैंने एक गुरु-शिष्य के भाव को महसूस किया था जिसका वह बहुत ही दिल से वर्णन करते थे। मैं सौभाग्यशाली हूँ कि शंखो चौधुरी के साक्षात् जीवन का प्रथम परिचय मुझे मेरे गुरु के माध्यम से प्राप्त हुआ। १९७६ में शंखो दा से मिलने के बाद, मेरे जीवन की धारा को भी एक नया रास्ता मिल गया और उस पथ में जहाँ-जहाँ से मैं गुज़रा वहाँ-वहाँ शंखो चौधुरी के द्वारा रोपित गुणों के बीज से प्रस्फुटित पौधों, वृक्षों, फूलों और फलों से मेरा साक्षात्कार होता गया। मुझे प्रतीत हुआ कि मैंने शंखो दा के जीवन काल में उन्हें कुछ भी नहीं जान पाया था जो आज उनके गुणीजनों और प्रिय शिष्यों से बातचीत कर जान पाया हूँ।

इस पुस्तक के बनने की रोचक कथा तो व्यक्त ही कर दी थी लेकिन मुझे लगता था कि शंखो चौधुरी जिस अद्भुत-अनोखे व्यक्तित्व के कारण लोगों में लोकप्रिय थे उन कुछ महत्त्वपूर्ण लोगों से बातचीत कर मुझे और अधिक उनके बारे में जानना चाहिये। इस पुस्तक में जो साक्षात्कार और बातचीत हुई है मैं समझता हूँ उसी के कारण यह पुस्तक पूर्ण भी हुई है। इसी भावना से ओतप्रोत यह बातचीत इस पुस्तक का मूल भाग है। मैं अन्तरतम हृदय से अत्यन्त ही आभारी हूँ अपने प्रिय गुरुजनों का जिन्होंने अपना बहुमूल्य समय और अपने मन के उद्गार व्यक्त कर इस पुस्तक को वास्तविक स्वरूप प्रदान किया।

प्रस्तुत बातचीत केवल कला से जुड़े समाज के लिए ही उपयोगी नहीं है बल्कि साधारण और असाधारण मानव समाज के प्रत्येक वर्ग के लिए भी महत्त्वपूर्ण है क्योंकि शंखो दा के व्यक्तित्व के इतने पहलू इन साक्षात्कारों में उभरकर सामने आये हैं जो किसी एक गुरु या एक कलाकार के अतिरिक्त भी मनुष्य के उन गुणों की ओर इशारा करते हैं जिससे एक व्यक्ति सम्पूर्ण मानव बनता है, जिससे देश-समाज में एक सुसंस्कृत वातावरण की सृष्टि होती है।

शंखो चौधुरी अनेक लोगों में से इसी तरह के एक व्यक्ति थे। के.जी. सुब्रह्मण्यन् उनके स्वभाव, रहन-सहन और दिनचर्या से लोगों को प्रेरित करने की प्रेरणा के सन्दर्भ में हमें बताते हैं कि उनमें रिलेशनशिप और अण्डरस्टैण्डिग अद्‌भुत थी जिससे लोगों को वे एक बार में ही प्रभावित कर लेते थे। वहीं गुलाममोहम्मद शेख, विद्यार्थियों के अन्दर कलात्मक रुचि को विकसित करना, देखना और उसका जीवन में प्रयोग करना इन बातों से उनके अनूठे व्यक्तित्व की प्रशंसा करते हैं। ज्योति भट्ट एवं ज्योत्स्ना भट्ट उन्हें अपने परिवार का अभिन्न अंग मानते थे, साथ ही बताते हैं कि शंखो दा एवं इरा दी का घर हमेशा लोगों के लिए खुला रहता था। दोनों किसी अभिभावक और संरक्षक से कहीं कम नहीं थे।

इरा दी का सम्पर्क शंखो दा से शान्तिनिकेतन से प्रारम्भ हुआ जो जीवनपर्यन्त उनके साथ एक सूत्र में बँधा रहा। पारिवारिक जीवन का संकल्प भी इन लोगों के सृजनात्मक कर्म में अत्यन्त ही सहायक रहा। विभिन्न प्रकार की व्यस्तताओं तथा कुछ अपने स्वभाव के कारण शंखो दा अपने स्वास्थ्य का ध्यान नहीं रख पाते थे। सब कुछ इरा चौधुरी के विश्वास और त्याग के कारण ही सम्भव हो सका। इरा माँ की बातचीत शंखो दा के सम्पूर्ण स्वभाव पर केन्द्रित है और दोनों एक-दूसरे की स्वतन्त्र सत्ता का ध्यान रखते थे। प्रेम तो अद्‌भुत था यह मैंने नज़दीक से महसूस किया है। इरा माँ से बाबा के बारे में बातचीत मुझे हमेशा उत्साहित करती रही है। इनके प्रेम और त्याग का योगदान शंखो चौधुरी के व्यक्तित्व एवं कृतित्व के निर्माण में अभूतपूर्व रहा है।

ईस्थर डेविड उन्हें अपना वास्तविक गुरु मानती हैं, कहती हैं कि शंखो दा मेरे जीवन में बहुत ही विकट समय में आये, जिस समय मुझे कोई निर्णय लेना कठिन हो रहा था। उनके सान्निध्य और आशीर्वाद का ही परिणाम है

कि आज कला मेरी आत्मा है और लेखन मेरा जीवन।

कृष्ण छाटपार छात्र जीवन में शंखो दा के सबसे नज़दीक थे, यहाँ तक कि उनके घर में भी रहते थे ऐसा उन्होंने बताया, परन्तु दोनों का स्वभाव अलग तरह का था लेकिन मन में एक-दूसरे के प्रति आदर भाव हमेशा था इन सब के साथ-साथ कृष्ण छाटपार उन्हें ही अपना गुरु मानते हैं। मैंने कई बार शंखो दा से सुना है कि कृष्ण छाटपार श्रेष्ठ शिक्षकों में से एक हैं।

राघव कनेरिया उन दिनों की याद करके बताते हैं कि उस समय कॉलेज ऋषि-मुनियों के आश्रम जैसा लगता था। गुरु का शिष्य के प्रति प्रेम होने के कारण शिष्य में सीखने का हौसला बढ़ता था। शंखो दा बहुत ज़्यादा डोमिनेटिंग थे साथ ही प्रेम से भरे हुए रहते थे जिसकी वजह से लगता था कि कुछ करना चाहिये, उनका उद्देश्य हमेशा ऊँचा होता था। डिटरमिनेशन उन्होंने ही सिखाया। वह एक बहुत ही अलग ढंग के व्यक्ति थे। दूसरों के लिए उनमें बहुत फीलिंग थी, जिन लोगों को जानते भी नहीं थे उनके प्रति भी उनके दिल में अच्छी भावनाएँ थीं, बहुत लगाव था।

नागजी पटेल उन्हें केवल गुरु ही नहीं मानते हैं बल्कि एक पिता की तरह सम्मान करते हैं। बताते हैं कि वे हमारे स्वास्थ्य का, हमारे ख़र्चे का या और जो समस्याएँ होती थीं उसके बारे में हमेशा सोचते थे और निदान भी निकालते थे, सम्बन्धों को निभाते थे। एक गुरु की तरह उन्होंने पढ़ाया, सिखाया, पर जो एटीट्यूड की बात है तो वो हमारे पास उन्हीं से आया। वे मनुष्य के चरित्र को विकसित करने वाले महान् व्यक्ति थे।

रतन परिमू प्रारम्भिक दिनों की याद करके बताते हैं कि बड़ौदा का वातावरण ऐसा था कि हम सब कुछ सीख रहे थे, हमें मॉडर्न आर्टिस्ट बनना है यह बात हम सबमें थी। उस समय अगर चौधुरी साहेब स्कल्पचर के काउण्टर पार्ट थे तो बेन्द्रे साहेब पेंटिंग के। चौधुरी साहेब जब किसी का पोट्रेट बनाते थे तो हम भी देखने जाते थे, उनमें एक डायनामिज़्म था। वहाँ पर हर एक को सवाल करने की स्वतन्त्रता थी। उनका अद्‌भुत तरीक़ा था, वह हर एक को सोचने के लिए उकसाते थे। वे यहाँ एक तरह से स्कल्पचर के प्रतीक थे।

ध्रुव मिस्त्री डायरेक्ट शंखो दा के शिष्यों में नहीं हैं, कहते हैं कि उनके साथ का रिश्ता बहुत ही अजीब है, क्योंकि वे मेरे सीधे शिक्षक तो हैं नहीं। मैं उनके स्टूडेण्ट का स्टूडेण्ट हूँ और उनसे मेरा सीधा व्यक्तिगत सम्बन्ध बहुत

ही कम रहा है। उनमें दूसरों के प्रति कुछ अच्छा करने का इतना अधिक उत्साह था, जो सामान्य आदमी में नहीं होता है। यह उनमें बहुत महत्त्वपूर्ण बात रही।

आज प्रसन्नता महसूस कर रहा हूँ कि मुझे यह अवसर प्राप्त हुआ कि एक साथ इतने गुरुजनों की बातचीत की रिकॉर्डिंग कर पाया जिससे यह पुस्तक पूरी होती है। प्रबुद्धजनों ने शंखो चौधुरी के विशिष्ट, परिष्कृत और उत्तम चरित्र के व्यक्ति के रूप में बहुत ही बारीक़ी एवं विस्तार से बहुत कुछ बताया है। यह एक मूल्यवान् दस्तावेज़ तैयार हो गया है तथा आने वाली पीढ़ियों के लिए भी यह पुस्तक अत्यन्त ही मार्गदर्शक और उपयोगी सिद्ध होगी। जो जिस तरह का चाहेगा वो उस तरह से अपने स्वभाव के अनुरूप शंखो चौधुरी के व्यक्तित्व से बहुत कुछ सीख सकता है। अपने जीवन को, समाज को सुन्दर बनाने में योगदान कर सकता है। हम कह सकते हैं कि आज इसीलिए बड़ौदा फ़ाइन आर्ट्स् देश का एक ऐसा अप्रतिम कला संस्थान बन गया है जो भारतीय आधुनिक एवं समकालीन कला में उत्तरोत्तर अपना उच्च्च स्थान बनाये हुए है। शंखो चौधुरी के लिए जो आदर-भाव वहाँ से प्रारम्भ हुआ वह भारत ही नहीं बल्कि दूसरे देशों में भी उनको जानने वाले लोगों में भी आनन्द की अनुभूति से ओतप्रोत कर देता है।

(भारत भवन, भोपाल के मित्र भरत शर्मा जी का हृदय से विशेष ऋणी हूँ जिन्होंने रिकॉर्ड किये गये सभी साक्षात्कार को अक्षरश: शब्दों और वाक्यों में पिरोया। बातचीत की Oraginality को पूरी तरह से बरकरार रखा है। उन्होंने बहुत ही मेहनत के साथ मेरा भरपूर साथ दिया तथा एक महत्त्वपूर्ण कार्य में उनका यह योगदान हमेशा याद रहेगा।)

राघव कनेरिया

वे बहुत ज़्यादा डोमिनेटिंग थे, साथ ही प्रेम से भरे हुए थे

२८ अक्टूबर, २०१५

काफ़ी दिनों–महीनों से यह टलता जा रहा था कि शंखो दा पर साक्षात्कार लेने की कोई योजना बन नहीं पा रही थी। शताब्दी वर्ष समारोह का दिन नज़दीक आ रहा था। अगस्त (२०१५) में इरा दी से तथा बड़ौदा के सभी लोगों से निवेदन किया कि मैं अक्टूबर २०१५ के अन्त तक बातचीत करने के लिए पहुँच रहा हूँ। २८ अक्टूबर को प्रातः वाराणसी से दिल्ली होते हुए मैं बड़ौदा पहुँचा। हमेशा मेरा आश्रय–स्थल राम छाटपार की धर्मपत्नी इन्दिरा छाटपार के निवास स्थान पर होता है। बड़ौदा में वही मेरा घर है, वैसे तो बड़ौदा में मैं जिसके पास जहाँ जाऊँ वहीं मुझे इतना अपनापन मिलता है जितना कि अन्यत्र नहीं। प्रातः चार–पाँच बजे मैं इन्दिरा दी के घर पहुँचा। उन्हें पहले से पता था कि मैं आ रहा हूँ। जलपान आदि के पश्चात् मैं अपनी कार्य–योजना के अनुसार सुबह से ही लग गया। उसी दिन उसी समय मैंने सभी उन लोगों से साक्षात्कार लेने का समय एवं तारीख़ सुनिश्चित कर लिया जो शंखो दा के बिलकुल नज़दीकी थे।

प्रथमतः राघव कनेरिया सर के यहाँ २८ अक्टूबर की शाम ४ बजे मैं पहुँच गया। युवा मूर्तिशिल्पी सरोज सिंह को मैंने अपने साथ ले लिया था ताकि जब हमारी बातचीत हो तो उसकी वीडियो रिकॉर्डिंग भी होती रहे क्योंकि बातचीत के वक़्त मेरी लिखने की आदत बिलकुल नहीं है। संयोगवश इन्दिरा दी के पास से उनका आई–पैड मुझे मिल गया था जिसके कारण यह कठिन कार्य थोड़ा सहज हो गया। कनेरिया सर हमारा इन्तज़ार कर रहे थे। राघव कनेरिया मेरे गुरु हैं जिनके अधीनस्थ मैंने स्नातकोत्तर एवं भारत सरकार द्वारा प्रदत्त नेशनल स्कॉलरशिप के दौरान अध्ययन किया था। कनेरिया सर की धर्मपत्नी शकुन्तला बेन घर में ही थीं। दोनों लोगों का हम दोनों ने बड़ी आदर के साथ अभिवादन किया, कुछ व्यक्तिगत हालचाल के आदान–प्रदान के उपरान्त हमने बातचीत करना शुरू कर दी। कनेरिया सर बहुत ही उत्साहित होकर स्वयं ही बड़ी लम्बी–लम्बी बातें शंखो दा के बारे में बताते जा रहे थे। उत्सुकता एवं कौतूहलपूर्ण प्रेरक बातें हमें रोमांचित करती जा रही थी। बीच–बीच में मैं बस अनौपचारिक प्रश्न पूछता, ताकि बातचीत का क्रम–कड़ी कहीं टूट न जाये!

फ़ैकल्टी ऑफ़ फ़ाइन आर्ट्स बड़ौदा के प्रारम्भ से ही आप वहाँ हैं उस समय का शैक्षणिक वातावरण कैसा था?

बी.ए. (फ़ाइनल) में सब कॉमन प्रेक्टिकल रहता था, सभी विभागों में सीखना होता था—एप्लाइड आर्ट, पेंटिंग, स्कल्पचर। हमारा कॉलेज इतना बड़ा तो था नहीं और तीनों विभागों में स्टूडेण्ट्स इतने कम थे कि सारे टीचर्स फ़र्स्ट ईयर से लेकर एम.ए. तक के सभी स्टूडेण्ट्स को जानते थे। जब हम प्रथम वर्ष में आये, तब ज्योति भाई, विनोद भाई, कुमुद बेन, शान्ति दवे, प्रभा बेन एम.ए. के प्रथम वर्ष में पढ़ रहे थे।

उस समय एम.ए. (फ़ाइनल) था?

उस समय एम.ए. (फ़ाइनल) का कोर्स था। प्रथम वर्ष में हम तीनों विभागों में जाते थे। उसी समय शंखो दा से सम्पर्क हुआ। वे बहुत ब्राइट टीचर थे। फ़र्स्ट ईयर के बाद सभी विभागों से विभागाध्यक्षों द्वारा यह निर्देश होता था कि किन स्टूडेण्ट्स को कौन–सा स्पेशलाइज़ेशन करना चाहिये।

मेरे लिए तीनों विभागों से अनुशंसा आयी थी कि मुझे एप्लाइड आर्ट सीखना चाहिये, मुझे पेंटिंग सीखना चाहिये और मुझे स्कल्पचर सीखना चाहिये।

जब से कॉलेज में आये थे तब से ही कॉलेज टाइम ख़त्म होने के बाद हम घर चले जाते थे और इधर-उधर घूमते रहते थे। ऐसा इम्प्रेशन था कि कॉलेज अब ख़त्म हो गया है, बस घूमो-फिरो। थोड़े समय बाद हमको पता चला कि सीखने का सही समय तो कॉलेज के बाद ही होता है। सीनियर स्टूडेण्ट सुबह से लेकर शाम तक काम कर रहे होते थे। जब हमको पता चला तो हम भी कॉलेज ख़त्म होने के बाद रुकने लगे। फ़र्स्ट ईयर से ही हम लोग उन लोगों की तरह पूरा दिन काम करने लगे।

उस समय दो लोगों को एक लॉकर मिलता था। मैं और कृष्ण छाटपार एक ही लॉकर में अपना-अपना सामान रखते थे। उनसे हमारी दोस्ती प्रथम वर्ष में ही हो गयी। मैं भी सियाबाग़ में रहता था और हम दोनों सियाबाग़ से कॉलेज तक पैदल आते थे और शाम तक काम करते थे।

फर्स्ट ईयर में हम लोग दोपहर में काम करते थे, ज्योति भाई और दूसरे सीनियर हमें काम करते हुए देखते थे। जब एक्ज़ाम ख़त्म हुआ तो ज्योति भाई ने कहा कि तुम हमारी मदद में यहाँ रहोगे। उन लोगों को साइंस कॉलेज में म्यूरल करने का ऑर्डर मिला था और छुट्टी के दिनों में म्यूरल बनाने वाले थे। मैं तो कुछ जानता नहीं था, फिर भी उन लोगों ने कहा कि तुम यहीं ठहर जाओ तो मैं रुक गया। उस समय मैं इधर-उधर दौड़ता रहता था, जैसे पेंट लाने, ब्रुश धोने वग़ैरह। उन लोगों को काम करते हुए देखकर मुझे कुछ सीखने को मिला। म्यूरल का काम ख़त्म होने के बाद मैं घर चला गया।

जब घर पहुँचा तो पिताजी ने कहा कि अभी तुम्हें बहुत पढ़ाई करनी है। कॉलेज का जो ख़र्चा है वह मैं नहीं उठा सकता। पिताजी ने जब मुझसे यह कहा तो मेरे पाँव के नीचे से ज़मीन खिसक गयी। क्योंकि एक साल वहाँ रहने के बाद तो मैं यह जान सका था कि आर्ट में कितनी सारी चीज़ें सीखने की हैं। 'अलादीन के जादुई चिराग' जैसा मेरे सामने आर्ट का ख़ज़ाना खुल चुका था और अब मेरे लिए उसका दरवाज़ा बन्द होता दिखा।

इसी तनाव में विचार आया कि मैं ज्योति भाई को एक पोस्टकार्ड लिखकर

पूछूँ कि अब मैं क्या करूँ। मैंने लिखा कि इन कारणों से आगे पढ़ने के लिए नहीं आ सकूँगा। दो-चार दिन के बाद ज्योति भाई का पोस्टकार्ड आया, जिसमें उन्होंने लिखा था कि म्यूरल का जो काम किया गया था, उसका साठ रुपये तुम्हारे हिस्से में आता है। ये तुम रख लो। बाद में देखा जायेगा कि क्या होता है। उस साठ रुपये के जोर पर मैं आ गया।

यहाँ आने पर यह हुआ कि मैं पेंटिंग नहीं करूँ। यहाँ शिल्प जैसा कोई सब्जेक्ट है, यह मुझे मालूम नहीं था। मैं तो पेंटिंग सीखने के लिए ही आया था। एप्लाइड आर्ट के बारे में मुझे पता था। लोगों ने बताया कि मैं तीनों में परफ़ेक्ट कर सकता हूँ और शंखो दा ने कहा कि 'तुम स्कल्पचर करो।' स्कल्पचर लेने का एक ही कारण था कि पेंटिंग में जाऊँगा तो सारा मैटेरियल मुझे ख़रीदना पड़ेगा और स्कल्पचर स्टूडेण्ट्स को मेटेरियल विभाग ही सप्लाई करेगा जिससे ख़र्चा कम पड़ेगा। केवल खाने और रहने का ख़र्चा ही मुझे उठाना पड़ेगा। इसी कारण मैंने स्कल्पचर लिया और शंखो दा के पास आ गया।

शंखो दा से शायद ज्योति भाई ने ही बात की होगी। शंखो दा ने बीस रुपये महीना की स्कॉलरशिप दिलवायी। फ़र्स्ट ईयर में फ़र्स्ट आया तो मुझे मेरिट स्कॉलरशिप भी मिली, जो चौदह रुपये थी। ज्योति भाई ने भी कुछ मदद की। उसके ऊपर हमारी गाड़ी आगे बढ़ने लगी। थर्ड ईयर में आये तो छोटे-मोटे प्राइज़ मिलने लगे, उसके द्वारा सौ-दो सौ रुपये आने लगे। स्थिति यह हो गयी थी कि यदि मैं काम नहीं करूँगा तो कहीं का नहीं रहूँगा।

मेरे और छाटपार के विचार मिलते-जुलते थे। उस समय स्कल्पचर में हम दो स्टूडेण्ट थे। सुबह से लेकर रात तक काम करते थे। चौबीस घण्टे कॉलेज खुला रहता था। हमारा स्कल्पचर स्टूडियो बन गया था और पॉटरी डिपार्टमेण्ट बन रहा था, कन्स्ट्रक्शन का सारा सामान बाहर पड़ा रहता था। रात के बारह बजे तक हम काम करते थे, बाहर ही सो जाते थे और फिर सुबह जल्दी उठकर, दूसरे स्टूडेण्ट्स के आने से पहले ही नहा-धोकर अपना काम शुरू कर देते थे।

जब हम रात में काम करते थे तो शंखो दा और मार्कण्डेय भाई (तत्कालीन संकाय प्रमुख प्रो. मार्कण्डेय भट्ट) दोनों यह देखने के लिए आते थे कि ये लड़के क्या करते हैं। वे हमें देखकर बहुत ख़ुश होते थे। उस समय कॉलेज

पुराने ऋषि–मुनियों के आश्रम जैसा लगता था। टीचर्स का स्टूडेण्ट्स के प्रति इतना अधिक प्रेम था कि वह एक बड़ा परिवार जैसा था। उसी वजह से स्टूडेण्ट्स में सीखने का हौसला बढ़ता था। इसी कारण हम काम करते रहे और आगे बढ़ते रहे। इरा बेन का भी प्यार मिलता रहा। उन सब लोगों की कृपा से ही हम आज यहाँ बैठे हैं। इस तरह से शंखो दा के साथ हमारे सम्बन्ध बने और मैंने स्कल्पचर की पढ़ाई करना शुरू कर दिया।

> सर, उस समय का जो माहौल था, उसकी बहुत सारी बातें आपसे सुन रहा हूँ। मुझे लगता है कि वो दिन तो अब वापस नहीं आने वाले और आज आप इसकी कमी भी महसूस करते होंगे। जब आप लोग पढ़ रहे थे तब शंखो दा में ऐसी क्या ख़ास बातें थीं, जिसके कारण लोग बहुत ही अपनेपन के साथ उनसे जुड़ जाते थे और प्रभावित होते थे ? आपने उनमें ऐसी कौन–कौन सी विशेषताएँ देखीं, जो मूर्तिशिल्प के अलावा जीवन के लिए महत्त्वपूर्ण थीं ?

एक तो यह कि वे जानते थे कि कला के अन्दर आगे बढ़ना है तो हार्ड–वर्क के अलावा और कोई दूसरा मार्ग नहीं है। अगर आप अपने काम को दिल से नहीं करते तो वह प्रभावी नहीं हो सकता। वही चीज़ उन्होंने हमको सिखायी। उनका एक ही इरादा था कि मेरे स्टूडेण्ट कला में अपना नाम आगे ले जायें। वे ऐसा करना चाहते थे इसीलिए हमसे इतना काम करवाते थे। प्रतिदिन वे हमसे स्कल्पचर के बारे में पूछते थे। प्रतिदिन वे हमारे स्कैच्स को देखते थे और हमारा मार्गदर्शन करते थे। बताते थे कि तुम्हें अपने समय का किस प्रकार उपयोग करना है। वे बहुत ज़्यादा डोमिनेटिंग थे, साथ ही प्रेम से भरे हुए थे। उनकी वजह से ही लगता था कि हमें कुछ करना चाहिये। उनका गाइडेंस मिलता रहा और हम काम करते रहे। उनका उद्देश्य हमेशा बहुत ऊँचा होता था कि मेरे विद्यार्थी को कभी भी अण्डर–लेबल नहीं रहना चाहिये। इसके लिए वे हमेशा कोशिश करते रहते थे।

एक स्कल्पटर को जो–जो चीज़ें सीखनी चाहिये, उसे सिखाने की पूरी तरह से उन्होंने कोशिश की। जैसे मोल्डिंग, मोल्डिग में कोई समझौता नहीं। सब कुछ अच्छी आनी ही चाहिये और समझ एकदम साफ़ होनी चाहिये।

लाइफ–स्टडी करवाते थे। छोटे साइज से लेकर फुल–फिगर तक। रिलीफ में भी उन्होंने काफ़ी कुछ हमको बताया कि किस ढंग से करना चाहिये। ढेरों बातें हैं।

शंखो दा भी स्टूडियो में काम करते थे? और आप उन्हें काम करते हुए देखते थे...

उनको काम करते हुए देखने का मौक़ा हमें मिला, वो एक तरह से प्रेरणा थी। जब वे काम करते थे, हम देखते थे कि वे अपने काम में इतने अधिक समर्पित हो जाते थे कि आजू–बाजू की सब चीज़ें भूल जाते थे। जो थोड़ा–सा हमने उनसे प्राप्त किया, उसी से प्रेरित होकर अपना काम किया। पता नहीं कितना कर पाये? लेकिन जो प्रेरणा थी, उसको ही हमने अपने काम में डाल लिया।

सन् १९५४ से लगातार सात बरस आपने शंखो दा के साथ काम करते व्यतीत किया। उसको लेकर कुछ बातें बतायें।

उस समय चार साल का बैचलर कोर्स था। पाँचवें साल में मैंने नेशनल स्कॉलरशिप के लिए एप्लाई किया और सौभाग्य से मुझे वो स्कॉलरशिप मिल गयी। उस वक़्त यह था कि यदि आपको नेशनल स्कॉलरशिप मिली है तो आप न डिग्री कर सकते हैं और न ही डिप्लोमा कर सकते हैं। वो दो साल आपको प्रैक्टिकल काम में ही लगाने होंगे। इस तरह से सात साल मैंने वहाँ काम किया। स्कॉलरशिप जब ख़त्म होने वाली थी, तब मुझे सौभाग्य से मुम्बई में एक कमीशन वर्क करने का अवसर मिला, बाद में मैं मुम्बई चला गया। वहाँ काम करते हुए मैंने अपने काम को बढ़ाया। मुम्बई में मैंने दो साल तक काम किया। वहाँ से मैंने कॉमनवेल्थ के लिए एप्लाई किया, सौभाग्य से मुझे वह स्कॉलरशिप मिल गयी और मैं लगातार काम करता रहा।

आपको नेशनल स्कॉलरशिप चौधुरी साहब के अण्डर में ही मिली थी?

स्कॉलरशिप की अवधि में चौधुरी साहब के साथ काम करना और क्लास-वर्क में उनके साथ काम करने में फ़र्क़ था। क्योंकि स्कॉलरशिप के समय न डिग्री कर सकते हैं, न डिप्लोमा कर सकते हैं, सिर्फ़ स्वतन्त्र होकर अपना काम करना होता था।

क्या उस समय आपको पूरी स्वतन्त्रता मिली थी? उस समय की ऐसी कुछ बातें जिन्होंने आपकी स्वतन्त्रता को दुगुना कर दिया हो?

उसमें मेरा अनुभव अलग रहा है। जब मुझे ये स्कॉलरशिप मिली, उसके अन्तर्गत स्कॉलर को अपना मैटेरियल लाना होता था। उस समय मैंने बहुत ही सस्ती चीज़ें लाकर एक्सपेरीमेण्ट्स किये। जबकि शंखो दा का आइडिया बिलकुल ही अलग था। एक बार जब मैंने 'कृष्णराज' (एक बड़े आकार का शिल्प) किया था कॉलेज के गेट के पास, वह दूर से ही दिखायी देता था। उसे पीछे से खुला छोड़ दिया था। मैंने पुआल लेकर उसके ऊपर स्क्रैप कर दिया था। शंखो दा बोले, 'ये चीज़ें तो नहीं होनी चाहिये।' फिर भी देखकर दंग रह जाते थे कि ये लड़का क्या कर रहा है। सन् १९६२ में किया। पच्चीस फीट का था। लकड़ी और स्क्रैप के साथ किया। जब ख़त्म हो गया तो शंखो दा बोले, 'ये किसी के ऊपर गिरेगा, तुम किसी को मार डालोगे।' मैंने तो उसे नीचे नहीं उतारा, लेकिन फिर पता नहीं कि उसका क्या हुआ।

जब हम पढ़ रहे थे, तब किसी को भी ब्रोंज कास्टिंग के बारे में पता नहीं था। केवल शंखो दा ही जानते थे। उस समय जर्मन मूर्तिकार एस.के. डोरिंग को बुलाया जो ब्रोंच कास्टिंग अच्छी तरह से जानते थे। उनको उन्होंने विभाग में एडवाइजर के रूप में बुलाया। उनके मार्गदर्शन में शंखो दा हमेशा एक्सपेरीमेण्ट करते रहते थे और हम कास्टिंग सीख रहे थे।

हमें भट्ठी जलाना नहीं आता था। हमारे कास्टिंग के लिए एक चपरासी था, वह जलाता था और चला जाता था। भट्ठी कभी-कभी बुझ जाती थी, हम लोग सुबह से शाम तक भट्ठी जलाने की कोशिश करते रहते थे। फिर शंखो दा के घर जाकर कहते कि सर, भट्ठी नहीं जल रही है। फिर उन्होंने बताया कि भट्ठी कैसे जलायी जाती है। हम दो-दो दिन तक मेटल को पिघलाने के लिए मेहनत करते थे। शंखो दा ने बताया कि किसी भी चीज़ से हार मत मानो। उसी तरह हम लगातार एक्सपेरीमेण्ट करते गये।

काम करने की जो उनकी स्प्रिट थी या जो व्यक्तित्व था, उसने निश्चित ही आपको प्रभावित किया था?

उन्हीं से तो सीखे हैं हम। वो चीज़ें जितनी उनमें थीं, शायद उतनी हममें नहीं आयी होंगी। लेकिन हमें भी वो चीज़ें प्राप्त करना चाहिये, ये डिटरमिनेशन शंखो दा ने ही सिखाया। दूसरी बात यह कि मोल्ड की पद्धति किसी को पता नहीं था कि किस ढंग से होना चाहिये। हम मेटल शीट को कवर कर देते थे और ऊपर पतरा डाल देते थे। कार्विंग का भी हमें पता नहीं था।

सर, जब मैं पढ़ रहा था तो मैंने आपको आयरन और क्ले में काम करते हुए देखा और आपके काम में मैंने देखा कि ज़्यादा कट्स हैं, स्ट्रोक्स हैं, स्फूर्ति है, फोर्स है। यानी सब कुछ दिखता है। बनारस में चौधुरी साहब विजिटिंग प्रोफ़ेसरशिप पर आये थे। वे छह महीने वहाँ रहे, उन्होंने बहुत सारे पोर्ट्रेट किये, तब ये सारी बातें मैंने पहली बार देखीं। मेरा ख़याल है कि ये जो गुण हैं, ये आपने बहुत ही बारीक़ी से चौधुरी साहब से सीखे हैं।

वो गुण तो हमने उनसे ही लिये हैं। उनकी काम करने की जो स्प्रिट है, वह हमारे काम में आना चाहिये, उनकी जैसी ताक़त हमारे काम में आनी चाहिये, उनकी जैसी स्ट्रेन्थ आनी चाहिये। हम उसके कितने क़रीब पहुँचे, इसका पता नहीं, पर हमने पूरी कोशिश की।

शंखो दा अपने गुरु की बातें आप लोगों से शेयर करते थे कि किंकर दा कैसे काम करते हैं, कैसे रहते हैं। उनके गुरु के बारे में जानकर आप लोग कितना प्रभावित होते थे?

वे एक दफ़ा बता रहे थे कि शान्तिनिकेतन में एक शाम किंकर दा काम कर रहे थे। शंखो दा भी उसी के नज़दीक काम कर रहे होंगे। सीधा कंक्रीट-सीमेण्ट पर काम हो रहा था। काफ़ी काम हो चुका था। दूसरे दिन सुबह किंकर दा हैमर लेकर उसको तोड़ रहे थे। शंखो दा ने देखा तो कहा कि ये क्या कर रहे हो। कहा—'तोड़ रहा हूँ। इसको रखकर क्या करूँगा, ये मुझे पसन्द नहीं है।' उन्होंने उसे फिर से बनाया। किंकर दा को ऐसा लगा होगा

कि मुझे जो स्प्रिट इस काम में लाना है वह आयी नहीं है तो इसको रखकर क्या फ़ायदा, इसलिए उन्होंने उसे तोड़ दिया होगा। मतलब यह कि अपने काम को ज़िन्दा रखने के लिए वो स्प्रिट अपने काम के अन्दर आना आवश्यक है।

> शंखो दा ने कुछ ऐब्स्ट्रेक्ट स्कल्पचर किये हैं। ओलम्पिक के लिए भी किये थे। सर, जब आपने ऐब्स्ट्रेक्शन शुरू किया, तो क्या शंखो दा के काम की कुछ प्रेरणा थी या अन्दर से ही एक स्फूर्ति आयी? ऐब्स्ट्रेक्शन की तरफ़ आपका जो क़दम बढ़ा, उसमें आपको क्या लगता है?

उसके अन्दर शंखो दा ने बहुत प्रयोगात्मक काम किये हैं। वे अपने काम में बहुत अधिक प्रयोग करके नयी-नयी चीज़ें बनाने की कोशिश करते थे। उस स्टाइल में हेनरी मूर जैसे कलाकार मास्टर माने जाते थे। उससे बाहर निकलने के लिए क्ले में कोई प्रयोग नहीं करता था। उस ज़माने में इण्टरनेट जैसा माध्यम तो था नहीं। बाहर की कला को जानने के लिए 'स्टूडियो' नाम की एक मैगज़ीन आया करती थी। कला के बारे में जानने के लिए वो मैगज़ीन एकमात्र माध्यम थी कि दुनिया में कला में क्या चल रहा है। हमें प्रेरणा मिलती थी कि उन लोगों के काम को देखकर ही हमारे काम में गुणवत्ता आयेगी। हेनरी मूर जिस तरह से ऐब्स्ट्रेक्शन करते थे, उस क़िस्म से बाहर निकलने का मौक़ा हमारे ज़िम्मे था।

मेरी अवधारणा थी कि मेरे काम के अन्दर स्टोन उपयुक्त नहीं है। क्योंकि मेरे काम के अन्दर कहीं न कहीं ऐसी डेलीकेसी आ जाती थी जिसकी वजह से वो स्टोन के लिए उपयुक्त नहीं था। मेरी बड़ी तमन्ना होती थी कि मुझे डेलीकेसी का इस्तेमाल करने का कोई मौक़ा मिले।

> हम जानते हैं कि शंखो दा आपके गुरु थे। जब आप उनसे शिक्षा ले रहे थे, उस समय देश में दूसरी विधाओं में भी गुरु थे। मैं किसी की तुलना नहीं कर रहा हूँ। मूर्तिकला के दूसरे शिक्षक भी थे, जैसे प्रदोश दासगुप्ता, चिन्तामणि कर एवं धनराज भगत और बहुत से लोग। उनमें ऐसा कुछ ख़ास क्या था? मैं यह जानने के

लिए उत्सुक हूँ।

जैसा मैंने बताया कि वे एक महान् टीचर थे, इस बात को किस ढंग से रखना चाहिये, यह मेरे लिए मुश्किल है। उनका सिखाने का जो तरीक़ा था, उसे अभिव्यक्त कर पाना मेरे लिए कठिन काम है। कुछ इस तरह की बात थी कि 'काम करते जाओ और उसमें से रास्ता ढूँढ़ते जाओ। कभी समझौता मत करो।'

आप कितने भी बड़े और महान् शिक्षक के पास पढ़ने के लिए जाओ, यदि वह आपको भावनात्मक रूप से आकर्षित नहीं करता है तो उसकी विद्या हम नहीं पा सकते हैं। शंखो दा ने ये दो चीज़ें कीं। एक तो वह भावनात्मक रूप से अपना बना लेते थे। ऐसा नहीं कि पूरे समय आपकी तारीफ़ ही करते थे, बल्कि धमकाते भी थे और उस धमकाने में भी अपनापन था। उसकी वजह से ही हमने कुछ पाया।

डाँटते बहुत थे, क्या आपको डाँट पड़ी है?

हाँ, सबको डाँटते थे।

आपके स्वभाव को देखकर मुझे नहीं लगता कि आपको भी डाँटा होगा।

एक जगह उन्होंने डाँटते हुए कहा कि ऐसा स्कैच नहीं होना चाहिये। जो कुछ तुम कर रहे हो, उसमें उसका पूरा व्यक्तित्व आना चाहिये। देखो, ये सारी रेखांकन शंखो दा की ही सिखायी हुई हैं। इतने सारे स्कैच करने के बाद मैंने डक के दो स्कल्पचर बनाये। (कनेरिया सर ने अपने छात्र जीवन के बहुत सारे रेखाचित्रों को हमें दिखाया।)

उस समय स्कल्पचर में कौन-कौन से सीनियर स्कल्पटर थे?

जब हम पढ़ते थे तो सबसे ज़्यादा सीनियर मोस्ट महेन्द्र पाण्ड्या थे। गिरीश भाई थे, नरेन्द्र पटेल, मारोड़कर, जोशी आदि लोग थे। पांचाल और नागजी हमारे जूनियर थे।

मैंने देखा है कि उनके छात्र अलग-अलग स्वभाव के होते थे और उनका व्यवहार अलग-अलग छात्रों के साथ अलग तरह का होता था। मतलब यह कि किस छात्र को किस तरीक़े से बरतना है।

शंखो दा की क्वालिटी ही इस तरह की थी। जब कॉलेज शुरू हुआ, तब यूनिवर्सिटी में चर्चा थी कि ये क्या बनायेंगे। श्रीमती हंसा मेहता (कुलपति) बहुत अच्छी महिला थीं, उनकी वजह से ही कॉलेज शुरू हुआ। हर समाचार-पत्र में यह ख़बर होती थी कि फ़ाइन आर्ट के स्टूडेण्ट्स रात को करते क्या हैं? शंखो दा अकेले व्यक्ति थे जो यूनिवर्सिटी में जाकर बोलते थे। कॉलेज के फण्ड के लिए लड़ाई करते थे। कॉलेज को किस तरह ज़्यादा फण्ड मिले और विद्यार्थियों को ज़्यादा से ज़्यादा सुविधाएँ मिल सकें, इसके लिए शंखो दा हमेशा प्रयास करते रहते थे।

जब हम स्टडी टूर पर जाते थे तो वे मुख्य लीडर होते थे। पूरा दिन विद्यार्थियों के साथ काम करते थे और अपना खाना ख़ुद बनाते थे। बर्तन, आटा, चावल, और सारी चीज़ें लेकर जाते थे। एक पूरी बोगी रिजर्व करवाते, बोगी के अन्दर ही चाय, नाश्ता, खाना बनाते थे और सब स्टूडेण्ट्स को खिलाते थे।

ऐसी विलक्षणता, जिसका आप वर्णन कर रहे हैं, मैंने अपनी ज़िन्दगी में कभी नहीं देखी...

शंखो दा ऐसे ज़ोरदार व्यक्ति थे कि उनके लिए हमारे पास शब्द नहीं हैं। एक बार दिसम्बर माह में हम अजन्ता, एलोरा के टूर पर गये थे। वहाँ फॉरेस्ट का एरिया था। हमारी कक्षा में 'नायक' नाम का लड़का बहुत शरारती था। वह बीड़ी पीता था। उसने माचिस की तीली जलाकर घास में डाल दी। देखते ही देखते पूरे फॉरेस्ट में आग लग गयी। वह आग लगाकर भाग गया था और हम सब पीछे आ रहे थे। हमने देखा कि सब जल रहा है तो हमने आसपास की हरी घास से उसे बुझाने का काफ़ी प्रयास किया लेकिन आग बढ़ती ही जा रही थी। रात को फॉरेस्ट विभाग के लोग आये और कहा कि जिसने आग लगायी है, उसे हम पुलिस चौकी ले जाते हैं। हम सब इधर-उधर देखने लगे कि किसने किया है। शंखो दा ने किसी तरह

मामला शान्त कर दिया और फॉरेस्ट विभाग के लोगों को वापस जाना पड़ा। So he was a versatile person not only in art fields, but in other aspects also.

मैंने देखा है कि वे अपने शिष्यों का बड़ा सम्मान करते थे। वे मुख्य रूप से बड़ौदा में ही रहे। मैंने उनमें यह महसूस किया कि वे सभी को एक×सा सम्मान देते थे। बहुत प्यार से उनसे बातें करते थे। कहीं किसी के साथ यदि कोई दुर्घटना हो जाती थी तो उन्हें बहुत दुःख होता था। इस पर आप कुछ कहें तो मुझे अच्छा लगेगा।

विद्यार्थियों के प्रति उनमें गहरा लगाव था। कॉलेज में कई स्टूडेण्ट्स बहुत विषम परिस्थितियों से आये थे। कुछ ऐसे थे जिनकी आर्थिक स्थिति अच्छी नहीं थी। शंखो दा सोचते थे कि इनको कुछ न कुछ मदद मिलनी ही चाहिये। ऐसे बच्चों की मदद करने के लिए उन्होंने कॉलेज के अन्दर 'पुअर ब्वायज हॉस्टल' बनाया था। वो उनकी वजह से ही सम्भव हुआ। वे यूनिवर्सिटी से किसी भी तरह से ग्राण्ट ले आते थे। उन्होंने चार कमरे बनाये, जहाँ फ़ाइन आर्ट्स के विद्यार्थी रहकर पढ़ाई कर सकें। जब तक हम यहाँ रहे, फेमिली मेम्बर बनकर रहे। इरा दी ने हमें माँ का प्यार दिया। कोई भी मुश्किल घड़ी होती तो वे लोग हमारा साथ देते थे।

सन् १९६७ में बड़ौदा में भारी बाढ़ आयी थी। उस समय हम लोग हॉस्टल में रहते थे एवं जो लोग बाहर रहते थे वो भी खाना खाने के लिए उनके घर आते थे। धीरे-धीरे बाढ़ का पानी बढ़ने लगा और इतना बढ़ गया कि हम कहीं वापस नहीं जा सकते थे। शंखो दा ने तीन-चार रोज़ हमें अपने घर में ही रखा। ज्योति भाई थे, मैं था और लोग थे। हम लोग उनके घर में ही ठहरे थे। वहीं खाना खाया। कपड़े वग़ैरह भी उन लोगों ने दिये थे।

उस समय एक लड़का, जो यूनिवर्सिटी का स्विमिंग चैम्पियन था। उसने सोचा होगा कि मैं इतना बड़ा तैराक हूँ, उसने हॉस्टल के सामने नाले में छलाँग लगा दी, पर वह उसमें बह गया। जब वह दिखायी नहीं दिया तो सर ने कहा उसे ढूँढ़ना चाहिये। हम सब उसे ढूँढ़ने निकले, बहुत प्रयास किया, पर कुछ पता नहीं चला। तीन-चार रोज़ के बाद जब पानी चला गया तो कुछ ही दूरी पर उसकी लाश पड़ी हुई मिली।

चौधुरी साहब एक बहुत ही अलग ढंग के व्यक्ति थे। दूसरों के लिए उनमें

बहुत फीलिंग्स थीं। जिन लोगों को जानते भी नहीं थे, उनके प्रति भी उनके दिल में अच्छी भावनाएँ थीं, बहुत लगाव था। कहने का तात्पर्य यह है कि उनके लिए अच्छा या बुरा कुछ था ही नहीं। जो शरारती होता था, उसके प्रति ज़्यादा प्रेम होता था कि ये लड़का कुछ कर सकता है। जैसे रमेश पटेरिया के लिए बहुत लगाव था। पटेरिया के लिए सबसे लड़ाई भी कर लेते थे। मैं चौधुरी साहब के बारे में दस प्रतिशत भी नहीं बोल सका। वे बहुत ग़ज़ब के व्यक्ति थे। मैं बस इतना ही कह सकता हूँ कि वे एक महान् व्यक्ति और महान् शिक्षक थे। आज हम जो भी कुछ हैं, उनकी वजह से ही हैं।

> मेरा सौभाग्य रहा है कि मैं आप लोगों से मिलने के पहले सन् १९७६ में उनसे मिला, राम छाटपार की वजह से। वे उनके अन्तिम स्टूडेण्ट रहे हैं। संयोग से राम सर बनारस में हमारे गुरु रहे और उनके कारण शंखो दा बनारस भी आये और वहाँ पर हमारा पहला परिचय हुआ।
>
> मैं उस समय थर्ड ईयर में था। उनका व्यक्तित्व ऐसा था कि उनसे बात करने की हिम्मत नहीं पड़ती थी, लगता था कि मैं इनके क़रीब जा सकूँगा या नहीं। ये प्रभाव बहुत दिनों तक बना रहा। मैं जितना उनके नज़दीक गया, शायद उतना किसी और के नज़दीक नहीं पहुँच पाया। मुझे उनके जीवन में बहुत अधिक आकर्षण महसूस हुआ, मुझे लगा कि ये तो हमारे गुरु के गुरु हैं। मुझे आप लोगों के गुरु के साथ तीस साल रहने का सौभाग्य प्राप्त हुआ है।

सारी चीज़ें एक साथ याद नहीं आतीं। काफ़ी चीज़ें आपके जाने के बाद याद आयेंगी। हमारे कॉलेज के अन्दर जो पोखर है, वह शंखो दा की ही देन है। उन्होंने हम सबसे श्रम करवाकर ख़ुदवाया। हम सब लोगों ने उसको बनाया है। मिस्त्री का काम भी हमने किया है। जो चीज़ें पढ़ाई के अन्दर नहीं आतीं, उन चीज़ों को भी करवाते थे।

एक दूसरा उदाहरण यह है कि 'फ़ाइन आर्ट फ़ेयर' भी उन्होंने ही शुरू करवाया। जब १९६२ में चीन ने हमारे ऊपर आक्रमण किया, उसकी वजह से शंखो दा को एक नया विचार आया कि हमें अपना कुछ पैसा डिफ़ेन्स फण्ड में देना चाहिये। उसके लिए उनका विचार था कि हम फ़ाइन आर्ट

फ़ेयर आयोजित करें, उसमें जो धनराशि एकत्रित होगी, वह हम डिफ़ेन्स फण्ड में जमा करवा देंगे। यह देश के लिए अच्छा होगा। तो उस आदमी का डायमेंशन इतना बड़ा था, उसे पूर्णतः अभिव्यक्त कर पाना मुश्किल है।

उस समय किसी को यह आइडिया नहीं था कि क्या होगा, कैसे होगा, कितना पैसा इकट्ठा होगा, कौन देखने आयेगा; लेकिन चौधुरी साहब का आइडिया था, करना था। तैयारी हुई। सब लोगों ने कुछ न कुछ किया। मुझसे एक नाव मँगवायी। मुझे पोखर के अन्दर बच्चों को घुमाना था। उसका चार्ज पच्चीस पैसा रखा गया। यह भी ध्यान रखना था कि जो भी बच्चा आता है उसको आनन्द आना चाहिये। फ़र्स्ट आर्ट फ़ेयर में प्रत्येक के लिए आश्चर्य था कि चलो देखते हैं क्या है। बहुत लोग देखने के लिए आये।

दूसरे दिन शाम को मीटिंग हुई। सब लोगों ने अपनी-अपनी राशि जमा की। सब ख़ुश हो गये। राशि बहुत बड़ी नहीं थी, लेकिन हम लोगों को जो उम्मीद थी उससे बहुत ज़्यादा थी। काफ़ी लोग उसमें आये थे, कुछ पैसे भी मिले तो लोगों का हौंसला बढ़ गया। हमारा कलेक्शन पचास रुपये था।

इस तरह कई बातें हैं। वे एक महान् शिक्षक होने के साथ-साथ चुनौती लेने वाले व्यक्ति थे।

नागजी पटेल

वे मनुष्य के चरित्र को उभारने वाले महान् व्यक्ति थे

३० अक्टूबर, २०१५

दूसरे दिन प्रातःकाल २९ अक्टूबर, २०१५ को नागजी पटेल के यहाँ जाना सुनिश्चित था। परन्तु अकस्मात् एकदम ही प्रातःकाल इन्दिरा बेन के द्वारा मुझे पता चला कि राम छाटपार सर की बड़ी बहन पुष्पा बेन (उम्र ७७ वर्ष) का स्वर्गवास हो गया है। इन्दिरा बेन, कृष्ण छाटपार सर के घर, जाने के लिए तैयार ही हो रही थीं। मैंने तत्काल २९ अक्टूबर का सारा कार्यक्रम स्थगित कर, तुरन्त ही तैयार होकर, उन्हीं के साथ कृष्ण छाटपार सर के घर पहुँच गया। सारा दिन हम लोग दाह-संस्कार के क्रिया-कर्म में लगे रहे। उस दिन देर शाम को घर वापस आकर स्नान-ध्यान से निवृत्त हुए।

फिर ३० अक्टूबर प्रातः ११ बजे हम दोनों (सरोज सिंह के साथ) नागजी भाई के स्टूडियो पर पहुँचे, जैसा कि नागजी भाई को २९ को न आने की सूचना दे दी थी। कृष्ण छाटपार एवं नागजी पटेल दोनों लोग एक-दूसरे के अन्तरंग मित्र रहे हैं। नागजी भाई को भी पुष्पा बेन के दुखद देहान्त की

सूचना मिल चुकी थी। जब हम उनके स्टूडियो में पहुँचे तो वह पत्थर शिल्प को तराश रहे थे। ७७-७८ की उम्र में भी नागजी हमेशा सक्रिय एवं युवा लगते थे। बराबर काम करते रहते हैं, पूरा छोटा स्टूडियो उनके शिल्पों से भरा पड़ा था। बाहर प्रांगण में कई बड़े आकार के पत्थर तराशने का इन्तज़ार कर रहे थे।

नागजी भाई के साथ कुछ इधर-उधर की बातचीत करने के बाद हमने मुख्य विषय पर बात करना प्रारम्भ कर दिया। सरोज सिंह बड़ी सजगता से उनकी बातचीत को आई-पैड पर रिकॉर्डिंग करते रहे। नागजी भाई से मेरा परिचय उतना ही पुराना है जितना हमारा रिश्ता बड़ौदा के साथ का है!

> सन् १९५५ से १९६४ तक आप शंखो दा के साथ रहे हैं। आपके गुरु भी रहे हैं...

मुझे लगता है कि वे केवल हमारे गुरु ही नहीं थे, बल्कि एक पिता की तरह थे। क्योंकि हमारे स्वास्थ्य का, हमारे ख़र्चे का या और भी जो समस्याएँ होती थीं, उसके बारे में हमेशा सोचते थे। पूछते रहते थे कि—'खाना खाया कि नहीं खाया? क्यों खाना नहीं खाया?' कौन-सा टीचर हमेशा किसी को पूछेगा? जब हम रात में काम करते थे, एक बजे, दो बजे रात तक, कास्टिंग होता था तो घर से खाना आ जाता था। कहते थे, चलो खाना खाओ।

वे एक अलग तरह का सम्बन्ध रखते थे और इसको निभाते थे। हर एक टीचर ऐसा नहीं कर सकता! इधर समय हो गया तो उधर (घर) चले जाओ। वो गुरु तो थे ही, लेकिन एक पिता भी थे, क्योंकि हमारी बहुत सी पर्सनल चीज़ों में रुचि लेते थे। उनका पूरा एप्रोच ही अलग था। उनका इस तरह का कॉन्सेप्ट नहीं था कि ख़ाली पढ़ा रहे हैं, कुछ सिखा रहे हैं। उनका पूरा एप्रोच व्यक्तित्व को उभारने का था। वे एक कलाकार को पहले अच्छा इनसान बनाना चाहते थे। ये सब चीज़ें मेरे लिए बहुत महत्त्व रखती हैं।

मुझे याद है कि सन् १९६०-६१ में जब मुझे और रजनीकान्त पांचाल को 'नेशनल अवार्ड' मिला और अवार्ड के लिए दोनों को दिल्ली जाना था। हम पहले कभी दिल्ली गये नहीं थे तो डर था कि दिल्ली कैसे जायेंगे। हमने दो-तीन दोस्तों को तैयार किया कि तुम भी साथ चलो। वो लोग भी

तैयार हो गये। हमने टिकट करा लिये। उन्होंने पूछा—'अवार्ड मिला है?' हाँ। कहा—'बहुत अच्छा हुआ।' 'कब जा रहे हो?' मैंने कहा, 'इस तारीख़ को जा रहे हैं।' उन्होंने कहा—'अच्छा है। कैसे जा रहे हो?' मैंने बताया, मुझे और पांचाल को जाना है। हम लोग नये-नये थे, गाँव से आये हुए थे, बड़े शहर में जाना है इसलिए डर लग रहा था। हमारे साथ एक नायक और एक बाबाजी था। हमने उनसे कहा और वो तैयार हो गये। सबने टिकट करा लिये। कहा, इस तारीख़ को, दिन की ट्रेन है।

वे एकदम ग़ुस्सा हो गये। कहा कि—'पागल है।' मुझे समझ नहीं आया कि क्या बोल रहे हैं, क्यों बोल रहे हैं। पूछा—'तुम्हारी उम्र कितनी है?' मैंने कहा कि चौबीस साल। उन्होंने कहा—'अभी से 'डिसहॉनेस्ट' हो रहा है तो बड़ा होकर क्या करेगा?' वो बात मुझे बिलकुल समझ में नहीं आयी। फिर उन्होंने कहा—'देखो, सरकार तुम्हें फ़र्स्ट क्लास का किराया देती है और तुम थर्ड क्लास में जा रहे हो। तुम्हें फ़र्स्ट क्लास में जाना है।' जनता ट्रेन में फ़र्स्ट क्लास नहीं होता था। कहने लगे—'अभी इस ट्रेन में मत जाओ। अगर जाना ही है तो उधर ऑफिस में जाकर बोलना कि हम थर्ड क्लास में आये हैं, हमें थर्ड क्लास का ही पैसा दो, फ़र्स्ट क्लास का नहीं।' यह एक चीज़ है सीखने के लिए।

फिर बोले—'क्या कपड़े वग़ैरह लिये?' 'हाँ।' 'क्या है?' मैंने कहा—'यही स्वेटर इत्यादि है।' कहा कि—'दिसम्बर में वहाँ बहुत ठण्ड होती है, तुम प्रेसिडेण्ट से अवार्ड लेने जा रहे हो और ये स्वेटर पहनकर जा रहे हो। शाम को घर पर आना।' पांचाल भी साथ में था। हम दोनों उनके घर गये। वे पहले लन्दन में थे। अलमारी खोली, सब सूट-बूट निकाला—'चलो ये पहनकर देखो। नहीं, ये पहनकर देखो।' पैंट-कोट पहनाया। साथ में पांचाल को भी पहनाया। 'हाँ, यह ठीक है। यह पहनकर जाना है।' पांचाल से भी यही कहा। 'लेकिन जनता गाड़ी से नहीं जाना है, देहरादून एक्सप्रेस से जाओ।' हाँ सर। फिर बोला—'तुम लोग जाने के एक दिन पहले इधर घर आ जाना। देहरादून का टिकट करवा लो। देहरादून सुबह पाँच बजे निकलती है। तुम्हें साढ़े चार बजे स्टेशन पहुँचना है।'

हम लोगों ने टिकट चेंज करवा लिये। अगले दिन सर के घर पर गये। उन्होंने पूछा—'सब कुछ तैयार है, ठीक है, यही पहनकर जाना है। सब बैग में रख लो। खाना खा लो।' उनके घर खाना खाया। फिर बोले—'यहीं सो

जाओ, क्योंकि यहाँ से स्टेशन नज़दीक पड़ता है। सुबह चार बजे उठ जाना। तैयार होकर स्टेशन जाना है।' मैं कहीं रहता था, पांचाल कहीं और रहता था। उन्होंने फिर पूछा—'खाना खाया ? चार बजे उठ जाओगे ? कैसे उठोगे ?' हमने कहा—'हाँ, सर उठ जायेंगे।' फिर कहा—'कैसे उठोगे ? ऐसा करो कि खाना खाकर पानी पीओ और पेशाब मत करना। ऐसे ही सो जाओ। पेशाब नहीं करेगा तो जल्दी उठेगा।'

फिर हम लोग चार बजे उठे और उन्होंने हमें स्टेशन भी छोड़ा था। बाक़ी लोगों को भी जाना था। हम लोगों ने फ़र्स्ट क्लास का टिकट लिया था। उन तीनों का टिकट जनता ट्रेन में था। वो लोग सीधे दिल्ली चले गये और हम देहरादून से गये। हम दिल्ली स्टेशन पर उतरे। फिर हमने एक रिक्शा लिया और एक सस्ते होटल में जाकर रुक गये। हम जाकर सो गये। सुबह उठकर सूट-बूट पहनकर तैयार हुए और अवार्ड लेने के लिए नेशनल गैलरी ऑफ़ मॉडर्न आर्ट गये। अवार्ड लिया, फिर हम लोग मिले। उन्होंने बताया कि पास में ही एक धर्मशाला है, बहुत सस्ती है, दस रुपये प्रतिदिन पर। फिर हम सब धर्मशाला में चले गये, वहाँ रहे, दिल्ली में ख़ूब घूमे। फिर मैंने पांचाल को बोला, मथुरा का म्यूज़ियम देखते हैं। मथुरा गये, म्यूज़ियम देखा और वापस आकर स्टेशन पर बैठ गये। रात को दो बजे ट्रेन आयी। हम बड़ौदा वापस आ गये।

फिर डेढ़-दो साल बाद, १९६२ में उन्होंने गाँधी जी बनाया। काफ़ी बड़ा था। मैं, कनेरिया, पांचाल, सब लोग दिन-रात काम करते थे। काम चलता रहता था। काम ख़त्म होने के बाद चौधुरी साहब सबको छोड़ने जाते थे। रात को दो बजे गाड़ी लेकर आ रहे हैं और सबको घर छोड़ रहे हैं। छोड़ने के लिए ख़ुद आते थे। कभी बहुत देर हो गयी तो कॉलेज में ही सब सो जाते थे, सुबह घर जाते थे।

> मैं जब ऐसी बातें सुनता हूँ तो आश्चर्य होता है, लेकिन चौधुरी साहब के लिए नहीं होता। मुझे लगता है कि उनका पूरा जीवन इसी तरह का था।

कभी भी पूछ लिया करते थे कि तुमने फीस भर दी। मैंने बोला नहीं, तो किसी सीनियर स्टूडेण्ट को बुलाकर कहते, इसको पैसा दे दो ये फीस भर

देगा। हमारे कॉलेज में जो भी अच्छे स्टूडेण्ट होते थे, उन्हें स्कॉलरशिप दिलाते थे—ख़ाली पढ़ाई में ही नहीं, जो स्वभाव में भी अच्छे होते थे, उनकी मदद करते थे।

जब मेटल कास्टिंग होती थी तो हम लोग शाम पाँच बजे जाकर सारी रात काम करते थे। वैक्स, मोल्डिंग आदि कार्य। सुबह चार बजे चौधुरी साहब आकर हमें घर छोड़ देते थे। घर जाकर सुबह सात बजे हम सो जाते थे और शाम को पाँच बजे फिर पहुँच जाते थे। चौधुरी साहब हमेशा हमारे खाने-पीने का ध्यान रखते थे, पैसे का ध्यान रखते थे। मैं समझता हूँ कि बहुत ही कम टीचरों में यह क्वालिटी होती है। इस तरह चौधुरी साहब एक अद्भुत व्यक्ति थे।

> इस तरह का आदर्श इतने बड़े प्रतिशत में मैंने तो कभी नहीं देखा। दूसरी बात यह कि फ़ैकल्टी ऑफ़ फ़ाइन आर्ट्स के विद्यार्थियों से हमेशा आप जुड़े रहे हैं। मुझे लगता है कि ये चौधुरी साहब की ही देन थी कि उन्होंने कहीं पर कोई गैप नहीं रखा।

फिर जब भी वे बड़ौदा आते थे—तब तक मेरी पढ़ाई भी ख़त्म हो चुकी थी—लेकिन वे हमें मिलने के लिए बुलाते थे। कॉलेज ख़त्म होने के बाद ही हम वहाँ जाते थे, उनसे मिलते थे। वैसे कॉलेज तो कास्टिंग के बाद ख़त्म हो गया था फिर भी हम लोग वहाँ जाकर काम करते थे। हमारे सम्बन्ध एकदम अलग थे। हम कभी-कभी दिल्ली जाते थे तो वह अपने घर पर ही बुला लेते थे। बियर पार्टी होती थी। अब आप सोचिये, एक बार कॉलेज ख़त्म होने के बाद इतना पर्सनल रिलेशन कहाँ होता है?

> यूगोस्लाविया में जो पहला अन्तरराष्ट्रीय स्टोन कार्विंग कैम्प हुआ था, उसमें शंखो दा ने भारत का प्रतिनिधित्व किया था, जो कि पहली बार था।

हाँ, यूगोस्लाविया में, पर वह वुड कार्विंग कैम्प था।

> वहाँ से वापस आने के बाद शंखो दा ने १९६२ में मकराना में

कैम्प किया था, आप भी उसमें थे?

नहीं, मैं नहीं था। मैं दिल्ली में था।

मैंने सुना है कि वही भारत में पहला कैम्प था?

हाँ। उसमें शर्बरी राय चौधुरी और कृष्ण छाटपार थे। उस कैम्प में दिल्ली के तीन, बड़ौदा के तीन और बंगाल के तीन लोग शामिल हुए थे। इसके अलावा और मुझे याद नहीं है। मैं सोचता हूँ कि यह भारत में इस तरह का पहला कैम्प था। पहले मथुरा में शुरू किया, वहाँ बहुत गर्मी थी, इसलिए जयपुर में शिफ्ट किया। वहाँ भी थोड़ा काम करके फिर दिल्ली ले गये थे। वह कैम्प की शुरुआत थी।

उस कैम्प से आपका सीधा रिश्ता नहीं रहा। आपने स्टोन कार्विंग कब शुरू किया?

मैंने कॉलेज में ही कार्विंग किया। फ़र्स्ट स्टोन कार्विंग मैंने १९६० में किया।

उसके पहले कौन लोग करते थे?

उस समय नरेन्द्र पटेल थे, जो बाद में अमेरिका चले गये। पाण्ड्या सर ने एक शिक्षक के रूप में उस समय ज्वाइन किया था। १९५९-६० में वे लोग कक्षाओं के साथ काफ़ी व्यस्त थे। छाटपार भी थे, उन्होंने भी स्टोन कार्विंग शुरू किया था। पांचाल ने ज़्यादा नहीं किया, वह कास्टिंग करते थे।

शंखो दा ने भी कुछ स्टोन कार्विंग किया है। मैंने सुना है कि १९६९ में उन्होंने बड़ौदा फ़ाइन आर्ट्स से रिज़ाइन करने के बाद वे लगभग छह महीना मकराना में जाकर रहे। वहाँ उन्होंने कुछ स्टोन कार्विंग किया। इसके बाद जब दिल्ली गये तो उन्होंने फिर वो काम पूरा किया।

हाँ, वे बराबर काम करते थे। एक बार उन्होंने इन्दिरा गाँधी का पोर्ट्रेट बनाया

था। इन्दिरा गाँधी को बैठाकर पोर्ट्रेट का डिज़ाइन बनाया। उन्होंने मार्बल में शुरू किया था। वो बहुत सुन्दर था। उनमें धीरज बहुत कम होता था, वह करते–करते कुछ न कुछ निकाल ही देते थे। जब गर्दन तक बन गया, उसमें अन्दर एक लाइन आ रही थी, वहाँ मारा तो वह टूट गया। कहने लगे कि मैं दूसरा करूँगा। फिर मार्बल से कास्टिंग किया। क़रीब–क़रीब फिनिश हो गया था, नाक का पोर्शन पतला था। उसे टक–टक मारा तो नाक टूट गया। फिर तीसरा काम शुरू किया। फिर धीरे–धीरे करते–करते सब कुछ तैयार किया, चूँकि इन्दिरा गाँधी के बाल छोटे कटे होते थे। आख़िर में वो पूरा हो गया, लेकिन जो बाल का पोर्शन था आगे से उठा हुआ, वो ऊपर से टूट गया, लेकिन कोई समस्या नहीं हुई। जो बाल का लच्छा था, उसे धीरे–धीरे फिनिश करके चिपका दिया गया कि पता न चले।

> चौधुरी साहब का जो विज़न था, उसमें स्ट्रक्चर मुख्य चीज़ था। जब तक स्ट्रक्चर ठीक नहीं होगा तब तक वो काम को फिनिश नहीं करेंगे। उन्होंने रामकिंकर से सीखा था और वे लंदन में भी रहे थे। वे बहुत ही सिस्टेमेटिक काम करते थे।

सिस्टेमेटिकली भी उनका एक्सप्रेशन बहुत बोल्ड था।

मैंने बड़े लोगों को देखा है, उनसे सीखा है, लेकिन उतनी समझ नहीं थी। रामकिंकर का काम करने का जो स्टाइल थी, वो सब चौधुरी साहब में आयी थी कि मुख्य चीज़ को पकड़ना है और यदि पकड़ लिया तो कैरेक्टर अपने आप आ जायेगा। जब तक स्ट्रक्चर ठीक से नहीं आता, तब तक वह उसको छोड़ते नहीं थे।

> शंखो दा के बाद किसी और का इस तरह का काम था, जो बहुत स्ट्राइक करने वाला हो।

एक अच्छा पोर्ट्रेट, जैसे शर्बरी राय का, वह बहुत अच्छा था लेकिन उनका स्टाइल थोड़ा अलग था। शर्बरी कैरेक्टर बहुत ही अच्छा लाते थे। उन्होंने जो भी पोर्ट्रेट के मॉडल बनाये, सभी बहुत सुन्दर थे। वे बहुत बारीक़ काम करते थे। इन सब लोगों के लिए स्ट्रक्चर बहुत महत्त्वपूर्ण था। शर्बरी का

काम अकादेमिक रूप से पूर्ण होता था, लेकिन वे बहुत स्लो होते थे। चौधुरी साहब का स्वभाव ही अलग था, वे बहुत फास्ट होते थे और उनका एक्सपेरीमेण्ट करने का बहुत मन होता था, कुछ न कुछ उलटा करेंगे।

हमने बहुत काम किया चौधुरी साहब के साथ। लाइब्रेरी के म्यूज़ियम में किया। जैसे हमें पता है कि ऐसा नहीं करना है, तो बोलते थे—'नहीं, ऐसा ही करो।' मतलब उलटा ही करेंगे। जैसे किसी ऐब्स्ट्रेक्ट को वहाँ से उठाकर रखना है तो हम कहते थे कि गोदी में उठाकर रख देंगे। वे कहते थे—'नहीं, नहीं। डोरी लाओ और बाँधकर खींचो।' हम लोग बहुत मज़ाक़ किया करते थे।

एक बात थी चौधुरी साहब में, वे कहते थे कि—'किसी भी चीज़ में हमेशा एक्सपेरीमेण्ट करते रहना चाहिये। मान लिया कि ऐसा होता है, ख़त्म हो गया, पर ऐसी बात नहीं है। थोड़ा उल्टा-सीधा करके जब तुम काम करोगे तो कुछ न कुछ अनुभव निकलकर आयेगा। अर्थात् काम करने में कुछ सीखने की बात थी। ये सब सीखने की बहुत ज़रूरत थी। काम करते-करते तुमने क्या सीखा, वो ज़्यादा ज़रूरी बात है। इसीलिए वे हमेशा उल्टा-सीधा, कुछ न कुछ करने की बात कहते थे।

हम जानते थे कि वे बहुत ज़्यादा एक्टिव हैं। हम सब भी एक्टिव रहते थे। तुम विश्वास नहीं करोगे, वहाँ कोई आलस नहीं था। सब काम ख़ुद को करना होता था—साफ़-सफ़ाई, झाड़ू लगाना। ऐसा नहीं कि सामान पैक किया और चल दिये।

जब चाइना वॉर शुरू किया तो उन्होंने कहा—'वॉर शुरू हो गया है, इमरजेन्सी आ जायेगी तो हर एक को कुछ न कुछ करना पड़ेगा, जैसे कि सबकी मदद करना पड़ेगा, सबको खाना खिलाना पड़ेगा। ऐसे बैठे नहीं रहना है। पढ़ाई सुबह कर लो, शाम को कुछ न कुछ करना होगा। मतलब यह कि वो हर तरह से तैयार करना चाहते थे।

एक बार बहुत बड़ी बाढ़ आयी। उन्होंने दस-दस लोगों का बैच बनाया और बोला कि तुम दस लोग बोट में बैठकर जाओ और पूरा गाँव घूमकर आओ। रास्ते में जिन-जिन गाँवों में पानी भर गया है, मकान टूट गये हैं, उनको क्या-क्या ज़रूरत है, इसकी स्टडी करके आओ।' हम लोग गये और छह-सात गाँव होकर आये, देखा कि किसी के पास माचिस नहीं है,

किसी के पास कपड़े नहीं हैं, किसी के पास और कुछ नहीं है। हमने चौधुरी सर को जाकर बताया कि ऐसा-ऐसा है। फिर अगले ही दिन हमने कपड़े, बर्तन, दवाई, सब कुछ ख़रीदा और उन्होंने दूसरे बैच को बोला—जाओ, उन लोगों को बाँटकर आओ। सबने वही किया। तो ये सारी बातें उनमें थीं। ख़ाली बात करने से काम नहीं होता, काम करना अलग बात होती है।

ये सब मैंने कहानियों में पढ़ा है, फ़िल्मों में देखा है। लेकिन शंखो दा वास्तविक जीवन में ऐसे थे, ऐसा मैं पहली बार आपसे जान रहा हूँ।

वे बहुत नेशनलिस्ट थे, हर एक को कहते थे कि कम से कम एक दिन तो खादी पहनो। हमको डाँटते थे कि २६ जनवरी को खादी के कपड़े पहनकर नहीं आ सकते। उनमें ये सब अद्‌भुत था। सिर्फ़ पढ़ाने वाले टीचर नहीं थे, बल्कि एक बहुत ही अलग व्यक्ति थे। ऐसे ही इरा मैम भी थीं। जब हम रात को कास्टिंग करते थे तो इरा मैम सीरा (हलुवा) बनाकर डिब्बे में लेकर आती थीं और ख़ुद सबको खिलाती थीं। वे हमारे खाने-पीने का बहुत ध्यान रखती थीं। मेरे ख़याल से चौधुरी सर एक बिलकुल ही अलग तरह के टीचर थे, जिनका काम सिर्फ़ पढ़ाना या सिखाना नहीं था, बल्कि पूरा व्यक्तित्व तैयार करना था। उनमें ये अद्‌भुत बात थी।

मैं पत्थर बड़े प्रेम से काटता था। मुझसे कहा कि तुम खदान में जाओ। उन्होंने शासन को एक पत्र लिखकर दे दिया और एक साल का एक्सटेंशन दे दिया। मैं एक-दो महीना मकराना रहा, फिर अम्बा जी गया। बाद में कर्नाटक गया, वहाँ तीन महीने रहा। वहाँ से फिर महाबलीपुरम गया। खदानों में काम किया। इस तरह लगभग आठ-नौ महीने घूमता रहा, कारीगरों के साथ काम किया, तब एक पत्थर क्या है, यह समझ में आया।

आज तो पत्थर और नागजी एक-दूसरे के पर्याय हो गये हैं।

मैं मकराना में रहता था, वहाँ एक छोटा-सा कमरा लिया, खाना बनाता था और फिर कारीगरों के साथ काम करता था। मैंने वहाँ दो स्कल्पचर बनाये। उसी समय अजीत चक्रवर्ती को पता चला कि मैं मकराना में हूँ। मैंने कहा, तुम भी आ जाओ। वह भी आ गया। हम दोनों रहते थे, खाना पकाते थे,

फिर काम करते थे। वहाँ जाकर पता चला कि टाँकी क्या होती है, हथौड़ियाँ क्या होती हैं।

> देश के कई मूर्तिशिल्पी अध्यापक उनके छात्र रहे हैं। मैं उनके जिन-जिन शिष्यों से मिला हूँ उनसे मिलने पर और इस बातचीत के माध्यम से जो जानकारियाँ मुझे मिल रही हैं, उससे मुझे लगता है कि शंखो दा का व्यक्तित्व बहुत विशाल और अतुलनीय था।

इसीलिए मैंने पहले कहा न, कि वे केवल टीचर नहीं थे, वह एक आर्टिस्ट थे, उनका उद्देश्य पर्सनैल्टी डेवलप करना था। वे एक पिता थे, जो हर चीज़ का ध्यान रखते थे, जैसे तुम क्या सोचते हो। जैसा कि मुझसे बोले कि अभी से बेईमानी कर रहा है तो आगे क्या करेगा। ऐसा कौन बोलेगा? एक पिता ही बोल सकता है न!

जब उनको लगता था कि यह ठीक है तो उसमें पूरी रुचि लेते थे। जैसे उन्हें मालूम है कि हमें पैसे की ज़रूरत है तो हर महीने स्कॉलरशिप दिलवाते थे। क्या कोई टीचर इतना करता है? और ऐसा केवल स्कल्पचर डिपार्टमेण्ट में ही नहीं होता था। कोई भी डिपार्टमेण्ट हो, कोई भी लड़का हो, जो स्वभाव में या काम में या सोशल वर्क में अच्छा है तो हमेशा वे उसका नाम लिखकर भेज देते थे और कहते थे कि जाओ तुम पैसा ले आओ। इतनी रुचि लेना एक टीचर के लिए अलग बात हो जाती है।

इसी तरह से स्कल्पचर में इतनी ऊँचाई है, तो वो प्रयोग करते रहते थे। उनके प्रयोग का मुख्य स्रोत उनके दिमाग़ में ही होता था। यदि वो गन्दा हो जाय, ख़राब हो जाय तो कोई फ़र्क़ नहीं पड़ता। मुझे लगता है कि उन पर रामकिंकर का बहुत प्रभाव था।

उन्होंने बताया था कि वे बाङ्लादेश के थे। वहाँ दरिया के किनारे का जो इलाक़ा था, वहाँ के ज़मींदार उनके पिता थे। उस एरिया में जो भी मछली पकड़ता था तो उस पर ज़मींदार का हक़ होता था। फिर जब भारत अलग हुआ तो उनके पिता ने कहा कि निर्णय लो कि कहाँ जाना है। उनके पिता ने सबको बोल दिया, जितना पढ़ना है पढ़ो, मैं पढ़ाऊँगा। फिर मेरी कोई ज़िम्मेदारी नहीं, तुम ऐसे ही जाओ। इन्होंने भी ज़मीन वग़ैरह सब कुछ ऐसे ही छोड़ दी। यहाँ भारत सरकार से भी कुछ नहीं माँगा। उनके पिता के भी

ऐसे ही संस्कार थे। उन्होंने जो कुछ भी हासिल किया वो अपनी मेहतन से किया। मेहनत करके आगे आना अलग बात होती है।

> भारतीय समकालीन मूर्तिशिल्प के समुचित विकास में शंखो दा की क्या भूमिका है? जैसे ललित कला अकादेमी है, गढ़ी स्टूडियो है, कैम्पस हैं, फ़ाइन आर्ट्स मेले हैं।

आर्ट के लिए जो सम्भव हो सका, उन्होंने प्रयास किया और उसी समय में गढ़ी तैयार की। फिर जब ललित कला की समस्या खड़ी हुई तो इन्दिरा गाँधी ने उनकी मदद की। उन्होंने आख़िरी मिनट पर हस्ताक्षर किये और कहा कि ललित कला अकादेमी को तुम सँभाल लो।

चौधुरी साहब के इन्दिरा गाँधी से पहले से ही सम्बन्ध अच्छे थे। इरा बेन और इन्दिरा गाँधी साथ में पढ़े हैं। इरा बेन की माँ वहाँ की प्रधानाचार्य और हॉस्टल वार्डन थीं। बाद में, जब राजीव गाँधी और संजय गाँधी बहुत छोटे थे तो इन्दिरा जी ने इरा बेन की माँ को अपने यहाँ ही बुला लिया था। वे नेहरू जी के ही घर में रहती थीं और छोटे बच्चों की देखभाल करती थीं। उन्हें स्कूल भेजना, उनका होमवर्क कराना आदि। आख़िरी समय तक उनके सम्बन्ध इन्दिरा गाँधी जी से बहुत अच्छे रहे। चूँकि वह एक ईमानदार आदमी थे, लोग उन पर विश्वास करते थे और फिर उन्होंने लाभ लेना है ऐसा तो जीवन में कभी सोचा ही नहीं। मैं कहना चाहूँगा कि वे 'एंजिल गुरु' थे।

जो भी बड़े काम होते थे, उनमें कितने पैसे मिले, चौधुरी सर के पास कोई हिसाब नहीं होता था। गाँधी जी बनाया तो पैसा ही ख़त्म हो गया। ८५ हज़ार रुपये में गाँधी बनाना था। ख़र्चे की उन्हें कोई चिन्ता ही नहीं होती थी। कोई भी ज़रूरत होती, तुरन्त मँगाते। सारा फ़ण्ड ख़त्म हो गया। उस समय जो संस्कृति मन्त्री थे, उन्हें पता चला तो उन्होंने विशेष बैठक कर उनको पैसा दिया, तब जाकर वो मूर्ति पूरी हुई। और उनके पास कभी पैसा नहीं होता था, इरा बेन सँभालती थीं। इसलिए मैं रामकिंकर के साथ उन्हें जोड़ता हूँ कि उनके लिए पैसा कुछ नहीं था।

लेकिन आज बहुत कुछ है, आप लोग हैं।

यहाँ भी उन्होंने काफ़ी काम किया है। विभाग बनवाया, कास्टिंग किया और

हमेशा बाहर के कलाकारों को बुला लिया करते थे, जो हमें सिखाते थे। उनसे घुल-मिलकर बात करने के लिए कहते थे। सब खुले दिमाग़ के लोग थे। पहले ऐसा बहुत होता था। मुझे याद है कि काफ़ी लोग कॉलेज आकर गये। प्रदोष दासगुप्ता, चिन्तामणि, रामकिंकर आदि लोग भी आये। कई पेंटर भी आये। हैब्बर साहब उनके बड़े गहरे मित्र थे। इन लोगों का अलग तरह का ब्राण्ड था। ऐसा नहीं था जो आज है। आज देखिये कि विभाग की क्या हालत है, कोई बात करने वाला नहीं है।

> सर, यदि वह बीच में ही रिज़ाइन करके नहीं गये होते तो आपको क्या लगता है कि रिज़ाइन करना उनका सही निर्णय था?

कुछ व्यक्तिगत कारण रहा होगा। उस समय गिरीश भट्ट थे, महेन्द्र पाण्ड्या थे। बाद में पांचाल भी आ गये थे।

> मैं समझता हूँ कि कॉलेज छोड़ने के बाद कला संस्थाओं के विकास में उनका योगदान देश के लिए बहुत बड़ा रहा—जैसे ललित कला अकादेमी या इन्दिरा गाँधी के सहयोग से मानव संग्रहालय स्थापित करना। इस सम्बन्ध में आपको क्या लगता है?

हाँ। कॉलेज में भी उनका यही एटीट्यूड था। हमेशा कुछ न कुछ करते रहना उनका कैरेक्टर था। पैसों के बारे में कभी चिन्ता ही नहीं करते थे। वे कभी नहीं सोचते थे कि मेरा काम इतना बड़ा है तो इसे ऐसे बेचना चाहिये। इरा बेन पूरा सँभालती थीं। जैसे चौधुरी साहब ने हम लोगों को स्वीकार किया, वैसे ही इरा बेन ने भी हमें स्वीकार किया। सामान्यत: मुझे लगता है कि यह सब इरा बेन के स्वभाव में भी था। वे बहुत सकारात्मक विचारों वाली हैं। कभी नकारात्मक बातें होती थीं, तो कहती थीं—'अरे छोड़ो, ये तो ऐसे ही बोल देती हूँ, अन्दर कुछ नहीं होता।' वे अभी दो-तीन महीने पहले ही यहाँ आयी थीं। काफ़ी समय यहाँ रहीं। उन्होंने पुराने और नये काम की काफ़ी बड़ी एक्जीबिशन की। उस समय यहाँ स्टूडेण्ट्स भी कम थे।

> और कुछ विशेष उनके बारे में?

मैं हमेशा उन्हें एक 'डिफरेन्ट फ़िगर' के रूप में देखता हूँ। एक गुरु की तरह उन्होंने पढ़ाया, सिखाया, पर जो एटीट्यूड की बात है तो वो हमारे पास उन्हीं से आया। वे मनुष्य के चरित्र को विकसित करने वाले महान् व्यक्ति थे। केवल कलाकार बनाने का उनका उद्देश्य नहीं था, बल्कि एक अच्छा आदमी बनना भी ज़रूरी था। सभी विभाग के लोग उन्हें मानते थे। ये चौधुरी साहब की उपलब्धि रही है।

के.जी. सुब्रह्मण्यन्

रिलेशनशिप और अण्डरस्टैंडिंग शंखो चौधुरी में अद्भुत थी

३० अक्टूबर २०१५

उसी दिन शाम ५ बजे हम मणि दा के घर पहुँचे। आज कुछ व्यस्तता होने के कारण सरोज सिंह साथ में नहीं आ पाया था। बड़ौदा के ही हमारे मित्र मूर्तिशिल्पी–शिक्षक मोहन भोया को रिकॉर्डिंग के लिए मैं मणि दा के यहाँ लेकर आया। जैसा कि जब भी मैं बड़ौदा आता था तो निश्चित तौर पर एक–दो बार मणि दा से ज़रूर मिलता था, उनका आशीर्वाद हमेशा मुझे ऊर्जा और नयी दिशा प्रदान करता था। उनके दर्शन मात्र से ही कला का विद्यार्थी होने की सार्थकता का एहसास होता था। मणि दा से बिना कुछ कहे, बिना कुछ सुने आज उनके स्मरण मात्र से कला के साथ निरन्तर बने रहने की प्रेरणा मिलती रहती है। आज वह (उनका शरीर) हमारे बीच नहीं है परन्तु मैं उनको सर्वज्ञ महसूस करता हूँ।

थोड़ी देर तक मैं उन्हें अपलक देखता रहा। कुछ हालचाल होता रहा। पास ही के दूसरे हिस्से के दालाननुमा कमरे में एक ईज़ल पर एक अधूरा कैनवस टँगा पड़ा हुआ था। जब भी उनसे मिलता था तो बराबर कुछ न

कुछ वह करते हुए दिखते थे। सबसे ज़्यादा प्रभावित करती थी उनके अगल-बगल चारों तरफ़ किताबों का ढेर, जिससे उनकी विलक्षण चिन्तन अध्यवसायी प्रकृति का बोध होता था। कुछ देर के बाद मणि दा स्वयं ही शंखो दा को देर तक याद करते हुए बहुत ही सहजता के साथ उनके बारे में बताने लगे। उन दिनों की यादों में खो गये। बीच-बीच में मैं बाल सुलभ कौतूहलपूर्ण कुछ प्रश्न उनसे पूछता रहा!

> आप जब शान्तिनिकेतन गये थे, उस समय शायद शंखो दा वहाँ थे?

मैं जब शान्तिनिकेतन गया था तब शंखो दा वहाँ थे। वे सीनियर थे। शायद उन्होंने आर्ट (बी.ए.) में डिग्री कर ली थी और उसके बाद फ़ाइन आर्ट (कला भवन) पढ़ने के लिए आये थे। उस समय मैं ज़्यादा लोगों को नहीं जानता था, पर जितने लोगों को जानता था उनमें एक शंखो चौधुरी थे। मुझे यह ठीक से याद नहीं है कि उस समय वे पढ़ाई ख़त्म कर चुके थे या फ़ाइनल ईयर में थे। सन् १९४२ में भारत छोड़ो आन्दोलन के दौरान कुछ समय उन्होंने जेल में भी बिताया। देवी प्रसाद गुप्ता भी थे। शंखो के साथ तब से ही हमारे सम्बन्ध बने और ये सम्बन्ध काफ़ी दिनों तक रहे। फिर शंखो चौधुरी बड़ौदा आ गये थे। उन्होंने कहा कि तुम इधर के लिए एप्लाई (बड़ौदा) करो तो अच्छा होगा। जब विज्ञापन आया तो मैंने एप्लाई किया और फिर शंखो के साथ ही रहा।

जितनी बार कहीं मेला लगता था, शंखो जाते थे। हम तो नहीं जा पाते थे। उस ज़माने में हमारे दो ही साथी थे। एक तो शंखो चौधुरी और दूसरे बेन्द्रे साहब। बेन्द्रे साहब का भी यही शौक़ था। कोई भी मेला हो, देखकर बहुत ख़ुश हो जाते थे। वो हमेशा इस बात में दिलचस्पी लेते थे कि इस कलरफुल मेले में क्या हो रहा है। जबकि शंखो मेले में ह्यूमन साइड में ज़्यादा दिलचस्पी लेते थे कि किस तरह के लोग हैं, किस तरह से गाना-बजाना होता है। इसमें ही शंखो को ज़्यादा रुचि थी। एक-दो बार हम साथ गये हैं, किन्तु बहुत बार जाना नहीं हुआ।

शंखो दा कला के विद्यार्थी को एक सम्पूर्ण मनुष्य बनाने का प्रयास करते थे, जैसे विद्यार्थियों को जीवन के सारे परिवेश से परिचित कराना इत्यादि।

वो रवीन्द्रनाथ टैगोर की बात थी, पर कला विद्यार्थी की कोई स्पेशल बात नहीं थी। उनका शिक्षा को लेकर जो विचार था, वह असल में रवीन्द्रनाथ टैगोर का ही आइडिया था कि आदमी कैसे मनुष्य बने, उसके लिए क्या-क्या करना चाहिये। स्कूल एजुकेशन में वैसे ही सब प्लान किया गया। स्कूल एजुकेशन में तीन चीज़ें थीं—पर्यावरण के साथ आदमी का व्यवहार, पर्यावरण को सम्मान देना। उनके कई फ़ेस्टिवल्स में इन चीज़ों को प्रमुखता दी गयी। दूसरा, सहपाठियों के साथ गेट-टुगेदर करना, उनके साथ अच्छा व्यवहार एवं रिश्ता कायम रखना और गुरुजनों के साथ भी अच्छे सम्बन्ध रखना। और तीसरा, आत्मचेतना।

यद्यपि रवीन्द्रनाथ टैगोर विशेष रूप से किसी आर्ट स्कूल से सम्बन्धित नहीं थे। आर्ट स्कूल एक पार्ट हो सकता है, किन्तु उनका मानना था कि सभी लोगों के लिए आर्ट की प्रैक्टिस आवश्यक है। अगर वे प्रैक्टिस करें तो लोगों को समझने में आसानी होगी।

> उसी आइडियोलॉजी को लेकर बड़ौदा में शंखो दा और आपका प्रयास बहुत ज़बर्दस्त लगता है...

उस समय हमारा प्रयास यह रहा कि लोगों के साथ एक परिवार में रहकर काम करना। लेकिन अब वो कहीं नहीं हो रहा है। शान्तिनिकेतन में भी वो नहीं रहा। पहले वहाँ भी चौबीस घण्टे काम होता था, लेकिन अब नहीं होता है। पहले जो माहौल होता था, वह अब कहाँ रहा है? ये संस्थान पहले आश्रम जैसे होते थे। आश्रम मतलब फुलटाइम जॉब, लेकिन अब नॉर्मल जॉब हो गया है। क्योंकि उनकी अपनी भी लाइफ होती है।

आजकल उस तरह से रखना आसान नहीं है। आजकल हम लोग हर चीज़ को प्रोफ़ेशनल मानने लगे हैं। पढ़ना भी प्रोफ़ेशन है और पढ़ाना भी प्रोफ़ेशन है। पहले विद्या इस तरह की नहीं थी। सीखने का जो आइडिया था कि खिड़की जितनी खोलकर रखोगे उतनी चीज़ें आती रहेंगी। उसका कोई अन्त नहीं है।

जब दिन बदलता है तो वातावरण भी बदलता है। सामान्यत: जब आप शिक्षा के बारे में सोचते हैं तो उसे बाज़ारोन्मुखी बनाने के बारे में सोचते हैं। हमें ये ही चाहिये, इसीलिए ये करते हैं। इसे प्राप्त करने के लिए इतनी

मेहनत चाहिये, इतना पैसा इसमें लगाना चाहिये। हम अपने मतलब की चीज़ें ख़रीदते हैं और उसके लिए टीचर्स को पैसा देते हैं। ये सोच एक बहुत बड़ी समस्या है। आजकल दुनिया एक व्यापार स्थल हो गयी है। सारा विश्व 'व्यापार विश्व' हो गया है। आजकल लोग यह नहीं सोचते कि हमारा सामान्य नज़रिया क्या है। व्यक्ति का व्यक्ति के साथ जो सम्बन्ध है, एक-दूसरे के साथ रहकर एक-दूसरे को पहचानना; लेकिन आज सभी को पहचानने की ज़रूरत ही नहीं है।

> मुझे व्यक्तिगत रूप से महसूस होता है कि सब कुछ कॉमर्शियलाइज़्ड हो गया है।

कॉमर्शियलाइज़ इसीलिए हुआ है, क्योंकि आप सिर्फ़ अपने लिए सोचने लगे हैं। आज कोई नया लड़का आता है, वह जानता है कि खाने के लिए पैसे चाहिये इसलिए ट्यूशन पकड़ो। हम करते हैं तो लोग पैसा देते हैं। अगर वो लोग ख़ुश हैं तो हम भी ख़ुश हैं। उसका नाम लेकर तो हम सोचते नहीं हैं।

> पहले पैसा नहीं था लेकिन बिना पैसे के भी इतना अधिक एक्सप्रेशन, फीलिंग्स और फ्रीडम थी, वो सारी चीज़ें मैंने देखी हैं। शंखो दा के पोर्ट्रेट में बहुत सारी बातें किंकर दा की थीं। आपने भी शंखो दा के पोर्ट्रेट के बारे में लिखा है। शंखो दा और किंकर दा के पोर्ट्रेट के बारे में हमें कुछ बताइये।

मैंने किंकर दा के पोर्टेट के बारे में भी लिखा है और शंखो चौधुरी ने जो सेंसेटिव वर्क किये हैं उन पर भी लिखा है। दोनों का अपना पर्सनल एक्सप्रेशन है। पोर्ट्रेट केवल लोगों को दिखाने के लिए प्रतिकृति भर नहीं है। बहुत अलग है। It's living thing by it self और वो करने के लिए क्या करना है। किंकर दा का यह था कि वह यथार्थवादी अध्ययन करने के बाद करते थे। वह एकदम बॉर्डर पर नहीं जाते थे। शंखो का भी यही था कि वह अपने प्रत्येक पोर्ट्रेट को एकदम स्वतन्त्र दृष्टि से बनाते थे।

थोड़ा बाद में हमें शर्बरी राय का बहुत महत्त्वपूर्ण काम मिलता है। उसके बाद हमें इस तरह का एक्सप्रेसिव एण्ड सेंसेटिवनेस पोर्ट्रेट में देखने को नहीं

मिलती। ये बड़ी दु:खद स्थितियाँ हैं, जो कई जगह पर दिखायी देती हैं।

आजकल के पोर्ट्रेट मुख्यत: कला की दृष्टि से कमज़ोर होते हैं। लेकिन उन लोगों में ये सारी बातें थीं।

मैं शंखो दा के बारे में कुछ विशेष बातें जानना चाहता हूँ।

शंखो के बारे में यही है कि वे बहुत अच्छे व्यक्ति थे, बहुत अच्छे दोस्त थे और बहुत अच्छे गुरु थे। वह हमारे सम्बन्धों का हिस्सा थे। मैं बहुत सारी चीज़ों से हमेशा सहमत नहीं होता था, लेकिन शंखो होते थे। वह कभी हमारा जन्मदिन मनाते थे। शंखो चौधुरी ऐसी चीज़ों को हमेशा याद रखते थे। मेरे जन्मदिन के दिन शंखो अपनी कार लेकर ज़रूर आते थे, कहते थे कि—'तुम्हें याद नहीं है, आज तुम्हारा जन्मदिन है। चलो हम लोग घूमकर आयें।' हम जाते थे, मज़ा भी बहुत आता था, लेकिन उनकी कार ऐसी थी कि कहीं भी ख़राब हो जाती थी और हमको धक्का लगाना पड़ता था। बर्थडे पार्टी बाहर किसी चाय की दुकान पर हो जाया करती थी। चाय पीना ही बर्थडे पार्टी जैसा हो जाता था, क्योंकि ख़र्चा भी कम होता था। शंखो चौधुरी के दिल में दूसरे लोगों के प्रति हमेशा ही अच्छी फीलिंग्स रहती थी। वह छोटी से छोटी चीज़ों का ध्यान रखते थे।

एक और महत्त्वपूर्ण बात है कि जब हमने लिखना शुरू किया, तब शंखो चौधुरी ही पहले व्यक्ति थे जिन्होंने कहा कि तुम लिखो। ये १९६० की बात है। बार-बार कहते थे। मैंने कहा भी कि 'तुमको इतनी जल्दी क्यों है।' वे यहाँ बहुत ख़ुश थे। मुझे यह पता नहीं है कि वह दिल्ली में ख़ुश थे या नहीं। वो उनके लिए सही स्थान नहीं था, क्योंकि वे एक महान् गुरु थे। उनमें एक ख़ास क्वालिटी थी, जो लोगों को क़रीब लाती थी।

शंखो चौधुरी का कल्चरल बैकग्राउण्ड भी बहुत बड़ा था। बंगाली साहित्य के बारे में उनकी जानकारी बहुत अच्छी थी। उसकी वजह से हमारी शिक्षा भी हो गयी।

जैसा अभी आपने बताया, जब वे दिल्ली गये और कला के विद्यार्थियों के लिए जो आर्ट एक्टीविटीज़ की, जैसे गढ़ी स्टूडियो, रीज़नल आर्ट सेण्टर, आदिवासी कला का संग्रहालय या मानव

संग्रहालय वग़ैरह। मुझे लगता है कि ये बहुत महत्त्वपूर्ण कार्य हैं और ये उनके ही कारण सम्भव हुए।

हाँ, यदि कोई और व्यक्ति होता तो स्टूडियो में उसके लिए कोई प्रोग्राम ही नहीं होता। एकाध अवसर पर ही कुछ होता। एक बार जगन्नाथ स्टूडियो के लिए शंखो को स्थान दिखा रहे थे। उसको देखकर शंखो बोले कि हम अकेले नहीं चाहते, इसमें हमें दूसरे लोग भी चाहिये। इसी तरह गढ़ी का विचार हुआ। शंखो के वहाँ काम करने से कई अच्छे लोग तैयार हुए, क्योंकि रिलेशनशिप और अण्डरस्टैण्डिग शंखो चौधुरी में अद्‌भुत थी। इसी तरह संग्रहालय की बात और उसका राइट–अप तैयार हुआ। वो सब बहुत दिलचस्प था।

कई कैटलॉग में आपने जो उनके लिए लिखा है, वह मैंने देखा है।

हाँ, दिल्ली में जो एक्ज़ीबिशन हुआ, उसके कैटलॉग के लिए मैंने ही लिखा था। हम तो भूल भी गये। उनकी मृत्यु के बाद जो एक्ज़ीबिशन हुई, उसमें इरा चाहती थीं कि मैं लिखूँ तो मैंने उस कैटलॉग में भी लिखा।

गुलाममोहम्मद शेख और नीलिमा शेख

वह एक मात्र डीन थे, जिन्होंने हमारे संविधान में जो हम शपथ लेते हैं, उसका एक अंश लेकर डीन ऑफ़िस के बाहर लगवाया ताकि हर एक विद्यार्थी जो आये वो उसे देखते हुए जाये
३० अक्टूबर २०१५

मणि दा से जब बातचीत हो रही थी तो उसी बीच गुलाममोहम्मद शेख सर का एक बार फ़ोन आया था जिस पर कुछ आवश्यक बातचीत हुई थी। मुझे याद है कि उन दोनों लोगों की बातचीत पूरी होने के बाद मैंने सविनय मणि दा से फ़ोन लेकर शेख सर से आग्रह किया कि अगर आपका कुछ समय हमें मिल जाता तो शंखो दा के बारे में बातचीत कर लेता। तथा बड़ौदा आने का अपना उद्देश्य भी उनसे बता दिया। शेख सर ने तुरन्त बड़ी आत्मीयता से मुझे रात्रि ८ बजे के बाद अपने घर बुला लिया। यह संयोग की बात थी कि उस समय शेख सर एवं नीलिमा बेन बड़ौदा में थीं, जबकि दोनों लोग कुछ समय दिल्ली और बड़ौदा में रहते हैं तथा अपना सृजन-कर्म भी दोनों

जगह करते हैं।

शेख सर हमारे भारतीय कला और सौन्दर्य–शास्त्र के शिक्षक रह चुके हैं जब मैं बड़ौदा फ़ाइन आर्ट्स में अध्ययन कर रहा था। बड़ौदा में हमेशा अँग्रेज़ी भाषा का बोलबाला रहा है लेकिन अध्ययन के दौरान शेख सर ने मुझे विशेष रूप से सभी लिखित कार्य को हिन्दी में, अपनी भाषा में लिखने के लिए प्रेरित करते थे। मुझे हमेशा यह बात बहुत ही अच्छी लगती है कि बड़ौदा के शिक्षकों में अपनी मातृ–भाषा तथा विदेशी भाषाओं का एक समान सम्मान विद्यमान था।

जिस समय मैं और मोहन भोया उनके घर पर पहुँचे उस समय शेख सर एवं नीलिमा बेन अपने–अपने स्टूडियो में कार्यरत थे। दोनों लोगों की स्टूडियो की सर्जनात्मक परिवेश की परिपूर्ण भव्यता देखकर मैं बहुत ही प्रभावित हुआ, जबकि शेख सर अपने विशाल आकार के चित्रों को करने के लिए बड़ौदा में ही अन्य जगह पर भी एक स्टूडियो स्थापित किये हैं। मणि सर के घर पर बातचीत के दौरान मुझे पता चला था कि शेख सर ने मणि सर को अपना शिल्प (जो उन दिनों एक बहुत बड़ा आकार में तैयार हो गया था) दिखाने के लिए आग्रह किया था। मणि सर ने बड़ी ही प्रसन्नता के साथ अगले दिन ही उनके स्टूडियो पर जाने की सहमति दे दी थी।

चाय आदि के उपरान्त मैंने शेख सर एवं नीलिमा बेन से बातचीत प्रारम्भ कर दी। शेख सर की बातचीत का उत्साह देखकर मुझे विश्वास नहीं हो रहा था और सोच रहा था कि अगर मैंने इन लोगों से शंखो दा के व्यक्तित्व सन्दर्भ में साक्षात्कार नहीं लिया होता तो शायद यह एक आने वाले कला समाज के लिए अत्यन्त ही क्षति होता!

> प्रारम्भ से ही आपका शंखो दा के साथ सम्बन्ध रहा है। निश्चित रूप से हम लोगों की पीढ़ी के बाद के जो लोग हैं वे बड़ौदा से बहुत ही गहरे से जुड़े हुए हैं। बड़ौदा में आपने भी पढ़ा है और पढ़ाया है। मैं आपका छात्र भी रहा हूँ। मुझे लगता है कि शंखो दा का व्यक्तित्व अद्‌भुत रहा है और वह छाप मैंने अपने अध्यापकों के बीच भी पायी है। मैं जब उनके साथ रहता था, तो वे बहुत सारी बातें करते थे, हर एक व्यक्ति के बारे में, कहीं न कहीं, किसी न किसी सन्दर्भ में चर्चा करते थे, बहुत चर्चा करते थे और उस सबसे हम बहुत प्रभावित हुए। मुख्य रूप से उनके समूचे व्यक्तित्व के बारे में मैं आपसे जानना चाहता हूँ।

हम उनको 'चौधुरी साहब' ही कहते थे। मैं वही इस्तेमाल करूँगा। मैं जब सन् १९५५ में पढ़ने के लिए बड़ौदा आया, तब उनसे मुलाक़ात हुई। वे वहाँ के वरिष्ठ प्राध्यापक थे। बेन्द्रे साहब थे, भट्ट साहब थे, मणि साहब भी बाद में आ गये। वो भी थे, मगर ये सभी हमें पढ़ाने आते थे। सबसे पुरानी बात, जो उनसे सीखी, वो यह कि हम लोग स्टडी टूर पर जाते थे—शिल्प, स्थापत्य इत्यादि के क्षेत्र में। पहले साल हम महाबलीपुरम् गये थे, फिर अजन्ता गये और फिर खजुराहो गये।

मुझे याद है कि चौधुरी साहब हमेशा आग्रह किया करते थे कि स्कैच बुक साथ में रखो और स्कैच करो। इस तरह से उन्होंने जो हमें सिखाया और जो दिखाया कि यदि आप स्कैच करोगे तो ध्यान से देखोगे। ऐसे ही आप नज़र नहीं डालते, मगर आपको देखना पड़ता है। तो एक तरह से उन्होंने हमें देखना सिखाया, यह एक बहुत बड़ी बात थी।

दूसरी बात, जो सभी जानते थे कि उनका बहुत ही अनूठा व्यक्तित्व था और वे हमेशा हँसते रहते थे और उनके ठहाके दूसरे विभागों तक पहुँचते थे। कई बार जब वह बोलते थे तो इतना ज़ोर से चिल्लाकर बोलते थे। वे उत्साह से भरे व्यक्ति थे और ख़ुद में उत्साह होता था तो सबमें उत्साह भर देते थे। मतलब कुछ करना होता तो एकदम से सबको लगता था कि हमें कुछ करना चाहिये, हाँ, चलो हम सब मिलकर करते हैं। कुछ भी बनाना होता था, जैसे हॉस्टल बनाना है। सब विद्यार्थियों ने अपने हाथों से बनाया है और उनके साथ वह ख़ुद बनाते थे।

स्टडी तो होती ही थी, लेकिन जो हमारा फ़ाइन आर्ट फ़ेयर होता था। मेरे ख़याल से उनका काफ़ी बड़ा योगदान है फ़ाइन आर्ट फ़ेयर शुरू करने में।

यह तो तुम्हें पता ही है कि उनके साथ सब काम करते थे, लेकिन उनका एक पहलू और भी है, जो मेरे ख़याल से कई लोगों को शायद याद न हो। मुझे बहुत याद रहा है, उनका यह था कि हम जो कुछ भी करें, उससे समाज को कुछ देने की कोशिश करें। जो 'पुअर ब्याव फ़ण्ड' था, वो अब 'स्टूडेण्ट वेलफ़ेयर फ़ण्ड' बन गया है। हर साल हमारा आर्ट फ़ेयर होता था, उसमें जो थोड़ी-सी कमाई होती थी, उसका थोड़ा हिस्सा वे किसी कार्य में या ऐसे लोगों को देते थे, जिनका कोई सहारा न हो या जो असहाय हों। कई लोगों को ये चौधुरी साहब की देन है। उन्होंने हम लोगों को हमारी ज़िम्मेदारी

सिखायी, जो एक बहुत महत्त्वपूर्ण ज़िम्मेदारी थी।

मुझे लगता था कि वह इस देश की सांस्कृतिक विरासत में बहुत बड़ा भरोसा रखते थे। वह एकमात्र डीन थे, जिन्होंने हमारे संविधान में जो हम शपथ लेते हैं, उसका एक अंश लेकर डीन ऑफ़िस के बाहर लगवाया, ताकि हर एक विद्यार्थी जो आये वह उसे देखते हुए जाये।

दूसरी चीज़, जो रवीन्द्रनाथ टैगोर की कविता है, जिससे वह कहते थे कि स्वतन्त्रता क्या चीज़ है, 'ऐसी दुनिया में ले चल मुझे, कि जहाँ हर तरह की स्वतन्त्रता हो।' उस कविता को भी उन्होंने लिखवाकर अपने कमरे में रखवाया था। मुझे बहुत ही अच्छा लगा। वह इस तरह हमें सिखाते थे। अर्थात् इस तरह का कोई खोखला राष्ट्रवाद नहीं था। ऐसी भी बात नहीं थी कि आप हमेशा ये करो, वो करो, मगर ये अपने जीवन में उतार लो। यह कहते थे। लोगों के लिए कुछ करना चाहिये, यह बात उन्होंने सिखायी।

अनेक बातें हैं, 'मुझे जो याद है', वह यह कि १९५५ में जब मैं यहाँ आया तो वह हमको कहते थे कि तुम लोग बड़ौदा को जानते हो ? हम लोग कहते थे कि हमें पता नहीं है। उन्होंने कहा—बहुत-सी चीज़ें हैं बड़ौदा में करने लायक, देखने लायक, मगर एक बात और है—बड़ौदा संगीत के लिए बहुत विख्यात है और यहाँ संगीत के बहुत कार्यक्रम होते हैं। वे हमसे कहते थे कि आज न्याय मन्दिर में ये कार्यक्रम है, तुम लोग जाओ। अभी तक मुझे याद है कि उन्होंने हमको देखना सिखाया, सुनना सिखाया और हमारा मानस तैयार किया।

दूसरे साल में वे हमें इजिप्शियन आर्ट पढ़ाते थे। हमारे शिक्षकों में एक बहुत बड़ी बात यह थी कि वो कलाकार तो थे ही, अनूठे कलाकार थे, लेकिन सभी ने कुछ न कुछ सब्जेक्ट थ्योरी भी पढ़ रखी थी। बेन्द्रे साहब ने हमें चीनी कला के बारे में सिखाया और चौधुरी साहब ने हमें इजिप्शियन आर्ट के बारे में पढ़ाया। ये सब बातें आज सोचते हैं तो हमें लगता है कि ये बस इतना ही नहीं, उन्होंने हमारे जीवन को एक नया मोड़ दे दिया हमको ये सब सिखाकर।

शंखो दा के देहान्त के बाद ललित कला अकादेमी ने उनकी स्मृति में एक छोटा आयोजन किया था। उसमें आपने संगीत के

बारे में मुख्य रूप से बात की। संगीत के बारे में वो किस तरह से आप लोगों को लेकर दरबार हॉल में जाते थे। दरबार हॉल उस समय सब लोगों के लिए खुला नहीं होता था?

उस ज़माने में दरबार हॉल संगीत के लिए इस्तेमाल नहीं होता था, लेकिन न्याय मन्दिर है, एक बड़ा-सा मकान, वहाँ पर संगीत के बड़े-बड़े जलसे होते थे। हमने वहाँ पर कुमार गन्धर्व को सुना, बिस्मिल्लाह ख़ाँ और पं. रविशंकर को सुना। उस ज़माने में हम स्टूडेण्ट थे। वहाँ पर चौधुरी साहब हम लोगों को ले गये और कहा—ये सब देखो। वह कहते थे कि ये हमारी धरोहर है। मतलब, सिर्फ़ स्टूडियो में बैठकर पेंटिंग करना या शिल्प बनाना ही काफ़ी नहीं है, ये भी देखो, पूरा इनसान बनो। उनके आख़िरी दिनों में उन्होंने कहा था कि बड़े ग़ुलाम अली ख़ाँ या ऐसे संगीतकार का संगीत सुनो। मतलब, वे आख़िरी समय तक ख़ुद संगीत सुनते रहे। यह मुझे इरा बेन ने बताया था।

ख़ान साहेब अब्दुल करीम ख़ाँ साहब का 'यमुना के तीर' गाना वह अक्सर गाते थे और आनन्द लेते थे।

सबसे बड़ी बात यह थी कि वह विद्यार्थियों में इतना उत्साह पैदा करते थे, काम के लिए या और कोई प्रवृत्ति हो, चाहे वह कॉलेज के अन्दर हो या कॉलेज से बाहर हो, मगर वो ख़ुद आगे निकल जाते थे, और सबको दिखाते थे कि ये-ये हो सकता है और ख़ुद इतना उत्साह में करते थे कि सब लोग उत्साहित होकर उनके साथ जुड़ जाते थे।

मैंने उनका एक और चरित्र देखा कि जो बिगड़ी हुई चीज़ें हैं उनको बड़े अच्छे तरीक़े से हैण्डिल करते थे और उनको बनाते थे। चाहे वह विश्वविद्यालय में हो या शिक्षक हों या जैसे ललित कला के साथ में रहा हो। आप लोगों के अनुभव भी रहे हैं, गढ़ी स्टूडियो भी रहा है। इस तरह उन्होंने कला के सन्दर्भ में तमाम संस्थानों के लिए भी काम किया है। ऐसी चीज़ों में मैंने अनुभव किया।

सचमुच में उनका योगदान बहुत बड़ा है। अगर सोचा जाये तो जैसे क्राफ्टनिज़्म है, उनकी शुरुआत में उनका बहुत बड़ा योगदान रहा है। जो कारीगर वहाँ

आकर डिमोस्ट्रेड करते हैं, बैठते हैं, मेरे ख़याल से यह विचार उन्हीं का था। उन्होंने ही करवाया था। फिर मुझे यह भी याद है कि हमारे देश की जो आदिवासी कला है, जो लोक कला है, उसके बारे में वे ख़ुद काफ़ी घूमघाम कर काफ़ी काम करते रहे। उन्होंने ख़ूब बड़ी प्रदर्शनी की थी, जिसमें ज्योति भाई वग़ैरह थे, अहमदाबाद में। काफ़ी अच्छी प्रदर्शनी थी।

बाक़ी ललित कला अकादेमी में भी उनका योगदान कुछ कम नहीं है। छोटा नहीं है, वो बहुत बड़ा योगदान है। गढ़ी स्टूडियो के अन्दर भी उनका छोटा योगदान नहीं है, बहुत बड़ा योगदान है। यहाँ पर भी हम लोगों को कहते थे कि तुम लोग इकट्ठा हो जाओ, हम 'आर्टिस्ट विलेज' बनायेंगे, हम लोग 'आर्टिस्ट सोसायटी' बनायेंगे। लेकिन हम लोगों को कोई अक़्ल ही नहीं थी कि उस ज़माने में भी ऐसा कुछ हो सकता है। हम बिलकुल नये-नये थे। लेकिन वह कहते थे कि छोटी-सी भी ज़मीन ले लो और वो कोशिश करते थे म्युनिसिपल कॉर्पोरेशन को कहते थे कि कलाकारों के लिए कुछ ज़मीन दे दो, हम लोग साथ मिलकर रहेंगे। तो इस तरह की बहुत सारी बातें हैं।

मगर दूसरी एक और बात है कि उन्होंने यह भी देखा कि भारत में, गुजरात और बड़ौदा में भी, साम्प्रदायिकता का एक जो बड़ा संकट आया, उस वक़्त भी उन्होंने अपनी महत्त्वपूर्ण भूमिका निभायी और सबको कहा कि हमें संविधान में जो है, हमें सेक्युलर बने रहना है और अपना काम करना है।

मुझे यह भी याद है कि जब पहली बार दंगे हुए थे, मेरे ख़याल से १९६९ में, तब कश्मीरी विद्यार्थियों को हॉस्टल से ख़ुद अपने घर ले आये थे। उस समय कई विद्यार्थी थे।

> हाँ सर, एक कश्मीरी विद्यार्थी मेरे मित्र थे। उन्होंने मुझे यह बात बतायी थी।

हाँ, बिलकुल ठीक है। उन्होंने यह भी कहा था कि आपको यहाँ ठीक न लगे, सुरक्षित न लगे तो वह ख़ुद अपने घर ले आते थे। और ऐसी बहुत-सी स्मृतियाँ हैं। एक बार बाढ़ आयी थी, उस समय लोगों की काफ़ी मदद की थी। ख़ुद जाकर लोगों को बचाया था। फिर उनके घर में बीसों-तीसों लोग आ जाते थे, सबको खाना खिलाते थे। इरा बेन थीं। कुछ लोग उनके

बहुत क़रीब थे। हम लोग तो उतने क़रीब नहीं थे। हम उनको देखा करते थे। हम उनसे बहुत प्रभावित होते थे कि हमें भी उनके साथ काम करने का कुछ मौक़ा मिले। मगर हम देखते रहते थे। बड़े-बड़े कमीशन्स भी उन्होंने लिये थे। जैसे गाँधी जी का स्टेच्यू। ये एक बहुत बड़ा अनुभव था कि हमारे सामने वह खड़ा हो रहा है। रात-रात भर वहाँ पर वर्कशॉप चलता था और खाना-पीना भी होता था। सब स्टूडेण्ट उसी के अन्दर सीख रहे होते थे। तो ये जो पढ़ाई हुई, यह किताबी पढ़ाई नहीं थी, उससे कहीं ज़्यादा हुई।

उनके व्यक्तित्व में इनसान बनाने की पढ़ाई ज़्यादा झलकती है कि कैसे विद्यार्थी का व्यक्तित्व बनाना है।

सही बात है। वे छात्रों में व्यक्तित्व का विकास करते थे। हमारे सभी शिक्षक वही करते थे कि आपको कलाकार नहीं बना सकते न, पर कुछ होगा तो आप कुछ करके रहेंगे, वो तो आपकी बात है, हम कैसे बनायें आपको कलाकार। लेकिन हमें उम्मीद यह है कि आप यहाँ आये हैं तो एक अच्छे इनसान बनकर ज़रूर जाओगे।

ये तो हुआ न! आज भी अगर काफ़ी लोग गरबा करने के लिए आते हैं तो इसका मतलब है कि फ़ाइन आर्ट का कोई है, उन्होंने उनके जीवन में कुछ किया है। ये चौधुरी साहब के व्यक्तित्व में हमने देखा है।

मुझे अचानक याद आया। मैं पहली बार राम छाटपार सर से फ़र्स्ट ईयर में परिचित हुआ। पता नहीं, ऐसा कुछ क्या आकर्षण था या ऐसी कुछ बात थी या शायद मुझे उनके साथ जुड़ना था। संयोग की या सौभाग्य की बात थी। यही पहला शब्द उन्होंने कहा था कि—'कलाकार बनना तो तुम्हारे वश की बात है। क्या बनना है क्या नहीं, क्या बनोगे क्या नहीं। लेकिन तुम अगर मेरे साथ जुड़ते हो तो मैं जिस विचारधारा का आदमी हूँ, मेरा विचार यह है कि एक अच्छा इनसान बनना अत्यन्त आवश्यक है।' संगीत उनके यहाँ रात-रात भर चलता रहता था। दूसरी बात वो कहते थे कि—'अगर तुम मेरे दोस्त बनना चाहते हो तो तुमको संगीत सुनना पड़ेगा।'

> मैं स्कल्पचर सीखने आया हूँ, आप मुझे संगीत सिखा रहे हैं, यह बात मेरे अन्दर से निकली। मैं एक गाँव का रहने वाला, जिसके अन्दर संगीत का कोई संस्कार नहीं था। लेकिन ये बात मुझे उनकी ओर खींच रही थी। उनकी मृत्यु के उपरान्त शंखो दा ने जो कुछ मुझे दिया, वह मेरा सौभाग्य था, उन्होंने कहा—'कुछ करो राम छाटपार के लिए। वह एक अच्छा इनसान था।'
>
> मैं उस समय असहाय था, जब पढ़ता था, उनकी अकस्मात् मृत्यु हुई थी। मैं जापान गया, वहाँ पर धीरे-धीरे धनराशि इकट्ठी की और 'शिल्प न्यास' बनाया। यह शंखो दा की ही देन है कि आज राम छाटपार शिल्प न्यास बन गया। इसका सौ प्रतिशत श्रेय मैं उन्हीं को देता हूँ। मेरे पास इसके लिए न दिमाग़ था, न विचार था और न पैसा था।

लेकिन हमने जो देखा सभी शिक्षकों में कि वे स्टूडियो से बाहर निकलकर सिखाते थे। मतलब, एक तो यह कि स्टूडियो के अन्दर जो होता है वह तो प्रतिदिन होता है, लेकिन जो बाहर होता है वह बहुत बड़ा होता है। इसलिए हमारे यहाँ सारे स्टूडियो खुले रखने की बात कही गयी। मुझे अचम्भा भी नहीं होगा, अगर इसमें भी चौधुरी साहब का बड़ा योगदान न हो। फिर वह न्यूड स्टडी के लिए भी बहुत आग्रह रखते थे कि आपको मनुष्य के शरीर का अध्ययन करना है। उससे एक जो संकोच और शर्म की बात होती है, वह भी निकल जाती है। अगर जीवन में उन्होंने हमें क्या सिखाया है, अगर सोचने लगो तो पता लगेगा कि क्या है! और ये सब चौधुरी साहब कर रहे थे। उन्होंने यही बताया कि आप बाहर निकलो और बाहर निकलकर दुनिया को देखो।

स्टडी टूर में सभी शिक्षक हमारे साथ होते थे। उस ज़माने में सभी लोग सेकेण्ड क्लास में साथ में जाते थे। वो लोग फ़र्स्ट क्लास में नहीं जाते थे। वे लोग हमारे साथ में ही जाते थे और हम साथ में रसोई करने वाले महाराज को भी ले जाते थे। कई बार रसोईघर भी डिब्बे के अन्दर होता था।

एक प्रसंग याद है बादामी का। बादामी कर्नाटक में है, जहाँ हम टूर पर गये थे। चौधुरी साहब ऐसे आयोजन करने में बहुत आगे रहते थे कि कहाँ रहना है, क्या करना है, कैसे करना है, वग़ैरह-वग़ैरह। बहुत सोचते थे और फिर

कहते थे, तुम ये कर लो, तुम ये कर लो। पता यह लगा कि वहाँ कोई जगह नहीं रहने लायक। कोई जगह मिल ही नहीं रही थी। चालीस विद्यार्थी थे, पाँच-छह शिक्षक थे, एक-दो काम करने वाले थे। इन सबको लेकर हम जायें कहाँ। आख़िरकार एक जगह मिली, वो खुली जगह थी, दरवाज़े नहीं लगे थे, एक हॉलनुमा था, उसका फ्लोर भी नहीं बना था, मिट्टी थी। एक टायलेट था, वह भी बाहर। हम लोग तीन दिन बादामी में रहे। सभी लोग वहीं सोये। सब लोगों ने उसी टायलेट का इस्तेमाल किया।

चौधुरी साहब हमको सिखाते थे कि आप लोग लाइन में खड़े रहो, हम भी लाइन में खड़े हैं। इस तरह के व्यक्ति थे। उनके डिसिप्लिन में बड़े-छोटे का कोई फ़र्क़ नहीं था। जहाँ आप सोयेंगे वहाँ हम भी सोयेंगे, जो आप खायेंगे वही हम खायेंगे, मगर जो देखना है वह हम साथ में देखेंगे। बादामी के शिल्प पर उन्होंने लिखा है। इस तरह की स्मृतियाँ आज भी याद हैं। हम छोटा-मोटा जो कुछ भी कर रहे हैं, उसमें उनकी बहुत बड़ी भूमिका है।

एक तो यह था कि उनका सरोकार काफ़ी लोगों से था। सिर्फ़ कलाकारों को ही नहीं, और लोगों को भी जानते थे। सभी के साथ उनका अच्छा रिश्ता था। शान्तिनिकेतन के साथ अच्छा रिश्ता था।

मुझे याद है, डॉ. राममनोहर लोहिया आये थे, चौधुरी साहब उनको लेकर आये, उनके साथ खाना खा रहे थे। जवाहरलाल नेहरू आये थे। उस वक़्त मैंने देखा कि चौधुरी साहब आ रहे हैं। उनकी आउट वर्ड पर्सनैलिटी भी काफ़ी अच्छी थी। वे सबके बारे में काफ़ी कुछ जानते थे और शायद वो लोग भी जानते होंगे। क्योंकि वे एक बहुत ही सोफिस्टीकेटेड व्यक्ति थे। चौधुरी साहब देखने में साधारण लगते थे मगर काफ़ी ऊँचे दर्जे के व्यक्ति थे। बच्चों के साथ बैठकर भी काम कर लेते थे और इतने बड़े लोगों से भी मिलते थे। जो पॉलिटिकल सेन्स होती है, वह उन्होंने हम लोगों के दिमाग़ में डालने की कोशिश की। उस समय राममनोहर लोहिया के बारे में पॉलिटिक्स कौन जानता था? आज हम समझते हैं कि लोहिया इतने बड़े नेता होते थे, लेकिन हमारे बड़ौदा के फ़ाइन आर्ट कॉलेज में आते थे।

मुझे याद है, जब पृथ्वीराज कपूर यहाँ पर नाटक करने आये, पूरा 'पृथ्वी थियेटर' लेकर आये थे। चौधुरी साहब ने उनको बुला लिया और उनका पोर्ट्रेट बनाया। पता नहीं, वो आज है कि नहीं? लेकिन मुझे याद है,

पृथ्वीराज कपूर उनके लिए पोर्ट्रेट बनवाने मॉडल के रूप में बैठे थे। वह स्कल्पचर स्टूडियो में ही बैठते थे। उन्होंने यह भी कहा कि हमारे विद्यार्थी नाटक देखने आयेंगे। तो पृथ्वीराज कपूर ने हम सबके लिए बहुत कम दाम में टिकिटें दीं। हम सब लोग शो देखने गये थे। तो ये सब चौधुरी साहब के कारण ही हुआ था।

कुछ नाटक भी उन्होंने किया था?

हाँ, उन्होंने बहुत नाटक किये थे। मुझे याद है, फ़र्स्ट ईयर में उन्होंने शिवकुमार रॉय का नाटक 'हजबर लॉ' किया था। कुछ नॉनसेन्स क़िस्म का नाटक था। आज के ज़माने में तो लोग पता नहीं क्या सोचेंगे, पर उस वक़्त तो इस तरह के नाटक लिखे जाते थे, गाना–बजाना, सब कुछ होता था। मणि साहब ने शायद उसके सेट बनाये होंगे, मास्क बनाये होंगे और चौधुरी साहब तो उसके अन्दर पूरी तरह से लगे हुए थे।

मुझे याद है, उसके बाद एक 'तासेर देश' नाम का नाटक था, मतलब 'किंगडम और काड्‌र्स' और उसका गुजराती अनुवाद है—'प्रक्तानो प्रदेश'। एम. बचोभाई वकील नाम के एक गुजराती लेखक थे, जिन्होंने इसका अनुवाद किया था और सभी जो गाने हैं, उसके अन्दर उन सबको उसी राग में गुजराती में बनाया था। हम लोग वो सभी गाने कितने अरसे तक गाते रहे। हम सब लोग गाते थे, रिहर्सल होती थी। हमारे विद्यार्थियों ने 'प्रक्तानो प्रदेश' किया है। ये चौधुरी साहब का उत्साह ही था कि उन्होंने नाटक हाथ में लिया तो सब लोग उसमें इतने व्यस्त हो जाते थे कि कहना ही क्या! फिर मज़ाक़ भी बहुत करते थे।

हमारे शिक्षकों ने हमको सिखाया कि आप जो करते हैं, उसके अन्दर मज़ा लेना चाहिये। काम करने में भी मज़ा लेना चाहिये, यह मज़दूरी नहीं है। जो काम मज़दूरी जैसा लगता हो, उसमें भी मज़ा लेना चाहिये। आप लोगों का स्कल्पचर कास्टिंग होता है, उसमें पता नहीं कितने दिनों तक आप काम करते रहते हो। मतलब ये हो गया, वो हो गया, बीच में खाना खाया और फिर गाना गाया। सचमुच साथ मिलकर ये करना जो था, ये सब उन्होंने सिखाया था।

जीवन जीने में उनकी जो दिलचस्पी थी, एक क़िस्म का लगाव था कि

आप हर चीज़ को मज़े से लें। खाने-पीने के बहुत शौक़ीन थे। सब लोगों ने उनसे सीखा है। संगीत सुनना, घूमना-फिरना, देखना, सब कुछ करते थे। वो सब कुछ करते थे। हम लोग थे, उस समय शायद एक बार नर्मदा में बाढ़ आयी थी। चौधुरी साहब वहाँ साथ थे। वे हर जगह लोगों का साथ देते थे। मतलब, हर जगह वो होते थे। उन्हें अपने कपड़ों की कोई परवाह नहीं होती थी, वे कहीं भी पहुँच जाते थे।

नीलिमा शेख

एक विश्वास पैदा करने की उनमें ताक़त थी

३० अक्टूबर २०१५

शंखो चौधुरी के स्कल्पचर के बारे में मैंने अभी मणि सर और नागजी पटेल से बात की है लेकिन मैं उनके सम्बन्ध में स्कल्पचर से सम्बन्धित और बातें आपसे जानना चाहता हूँ।

नहीं, ये मुझसे नहीं बल्कि वह आपको स्कल्पटर, कला इतिहासकार एवं कला समीक्षक से सुनना चाहिये। मेरे लिए तो उनका व्यक्तिगत रिश्ता

बहुत महत्त्व रखता था कि वे कितने इन्स्पायरिंग व्यक्ति थे। हमने उनसे बहुत कुछ सीखा है।

मैं जब बड़ौदा में पढ़ने आयी थी, उस समय वे मुझे ट्रेनिंग में मिले थे। कुलकर्णी साहब ने मुझसे कहा कि तुम्हें बड़ौदा जाना है। उन्होंने मुझे बुलाया। पर मैं उस समय नहीं जानती थी कि वे बड़ौदा में इतने बड़े आर्टिस्ट हैं। मैं इतना ज़्यादा नहीं जानती थी उनके बारे में। उन्होंने मेरे स्कैच देखे, उन पर थोड़ा कमेण्ट किया। पहले जब बड़ौदा आयी तो वहाँ उनका चेहरा देखकर एक हौसला मिलता था, क्योंकि उन्होंने एक क़िस्म का शेड्स मुझमें डाल दिया था। वो हौसला शायद बहुत से लोगों को मिला होगा, मैं अकेली नहीं हूँ। एक विश्वास पैदा करने की जो उनमें ताक़त थी।

ज्योति भट्ट

वो बहुत कर्तव्यनिष्ठ थे

३१ अक्टूबर २०१५

आज हमारे साथ सरोज सिंह भी था, उसी के मोटरसाइकिल से हम ज्योति भाई के घर पूर्व नियोजित कार्यक्रम के अनुसार समय से पहुँच गये। मुझे इतना अच्छा लग रहा था कि सभी अपने लोगों की बड़ी सहज-भाव से उनके अमूल्य समय की उपलब्धता तथा इतने अपने-पन के साथ यह हो रही बातचीत मुझे बहुत ही उत्साहित करती जा रही थी। ज्योत्स्ना बेन के पैर में फ्रैक्चर हो गया था और ज्योति भाई की तबीयत उतनी अच्छी नहीं थी फिर भी इन लोगों ने मेरी प्रार्थना स्वीकार की। यही तो बात है बड़ौदा की कि वहाँ से एक से एक बड़े से बड़े धुरन्धर कलाकार इस देश को प्राप्त हुए हैं जितना कि किसी और शहर या प्रदेश से नहीं होंगे। इसका एक वृहद् रिकॉर्ड है जो सर्वविदित है। ज्योति भाई के पूरे घर में अनेक प्रसिद्ध कलाकारों के चित्र और मूर्तियाँ बहुत ही करीने से प्रदर्शित थे। बीच में ही किसी अतिथि के आ जाने के कारण मुझे कुछ समय प्राप्त हो गया था। जिससे मैं बहुत ही ध्यान से प्रदर्शित कलाकृतियों का रसास्वादन करने

लगा। बहुत ही आनन्दप्रद बातचीत एक लम्बे दौर तक हम लोगों के बीच चलती रही!

> शंखो दा की, उनके व्यक्तित्व के कारण, एक कला शिक्षक और कला-क्षेत्र के उत्थानकर्ता के रूप में शुरू से ही उनकी बड़ी पहचान रही है। इस पर आप थोड़ा-सा प्रकाश डालेंगे।

डायरेक्ट उनका शिष्य होने का मुझे मौक़ा नहीं मिला। प्रदोष दासगुप्ता के बाद शंखो दा १९५० में बड़ौदा आये। प्रारम्भ के दो-तीन महीने ही मुझे उनके पास मूर्तिकला विभाग में रहने का अवसर मिला। वह घूमते-घूमते ग्राफ़िक में भी आते और इधर-उधर बराबर आते रहते थे। इस तरह पन्द्रह-बीस दिन में अक्सर मिलते थे।

> पेंटिंग्स और ग्राफ़िक्स में होने के बाद भी आप हर तरह की चर्चा में उनके साथ बहुत दिखते हैं। आपने बताया भी है कि उनके साथ आपका एक गहरा जुड़ाव था।

उनकी हर एक बात हम सुनते थे चाहे सही लगे, न लगे। साथ ही साथ सही न लगी हो तो उसको बोलने की छूट भी होती थी। उनको बुरा नहीं लगता था। अगर उन्होंने कहा कि ऐसा करते, मगर ऐसा करें तो क्या होगा। वह बोलते थे, हाँ वो भी करके देखते हैं। इस ढंग से वो हमें बराबर समझते थे, मगर इस तरह का उनका बर्ताव रहता था। बहुत अच्छा लगता था, वहाँ उस वक़्त इस तरह का व्यवहार होना।

कहीं किसी भी काम में जब साथ में होते थे—जैसे उस वक़्त रिवाज़ यह था कि चपरासी थर्ड क्लास में जाते थे और साहब लोग फ़र्स्ट क्लास में यात्रा करते थे। हमारे स्टडी टूर में भी प्रोफ़ेसर्स दो-तीन ही जायेंगे पर वे फ़र्स्ट क्लास में जायेंगे और स्टूडेण्ट सेकेण्ड क्लास में जायेंगे। ये उस समय का नियम था। उन्होंने आते ही पहला काम यह किया कि सब लोग साथ जायेंगे। यदि सब फ़र्स्ट क्लास में नहीं जा सकते हैं तो प्रोफ़ेसर्स भी थर्ड क्लास में जायेंगे। उस समय तो फर्स्ट, सेकेण्ड, थर्ड क्लास था। लोएस्ट क्लास वही था। फिर सिलेक्टेड नहीं, सब साथ जायेंगे और वह भी कान्ट्रीब्यूट करके जायेंगे, टीचर्स भी करेंगे। तो हमारा स्टडी टूर औरों से

बहुत अलग हो जाता था, चौबीस घण्टे साथ रहना पड़ता था।

कहाँ-कहाँ टूर में आप उनके साथ गये हैं?

मैं तो पिकनिक पर दो जगह गया था। माउण्ट आबू गया था, फिर बाद में महाबलीपुरम् दूसरी दफ़ा गया। मैं सभी टूर में नहीं जा सका।

आप टीचिंग लाइन में कब आये थे?

सन् १९५९ में।

लगभग ग्यारह साल आप शंखो दा के साथ रहे हैं। वे स्कल्पचर में थे, आप पेंटिंग में थे...

उसी बीच तीन साल मैं बाहर रहा। टीचर बनने के बाद यह भी हुआ कि मैं अध्यापक निवास में रहने लगा था तो पड़ोसी बन गया। पहले पड़ोसी नहीं था, तब उनके घर में रहता था। यह कई बार अलग-अलग लोगों ने पूछा है। कभी यह सोचने की ज़रूरत ही नहीं पड़ी कि टीचर के साथ सम्बन्ध कैसे बने, पैरेण्ट्स के साथ जैसे होते हैं, उसी तरह से डेवलप हुए।

यह एक बड़ी विशेषता है। मैं काफ़ी यंग था। मैं उनसे कहता था कि मैं आपका 'ग्रैण्ड स्टूडेण्ट' हूँ। राम छाटपार सर थे, उसके बाद कनेरिया सर। छाटपार सर का स्टूडेण्ट होने की वजह से मैं ये हक़ पा गया था कि मैं ग्रैण्ड स्टूडेण्ट हूँ और इस तरीक़े से मैं उनसे जुड़ा। यह मैंने अनुभव किया है और मुझे लगता है कि यही उन जैसे महान् व्यक्ति की बहुत बड़ी पहचान बनी।

बिलकुल बराबर कर देते थे। अक्टूबर १९५६ में एक बड़ी एक्ज़ीबिशन यूनेस्को की ओर से दिल्ली में आयोजित हुई। साहित्य अकादेमी कर रही थी। उनका काम चौधुरी साहब ने लिया था। वहाँ थोड़ी हेल्प की ज़रूरत पड़ गयी। कारपेन्टर वग़ैरह तो थे, पर उनको गाइड करने के लिए पहले फ़िरोज़ भाई को ले गये, फिर मुझे भी बुला लिया गया।

साहित्य अकादेमी के सचिव कृष्ण कृपलानी के घर में वे रहते थे, क्योंकि शुक्ला जी उनके टीचर थे। स्टूडेण्ट होने के नाते दोस्त भी हो गये थे। स्टूडेण्ट के स्टूडेण्ट होने के नाते हम भी कृपलानी जी के साथ थे। वहीं रहते थे, वहीं खाते-पीते थे। बाद में हम एक्ज़ीबिशन एरिया में चले गये।

उस समय यह होता था कि कहीं भी पार्टी में जाते थे। चौधुरी साहब साथ में होते थे तो हमें भी साथ ले जाते थे। इन्दिरा गाँधी जी से मिलते थे, नेहरू जी से मिलते थे। वो लोग मिलते थे। क्योंकि हम लोग उनके साथ काम करते थे तो हमें पता चलता ही था कि हमें तो नहीं बुलाया गया पर इनकी वजह से हम हैं। उनमें ये एटीट्यूड बहुत था, इसलिए उनसे अटैचमेन्ट छोड़ना मुश्किल हो जाता था। आख़िर तक मैं जितनी बार दिल्ली गया, उनके घर पर ही ठहरा। हालाँकि ललित कला के काम से गया या और किसी काम से गया, पर रहना तो उनके घर में ही होता था।

वही मणि साहब के साथ होता था। शान्तिनिकेतन में जितनी बार गये, उनके घर पर रहे। यहाँ से जाने के बाद में ये लोग बड़ौदा आते थे तो फिर हमारे यहाँ दो दिन, इसके बाद जाना पड़ेगा। यहाँ पर उनके काफ़ी स्टूडेण्ट हैं, इसलिए 'मेरा नहीं' 'हमारा' बोलता हूँ। वो आख़िरी समय तक रहा। उन्होंने कॉलेज छोड़ दिया, हमने भी छोड़ दिया, पर वो रिलेशन वहीं का वहीं रहा। वो तो है। उन लोगों को भी ऐसा विश्वास था कि हमें जो काम बोलेंगे, ये करेंगे और वो होगा ही। आगे से नहीं होगा, ऐसा बोलकर लोग हट जाते हैं। ऐसा भी नहीं होता था। पूरा भरोसा करते थे।

> एक चीज़ और मैंने नोटिस की थी कि शंखो दा ने कभी अपने आपको प्रतिष्ठापित नहीं किया था, बल्कि स्वयं स्वतः प्रतिष्ठापित होते गये। यह एक व्यक्तित्व की बड़ी पहचान है।

अक्सर ऐसे लोगों का यह होता है कि वह दूसरे की चापलूसी नहीं करते हैं। उनकी सीधी-सी बात भी प्रभावी लगती है। जो बोलना है वह बोल देंगे। वो बहुत से लोग जो ख़ुद को बड़ा समझते हैं, उनको लगता है कि ये ऐसी बात मुझसे कैसे कह दी। तो एक ढंग से वह अप्रिय भी रहे।

कुछ लोगों में ऐसा लगता है, ख़ासकर वो लोग जो उनके समान होने की या उनसे आगे होने की चेष्टा करते रहे पर सफल नहीं हो सके। जैसे एक छोटी

और एक बड़ी लाइन की कहानी है। मतलब कि उनसे बड़े नहीं बन सकते तो उनको छोटा दिखाने की कोशिश करते रहे। जब वे ललित कला अकादेमी में एक अच्छी पोजीशन पर थे, चेयरमैन थे, तब यह बात ज़्यादा हो गयी थी। क्योंकि वो बहुत कर्तव्यनिष्ठ थे, जो लोग कोई काम नहीं करते थे उनसे कहते थे कि—काम क्यों नहीं करते हो, समय से क्यों नहीं आते हो। साधारणत: चेयरमैन जैसे लोग इस तरह से देखते नहीं हैं, सिग्नेचर करके चले जाते हैं, पर ये ज़्यादा पर्टिक्यूलर थे कि हर काम ठीक से होना चाहिये।

उन्होंने यहाँ पर बड़ौदा में टीचिंग के अलावा और भी कई ज़िम्मेदारियाँ लीं, लगातार कई वर्षों तक विभाग का कार्यभार उन्होंने लिया और कितना उसे आगे बढ़ाया। जैसा कि नीलू बेन और इरा बेन ने लिखा है, इस फ़ैकल्टी को आगे ले जाने के लिए उन्होंने अपना जीवन दाँव पर लगा दिया। अगर वाइस चांसलर कोई है, तो हमको ये नहीं देखना है कि आप क्या सोचते हैं, हम क्या सोचते हैं, मैं यहाँ पर काम करने के लिए आया हूँ तो मुझे यह काम करना है, आपकी यह ज़िम्मेदारी है कि जैसे मैं ज़िम्मेदार हूँ, वैसे ही आप भी ज़िम्मेदार हों कि आपको इसे करना ही है। कुलपति हंसा मेहता के साथ इस एटीट्यूड पर बड़ी अच्छी बात हुई थी। इन विषयों पर शंखो दा अक्सर बात करते थे।

> न्यूड स्टडी के लिए कितना विरोध बड़ौदा में हुआ। कितने लोगों ने कहा कि यह कैसे हो सकता है, यह सम्भव ही नहीं है। इरा बेन ने लिखा है कि महिला मॉडल के लिए अपने घर के ग़ैराज में एक कमरा बनाकर दिया, जब तक कि उसको एक सही स्थान नहीं मिल गया। अब ये चीज़ आज के समय में आसान नहीं है और उस समय तो थी ही नहीं। आप लोगों ने तो उस समय को पूरा देखा ही है...

इस फ़ैकल्टी का जो कैरेक्टर बना है, आज जो इमेज है, उसमें सबसे ज़्यादा योगदान चौधुरी सर का है। करिकुलम तो ठीक है, वह बदलता रहा। बोर्ड स्टडी भी होती थी। दूसरे डिपार्टमेण्ट में क्या हुआ, उसमें ज़्यादा दख़ल नहीं देते थे। स्कल्पचर कैसा होना चाहिये, उसमें उनका आग्रह रहता कि यही

होना चाहिये और इसी तरह से ही होगा। मगर बाक़ी की सब चीज़ों में वह बदलाव लाने की कोशिश कर रहे थे—एक्स्ट्रा करिकुलम, जिसके लिए हम ज़्यादा जाने जाते हैं।

मणि साहब बता रहे थे कि यहाँ जो फ़ेयर हुआ, उसका आइडिया भी उन्हीं का था। यहाँ जिस तरह से स्टूडेण्ट के लिए फ़ण्ड कलेक्शन किया गया, वो फिर शान्तिनिकेतन गया। उन्होंने ही किया, जो शान्तिनिकेतन के ही स्टूडेण्ट थे—इरा बेन, चौधुरी साहब, मणि साहब वग़ैरह। मगर जिस तरह से सफलता मिली, लोगों से जुड़ाव हुआ, लगा कि यह हो सकता है, फिर वह शान्तिनिकेतन में गया। नहीं तो वो पौष मेला वग़ैरह होता रहता था, लोग देखते थे और रुचि लेते थे, लेकिन यह संस्थान का हिस्सा नहीं था।

शायद १९५७-५८ में उन्होंने फ़ैकल्टी की पहली प्रदर्शनी जहाँगीर आर्ट गैलरी में की थी?

हाँ, उसके पहले शायद १९५२ या ५३ में की थी। क्योंकि जुलाई में वह टर्म होता है तो कन्फ़्यूज़न हो जाता है। लोग भी उसमें पार्टीसिपेट करते थे। उस समय बड़ौदा में जैसा हुआ, उसके बाद ही शुरू हुआ। उसकी यहाँ बहुत चर्चा हुई।

उनके मन में यह बात बैठ चुकी थी कि इस देश के आर्ट सिनेरियो में बड़ौदा को बेस्ट इन्स्टीट्यूट बनाना है। मैं यह समझता हूँ कि आज के समय में, कुछ अपवाद को अगर छोड़ दें, तब भी बड़ौदा आज बेस्ट बना हुआ है।

सिर्फ़ फ़र्क़ यह है कि 'मैंने किया, मैंने किया'।

उन्होंने हमेशा ही व्यक्ति के काम के बारे में, उसके कैरेक्टर के बारे में अच्छा ही ओपिनियन दिया। आज तक मैंने यह नहीं सुना कि कोई काम ख़राब हुआ है या कोई असामाजिक कार्य उससे हुआ है। वो ज़रूर बोल देते थे, उसकी तारीफ़ करते थे, चाहे अच्छा न हुआ हो, लेकिन काम तो करता है ही। जिसने काम छोड़ दिया, उसको पसन्द नहीं करते थे।

मैं एक बार अण्डमान निकोबार गया था उनके साथ। उस वक़्त वे ललित कला के चेयरमैन नहीं थे, रिटायर्ड थे। पूरा जो मानव संग्रहालय बना, उसके डायरेक्टर, पूर्व डीन वग़ैरह थे। वहाँ सामान्य बस में यात्रा कर रहे थे,

यह नहीं कि मुझे टैक्सी ही चाहिये। सरकारी काम से गये हुए लोग पर्सनल कामों में भी सरकारी वाहन का उपयोग करते हैं। ये सरकारी काम था तो भी सामान्य बस में गये। मैंने वो फ़ोटोग्राफ़ भी लिया है। एकदम साधारण, पता ही नहीं चलता था कि कौन हैं।

एक दूसरा अनुभव, मैं एक दूसरी जगह 'आर्ट फ़ेयर' में गया था। होटल में रूम बुक्ड थे और एक रूम में दो-दो व्यक्ति रखे गये थे। मेरे साथ एक युवा कलाकार थे, वह ललित कला के चेयरमैन थे। वह होटल मैनेजर को डाँटते हैं कि एक कमरे में दो को कैसे रखा है? पता है कि मैं कौन हूँ, मैं ललित कला का चेयरमैन हूँ। चौधुरी साहब मेरे साथ बस में बैठ सकते हैं—मामूली आदमी के साथ। ये नये चेयरमैन, जो सम्भवतः मुझसे उम्र में दो साल छोटे होंगे, और मुझसे ऐसा साफ़-साफ़ बोलते हैं कि एक कमरे में किसी और के साथ कैसे रह सकता हूँ। मेरे सामने मैनेजर को डाँटते हैं। अपरोक्ष रूप से वह मुझे अपमानित कर रहे थे। सामान्य लोगों के हिसाब से चौधुरी साहब कितने ऊँचे थे, तब पता चलता है।

अब होटल के रेस्टोरेण्ट में काम करने वाले को क्या पता कि चेयरमैन क्या है, ललित कला क्या है, उस बेचारे को क्या पता! उनका परिवार और उनके मित्र तो वहाँ रहते ही थे और हम भी उनके गाँव में रह सकते थे कि हम चौधुरी साहब के स्टूडेण्ट हैं।

कुछ हिमाचली या नेपाली लोग चौधुरी सर के घर में रहते थे, वे किचन वग़ैरह का काम करते थे, और घर की पूरी देखभाल भी करते थे। घर में किस समय किसको क्या नाश्ता चाहिये या और कुछ चाहिये। इसका ध्यान रखते थे। वहाँ थोड़ी वेस्टर्न स्टाइल थी, सुबह टेबल पर कोई किसी से पूछता नहीं था कि आप किसके गेस्ट हैं। हो सकता है कि शंखो दा के गेस्ट हों, सचिन दा के हों या हितेन दा के हों। शंखो दा की बहन की बेटियाँ भी वहाँ आकर रहती थीं। एक बार की घटना है कि वहाँ पर तीन-चार दिन से रुके हुए एक गेस्ट ने कहा कि—'आज हमें जाना है, बिल कहाँ मिलेगा?' नेपाली सर्वेंट कुछ समझा नहीं। उनकी बहन की बेटी को बुलाकर कहता है कि बिल ले आओ, मैनेजर कौन है। फिर उसने कहा, क्या 'ये बंगाली-धर्मशाला नहीं है। मैंने विक्टोरिया गाड़ी वाले से कहा कि बंगाली धर्मशाला ले चलो और वो यहाँ ले आया।' वो तीन दिन वहाँ रहे, खाये-पिये, लेकिन उनसे किसी ने कुछ पूछा ही नहीं। ऐसा भी वाकया उनके यहाँ होता था।

इसी तरह से इरा बेन भी, अगर कभी पता चले कि कोई स्टूडेण्ट बीमार है तो उसे ढूँढ़कर अपने घर में ले आती थीं। कितनी बार बताया है कि यूथ हॉस्टल से उठाकर अपने घर ले जाते थे। उनके एक फेमिली डॉक्टर थे। अगर किसी को कुछ भी हुआ है तो वहाँ भेजो। वहाँ न पैसा देना है, न कुछ करना है। दूसरे और किसी ने इस तरह की रुचि नहीं ली; कितने भी अच्छे लोग हों, सब राय देंगे कि उधर जाओ, उधर जाओ, और नहीं हुआ तो अब मैं क्या करूँ। ये नहीं हुआ तो क्यों नहीं हुआ और क्यों नहीं होगा और पीछे पड़कर करवायेंगे ही।

एक बार कुछ गड़बड़ हुई तो रमेश पटेरिया के लिए यूनिवर्सिटी में कहा गया कि इसको निकाल देना चाहिये। चौधुरी सर बोले कि—'नहीं निकाल सकते, नहीं तो मैं चला जाऊँगा। स्टूडेण्ट का अधिकार है वह रहेगा।'

ये मामूली बात नहीं है!

ग़लत है तो सही करने का मौक़ा दो, पर निकाल नहीं सकते।

कितनी चीज़ें हैं प्रशासन में, जैसे पटेरिया वाली बात! हम भी एक अध्यापक हैं, थोड़े दिन के लिए अवसर मिला है। अगर समाज किसी चीज़ का बहिष्कार कर रहा है, विश्वविद्यालय बहिष्कार कर रहा है, सरकार बहिष्कार कर रही है, उसके लिए वो सामने खड़े हो जाते हैं और कहते हैं कि हमें इसे मौक़ा देना चाहिये, इसें रखना है और इसको स्वीकार करना है। लेकिन ये जज़्बा, ये शक्ति मैंने अभी तक किसी और में नहीं देखी।

एक बार पता चला कि कोई स्टूडेण्ट बह गया। वह फ़ाइन आर्ट का नहीं था, यूनिवर्सिटी का था। सबको उठाया रात को दो बजे और इधर ढूँढ़ो, इधर ढूँढ़ो। फिर रस्सी निकाली, क्योंकि हम न बह जायें। पर नहीं ढूँढ़ सके। ऐसे ही एक राइट्स के समय एक परिवार को इतना प्रोटेक्शन दिया और कहा कि इनको कुछ नहीं होना चाहिये।

ज्योत्स्ना भट्ट

वे गुरु, पिताजी, गाइड क्या-क्या कहूँ सब कुछ थे

३१ अक्टूबर २०१५

मैं उस समय मुम्बई में थी, मुझसे कहा कि अगर तुम सीरियस हो तो बड़ौदा चली आओ। मैं उस सबकी प्रक्रिया के बारे में तो नहीं जानती थी, पर ऐसा पता था कि जून या जुलाई में शायद एडमिशन होगा। हम आ गये, लेकिन तब तक एडमिशन के लिए टेस्ट हो चुका था। मगर चौधुरी साहब ने अलग से टेस्ट लिया। रिटेन टेस्ट तो फिर से नहीं हो सकता था, तो उन्होंने वैसे ही मुझे पास कर दिया।

यह सन् १९५९ की बात कर रही हूँ। उसके बाद तो फिर वे एकदम पिताजी की तरह मेरा ख़याल रखने लगे थे कि मैं क्या कहूँ। मेरे लिए तो वे गुरु, पिताजी, गाइड क्या-क्या कहूँ सब कुछ थे... इतने प्यार से रखते थे, मैं हॉस्टल में पीछे रहती थी। ज़रा भी पता चल गया कि ज्योत्स्ना ठीक नहीं है। इरा दी के पाँच रोल मैं गिनाती हूँ; वो माँ हैं, सास हैं, टीचर हैं...। तो दोनों ही मेरे लिए ऐसे रहे हैं और शायद मैंने उनको डिस-अप्वाइन्ट भी किया। जितना मुझसे अपेक्षा करते थे उतना मैंने किया नहीं। कभी उन्हें पता चला

कि आज मेरी बर्थडे है तो जेब में से पैसे निकाले और कहा—आज ज्योत्स्ना का बर्थडे है, चलो सब लोग आइसक्रीम खाने चलें।

इतने प्रसंग याद आते हैं कि क्या कहें, किस प्रसंग की बात छोड़ूँ उनकी छोटी-सी गाड़ी थी, जिसमें तीन-चार लोग बैठ सकते थे। तो सब बातें होती रहती थीं। एक बार उनके साथ दिल्ली गये थे।

> जैसा मैं जानता हूँ, जब मैं बड़ौदा में पढ़ रहा था। उस समय शंखो दा और इरा दी जब भी आते थे तो नानू भाई के यहाँ रुकना होता था और आप लोगों के यहाँ भी। मुझे आपका और सर का रिलेशन कुछ स्पेशल लगता है और उस स्पेशल में इरा माँ का कई रोल होता है। जैसे मैं ही 'इरा माँ' भी बोलता हूँ, 'इरा बेन' भी बोलता हूँ और 'इरा दी' भी बोलता हूँ—अलग-अलग अवसरों पर। ये सब कुछ इतना सच है, इस तरह से उनका एक अद्‌भुत कैरेक्टर है, यह एक जादू-सा उनके अन्दर है।

वो जिस तरह से बड़े हुए, वे बहुत दिलवाले थे। जो भी उनके सम्पर्क में आता था, वो हमेशा प्यार से भरे हुए होते थे। हम लोग बच्चे जैसे लगते थे तो बहुत आसानी से आ जाते थे, हमारे पास बैठते थे। जो ख़ास उन्हें पसन्द था, वही खाना हम उनके लिए बनाते थे। क्रिकेट का बहुत शौक़ था। यहाँ बैठकर क्रिकेट देखते थे। हम लोग गुजराती न्यूज़ पेपर ही पढ़ा करते थे तो चौधुरी साहब भी पढ़ते थे।

> आपने स्कल्पचर किया। उसके पहले दो साल पेंटिंग भी की और स्कल्पचर में आने के बाद आपने पॉटरी भी की।

साथ-साथ किये। आप्शनल सब्जेक्ट था न, इसलिए मैंने मीडियम चुना था।

> शंखो दा के कारण आपने स्कल्पचर लिया, उन्होंने ऐसा क्या प्रभावित किया कि आपने स्कल्पचर लिया?

मुझे चौधुरी साहब के स्कल्पचर बहुत पसन्द थे। मेरे स्कल्पचर में उनका

सीधा असर दिखता है। ये मेरा स्कल्पचर है जो सामने दिखता है। उन्हें मेरा काम बहुत पसन्द था। दुर्भाग्य से मैं थोड़ी लेज़ी क़िस्म की हूँ, इसलिए लगातार काम नहीं कर सकी। फिर आसान तरीक़ा था पॉटरी का तो वह लगातार किया। वे उसमें भी प्रोत्साहित करते रहते थे।

एक चीज़ हमने देखी कि कोई लेज़ी भी हो उसको भी डाँटते थे और जो बहुत अच्छा हो उसको भी डाँटते थे। इसलिए कहीं कोई अन्तर ही नहीं लगता था कि वे किसको डाँट दें। ऐसा नहीं था कि जो अच्छा काम नहीं करता ख़ाली उसको ही डाँट पड़ेगी, जो अच्छा काम करता था उसको भी डाँट पड़ती थी। मुझे लगता है कि इसी कैरेक्टर के कारण छात्रों के साथ शंखो दा का एक चमत्कार जैसा सम्बन्ध दिखायी देता है।

वे काफ़ी कोशिश करते थे जितनी पावर है उसको बाहर लाओ। इसी तरह से उनको जितने प्रोजेक्ट मिलते थे, कमीशन वर्क बहुत मिलते थे, सब स्टूडेण्ट को जोड़ते थे। उनका काम करने का तरीक़ा अलग ही था। जैसे बड़ा काम करना है तो कैसे कर सकते हैं। वैसे वह पैसे के लिए तो सोचते ही नहीं थे। जब तक परफ़ेक्ट न हो जाये तब तक वह अपना पैसा जोड़-जोड़कर काम करते रहते थे। कितने बड़े-बड़े स्कल्पचर हमारे सामने उठे, गाँधी जी का और नानू भाई के लिए कुछ-कुछ स्कल्पचर किये थे।

उस समय जितने स्टूडेण्ट्स थे, वो चार बजे के बाद उनके साथ रहते थे तो काफ़ी कुछ सीखने को मिलता था। उनकी एक और पसन्दीदा चीज़ थी, उनका दिमाग़ बहुत प्रयोगात्मक था। कहते थे, कुछ नयी तरह से हम कास्ट करें। उन्होंने मैटेरियल, मीडियम, कितना नया-नया किया। ऐसे कोई हिम्मत नहीं करता है। थर्माकोल पर डायरेक्ट मोल्ड करके उन्होंने भट्ठी में डाला, थर्माकोल जल गया, फिर मोल्ड वैक्स से सीधा पोर-पोर कर देखा कि टेक्स्चर कैसे आता है। फिर अन्दर वाटर भर देते थे तो कमाल की लाइन्स उसमें आती थीं।

ऐसी बहुत सारी चीज़ें मुझे याद आती हैं। उनके पास जो एक्सपेरिमेण्टल माइण्ड था, बहुत अद्‌भुत था। जैसे ये अभी कर रहे हैं तो चल रहा है। ऐसा नहीं था, कुछ नया-नया होता है।

मुझे ऐसा लगता है कि किसी तरह का कोई डर नहीं था।

बिलकुल नहीं। नया मैटेरियल निकला, एमसिल से स्कल्पचर बनाया। मेरा पोर्ट्रेट एमसिल से बनाया। दुर्भाग्यवश, पता नहीं कॉलेज से कहाँ ग़ायब हो गया। मैंने कहा था कि वो मुझे चाहिये। बोले, नहीं-नहीं, ये कॉलेज की प्रॉपर्टी है, नहीं दे सकते हैं।

> हाँ, इन सब चीज़ों पर बहुत ध्यान देते थे कि यदि कॉलेज में किया है तो वह कॉलेज की प्रॉपर्टी है।

जब सर चले गये तो मैंने सोचा कि यह पोर्ट्रेट कहीं इधर-उधर चला जायेगा, इससे अच्छा है इसे मैं अपने पास रख लूँ।

> एक चीज़ और मैंने देखी कि जो लड़के होते थे वो समझते थे कि मेरे पास ताक़त है तो मैं ये कर लूँगा, मैं वो कर लूँगा। लेकिन मैंने देखा है कि शंखो दा स्त्री के पास जो शक्ति होती है, उस शक्ति को बहुत बढ़ावा देते थे। उन्हें ज़्यादा प्रोत्साहित करते थे। इस बारे में आप क्या सोचती हैं?

वे बहुत चाहते थे कि हमारे देश में लेडीज़ स्कल्पटर नहीं हैं तो अच्छी स्कल्पटर्स बनें। मुझे लगता है कि मैंने उन्हें डिस-अप्वाइन्ट किया। हमेशा अन्दर से एक अनुभूति होती है कि मैं जो कर सकती थी वो नहीं किया।

> अच्छे गुरु के साथ में रहने का मुझे बोध है कि सचमुच उनकी हमसे जो आशाएँ होती हैं, हम उतना नहीं कर पाते हैं।

मैं तो बिलकुल नहीं कर पाती थी।

> मुझे लगता है कि ये उनके नेचर में था, लेकिन इससे वो असन्तुष्ट नहीं थे कि कम से कम इतना तो वह कर लेता है।

हाँ, मेरे पास जो पॉटरी है, वह उनको बहुत पसन्द थी।

सुबह से लेकर रात तक काम, वहीं पर सब लोगों का खाना-पीना, रहना, इतना बड़ा फ़ेयर होना, टूर पर लेकर जाना ये सब चलता रहता था। टूर में

आप लोग भी जाते थे।

टूर में मणि सर और चौधुरी सर नहीं आते थे। पहले जाते थे, फिर स्टूडेण्ट्स की संख्या बढ़ गयी। जैसे फ़ेयर यहाँ आता था तो मैं एकदम पागल हो जाती थी कि तुम फ़ेयर के लिए काम करो। चौधुरी साहब तो और भी ख़ुश हो जाते थे। मेरी पढ़ाई ख़त्म हो गयी और मैं मुम्बई चली गयी। वे टेलीग्राम भेजकर बुला लेते थे। फिर मैं उसे पैरेन्ट्स को दिखाती थी कि मेरे प्रोफ़ेसर का तार आया है, मुझे जाना ही पड़ेगा। नहीं तो चाचा हैं, मैं उनकी लड़की हूँ। नहीं जाऊँगी तो डाँट पड़ेगी।

उस समय बहुत मज़ा आता था। उनके साथ काम करके बहुत ही अच्छा लगता था। सिर्फ़ वो स्कल्पचर, स्कल्पचर, ज़रा सा खिलौना भी, इतना मज़ा आता था, वो बहुत रुचि लेते थे, डिज़ाइनिंग में कुछ मैकेट बनाया। इधर–उधर चलो, पेंटिंग डिपार्टमेण्ट में चलो, इसकी सौ कॉपी कर दो, ज्योत्स्ना ने बनाया है। मूवमेण्ट वाले कुछ खिलौने आर्ट फ़ेयर के समय बनाते थे। वही उनकी निशानी है। फ़ेयर के समय बहुत मज़ा आता था। मैं उस समय दस दिन के लिए आ जाती थी।

रतन परिमू

चौधुरी साहब हर चीज़ के मास्टर थे : वे स्कल्चर के प्रतीक थे

३१ अक्टूबर २०१५

साढ़े चार और पाँच बजे सायंकाल तक मुझे परिमू सर के यहाँ पहुँचना था लेकिन मैं तो चार बजे ही पहुँच गया। कारण कि आज कोई मेरा सहायक मित्र नहीं था जो आई पैड पर रिकॉर्डिंग कर सकता था और उसके वाहन से मैं निर्धारित समय पर पहुँचता। इन्दिरा दी के घर से मैं जल्द ही निकला क्योंकि उनके निवास से उनकी एक महिला मित्र उसी तरफ़ जा रही थीं जिस तरफ़ परिमू सर का घर था। थोड़ा जल्दी पहुँचने पर परिमू सर ने कहा भी कि अरे तुम थोड़ा जल्दी ही आ गये। स्वाभाविक है, मुझे अपनी हड़बड़ी पर बहुत ही खेद हुआ तथा मैंने क्षमा माँगते हुए कारण भी बता दिया।

जब मैं बड़ौदा फ़ाइन आर्ट्स में पढ़ रहा था उस समय परिमू सर कला इतिहास विभाग के विभागाध्यक्ष एवं वरिष्ठ प्रोफ़ेसर थे तथा उस समय वही फ़ैकल्टी ऑफ़ फ़ाइन आर्ट्स के तत्कालीन संकाय प्रमुख थे। कई बड़ी ज़िम्मेदारियों के बावजूद प्रो. रतन परिमू अत्यन्त ही एक्टिव व्यक्ति थे और आज भी लगभग ८०-८२ की उम्र में न जाने कितने प्रकार के कला

के अनुसन्धानात्मक कार्य में संलग्न हैं। अनेक संस्थाओं से जुड़े हुए हैं, कला लेखन के साथ चित्र रचना भी करते हैं।

शंखो दा के बारे में उनसे बातचीत मुख्य रूप से उनके शैक्षणिक एवं कला वैचारिक सन्दर्भ में करना चाहता था। परिमू सर ने उस समय के थियोरिटिकल पक्ष के वातावरण पर बातें बतायीं!

मुझे ऐसा लगता है कि जब फ़ैकल्टी ऑफ़ फ़ाइन आर्ट्स शुरू हुई तो स्कल्पचर को शुरू से ही पूर्ण विषय माना गया और स्कल्पचर में स्पेशलाइज़ेशन पूरी तरह से था। मुझे लगता है कि शान्तिनिकेतन में जो स्कल्पचर सिखाते थे, उसे ज़्यादा स्पष्ट तरीक़े से नहीं कर पाते थे। स्कल्पचर में पूर्ण डिप्लोमा मिले या बाद में स्नातक डिग्री हो, वो उन्होंने बाद में किया।

यदि हम आज़ादी के पहले मुम्बई को देखें, तो हम फ़ैकल्टी ऑफ़ फ़ाइन आर्ट्स, बड़ौदा को आज़ादी के बाद का पहला इंस्टीट्यूट मानते हैं। मतलब १९४७ के बाद। इसमें ऐसा कोई ब्रिटिश योगदान नहीं था। स्कल्पचर की जो कन्वेन्शनल बातें हैं, वे बातें सर जे.जे. स्कूल ऑफ़ आर्ट, मुम्बई में सिखाते थे। उन्हें मोल्डिंग कास्टिंग और सारी टेक्नीकल चीज़ें आती थीं, मगर क्रियेटिव स्कल्पचर पहली बार फ़ैकल्टी ऑफ़ फ़ाइन आर्ट्स, बड़ौदा में शुरू हुआ।

इसी तरह पेंटिंग में भी यही बात थी। बेन्द्रे साहब का जो एप्रोच था, फ़ैकल्टी का मेन ऑब्जेक्टिव कि पेंटिंग और स्कल्पचर की बेसिक बातों की ट्रेनिंग, जिसे करने के बाद कलाकार अपना काम कर सकें, क्रियेटिव काम कर सकें। उस दिशा में आगे उसको काम करना है, इसलिए जो कम्पोज़ीशन सब्जेक्ट था, जैसे मैं पेंटिंग का विद्यार्थी था तो लाइफ़-स्टडी की, ऑब्जेक्ट ड्राइंग, स्कैचिंग की। फिर कम्पोज़ीशन में अपना जो एक्सप्रेशन है, स्टाइल है, फ्रीडम है उसको किया। उस एप्रोच से हमने कम्पोज़ीशनल बातें, दूसरी टेक्निकल बातें और स्किल्स उनसे सीखी हैं, उससे कैसे हम अपने तरह का काम करें और उसमें होना चाहिये कि हमारा क्या एक्सप्रेशन है, हमारी क्या स्टाइल है, और हमें जो कहना है वह भी हो। वो सारी बातें चौधुरी साहब ने स्कल्पचर में शुरू कीं।

पहला क्रियेटिव स्कल्पटर हम उनको कहेंगे। आर्ट इंस्टीट्यूशनल ट्रेनिंग में

स्कल्पचर में क्रियेटिविटी कैसे लायी जा सकती है? क्रियेटिव स्कल्पचर किसको कहते हैं? वैसे भी स्कल्पचर विषय में एक धारणा बनी है कि स्कल्पचर क्या करता है? वह पोर्ट्रेट बनायेगा, मोनूमेण्ट बनायेगा, मगर क्रियेटिव काम करेगा।

इसके साथ-साथ फ़ैकल्टी ऑफ़ फ़ाइन आर्ट्स में कई बातें ऐसी हैं जिन्हें किसी एक शिक्षक से जोड़ना मुश्किल है। पहले से ही एक ऐसा वातावरण था कि स्टूडियो में हम क्या करने वाले हैं, हमारा उद्देश्य क्या है? ऐसा नहीं है कि किसी ने बताया हो कि तुम्हें मॉडर्न आर्टिस्ट बनना है। लेकिन एक ऐसा वातावरण ही था कि हम सब कुछ सीख रहे हैं, हमें मॉडर्न आर्टिस्ट बनना है। उस तरह से चौधुरी साहब स्कल्पचर के 'काउण्टर पार्ट' थे। बेन्द्रे साहब पेंटिंग में सिखा रहे थे और चौधुरी साहब स्कल्पचर क्षेत्र के काउण्टर पार्ट थे ही।

हमने उनका क्यूबिस्टिक स्कल्पचर का काम देखा है। हमने उनका पोर्ट्रेट का काम भी देखा है। हम जब स्टूडेण्ट थे, चौधुरी साहब किसी का पोर्ट्रेट बनाते थे तो हम भी देखने जाते थे। उनमें एक डायनामिज़्म था। जब भी वे आयेंगे, बातें शुरू हो जायेंगी और ज़ोर-ज़ोर से बातें होंगी। फिर एक एक्शन होगा, वह अपनी बुशर्ट निकालेंगे और काम शुरू करेंगे। अब चौधुरी साहब कुछ करने लगे हैं, चौधुरी साहब पोर्ट्रेट कर रहे हैं, चौधुरी साहब सबको दिखा रहे हैं; इस तरह का माहौल बनता था। वहाँ पर हर एक के लिए सवाल करने की स्वतन्त्रता थी। उनका अद्भुत तरीक़ा था, वह हर एक को सोचने के लिए उकसाते थे कि मैकेनिकली तुम जो कर रहे हो, तो क्या कर रहे हो और ऐसा भी नहीं था कि ध्यान से नहीं करना है। मतलब, अपने काम में मास्टर बनना है।

हम देखते रहते थे, वे किस तरह से काम करते थे। स्कल्पचर में जो मुझे लगता था, मैं अपनी कमज़ोरी बता रहा हूँ। अभी 'मार्ग' में बेन्द्रे साहब पर मैंने लिखा है—as a witness, I was one of them. सबके सामने वह डिमान्स्ट्रेशन कर रहे हैं।

इसी तरह से चौधुरी साहब को भी मैंने पर्सनली देखा है। जैसे वे डिमान्स्ट्रेशन, पोर्ट्रेट के डिमान्स्ट्रेशन या अपना इण्डिविजुअल वर्क कर रहे हैं और काफ़ी काम में डूबे हुए हैं। यहाँ गर्मी बहुत होती है। स्कल्पचर का काम करते-

करते गर्मी लगने लग जाती है, इसलिए खुला बदन रखकर काम करना होता था। मुझे लगता है कि धीरे-धीरे उनके प्रभाव की वजह से ही ये सब गुण बहुत सारे स्कल्पचर-स्टूडेण्ट में आ गये थे। सारा दिन काम करना, कमीज़ निकालकर काम करना वग़ैरह-वग़ैरह। अगर स्टूडियो में जगह है तो वहाँ काम करो या जिस चीज़ के लिए बाहर जाकर काम करना है तो बाहर करो। ये सब हमने यहाँ पर देखा है।

एक बहुत ही दिलचस्प बात जो मुझे याद है, बेन्द्रे साहब डिमान्स्ट्रेशन देते थे, वो एक ड्रामेटिक मूवमेन्ट होता था। मणि साहब मचान बनाकर म्यूरल का काम करते थे, वह एक ड्रामेटिक बात होती थी। इसी तरह से जब स्कल्पटर्स में अफ़वाह फैल जाती थी कि वहाँ ब्रोंज कास्टिंग हो रही है, ब्रोंज कास्टिंग में निरन्तर प्रक्रिया होती है। पहले धातु को पिघलाते थे भट्ठी में। तो भट्ठी शुरू हो गयी है, यह ख़बर पूरी कॉलोनी में फैल जाया करती थी कि भट्ठी शुरू हो गयी, पाँच-छह घण्टे लगेंगे। अगर धातु को पिघलाते-पिघलाते शाम हो गयी तो फिर कास्टिंग करेंगे और हम भी वहाँ रहते थे भले ही रात हो गयी हो।

इस तरह से मेटल कास्टिंग और ब्रोंज कास्टिंग के बहुत सारे सेशन्स हमने ख़ुद वहाँ देखे हैं। यदि वह कामयाब नहीं हुआ या अच्छा कास्ट नहीं आया तो उनको दुख होता था और वह बोलते थे कि—देखो, यह अच्छा कास्ट नहीं आया है, इसमें ऐसा हो गया। ब्रोंज कास्टिंग का जो सेटअप है, क्रेन लगाना, ऊपर से उठाना। इस तरह का जो सारा सिस्टम था, मिट्टी के अलावा चैन पुलिंग करना, यहाँ से वहाँ ले जाना, इत्यादि वो करवा रहे थे। वो सब हमने देखा है। स्कल्पचर में ये सारी ऐलोब्रेटेट बातें हमें इम्प्रेस करती थीं, इसलिए कि पेंटिंग इससे बहुत आसान था। उसमें उतनी खटपट थी ही नहीं। वह कहते थे— Sculpture is most challenging then painting. (अर्थात् चित्रकारी की तुलना में मूर्तिशिल्प चुनौती भरा कार्य है) इस तरह से हमने उनको देखा है।

जो डायनामिज़्म और एक्चुअल काम करना था, वह चौधुरी साहब, बेन्द्रे साहब और मणि साहब इन तीनों में था। चौधुरी साहब में तो बहुत ही ज़्यादा था। उन्होंने ड्रामा वग़ैरह भी कराये थे, जिससे उनका एक और ऑस्पेक्ट हमको पता चला। उनके घर भी जाना पड़ता था, जब ड्रामा होता था तो उनके घर में ही रिहर्सल होती थी। फिर इरा बेन थीं ही और नैना को

भी इरा बेन से लगाव हो गया था।

> सर, वे बड़े एक्सपेरीमेण्टल आर्टिस्ट थे, बहुत प्रयोग करते थे। तकनीकी रूप से कैसे होगा, इसकी चुनौतियों को लेते थे। हमने भी देखा है जब वह बनारस आये थे और जो मैंने उनके बारे में सुना है, लोग बताते भी रहे हैं। नित्य नये-नये कुछ प्रयोग करना, छात्रों को इन चीज़ों के लिए उकसाना।
>
> जैसे आपने कहा कि क्रियेटिव स्कल्पचर की शुरुआत ही बड़ौदा की एक बड़ी देन रही है। मुझे भी ऐसा महसूस होता है। उस समय बहुत लोगों ने प्रयोग किये हैं। मुझे लगता है कि वह एक दौर था। अभी कनेरिया सर से बात हो रही थी तो उन्होंने बताया कि १९६२ में उन्होंने २५ फीट का एक स्कल्पचर बनाया था। शंखो दा बोले भी थे कि क्या करते हो तुम। लेकिन फिर भी उन्होंने बनाया। ऐसी चीज़ों को भी उन्होंने प्रोत्साहित किया।

डे-टुडे टीचिंग स्कल्पचर स्टूडेण्ट में रहा है। मेरा उनके साथ थ्योरी, टीचिंग और हिस्ट्री ऑफ़ स्कल्पचर के साथ ही सम्बन्ध था। हमको भी उन्होंने हिस्ट्री ऑफ़ स्कल्पचर पढ़ाया। इसके अलावा मैं जब आर्ट हिस्ट्री डिपार्टमेण्ट में था तो स्कल्पचर कैसे कवर (पूरा) होगा? आर्ट-हिस्ट्री लेक्चर में ही वे मुझसे पूछते थे कि तुम कितना स्कल्पचर कवर करते हो। फिर स्कल्पचर स्टूडेण्ट को हिस्ट्री ऑफ़ स्कल्पचर में और मास्टर डिग्री में अलग-अलग डिवाइड किया गया। फिर वह कहते थे—फलाने आर्टिस्ट का समय क्या है, ये स्कल्पचर कब बना है? ये चीज़ें मुझसे नहीं होती थीं। उसके बदले में जैसे रोदां है, रोदां ने ये कब बनाया। मैं उसके स्कल्पचर के लिए बात करूँगा, बाक़ी डिटेल्ड में ये करना है। इस तरह से स्कल्पचर सम्बन्धी क्रिटिकल हिस्ट्री ऑफ़ आर्ट वो पढ़ाते थे। उसी से महेन्द्र पाण्ड्या भी प्रेरित हुए। उसने यह विषय लिया। आधा मैं पढ़ाता था, आधा ये लोग पढ़ाते थे।

इस तरह से हम लोगों ने हिस्ट्री एण्ड प्रैक्टिकल डिस्कशन ऑफ़ स्कल्पचर में डेवलपमेन्ट किया। ये आर्ट-हिस्ट्री डिपार्टमेण्ट और स्कल्पचर डिपार्टमेण्ट के कोलोब्रेशन में हमने किया। और फिर अपना आर्काइव था ही। आर्काइव को लेकर हम स्कल्पचर पढ़ाते थे। यूरोपियन स्कल्पचर पढ़ाते थे।

सर, आपने मूर्तिकला में भी बहुत कुछ लिखा है। मैं उनके पोर्ट्रेट के कैरेक्टर्स के बारे में जानना चाहता हूँ।

हमने उन्हें पोर्ट्रेट का जो काम करते-करते देखा है, उस समय वे जैकब एपन्सटीन, रोदां और उनके पोर्ट्रेट की बहुत चर्चा किया करते थे। जहाँ तक मुझे याद है उसे सचमुच में मार्बल में हूबहू करना पड़ेगा। डेफिनेट कम्पोज वग़ैरह विस्तार में किया जाता है, मगर बुनियादी तौर पर शुरू में किया जाता है। उसमें लाइट-इफ़ेक्ट और क्वालिटी ऑफ़ मैटेरियल होना चाहिये, लेकिन यह नहीं कि मिट्टी में स्किन का प्रभाव आना चाहिये। मिट्टी में मिट्टी का प्रभाव ही रहना चाहिये और फिर ये सारे कान्टूर वग़ैरह, सारे डिटेल के बदले में। जिस तरह से हमने हाथ से प्रेस किया, टूल से कुछ निकाला तो टूल इफ़ेक्ट है या फिंगर इफ़ेक्ट है या उसको रगड़ दिया या घिस दिया, तो वह इफ़ेक्ट भी आना चाहिये। ये सब चीज़ें फिर शर्बरी राय चौधुरी में आ गयीं।

शर्बरी दा भी सन् १९५७-५८ में नेशनल स्कॉलरशिप पर यहाँ थे।

जहाँ तक मैं समझता हूँ शर्बरी में भी वो सारी बातें आ गयीं।

रामकिंकर के बाद शंखो दा का पोर्ट्रेट बड़ा महत्त्व रखता है और उन्होंने काफ़ी पोर्ट्रेट किये हैं।

इनका डाक्युमेण्टेशन हुआ या नहीं हुआ, पता नहीं। मैंने तो ज़्यादा कुछ देखा नहीं।

उनके जो ऐब्स्ट्रेक्ट स्कल्पचर्स हैं, उनका जो ऐब्स्ट्रेक्शन है, उस पर कुछ बतायें।

अब मैंने इतने सालों में देखा नहीं। वे उस समय इस श्रेणी के चुनिन्दा कलाकारों में थे।

उनकी जीवन शैली का आप पर कैसा प्रभाव रहा है?

उनकी जीवन शैली का प्रभाव हमको लगता था कि काम करते हुए वे एक्टिव रहते थे। उन्हें घर आने का जब मौक़ा मिलता था, उसमें भी घर में कुछ न कुछ करेंगे ही। रवीन्द्र संगीत गाते-गाते वे काम करते थे। वे रवीन्द्र संगीत बहुत गाते थे। इसके अलावा जैसे कॉलेज की साफ़-सफ़ाई है या कुछ और अनुशासन हैं, हम कलाकार हैं, हमको कैसे अपना काम करते रहना है। कॉलेज काम करने का स्थल है, हमें काम करना है। इन सबका प्रभाव होता था।

उन दिनों हम यही बातें करते थे। मुझे यह लगता है कि उस समय जो वर्कशॉप आदि की चर्चाएँ होती थीं, तब यही लोग हमारे सामने बातें करते थे कि हमने कॉलेज को ही वर्कशॉप बनाया है। क्योंकि दूसरे कॉलेजों में काम नहीं होता था। जैसे किसी और कॉलेज की बात करते हैं, यदि ठण्ड का मौसम है, धूप निकली हुई है तो कुछ चाय की केतली लेकर बैठते हैं, गपशप हो रही है, यहाँ तक कि कहीं-कहीं ताश भी खेलते रहते हैं। लेकिन ऐसा हमारे यहाँ नहीं था, हमारा कॉलेज ही काम करने का स्थान था।

सुबह-सुबह आप यहाँ आ जाओ और सूरज डूबने के बाद अँधेरा हो जाने तक आप अपना काम करते रहो। उसके बाद हमने रात को काम करने की परमीशन भी माँगी, उन्होंने परमीशन दी और लाइट वग़ैरह की व्यवस्था की। उस समय यूनिवर्सिटी के लिए ये सारी नयी बातें थीं। तो फ़ैकल्टी ऑफ़ फ़ाइन आर्ट्स, आर्ट-हिस्ट्री, वर्कशॉप्स और टाइम टेबल का अद्‌भुत सामंजस्य था।

हम लोग सुबह आये और तब से ही अपना काम शुरू कर देते थे। टाइम टेबल में यही होता था कि यहाँ ये करना है, वहाँ ये करना है, उसी तरह से करते थे; लेकिन वर्कशॉप काम करने की जगह है, यह माहौल उन्होंने तैयार किया। उससे क्रियेटिविटी की दिशा में काफ़ी अच्छे नतीजे रहे। मतलब उनका यह था कि पढ़ना है तो पढ़ो, काम करना है करो, आर्काइव को देखो, फ़ोटोग्राफ़ के कलेक्शन को देखो। ये सब करने के बाद वापस स्टूडियो में आ जाओ। इस तरह का क्रम हम लोगों का दिन भर चलता रहता था।

> जब ओपन डिस्कशन या आपस में बातचीत या लेक्चर वग़ैरह होते थे, उसके सन्दर्भ में कुछ बताये।

असल में जब मैंने सेमिनार रखे तब वह थे नहीं। मैंने ख़ुद अपना सेमिनार आयोजित किया। उसके पहले कभी कुछ मौक़ा आया तो मैंने अपने कॉलेज में लेक्चर दिया। क्लास रूम की बात अलग है, क्योंकि वहाँ तो सिलेबस के अनुसार ही बात होती थी। लेकिन जब भी मैंने उन्हें डिस्कशन में बोलते हुए सुना है तो मैं तो बहुत प्रभावित होता था, क्योंकि मेरे लिए वे सारी बातें नयी थीं। मैं कश्मीर से आया था। कला के ऊपर क्या बोला जाता है, ये धीरे-धीरे समझा। फिर मैंने कला, इतिहास व सौन्दर्य आदि पढ़ना शुरू किया। लेकिन इन लोगों के बोलने का ज़्यादा प्रभाव हुआ।

मैं तो यह मानता हूँ कि थ्योरी टीचिंग जो यहाँ शुरू हुई, जिसमें हिस्ट्री ऑफ़ आर्ट, ऐस्थेटिक्स आदि सब्जेक्ट थे। बेन्द्रे साहब पढ़ाते थे, मार्कण्डेय भट्ट पढ़ाते थे। मैंने देखा कि चौधुरी साहब, बेन्द्रे साहब और मणि साहब—इन तीनों में एक ऐसा चैलेंज आया कि कला के लिए क्या बोलना है, क्या चीज़ें लेनी है, किस तरह से बोला जाना चाहिये, भाषा भी मज़बूत होनी चाहिये, हम हमारे विचारों को किस तरह एक्सप्रेस कर सकें कि वे विद्यार्थियों तक पहुँच जायें। इस प्रकार इन तीनों में मैंने एक विशेष योग्यता देखी। इसी तरह पेंटिंग पर बेन्द्रे साहब बोला करते थे, इसी तरह स्कल्पचर पर चौधुरी साहब बोला करते थे। मैं हमेशा प्रभावित होता था।

एक सामान्य बात यह है कि जो मैं अपेक्षा करता था उसमें एक तो प्रयोगात्मक काम होना चाहिये, उसका सपोर्ट है। दूसरा मॉडर्निस्टिक काम होना चाहिये, उसका सपोर्ट है। साथ-साथ हमें अपना दिमाग़, अपनी नज़र खुली रखना है। पश्चिमी कलाकार और पश्चिमी प्रयोगों से प्रेरणा मिलती है। उस समय १९५० में हमारे सामने पश्चिमी कलाकारों ने मॉडर्निस्टिक काम किया था। वही हमारे लिए उदाहरण थे। उसका सपोर्ट भी उस वक़्त मिल रहा था। हम यह कह सकते हैं कि कोलकाता में जब से रिविलिज़्म शुरू हुआ, भारतीय कला को महत्त्व प्राप्त हुआ। हमें लगा कि हमें भारतीय कला को संरक्षित करना है। मोनूमेण्ट्स, स्कल्पचर्स, ब्रोंज और स्टोन स्कल्पचर्स, मिनिएचर, पेंटिंग, म्यूरल्स हमारी एक महान् विरासत है।

चौधुरी साहब से जैसे हम स्कल्पचर की प्रेरणा लेते थे, वैसे ही बेन्द्रे साहब से मिनिएचर और पेंटिंग की प्रेरणा ले सकते थे। बेन्द्रे साहब उसके बारे में बात करते थे। मैंने देखा है कि चौधुरी साहब जब भी रिलीफ सिखाते थे तो साँची और अमरावती की बात करते थे और बताते थे कि इस तरह की

भारतीय विरासत से हम क्या-क्या सीख सकते हैं। यह भी एक बहुत महत्त्वपूर्ण हिस्सा था।

उन्होंने कहीं पर कुछ लिखा है। अभी मैं एक किताब पढ़ रहा था, उसमें रामकिंकर एवं नन्दलाल बाबू की बहुत सारी बातें थीं। इन सब चीज़ों का वे सामान्य चर्चा में बहुत उल्लेख करते थे और इन सब चीज़ों को महत्त्व देते थे। इसमें मुझे लगता है कि वे लोगों को दिखाने या बताने के लिए उन चीज़ों को महत्त्व देते हैं। इससे एक नयी दिशा जैसी बात निकलती है। मुझे लगता है कि आप लोगों के बीच गपशप में ही कभी-कभी गम्भीर बातें हो जाया करती होंगी। बीस साल आप उनके साथ रहे हैं। उन गम्भीर बातों में यदि कोई रोचक घटना आपके लिए रही हो, तो कृपया बतायें।

एकदम से याद करना बहुत मुश्किल है। मैं ख़ुद भी पढ़ता रहता था, इसलिए मैं यही देखता था कि उस वक़्त कई बातें ऐसी थीं। एक बात मैटेरियल की क्वालिटी की है। मैटेरियल की प्रकृति को ध्यान में रखकर उस तरह से काम करना होता था। चौधुरी साहब की कोई और बात मुझे इस समय याद नहीं आ रही है। उस समय हर्बर्ट रीड और ऐसे ही लेखकों को पढ़ा करते थे। मैं भी पढ़ता था।

उन साहब के योगदान के बारे में आपका क्या विचार है?

वे यहाँ एक तरह से स्कल्पचर के प्रतीक बन गये। जैसे स्कल्पचर में जो सीखने की बातें हैं। आजकल तो यह चलता है कि किसी और से बनवा लो। मगर वो ज़माना ऐसा था कि पहले सीखना होता था। स्कल्पचर में आपने जो सीखा होता है, उन्हीं चीज़ों से आप क्रियेटिव स्कल्पटर बन सकते हैं। मैंने कई प्रसिद्ध कलाकारों से सुना है कि जो आर्ट स्कूल्स में सिखाते हैं उसे भूल जाना होता है। स्कल्पचर एक ऐसी विधा है जिसमें आपने जो सीखा है, उसके बिना आप क्रियेटिव स्कल्पचर नहीं कर सकते हैं। ये सारी अनुशासन की बातें हैं। मोल्डिंग, कास्टिंग या क्ले को कैसे करना है, बीच में आर्मेचर लानी है—ये सारी बेसिक बातें हैं, इन्हीं से आप क्रियेटिव स्कल्पचर कर सकते हैं। मुझे नहीं लगता कि उसमें ऐसी कोई

बात है जिसे भूलकर आप क्रियेटिव स्कल्पचर कर सकें।

उस तरह से चौधुरी साहब हर चीज़ के मास्टर थे। क्ले, ब्रोंज कास्टिंग, कार्विंग, ऐलिमेन्ट्रिक, बेसिक चीज़ें हैं। वे हर एक चीज़ सिखाते थे। हर चीज़ के सुपरवाइजर थे। भले ही बाद में स्टाफ आ गया हो, मगर सुपरविज़न वे स्वयं ही करते थे। कापड़िया साहब भी सिखाते थे। गिरीश भट्ट ड्राइंग सिखा रहे थे। मगर कम्पलीट स्कल्पचर चौधुरी साहब सिखाते थे, जिसमें थ्योरी और क्रिटिकल डिस्कशन भी शामिल होते थे। इसलिए मैं कह रहा हूँ कि वे स्कल्पचर के प्रतीक थे।

> अभी कैसा लगता है? अभी जो उस तरह की पर्सनैलिटीज़ हैं। वैसे भी यह बहुत रेअर होता है। लेकिन जो एक छाप उन्होंने दी, उसके बारे में आप कुछ कहें।

मैं महेन्द्र पाण्ड्या को सफल मानता हूँ। मैंने महेन्द्र पाण्ड्या के लिए लिखा है—He was one of the successor. स्कल्पचर में स्टूडेण्ट्स के साथ अटेम्प्ट करना, ये चौधुरी साहब के समय में भी एक चैलेंज़ था, उनके जाने के बाद भी था। लेकिन जो कॉन्टिनियस प्रॉसेस है, उसमें निश्चित रूप से महेन्द्र पाण्ड्या का योगदान रहा है। दुर्भाग्य से अभी जो कुछ हो रहा है, वह दूसरी बात है। वो एक अलग विचार है। ऐसा हर एक डिपार्टमेण्ट में हो रहा है।

मुझे इस बात का बहुत गर्व है कि हमारी फ़ैकल्टी इस प्रकार की बनी कि हर चीज़ हमें सीखने को मिली। जैसे कई आर्ट्स कॉलेज में होता है कि मास्टर डिग्री में जाकर छात्र वुडकट करते हैं, लेकिन हम लोगों ने फ़र्स्ट ईयर में ही वुडकट किया। जैसे अभी हमने फ्रेस्को बनाया, भले ही छोटे-छोटे ब्लॉक्स को लेकर बनाया है, मगर उसे फ्रेस्को टेक्निक से ही बनाया गया। उसका ऐसा कुछ सब्टीट्यूट नहीं था और प्रोफ़ेशनल तो था ही।

ये सारी चीज़ें स्कल्पचर में जिस तरह से की गयीं, उसमें जगह कहाँ है, कास्ट कहाँ है, फलाना कहाँ है, जिस तरह से क्ले बनाते थे—इन सबसे मैं तो बहुत इम्प्रेस था। जबकि पेंटिंग में ऐसा कोई झंझट ही नहीं है कि स्टूडेण्ट के लिए रोज़ आपको क्ले तैयार करना है। ये जो चीज़ें हैं, इनको सारे लोग नहीं कर सकते हैं।

कृष्ण छाटपार

फिर भी वे मेरे गुरु हैं ही, उन्हें लगा कि मैं शिष्य नहीं हूँ। वो उनके मन की बात है, वो मेरे मन की बात नहीं है

३१ अक्टूबर, २०१५

कृष्ण छाटपार के सन्दर्भ में मेरे पास वे शब्द नहीं हैं कि जिससे मैं अपनी भावनाओं को व्यक्त कर सकूँ। कृष्ण छाटपार के सान्निध्य में मैंने भावों की अनुभूति को पहचानने की कला को पहचाना कि कैसे मुझमें जैसे कुछ उतरता है और उसका स्वरूप फिर धीरे-धीरे बहुत विशाल हो जाता है। छाटपार सर डायरेक्ट मेरे गुरु नहीं हैं फिर भी उन्होंने अनेकों गुरुओं को पहचानने की कला का जन्म मुझमें दिया जिसके कारण उनके दिखाये गये मार्ग ने मुझे जीवन में कुछ करने का साहस दिया।

विद्यार्थी जीवन में कृष्ण छाटपार, शंखो दा के अत्यन्त नज़दीक रहते थे यहाँ तक कि उनके साथ रहते थे। बड़ौदा में मैं सबसे अधिक समय और सबसे अधिक नज़दीक छाटपार सर के साथ रहा हूँ तथा मैंने बड़ी गहरायी से यह महसूस किया है कि शंखो दा के व्यक्तित्व की सबसे बड़ी छाप उदारता एवं

समर्पण के प्रतीक कृष्ण छाटपार हैं। छाटपार सर का उनसे अनेक मतभेद होते हुए भी अन्ततः वह कहते हैं कि चौधुरी सर मुझे अपना विद्यार्थी मानें या न मानें यह उनके मन की बात है लेकिन मेरे मन की बात है कि वे मेरे गुरु हैं। यह स्वीकृति इतनी आसान नहीं है। निश्चित रूप से चौधुरी सर की विलक्षणता की अलौकिक पहचान कृष्ण छाटपार की ही महानता है!

मेरा नाम उनकी लिस्ट में भी नहीं है, उनके जो फ़ेवरेट स्टूडेण्ट हैं। उन्होंने अपने इण्टरव्यू में या कहीं रिकॉर्डिंग में बताया है कि उनके कौन-कौन स्टूडेण्ट्स हैं। उसमें मेरा नाम नहीं है। इसकी मुझे कोई चिन्ता नहीं है। लेकिन उसके दो-तीन साल बाद कहीं मेरी इरा बेन से मुलाक़ात हुई। मैंने कोई शिकायत नहीं की और मैंने पूछा भी नहीं, लेकिन इरा बेन ने मुझसे कहा—'हाँ, वो हुआ था, भूल से तुम्हारा नाम रह गया है, ऐसे-ऐसे।' मैंने कहा—जाने दीजिये। भूल से मेरा नाम रह नहीं सकता है, क्योंकि इतना क्लोज़ तो हम थे और नाम भूल जायेंगे, ऐसा तो नहीं था। जब लिखा जा रहा है, छापा जा रहा है तब भी मेरा नाम याद नहीं आयेगा, ऐसा भी नहीं हो सकता। कनेरिया का नाम लिया जा रहा है। हम दोनों क्लास में साथ थे। हमारा नाम जुड़ा हुआ है। वो कैसे रह जायेगा? उनको नहीं रखना था मेरा नाम।

उनकी कई बातें मैं नहीं मानता था, इसलिए मुझसे नाराज़ थे। कई बार और भी प्रॉब्लम हुई। जब हम सेकेण्ड ईयर में थे, तभी से हमारी प्रॉब्लम्स हो गयी। मैं सवाल करता जा रहा हूँ। मैं स्टूडेण्ट हूँ, सवाल मुझे करना है, मुझे जानना है पूरे प्रॉस्पेक्टिव के बारे में कि क्या-क्या है। मैं पूछता ही जा रहा हूँ। उनको ग़ुस्सा आ गया, बोले—'तुम तो सवाल पूछे ही जा रहे हो इधर-उधर के। तुम्हारे साथ डिस्कशन नहीं करेंगे।' मैंने कहा—'ठीक है।' अब गुरु हैं, सब कर रहे हैं, पर डिस्कशन नहीं करेंगे। उन्होंने नहीं किया। मतलब इस तरह कि जैसे लिख दिया हो, एकदम ख़त्म कि डिस्कशन नहीं होगा।' डिस्कशन नहीं किया। कब तक?

एम.ए. में डिज़र्टेशन करना है, डिज़र्टेशन कैसे होगा डिस्कशन किये बिना। उन्होंने क्या किया, कापड़िया साहब को भेजा मेरे पास, कि तुम उसका डिज़र्टेशन करवाओ। कापड़िया साहब आये और उन्होंने स्वयं कहा कि चौधुरी साहब ने मुझसे कहा है कि तुम मेरे अण्डर में डिज़र्टेशन कर लो। मैंने कहा—'नहीं, मैं तो डिज़र्टेशन चौधुरी साहब के अण्डर कर रहा हूँ।

नहीं तो मुझे एम.ए. नहीं करना है। मैं बात कर लूँगा चौधुरी साहब से।

मैं चौधुरी साहब से मिला, कहा—'आपके अण्डर में मुझे डिज़र्टेशन करना है, आपसे सीखना है। कापड़िया साहब के पास नहीं करना है, नहीं तो मुझे एम.ए. नहीं करना है। ये मेरे लेबल से बहुत था। अब क्या करें?

सवाल यह था कि डिज़र्टेशन किस विषय पर किया जाये, मेरा मोनूमेण्टल स्कल्पचर था। उनसे कहा कि—मोनूमेण्टल स्कल्पचर का कर लो। मैंने कहा, मोनूमेण्टल स्कल्पचर में प्री-हिस्टोरिक से लेकर अभी तक क्या-क्या हुआ है, मैं कौन-से पीरियड का करूँ, कहाँ तक मुझे लेना चाहिये?' तो बोले—'नहीं, पूरा। प्री-हिस्टोरिक से लेकर अभी तक का पूरा स्टडी करके लिखो।' फिर इजिप्शियन, सारी हिस्ट्री, मॉडर्न मोनूमेण्ट्स कैसे हो सकता है? नहीं हो सकता है। कहने लगे—'नहीं, हो सकता है। पूरा ही करो।'

फिर मैं नोट्स बनाता रहा। बहुत नोट्स बनाये। लाइब्रेरी जाते रहे। उसमें मेरा दिमाग़ ख़राब हो गया कि मेरा काम कैसे होगा, क्या सिर्फ़ लाइब्रेरी वर्क ही करता रहूँगा। एक्जाम्स आ गये। चौधुरी साहब बोले—'क्या हुआ तुम्हारे डिज़र्टेशन का?' डिस्कस तो करना नहीं था। मुझे बुलाकर वे डिस्कस ही नहीं करना चाहते थे। अब डिस्कस तो होना नहीं था। कहा—'तुमने क्या किया?' मैंने कहा, बहुत सारे नोट्स बनाये हैं। कहा—'ले आओ।' मैं उनके घर ले गया। उन्होंने देखा और कहा कि—'इतने नोट्स! इससे डिज़र्टेशन नहीं हो सकता।' मैंने कहा, आप चाहें तो मोनूमेण्ट अप टू क्रिश्चियन येरा तक करें, तो भी इतने नोट्स हैं मेरे पास। आप देख लीजिये। उन्होंने वो देखे और तब कहा—'ऐसा करो कि तुम मोनूमेण्टल स्कल्पचर बिफोर क्रिश्चियन येरा तक कर लो।'

अब आप समझिये कि इतना सारा हिस्ट्री का जो किया है, वो क्यों किया, उसका क्या करूँ? मेरा एम.ए. का पूरा वक़्त उसमें चला गया। फिर मैंने उसे दिखाया, तो कहा—'ठीक है इसे फ़ेयर करके दे दो।' फिर वो इतना अच्छा रहा, जब हम उनके साथ टूर पर गये। दूसरी ओर से मैं तो घर का मेम्बर हूँ। वे टूर पर जा रहे थे—सौराष्ट्र, गिरि, सोमनाथ के टूर पर। मुझसे कहा, तुम भी चलो। उनके साथ करमचन्दानी जा रहे थे। उनकी अलग कार थी, इनकी अलग कार थी और नानूभाई की फैमिली जा रही थी।

मुझसे कहा—'तुम भी चलो।' कनेरिया को भी लिया था। उसको हॉस्टल में छोड़ दिया। लेकिन मेरा पन्द्रह दिन का टूर था, उनके साथ रहकर ही सब घूमना था।

गाड़ी में घूमते-घूमते ही मुझसे कहते हैं—'तुम इतना अच्छा लाइब्रेरी वर्क कर सकते हो, इतना अच्छा डिज़र्टेशन तुमने किया है, तुम रिसर्च कर सकते हो, रिसर्च करो।' मैंने कहा—'मुझे रिसर्च नहीं करना है, मुझे स्कल्पटर बनना है। मैं क्रियेटिव काम करूँगा।' उनको बुरा लगा, कहा—'मेरी बात नहीं मानता है।' उनके कहने पर मैं रिसर्च करने लगूँ, जबकि मुझे तो स्कल्पटर बनना है। उनको मुझसे पूछना चाहिये था कि तुमको क्या करना है ? ये बहुत बड़ी ग़लती थी एक गुरु की। उन्हें मेरी राय जानना चाहिये था कि मुझे क्या बनना है। ये मुझे डिसाइड करना है। वे मेरे लिए कैसे डिसाइड कर सकते हैं कि मुझे क्या करना है। अगर आप डिस्कस करो, तो वह नहीं करना है। तो यह भी एक दूसरी गड़बड़ आ गयी कि मैं उनका कहा मानता नहीं हूँ। ऐसे ही तीन-चार बार और भी बातें हुईं।

फिर कोई स्कॉलरशिप की बात हुई। कनेरिया का हुआ और वे लन्दन गये। फिर थाईलैण्ड की स्कॉलरशिप आयी थी। मुझे बुलाया और कहा, 'थाईलैण्ड के लिए एप्लाई करो।' मैंने कहा—'मुझे थाईलैण्ड नहीं जाना है। मैं यूरोप या लन्दन जाना चाहता था। अगर मैं थाईलैण्ड जाऊँ तो मुझे दुबारा स्कॉलरशिप नहीं मिलेगी। ऐसा होता था उस वक़्त कि यदि किसी को एक बार विदेशी स्कॉलरशिप मिल गयी तो उसको दूसरी नहीं देते थे। किसी नये को दे देंगे। मुझे तो ये नहीं लेकर उसी के लिए एप्लाई करना है। कहा—'तुमको बाहर नहीं भेजेंगे।' मैं क्या करूँ, नहीं भेजा।

फिर भी वे मेरे गुरु हैं ही। उनको लगा कि मैं शिष्य नहीं हूँ। वो उनके मन की बात है। वो मेरे मन की बात नहीं है।

ध्रुव मिस्त्री

वह एक बहुत महान् और सहायता करने वाले व्यक्ति थे

१ नवम्बर, २०१५

ध्रुव मेरे बड़े प्रिय सहपाठी हैं; हम दोनों एक क्लास में ही पढ़ते थे। ध्रुव का व्यक्तित्व है कि किसी को स्वीकार नहीं करता है वह व्यक्ति की निश्चलता, उसकी उदारता, उसका देश, समाज, व्यक्ति के प्रति कर्तव्य को देखता है फिर उसे अपनी कसौटी पर परखता है तब शायद उसे स्वीकारता है। सच्चे अर्थों में कृष्ण छाटपार का ध्रुव एक मात्र सशक्त-प्रचण्ड-प्रतिभासम्पन्न विद्यार्थी है।

जिस दिन मैं बड़ौदा आया था उसी दिन ही अपनी कार्य योजना के सन्दर्भ में ध्रुव को बता दिया था तथा उसने कहा भी कि सबसे मिल लो, बात कर लो, आख़िरी दिन दोपहर खाने के समय बातें भी करते रहेंगे।

१ नवम्बर को दोपहर मैं उसके घर में था। घर में त्रुप्ती (उनकी पत्नी जो स्वयं एक अच्छी मूर्तिशिल्पी है) और पुत्र सुमेरु नहीं थे। सम्भवतः कहीं गये थे। मैं सरोज सिंह के साथ ध्रुव के घर-स्टूडियो पर लगभग चार घण्टे

तक था। आराम से एक-एक कर हमारी शंखो दा के बारे में बातें होती रहीं। सरोज सिंह बड़ौदा से ही ध्रुव के अधीनस्थ में मूर्तिकला में एम.ए. (फ़ाइन) किया है तथा उनका गुरु-शिष्य का रिश्ता भी है!

उनके साथ का रिश्ता बहुत ही अजीब है, क्योंकि वे मेरे सीधे शिक्षक तो हैं नहीं। मैं उनके स्टूडेण्ट का स्टूडेण्ट हूँ। जैसे पाण्ड्या, कृष्ण भाई, कनेरिया, पंचाल, गिरीश भाई, नागजी और सब लोग हैं। उनसे मेरा सीधा व्यक्तिगत सम्बन्ध बहुत कम रहा है।

चौधुरी साहब के बारे में मैं जो भी जानता हूँ या समझता हूँ, वो कतिपय अवसरों पर कुछ हुआ, उसी से जाना है। वो भी एक फ़ैकल्टी की वजह से हुआ। इण्टरव्यू के बाद में।

मैं एक कलाकार की दृष्टि से सोचता हूँ कि फ़ाइन आर्ट में या स्कल्पचर में सबसे बड़ा हिस्सा क्या है? महेन्द्र पाण्ड्या से भी अगर बात करें, तो वे चौधुरी साहब के बारे में अजीब बातें ही करेंगे कि वे ऐसा कराते थे, वैसा कराते थे। दिल्ली से दौलताबाद तक कैसे भी चलाया करते थे।

I found it very interesting that despite lot of people saying things, they want to say. He was very unique, because one thing he gave to Baroda was great Enthusiasm, and, use of new material and forms. Regardless anything, he was open to everything and so keens on, necessarily, anybody following him because he himself was upon to every experience. Anything new for himself in his work little bitform, material and anything.

And day to day he experiments a lot.

दूसरे टीचरों में क्या है? दूसरे टीचरों ने उनके एन्थुयासिज़्म (उमंग; उत्साह) में से जो-जो सीखा और उनके एन्थुयासिज़्म को अपना बताया। उसमें से जो भी सीखे हैं, उनमें ऐसा नहीं बोल सकते कि उसमें सभी विद्यार्थियों ने क्या-क्या प्रयोग करके कितना काम कर लिया है या नहीं किया है। उनके सीधे छात्रों में ऐसा कोई नहीं है। मेरे ख़याल से एक भी नहीं है। क्योंकि वो लोग वही करेंगे, एक छोटी रेलगाड़ी जैसा। यदि एक बार पटरी पर रख दो तो वह चलेगी। जो भी साथ में है उसे लेकर चलेगी। जहाँ भी जायेगी तो तय किया हुआ रास्ता है, उधर जायेगी, घूमेगी, रुकेगी, वापस आयेगी-जायेगी। वो एक महत्त्वपूर्ण बात है।

ऐसा होता है किसी गुरु के पास। वह जो-जो चीज़ें लेकर आया है, उसमें से इनको जो-जो चाहिये था, सब लोगों ने वो-वो ले लिया। ये वो करके बतायेंगे या नहीं बतायेंगे, क्रिटिसाइज़ करेंगे या प्रेसराइज़ करेंगे, लेकिन वो ख़ास बात भूल गये कि इस सबमें सबसे ज़्यादा महत्त्वपूर्ण अवदान है किंकर दा का और किंकर दा का सबसे महत्त्वपूर्ण अवदान है चौधुरी साहब और उनकी वजह से ही ये सब हुआ। अगर उनके पहले की या उनके बाद की बात करें, तो मैं समझता हूँ कि किसी का इतना बड़ा अवदान कहीं नहीं है।

बिलकुल ठीक कहा—

पूरे भारत के शिल्प सिनेरियो को देखें तो किसी का भी इतना बड़ा अवदान नहीं है। आप कितने भी नाम लो या नहीं भी लो। वो बात बिलकुल सही है कि उनसे कोई मतलब नहीं है।

मैं एक बात और बताता हूँ, जो कि असली बात है और शान्तिनिकेतन की है। स्वतन्त्रता के पहले के जो लोग थे, उनका बचपन जहाँ बीता और उन्होंने जो कुछ देखा-समझा, वो सब 'मेक नेशनल आइडियालिज़्म' के सहभागी हैं। उन लोगों का कर्तव्य और उनका योगदान ऐसा है जो कुछ भी फुलफिल नहीं कर सकता। एक भी नहीं कर सकता।

ख़ासतौर पर उनके तीन विद्यार्थी थे। विद्यार्थियों के विद्यार्थी भी थे। ये सभी लोग बहुत ही अच्छे और डिप्लोमेटिक व्यक्ति थे। उन्होंने मुझसे कहा, देखो ये मेरे चार्ज में आ जाये तो मेरा काम शुरू हो जाये, सफ़ाई करो और काम चालू करो। जो भी करना चाहते हो करो। मैं इस सबमें नहीं पड़ूँगा। मुझसे कोई हर्ज नहीं है, लेकिन मुझे जो ठीक लगता है मैं वही करूँगा। फिर ढाई-पौने तीन साल के बाद छोड़ दिया। फिर उनसे बड़ौदा में मिलना हुआ। उन्होंने मेरे कन्धे पर हाथ रखा तो मैंने कहा, मैंने छोड़ दिया। उन्होंने कहा—'बहुत अच्छा किया।' उनको न तो बुरा लगा और न ही उतना अच्छा लगा। That is what I thought was correct. So it is correct. He didn't suffer from this kind.

एक जगह पर बैठकर अगर किसी को कुछ आ जाता है तो समझो कि उसके पास कुछ जमा नहीं है। जिन-जिन लोगों में उनके संस्कार नहीं हैं,

उनका बुनियादी टेस्ट नहीं है, वो सभी क़िस्म की चीज़ें हैं, वे उनको पसन्द नहीं करते। ये तो मेरे केस में भी होगा। अगर मुझे कोई चीज़ पसन्द है तो मैं भी वही करूँगा, आपको जो करना है करो, लेकिन मुझे जो करना है वो मुझे करने दो। मैं आपको रोकूँगा नहीं। अगर तुम जानबूझकर मुझे रोकने की कोशिश करोगे तो वह भी अच्छी चीज़ नहीं है। तुम अगर निगेटिविटी में जाओगे तो मैं भी जाऊँगा, इससे अच्छा है कि तुम अपना करो और मैं अपना।

> रामकिंकर के साथ शंखो चौधुरी में वो चरित्र बड़ी मज़बूती से दिखायी देता है। टैगोर की भावना थी कि एक अच्छा मनुष्य होना चाहिये। शंखो दा ने उस एकात्म भाव को शान्तिनिकेतन से लाकर यहाँ पर बहुत मज़बूती से रखा। उस तरह का भाव आज नयी पीढ़ियों में कहाँ दिखायी देता है।

इस दृष्टि से देखें तो वह बहुत अलग आदमी हैं। As far as learning is concerned he was innocent and open. He was teacher, and friend, I know as an artist. They all assume they are assumption and preservation इस आदमी में ऐसा नहीं था कि उनके उत्साह से कुछ करेंगे तो लोग हँसेंगे। यदि वे सामने नहीं हँस पायेंगे तो बाद में उनके बारे में ग़लत बात करके हँसेंगे।

I didn't care for, but with that all the people who actually. But they are doing in carded for him being either-neither.

दरअसल, शंखो दा जिस उद्देश्य को लेकर उत्साह बढ़ा रहे थे वो मूल्यवान् है। मतलब, एक पौधे में प्यार से पानी और खाद डालने की बात है। इसका और कोई दूसरा स्वार्थ नहीं है। वो अलग बात है। ऐसी बहुत सी चीज़ें आती हैं।

कलाकार अच्छा हो या बुरा हो, जो कलाकार बहुत लोगों को जानता है, उनसे मिलता है और उनसे बात कर सकता है कि उसमें क्या ग़लत है, क्या सही है। ये वही आदमी कर सकता है जो बहुत यात्रा करता हो, जिसे ये सब चीज़ें समझ में आती हों। क्योंकि बार-बार वो कान्ट्रीडिक्शन से ऐसे देखेंगे, जहाँ कान्ट्राडिक्ट किये बिना वो चीज़ समझनी होती है। वहाँ वो शब्द व्यर्थ में नहीं निकालेंगे। ये ख़ास चीज़ है। I thought, well-thinking well meaning in many ways. He had all the qualities of being able to work with the purpose.

ऐसा कौन-सा व्यक्ति है जिसे गढ़ी स्टूडियो बनाने का विचार आया ? अगर ऐसी बात है तो उस जैसे हज़ार बना सकते हैं, तो एक दूसरा बनाकर दिखाओ।

ठीक बात है, किसी ने नहीं बनाया।

क्यों नहीं बनाया ? बहुत चेयरमैन रहे। बहुत ये रहे, बहुत वो रहे। कला में भी बहुत रुचि है, यहाँ तक कि वो पैसे भी देखते हैं, कलेक्शन भी करते हैं। ऐसे भी लोग हैं कहते हैं कि सब करते हैं। तो करो न ! दूसरा बना दो न, उसमें क्या है तो करो न ! ऐसा करने के बाद कितने लोगों को फ़ायदा हुआ।

क्राफ़्ट म्यूज़ियम-दिल्ली, मानव संग्रहालय, भोपाल बनाया।

That is his absolutely; he was great man among all the artists here. इधर इतने सारे बड़े-बड़े पेंटर थे, उन्होंने कुछ नहीं किया। Who only really passes contribution to Indian art in that sense. टैगोर ने बड़े पैमाने पर कुछ किया। उन्होंने क्या किया ? बहुत अच्छी चीज़ें सबके सामने प्रस्तुत कीं। ये अन्दर की सोच है इसलिए कि Even Shantiniketan as far as among many painters. Ramkinker who was painted by the majority of the painters. He was not aswell regarded as other people for an artist. Who actually work life like labour and he was also treated like wondering himself.

इधर कई चीज़ें पता चली हैं, अभी मणि दा बता रहे थे कि शंखो दा की वजह से १९६० में उन्होंने लिखना प्रारम्भ किया। मणि दा ने बहुत महत्त्वपूर्ण बात कही, ये एक व्यक्ति को एक नयी दिशा देने जैसी बात है। इस बात को सुनकर मुझे बहुत ख़ुशी हुई कि एक व्यक्ति इसे महसूस करता है कि मैंने लिखना अगर शुरू किया है तो उनके कारण। शेख भाई ने भी इसी तरह कहा कि बड़ौदा में हम लोगों को संगीत सुनना उन्होंने ही सिखाया। वे

ज़बर्दस्ती सब लोगों को साथ लेकर न्याय मन्दिर जाते थे।

उनमें दूसरों के प्रति कुछ अच्छा करने का इतना अधिक उत्साह था, जो सामान्य आदमी में नहीं होता है। यह उनमें एक बहुत महत्त्वपूर्ण बात रही।

एक और बात है, बहुत से लोगों ने उनसे बहुत सारे डायमेन्शन्स और प्रेरणा प्राप्त की हैं।

एक बार तन्मय गंगोपाध्याय मुझे बता रहे थे कि हम जब बड़ौदा में पहली बार आये थे तो वह रामजी मन्दिर में रहे। पता नहीं चौधुरी साहब उधर कहाँ से मिल गये? पता चला कि पंजाब से कोई आया है। किसी ने बताया कि हमें नहीं पता। तो वे रामजी मन्दिर में चले गये और जाकर बोलते हैं कि चलो-चलो, यहाँ क्यों हो? कहा कि हम हैं यहाँ पर, चलो अध्यापक निवास देंगे, तुम्हारा बैग और बिस्तर मैं उठा लेता हूँ। वह बोलता है कि मैं जानता भी नहीं कि ये कौन हैं, पर मैंने सोचा कि चलो साहब हैं तो घर अच्छा होगा, वहाँ जगह होगी। उधर गया तो वहाँ चार लोग पहले से ही रह रहे थे। एक जापानी कपल था, उनके दो बच्चे थे। वहाँ हंगामा चल रहा था।

कनेरिया बाहर होकर आये थे, उन्होंने सब देखा-समझा; कृष्ण भाई जो बाहर नहीं गये थे। इसके बाद भी उनकी बौद्धिक समझ ऐसी है कि वो बाहर जाये या न जाये, वह कुछ और दे सकता है। इसमें दिलचस्प क्या है? Because of him, either in favor of him or by going critically against him, there is a lot, teachers can contribute.

यह एक महत्त्वपूर्ण बात है।

> रामकिंकर के बाद, उनके पोर्टेट बहुत महत्त्वपूर्ण स्थान रखते हैं। अभी बड़ौदा में बहुत सारे लोगों से बात हुई। अलग-अलग लोगों ने जो बताया—उनके स्वभाव के बारे में, उनके स्कल्पचर्स के बारे में, उनकी कार्य पद्धति के बारे में, उनके सोशल रिलेशन के बारे में। उससे एक अद्‌भुत व्यक्तित्व उभरकर सामने आता है और सचमुच में ये बहुत रिमार्केबल बात है।

वो सही है। मुझे लगता है कि वो रिगार्डलेस है। Everything he was one of the most undermines artists of his time. The competition for success, among a better known painters, was always been dominating sculpture.

अभी मुझे कुछ मालूम नहीं है। मैंने कुछ सुना भी नहीं कि चौधुरी साहब ने बड़ौदा क्यों छोड़ा? १९६९ में वे ऐसे ही छोड़कर चले गये, मैंने ऐसा सुना है। इस सन्दर्भ में मैंने महेन्द्र पाण्ड्या से पूछा, उन्होंने जो बताया वो मुझे बहुत कन्वेन्सिंग नहीं लगता। एक बात यह कि वे उस समय के बेहतरीन शिक्षक थे। दूसरी बात, जो भी व्यक्ति बाहर गया, वह बिना उनकी मदद के नहीं गया। वह एक बहुत ही महान् और सहायता करने वाले व्यक्ति थे। इसे लोग मानें या नहीं मानें, वो अलग बात है।

मेरे दिमाग़ में उनकी जो छवि है, उसमें उनकी हाइट, बॉडी, चेहरा, उनका चरित्र, उनका देखना, उनके सोचने का तरीक़ा; यही सब उनके पोर्ट्रेट में दिखता है। वह जो बोलते थे, वह लोगों के लिए बहुत अच्छा होता था। उनका चरित्र ऐसा ही था।

> इस प्रकार की बातचीत हो रही है तो मुझे कहने में कोई संकोच नहीं है कि शंखो दा से ध्रुव मिस्त्री के बारे में जो मैंने सुना, वह एक अच्छी इमेज थी।

The only person who did not know was me thou we are on the basis of seeing what I have done, on the basis of seeing how much I have understood what he believe through his. He honored that, वह भी ग़लत बात नहीं है। अगर मैं कोई सत्य बोलूँगा तो दूसरा कहेगा कि ये सत्य नहीं है। अगर ब्लैक की बात करते हो, व्हाइट है ही नहीं—बिना व्हाइट के ब्लैक हो ही नहीं सकता—आपको समझ ही नहीं आयेगा कि सत्य क्या है। मुझे लगता है कि कुछ कारणों की वजह से लोग नहीं जानते।

वैसे भी टीचर से बहस करने के लायक हम नहीं हैं। लायक होने के बावजूद भी टीचर से बहस नहीं करना चाहिये। ऐसा करने वाला स्टूडेण्ट निकम्मा हो जायेगा। फिर टीचर को भी मालूम होता है कि स्टूडेण्ट की डिस्कशन करने की क्या क्षमता है। मैं सोचता हूँ कि अगर वो ऐसा नहीं भी करना चाहे, अगर स्टूडेण्ट पढ़ता-लिखता नहीं है तब भी उन्हें अच्छा नहीं लगेगा। लेकिन इसका मतलब क़तई यह नहीं है कि वो आदमी अच्छा है ही

नहीं। मैं रवीन्द्र रेड्डी को पच्चीस–छब्बीस सालों से जानता हूँ, पर पहली बार हम २०१२ में उसके घर गये। उसके पहले हम कभी नहीं गये। इतने सालों से हम बस मिलते रहते थे।

> मैंने उनमें एक बात देखी कि वे जहाँ भी जाते थे तो अपने आपको स्टेबलिश नहीं करते थे, बल्कि उस जगह को स्टेबलिश करना चाहते थे। उनमें एक बहुत अच्छी भावना थी कि वे हर इंस्टीट्यूट में अच्छे लोगों को देखना चाहते थे, अच्छी जगहों पर उन्हें अनुशंसित करना चाहते थे। लोगों में जो काबिलियत है, उनका जो अनुभव है, उनमें जो हार्डवर्क करने की क्षमता है, उसे वे संस्था को प्रदान करवाना चाहते थे। मुझे लगता है कि तुम्हारी नियुक्ति भी सम्भवतः इसी कारण से हुई थी? उनको क्या पता था कि ध्रुव मिस्त्री आयेगा तो निश्चित ही कुछ बदलाव होगा।

जब मैं बारह–तेरह का था, उस समय जो भी करना था वो मुझे अपने आप करना था। मैंने सोचा कि मैं नौकरी नहीं करूँगा, लेकिन १९८३ से १९८७ तक नौकरी की। मुझे देखना था कि यदि मैं मेम्बर बनूँ तो कैसा रहता है। मुझे ऐसी जिज्ञासा थी। इधर आकर भी मैं नौकरी नहीं करना चाहता था। मुझे वही करना था जो मैं उधर कर रहा था। मैंने सोचा कि इधर आकर भी यही करना है तो उधर भी कर सकते हैं और कितने लोग मेहनत करके कोशिश करते हैं। अगर मेरा हो रहा है तो मुझे देखने दो। उस पीढ़ी में वो समझ है। वह समझती है कि किसी को कुछ जमता है, उसे रुचि है तो वो करे, वही बेहतर है।

इरा चौधुरी

३ नवम्बर, २०१५

दिल्ली से बड़ौदा जाने के पहले एक बार मैं इरा माँ से मिला था तथा उन्हें बताया था कि मैं बड़ौदा जा रहा हूँ तथा अमुक-अमुक लोगों से चौधुरी सर के बारे में बातचीत करना है। उसी समय मैं उत्सुकतावश कुछ इरा माँ से जानने की कोशिश कर रहा था। जबकि लगभग अधिकतम जानकारियाँ मुझे इरा दी द्वारा लिखित अप्रकाशित पुस्तक से प्राप्त हुई थी। बड़ौदा से वापस आने के बाद पहली नवम्बर को मैंने उनसे बातचीत रिकॉर्ड की।

१९७६ में जब बाबा बनारस आये थे तब इरा माँ भी बीच-बीच में बनारस कई महीने तक रही थीं। उसी समय से मेरा बड़ा अपनापन का रिश्ता इन लोगों के साथ शुरू हुआ। मैं याद करता हूँ कि बाबा अक्सर किसी न किसी बात पर जब 'इरा' पुकारते थे तो 'इरा' का एक गहरा सम्मोहन मैंने उनकी आवाज़ में हमेशा महसूस किया था। आज भी बाबा का बात-बात या बिना किसी बात पर ही 'इरा' शब्द सम्बोधन विस्मृति नहीं होता है, हमेशा यह महसूस करता हूँ कि आज भी 'बाबा' की कोई न कोई अदृश्य शक्ति

विचरती रहती है। इरा माँ के पास जब मैं होता हूँ तो वह और भी अधिक महसूस होता है। बाबा का इरा माँ के साथ अगाध प्रेम था, है, और रहेगा! बातचीत में इरा माँ ने शंखो दा को 'बाबा' ही सम्बोधित किया है।

शान्तिनिकेतन के दिन जो आप लोगों के प्रारम्भ के हैं...

शान्तिनिकेतन में मैं लगभग पाँच साल तक रही, जहाँ बाबा हमारे सीनियर थे। मेरे जाते ही बाबा किंकर दा के साथ नेपाल चले गये। उसके बाद शान्तिनिकेतन वापस आये, वहाँ थोड़े दिन रुकने के बाद, फिर मुम्बई चले गये। मैं तो मुम्बई जाती रहती थी, वहाँ पर शान्तिनिकेतन के जितने लोग थे वे सभी एक-दूसरे से मिलते रहते थे तो हम भी मिलते थे। एक्चुअली, बाबा मुम्बई में ही मिलते थे।

माँ, बाबा ने लिखा है, आपने भी लिखा है कि जब बाबा विदेश गये थे, आप भी विदेश गयी थीं।

तब तक हम लोगों का शादी करना ठीक हो चुका था। बाबा के वापस आने का समय था, मैं कुछ दिन के लिए गयी थी। हम लोग साथ में घूमे, फिर वापस आ गयी। उसके बाद हमने शादी की और फिर बड़ौदा आ गयी।

बड़ौदा में बाबा के साथ जो स्टूडेण्ट्स थे, आप थीं, उन स्मृतियों के बारे में कुछ बतायें।

ऐसी कुछ ख़ास बात फ़िलहाल तो याद नहीं आती। तुम कुछ पूछो तो बता पाऊँगी। वहाँ कुछ लोग रहते थे, हम भी रहते थे। मैं वहाँ पेंटिंग करती थी, बाबा स्कल्पचर करते थे। मैंने वहाँ पर पॉटरी करना शुरू किया। बाबा ने ही ज़बर्दस्ती पॉटरी में डाला। मुझे इतना शौक़ नहीं था, फिर एक बार उसमें गये तो फिर मेरी दिलचस्पी हुई। उसके बाद हमारे तीन बच्चे हुए। उनके जन्म के बाद थोड़ा गैप होता था, फिर पॉटरी करने में लग जाती थी। कॉलेज के साथ मेरा बहुत गहरा सम्बन्ध था।

जब मैं बड़ौदा में सभी लोगों से बातचीत कर रहा था...

यंग लोगों के साथ मेरा अच्छा रहता था और मैं भी काफ़ी यंग थी। कुछ स्टूडेण्ट्स तो मेरी उम्र के ही थे, बाक़ी सब छोटे थे, उनको 'बच्चा' ही बोलती थी। लेकिन मैं उनको बड़ों की तरह देखती थी। जो बड़े होते थे, उन्हें 'भाई' बोलते थे। हम लोगों के यहाँ से बहुत आना-जाना, खाना-पीना, सब था। जैसा हमसे होता था वैसा हम करते थे। बहुत ज़बर्दस्त तो नहीं होता था। पैसा बहुत लिमिटेड होता था, लेकिन जैसा हम लोग खाते थे दाल-रोटी, वही वो भी खा लेते थे।

> अभी जो बड़ौदा में बातचीत हुई है, इस विषय पर भी लोगों ने चर्चा की है।

असल में दो चीज़ें होती थीं। कुछ ऐसे स्टूडेण्ट्स होते थे जिनको ज़रूरत होती थी। उनकी मदद कर देते थे। कुछ लोगों को, जब वे शुरू में आये तो कुछ महीने अपने घर में रख लिया या हॉस्टल में रहते तो कभी-कभी हमारे घर में खाना खाते और इसके अलावा कुछ-कुछ व्यवस्था भी, कभी-कभी होती थी। ऐसा पक्का कुछ नहीं होता था, पर कभी-कभी ऐसा भी होता था कि बाबा काम करने के लिए कॉलेज में सबको देर रात तक रोक लेते थे, तब तक हॉस्टल में खाना पूरा ख़त्म हो जाता था तो घर पर ही खाना होता था। मैं हमेशा दाल बनाकर रखती थी, जिससे बहुत सारे लोग आयें तो वे दाल-चावल-रोटी खा सकें।

बहुत से लोग याद रखते हैं, लेकिन जिनके लिए ज़्यादा किया गया वो याद नहीं रखते हैं। जिन लोगों के लिए नहीं भी किया है, वो लोग ज़्यादा इस बात को मानते हैं और वो कोशिश भी करते हैं, अपने घर को खुला रखते हैं।

हॉस्टल में जो छात्र रहते हैं उनको थोड़ा-बहुत देखना पड़ता है न। वो अपने घर से अलग होते हैं, कभी कोई बीमार हो जाये तो डॉक्टर! हमारे एक मित्र डॉक्टर साहब भी थे, वह भी बहुत अच्छे व्यक्ति थे। ऐसे स्टूडेण्ट्स को पसन्द करते थे, कहते थे—अगर हमारे बच्चे बाहर जाकर कहीं रहेंगे तो हम चाहेंगे कि हमारे बच्चों की लोग मदद करें। यह भावना थी।

ऐसे ही एक लड़की को एपेण्डेसाइटिस का अटैक हुआ, मैं उसे अपने घर में ले आयी। फिर एक दसवीं क्लास की लड़की को भी ले आयी, और

जूस वग़ैरह की व्यवस्था भी कर दी। मैंने कहा, तुम दोनों एक–दूसरे की देखभाल करो। डॉक्टर साहब रोज़ आते थे, थोड़ी अच्छी हुई तो कहा कि अब इसे घर भेज सकते हैं। फिर लिखकर दिया कि मैं रिकमण्ड करता हूँ कि इसका ऑपरेशन जल्दी कर दिया जाये। अब ऑपरेशन की ज़रूरत थी तो बाबा ने कहा कि आप करेंगे। डॉक्टर साहब का अपना नर्सिंग होम था, वहाँ पैसा नहीं देकर भी करा सकते थे, लेकिन वह औरतों के लिए नहीं था। उन्होंने महारानी से स्पेशल परमीशन लेकर करवाया।

मुझे लगता है कि बाबा कॉलेज में बहुत समय तक रहते थे, बाबा बहुत समय देते थे? तब बाबा को अपना काम करने के लिए कम समय मिलता था?

सुबह से ही क्लास होती थी, फिर खाना खाते थे। खाना खाकर वापस जाते थे फिर अपना काम करते थे। यह तो रोज़ का रूटीन था। कोई ख़ास काम होता था तो रात में भी करते थे। कभी–कभी रात में दो–तीन बजे तक काम करते रहते थे।

बाबा को आपने बहुत ज़्यादा प्रोत्साहित किया है?

ऐसा कोई ख़ास नहीं। हममें पति परमेश्वर वाली बात नहीं थी। मैं अपने मन से अपना काम करती थी और बाबा को मेरे विभाग में इण्टरफ़ियर करने नहीं देती थी और उनके काम में मैं इण्टरफ़ियर नहीं करती थी, उनका जैसे करना है करें। वो उनका हक़ है।

डायबिटीज होने के बाद बहुत सालों तक, उनकी सेहत गिरती गयी तब मैंने पूरी रिस्पॉन्सबिलिटी ली। आख़िरी कुछ सालों में बाबा घूमते–घामते रहते थे, बाहर जाते थे। मैं घर में उनको ठीक डाइट देती थी, लेकिन बाहर कौन देने वाला था। इसलिए उनकी तबीयत ज़्यादा ख़राब हो जाती थी। वह भी आदमी को हक़ है। ऐसे ही जीना है, बात नहीं माननी है या शुरू से बीमार होकर रहो या बाद में बीमार होकर रहो।

तबीयत ज़्यादा ख़राब होने के बाद में बाबा ध्यान देने लगे और बाहर भी इतना ज़्यादा घूमते नहीं थे। यात्रा के समय कुछ भी खा लेते थे। कुछ तो

करना ज़रूरी होता है, मगर उनका व्यवहार एक बच्चे के जैसा हो गया था, कि अभी छुट्टी मिल गयी है, खा लो।

हाँ, यह तो है; पर यह भी सच है कि आप उनकी ग्रेट सपोर्टर रहीं।

सपोर्ट क्यों नहीं करें! सपोर्ट तो करते ही थे। मैं बाबा से बोलती कि मैं आपसे इतनी छोटी हूँ, आपको डायबिटीज है, मैं तीस साल और जी सकती हूँ। मैं क्या करूँगी। कहते थे, 'बच्चे हैं न, तुमको सम्हाल लेंगे।' बाद में थोड़ा-सा हुआ, मरने के एक साल पहले उनको मेरे लिए फिक्र होने लगी, कि बीवी के लिए कोई पैसा नहीं छोड़े जा रहा हूँ, क्या होगा। लेकिन उसके पहले उन्हें कोई फिक्र नहीं होती थी।

बाबा के रहते हुए हमने चन्द्रकान्त भट्ट के साथ उनका काम पूरा करना शुरू किया। चन्द्रकान्त ने बोला कि 'बाबा को इतनी सारी तकलीफ़ हो रही है तो सर का काम मैं कर देता हूँ।' उसने सब काम किया और काम के लिए पैसा भी नहीं लिया। उसके बाद हमने एक्ज़ीबिशन की, उससे मुझे जो पैसा मिला, उससे ही काम चल रहा है। बाबा के आख़िरी समय में मैंने उनका फाइनेन्शियल स्टेटस भी सम्हाला, फिर उसे ठीक किया तो कुछ पैसा बचा रहा। बाबा का ख़र्चा हो जाता था। बैंक में कुछ रहता नहीं था। आख़िरी पाँच साल में बाबा मेरी सुनने लगे थे। उनका कोई इनवेस्टमेण्ट भी नहीं था। जो थोड़ा बचा, उसे मैंने पोस्टऑफ़िस में रखवा दिया।

आप बाबा के साथ 'ट्राइबल आर्ट कलेक्शन' के लिए भी थीं?

यहाँ मैं कहना चाहूँगी कि इसमें मिसेज इन्दिरा गाँधी का बहुत सपोर्ट मिला। नेशनल लेवल पर उन्होंने जो करना चाहा, उसमें उनका बहुत सपोर्ट मिला है। मानव संग्रहालय इतना बड़ा हुआ। बाबा तो भोपाल जाकर रहने को तैयार नहीं थे। मैंने ही कहा था कि भोपाल में करना है तो भोपाल में रहो। हम लोग भोपाल में रह सकते हैं, आते-जाते रहेंगे। छः साल तक बाबा वहाँ से जुड़े रहे। उस छः साल में वह बन रहा था। वह जो म्यूज़ियम बना है, उसका डिज़ाइन अच्छा नहीं है।

हाँ, वह मैंने देखा है।

बात यह है कि इतना कलेक्शन होकर रह गया। यह भी सही है कि बाबा का कलेक्शन भी वैसे ही पड़ा है। उन्होंने अभी तक किसी का कलेक्शन एम्पावर नहीं किया। इतना सारा उनको मुफ़्त में मिल गया। टैगोर वाले स्टेच्यू को बड़ा करने की बाबा की बहुत इच्छा थी, मगर ये काम बिना कमीशन के नहीं हो सकता था। कोई सपोर्ट था नहीं। इनका परिवार बहुत नेशनेलिस्टिक था, तो वो सब चलता रहता था। बाबा एजुकेशन की तरफ़ बहुत ध्यान देते थे, ट्राइबल आर्ट की ओर भी ध्यान देते थे। बाबा की बहुत आस्था थी कि इन लोगों में अभी भी स्थान है, जबकि गुजरात के शहरी लोगों में नहीं है। उसके बगल में इतनी प्रॉपर्टी प्रशासन ने दी है। ट्राइबल म्यूज़ियम मेरे हिसाब से बहुत ही ख़राब है। मगर दूसरे लोगों को बहुत ही अच्छा लगता है। उसमें बहुत पैसे ख़र्च किये हैं। तुमने देखा है?

हाँ, देखा है।

उसका एक उपयोग है कि ट्राइबल आर्ट का कैसे इस्तेमाल कर सकते हैं, मॉडर्न होटल में ढाल सकते हैं, रिसोर्ट में ढाल सकते हैं। अगर उनको रोज़ी-रोटी मिलेगी, काम जारी रहेगा। वो भी भर जायेगा। ये इण्डस्ट्रियलिस्ट हैं। बहुत सारी चीज़ें बनवायी हैं। इन लोगों ने बहुत किया है, जो उनकी अपनी चीज़ नहीं है तो उनके द्वारा वो बनवायी गयी है।

इतने लोग बोल रहे थे कि इतना अच्छा है, इतना अच्छा है। मगर मानव संग्रहालय में जो Dwelling हुई, बाबा का कलेक्शन ले लिया, तो उसको साफ़-सूफ करके, सिलेक्शन करके एक अच्छी एक्ज़ीबिशन की। उसमें मुझे भी आमन्त्रित किया गया और मुझे कुछ बोलने के लिए कहा गया। मैंने कहा कि इनकी हालत अच्छी नहीं है। मैं यह मानती हूँ कि ये यहाँ पर भी हैं और वहाँ पर भी हैं, इसको मेंटेन करना बहुत मुश्किल है। लेकिन जो झोपड़ियाँ हैं, जो लोग उसमें रहते हैं वो उसको मेंटेन करते रहते हैं, मगर कोई उसमें नहीं रहता। दूसरी बात टूट-फूट बहुत ज़्यादा है। आपके घर में रोज़ पाँच सौ आदमी नहीं आते हैं, लेकिन यहाँ पर पाँच सौ आदमी आते हैं, उनके पैर से ही टूट जाता है। कुछ भी करके वहाँ के लोगों को यहाँ लाकर उनके साथ अपने लोगों को ट्रेंड करो तो नुकसान कम होगा। If have to a museum you have to do it. I agree they do it, but still have to do. तो म्यूज़ियम किस बात का हुआ ?

इन्हीं सबके प्रभाव की वजह से एक अच्छा कलेक्शन भारत भवन में हुआ, जो जगदीश स्वामीनाथन ने किया।

स्वामी जी ने किया है। ऐसा कलेक्शन करना मुश्किल नहीं है। अच्छा हुआ कि किया, नहीं तो इनके बाद नहीं रहेगी ये चीज़ें। एक बार में हुईं तो ऐसे-ऐसे हुईं। बहुत साल से होलसेल में चलीं, सबकी चीज़ें एक्सपोर्ट हो गयीं। जनजातीय लोगों के घड़े, बाल्टी, लोटे सब लोगों ने ख़रीद लिये। बहुत ज़्यादा कलेक्शन भी बहुत अच्छी बात नहीं है। फिर क्या होता है कि दुबारा फिर से वो लोग नहीं बनाते हैं। उनका लोटा ख़रीद लिया गया तो वे लोग प्लास्टिक का मग उपयोग करने लग जाते हैं।

ये बात भी है कि यहाँ एक बैलेन्स रखना भी ज़रूरी होता है, मगर लोटे का इस्तेमाल बन्द करने के बाद म्यूज़ियम में रखे जाने चाहिये। जैसे संथाल लोगों को वुड कार्विंग करते कभी नहीं देखा था। शान्तिनिकेतन में संथाल हम लोगों के बहुत क़रीब रहे हैं। हम उनके गाँव जाया करते थे, उनके लोग हमारे यहाँ काम करने आते थे, पर हम लोगों ने कभी नहीं देखा था। लेकिन वेरियर एल्विन के कलेक्शन में है। एक और अच्छी बात यह हुई कि वेरियर एल्विन का पूरा कलेक्शन नेशनल म्यूज़ियम के पास है।

आपने अपनी किताब में भी लिखा है कि इन सब कारणों से बाबा को अपना स्कल्पचर करने के लिए ज़्यादा समय नहीं मिल पाता था।

हाँ, नहीं मिल पाता था और थोड़ा मानसिक दबाव भी होता था। मतलब अपने काम के ऊपर कान्सनट्रेट नहीं हो पाते थे तो फ़र्क़ तो ज़रूर पड़ेगा।

लेकिन उनका कान्सनट्रेशन पोर्ट्रेट में ग़ज़ब का है ?

बहुत पहले, उसके बाद पोर्ट्रेट कर नहीं पाते थे। इधर दस साल में एक भी पोर्ट्रेट नहीं निकला। Because he is having trouble with his eye sight and with his finger and he were leaping less patience. आख़िर में इतने पोर्ट्रेट नहीं कर पाये। कुछ हो गये, कुछ नहीं हुए।

लेकिन उनके पोर्ट्रेट पहले तो बहुत...

किंकर दा भी बहुत अच्छा पोर्ट्रेट करते थे।

हमको दो लोगों के पोर्ट्रेट किंकर दा और...

किंकर दा थोड़ा-सा एक्जॉर्जेट करते थे या कभी-कभी बिलकुल ही ऐसा कुछ कर देते थे कि बनवाने वाला ही ग़ुस्सा हो जाता था। हम लोगों को क्लास में एक पोर्ट्रेट करना पड़ता था। किसी को पकड़कर लाना पड़ता था कि बैठो मेरे लिए।

एक बार एक लड़की को बिठाया, उसका सामान्य-सा चेहरा था, जो पोर्ट्रेट बनाने के लिए आसान था। उसकी बड़ी-बड़ी आँखें थीं, जैसी कुँवारी लड़कियों की होती हैं। किंकर दा ने कुछ ऐसा गोल कर दिया, दो पट्टियाँ बाल की डालीं और दो बड़े-बड़े गोले लगा दिये। दूसरे दिन वह लड़की आकर इतना ग़ुस्सा हो गयी...

क्या वो पोर्ट्रेट रिकार्ड में भी है?

नहीं, वह रिकार्ड में नहीं है।

आपका एक पोर्ट्रेट किंकर दा ने किया है, वह माडर्न आर्ट गैलरी में डिस्प्ले था। बहुत सुन्दर पोर्ट्रेट था। बाबा का नैचर और किंकर दा का नैचर अलग-अलग था, लेकिन दोनों बड़े ही नज़दीक थे।

१९४५ में मास्टर मोशाई ने किंकर दा के सहायक के रूप में बाबा को नेपाल में एक मोनुमेन्ट करने के लिए भेजा था जिसको किंकर दा के वापस जाने पर बाबा ने पूरा किया था। बाबा हमेशा उनका ध्यान रखते थे।

बाबा ने किंकर दा के बारे में काफ़ी लिखा है और बहुत सुन्दर लिखा है।

लगता है कि वह अद्‌भुत है।

किकंर दा अद्वितीय प्रतिभा के धनी थे जिसको सौभाग्य से मास्टर मोशाई ने पहचाना व उनका सान्निध्य भी मिला। बहुत लोग किंकर, दा की प्रतिभा से प्रभावित थे। किंकर दा एकदम मस्त मौला थे। कई बार किंकर दा बहुत मुश्किल में आ जाते थे, जब कुछ उलटा-सीधा हो जाता था। तो फिर सबका यही होता था कि किंकर दा को उसमें प्रोटेक्ट करो। बाबा ने नेपाल में वहाँ के डायरेक्टर को ही बोल दिया कि ये खिलौना थोड़े है, ये स्कल्पचर है।

उनके मित्र भी काफ़ी लोग थे। जैसे हैब्बार साहब उनसे पेरिस में मिले थे, साथ में काम किया था। चावड़ा साहब भी साथ में थे। यहाँ भारत में भी काफ़ी मित्र थे।

लेकिन मुश्किल यह हो गयी कि बाबा के सारे दोस्त उनके पहले ही चले गये।

इन सबका अकेलापन भी उन्होंने काफ़ी महसूस किया होगा?

वो लोग मुम्बई में थे, हम दूसरी जगह थे, मगर वे बहुत अच्छे दोस्त थे।

नानू भाई भी बाबा के छः साल पहले ही...

नानू भाई दोस्त से ज़्यादा परिवार के सदस्य थे जोकि बाबा के संरक्षक की भूमिका में भी थे। जो बिना जताये मदद करते थे।

ईस्थर डेविड

शंखो चौधुरी, मेरे गुरु : टैगोर के पथ पर

२८ अक्टूबर की सुबह जब मैं इन्दिरा दी के घर सभी लोगों से साक्षात्कार लेने का समय सुनिश्चित कर रहा था। तो उसी समय मुझे उचित लगा कि इन्दिरा दी के माध्यम से मैं ईस्थर डेविड जी से बातचीत कर लूँ। ईस्थर डेविड, इन्दिरा छाटपार, राम छाटपार, रमेश पटेरिया आदि लोगों के साथ उन दिनों बड़ौदा में अध्ययन कर रही थीं जब शंखो दा वहाँ पर थे। ईस्थर डेविड, इन्दिरा छाटपार की बड़ी गहरी मित्र हैं। यह मित्रता उन्हीं दिनों से है। मैंने ईस्थर बेन के बारे में तथा उनके व्यक्तित्व के बारे में लोगों से सुन रखा था। अधिक व्यस्तता के कारण मैं अहमदाबाद नहीं जा सका था, ईस्थर बेन से मैंने फ़ोन पर ही बात शुरू कर दी। ईस्थर बेन ने सलाह दी कि वापस बनारस जाकर जो कुछ भी चौधुरी सर के बारे में जानना चाहते हो उसे लिखकर तुरन्त भेज दो, मैं तत्काल ही जवाब भेज दूँगी। सचमुच ही बनारस पहुँचकर मैंने उन्हें एक प्रश्नोत्तरी तैयार कर भेज दी; बस कुछ ही दिनों के अन्तराल के बाद उनका उत्तर भी मुझे प्राप्त हो गया।

ईस्थर डेविड ने शंखो दा के अद्‌भुत गुणों का अनोखे अन्दाज़ से बहुत ही बारीक़ी से वर्णन किया है!

बाईबिल में ऐसा कहा गया है, 'कठिन परिस्थतियों में... ईश्वर के तरफ़ से मदद मिलती है' कुछ इस तरह का मेरे साथ हुआ, जब मैं बड़ौदा के ललित कला संकाय में छात्रा थी, उस समय मुझे चित्रकला विभाग में प्रवेश नहीं मिला। मैं बहुत दुखी थी। मेरे चित्र स्टूडियो में बिखरे पड़े थे। इन्हें इकट्ठा करने के दौरान मेरी नज़र एक मध्यम उम्र के व्यक्ति पर पड़ी, जिनका चेहरा एक पक्षी की तरह पैना था। शायद वो कोई प्रोफ़ेसर थे। उन्हें सिगरेट की तलब थी, उनका पैकेट ख़ाली था और वो इधर–उधर ढूँढ रहे थे। उन्होंने एक प्रोफ़ेसर से सिगरेट उधार ली, जलाया और बड़े इत्मीनान से कश लेते हुए मेरी ड्राइंग को देखने लगे। बड़े सन्तोष भाव के साथ चश्मे के भीतर अपनी प्रभावशाली आँखों से लगातार मेरे चित्रों को देखते हुए उन्होंने कहा, 'तुम्हारे हाथों में हुनर है।' इतना सुनना एक मरहम–सा लगा। पर मैं नहीं जानती थी कि ये कौन अजनबी सज्जन मेरी तारीफ़ कर रहे हैं। उन्होंने मुझसे कहा, 'क्या तुम स्कल्पचर पढ़ना चाहती हो?' थरथराते लफ़्जों में मैंने कहा, 'अगर मैं पेंटिंग नहीं कर सकती तो किसी तरह का कलाकार कैसे बन पाऊँगी।' उनकी हँसी छूट गयी। मैंने इससे पहले कभी ऐसी खनकती और आनन्द से भरी हँसी कभी नहीं सुनी थी। उन्होंने बड़े प्यार से मुस्कुराते हुए कहा 'मेरे साथ आओ मैं तुम्हें कलाकार बनाता हूँ।' वे मुझे स्कल्पचर स्टूडियो की तरफ़ ले गये, मैं थोड़ी झिझक में थी। अनिच्छा से साथ मैं वहाँ खड़ी रही और बोली, 'मैं मूर्तिकार नहीं बनना चाहती।' मेरी आँखों में आँसू छलक आये थे। उन्होंने चपरासी को कैंटीन से चाय लाने को बोला और स्कल्पचर स्टूडियो को जाने वाली सीढ़ियों पर बैठते हुए कहा कि, 'तुम्हें मूर्तिकार बनने की ज़रूरत नहीं। कला के सामान्य तथ्यों को समझो और सीखने की कोशिश करो। तुम टैगोर की तरह का एक महान् कलाकार बन सकती हो। हतप्रभ, मैं उनके साथ ही नीचे बैठ गयी और उनके शान्तिनिकेतन के संस्मरणों को सुनने लगी। कुछ ही समय बाद चाय आ गयी और उन्होंने बड़ी शालीनता से चाय को प्याली में डाल मेरी तरफ़ बढ़ाया। चाय के साथ ही मैं थोड़ी सहज होने लगी। मैंने टैगोर को पहले पढ़ा था। उनकी बातों में मेरी रुचि बढ़ रही थी और मैं तल्लीनता से उन्हें सुनती रही। उन्होंने टैगोर को कवि के रूप में ज़्यादा समझा था और उनके जीवन के

विभिन्न पहलुओं के साथ उनके चित्रों से जुड़ी रोचक घटनाएँ बताते रहे। इन बातों का मेरे ऊपर गहरा प्रभाव पड़ा।

उसी दिन मुझे पता चला कि ये ओजस्वी शख़्स प्रोफ़ेसर शंखो चौधुरी हैं, स्कल्पचर डिपार्टमेंट के प्रमुख। कुछ समय बात-चीत के साथ सहज होते हुए मैंने हिम्मत की और बोल दिया कि, 'स्कल्पचर से मुझे बोरियत होती है।' उन्होंने सुझाया कि पाठ्यक्रम के साथ ही मुझे प्रतिदिन ५०० शब्द लिखने होंगे। मेरी पढ़ने में रुचि थी और इस प्रकार मेरा ख़ाली समय लाइब्रेरी में बीतने लगा। प्रोफ़ेसर चौधुरी ने मुझे बड़ौदा सिने क्लब का सदस्य बनने को कहा। वहाँ मैंने नाज़ी हॉलोकास्ट को दर्शाती फ़िल्में देखी और साथ ही सत्यजित रे की कृतियाँ। उन्होंने एक बड़ी बात कही कि 'रचनात्मकता एक कमरे की तरह है जिसमें कई दरवाज़े हैं। कोई भी दरवाज़ा खोलो और तुम पा लोगी।' वे मेरे जीवन के बड़े ही विकट समय में आये, जिस समय कोई निर्णय लेना कठिन हो रहा था। उनके सामीप्य और आशीर्वाद का ही परिणाम है कि आज कला मेरी आत्मा है और लेखन मेरा जीवन।

जल्द ही मैं समझ गयी कि शंखो चौधुरी मेरे गुरु हैं। मुझे ऐसा विश्वास है कि हरेक को किसी न किसी गुरु की आवश्यकता होती है, ख़ासकर जब कोई उलझन में होता है। वो एक अद्‌भुत और विचित्र व्यक्तित्व थे। कभी वो अचानक हँसते दिखते, तो कभी अपने पतलून को मोड़कर सीधे मिट्टी के लौंदों को अपनी पैरों से गुँथने लगते, तो कभी एकान्त में बैठकर घण्टों अपनी रचनाओं पर चिन्तन करते, तो कभी मुल्कराज आनन्द जैसे दिग्गजों, लेखकों और कलाकारों के साथ बात-चीत में मशगूल दिखते। इसके साथ ही मिट्टी में पोर्ट्रेट बनाने का विचार करते। उन्हें पोर्ट्रेट शैली में महारत हासिल थी। मेरे पिता का पोर्ट्रेट उन्होंने सिर्फ़ एक घण्टे में बनाया था, जिसमें उन्होंने अँगूठे और हथेली के सहारे ही आकृति को गढ़ा था। उनकी कला में रोदाँ का बड़ा प्रभाव दिखता है। कभी-कभी फाउण्ड्री में अपने चाय की टेऊके साथ बैठे अपनी विदेश यात्राओं के बारे में बताते थे और कैसे वो हेनरी मूर और जेकोमेती जैसे बड़े मूर्तिकार से मिले।

अक्सर वहाँ, वो अपने पेरिस में बिताये दिनों के बारे में बताते थे। यहीं मैं अपना पहला उपन्यास लिखने वाली थी और यूनेस्को की एक स्वशिक्षित कलाकारों की प्रदर्शनी का आयोजन भी किया था। शंखो चौधुरी को जीवन

जीने की कला मालूम थी। उन्होंने प्रांगण को अपने रवीन्द्र संगीत की समझ से जीवन्त बनाये रखने में बड़ा योगदान दिया, छात्रों को होली के उल्लास में डूबने के लिए प्रेरित किया और साथ ही स्टडी-टूर भी समय-समय पर फ़ाइन आर्ट के छात्रों के लिए आयोजित करवाया। पॉटरी सेक्शन की कुमुदबेन पटेल को मुझे गरवा नृत्य सिखाने के लिए भी आग्रह किया और वह कितना अच्छा समय था जब वे देर रात फाउंड्री में ब्रोंज कास्टिंग करते तो इराबेन हमलोगों के लिए घर का खाना लातीं।

आज की बदलती परिस्थितियों में जब छात्र और शिक्षक के सम्बन्ध भी बदले हैं, मैं अपने आप को भाग्यशाली मानती हूँ कि मेरे साठ के दशक का समय बड़ौदा में गुरु के सान्निध्य में बीता। शंखो दा, जो मैं इन्हें प्यार से कहती थी एक विलक्षण प्रतिभा के धनी थे, जिन्होंने मेरे जीवन को प्रभावित करते हुए कवि गुरु टैगोर के बताये पथ और सिद्धान्तों की अनुपम भेंट दी।

(साभार : अँग्रेज़ी से हिन्दी में अनुवाद—डॉ. प्रदोष कुमार मिश्रा)

शंखो चौधुरी

सही नाम नरनारायण। जन्म १९१६, देहावसान २००६। पिता नरेन्द्र नारायण, माँ किरणमयी। लिखाई-पढ़ाई ढाका और शान्तिनिकेतन में। १९४५ में कलाभवन से स्नातक परीक्षा पास की। १९४९ ई. में लन्दन और पेरिस में विशेष कलाशिल्पियों के पास रहकर शिक्षा प्राप्त की। बड़ौदा विश्वविद्यालय में १९५० से १९७० तक अध्यापन कार्य किया। उसके बाद शंखो चौधुरी दिल्ली में रहने लगे। अतिथि अध्यापक रहे थे काशी हिन्दू विश्वविद्यालय और विश्वभारती विश्वविद्यालय में एक वर्ष तक। १९८० में जनजानिया के दार-ए-सलाम विश्वविद्यालय में शिल्प कला विभाग के अध्यापक होकर चले गये। ललित कला अकादेमी के सदस्य। १९५६ से १९७४ में उसके सचिव। १९८४-८९ तक उसके अध्यक्ष इसके अलावा दिल्ली अरबन आर्ट कमीशन, ऑल इण्डिया हैण्डीक्राफ्ट्स बोर्ड के सदस्य भी रहे हैं। १९८७-९२ तक राष्ट्रीय मानव संग्रहालय के प्रेसीडेण्ट रहे।

देश-विदेश के कई कला शिल्प केन्द्रों में भारत का प्रतिनिधित्व किया। ललित कला अकादेमी की ओर से १९६९ में 'फोक एण्ड ट्राइबल इमेज़ेज ऑफ़ इण्डिया प्रदर्शनी का आयोजन किया। १९७२ और ७७ में ऑल इण्डिया हैण्डीक्राफ्ट्स बोर्ड की तरफ़ से रूरल इण्डिया कॉम्प्लेक्स के गठन में सक्रिय भूमिका निभायी। सबसे उत्तम काम ललित कला अकादेमी की ओर से दिल्ली

के गढ़ी गाँव में मूर्तिकारों के लिए स्टूडियो तैयार कराना है। पेरिस में यूनेस्को की ओर से आयोजित प्रिज़र्वेशन ऑफ़ फोकलोर ट्रेडीशन्स कॉन्फ्रेन्स में भारत का प्रतिनिधित्व किया १९८५ में। १९८६ में वेनिस में यूनेस्को द्वारा आयोजित सम्मेलन में आमन्त्रित होकर गये। विभिन्न सम्मेलनों और प्रदर्शनी में भाग लेने के लिए बगदाद, कोपेनहेगेन, डेनमार्क, इण्डोनेशिया और चीन का भ्रमण किया।

उनकी पहली एकल प्रदर्शनी हुई १९४६ में बम्बई नगर में। दूसरी १९५७ में दिल्ली में। बम्बई में फिर एकल प्रदर्शनी हुई १९६९ में और पत्नी इरा चौधुरी के साथ संयुक्त रूप से १९७१ में। दिल्ली की नेशनल आर्ट गैलरी में रेट्रोस्पेक्टिव हुआ १९७१ में, एकल प्रदर्शनी १९८७ में। कोलकाता में १९८७ और १९९२ में शंखो चौधुरी की मूर्तियों की प्रदर्शनी हुई। १९५६ में ललित कला अकादेमी का राष्ट्रीय पुरस्कार मिला शंखो चौधुरी को। १९७१ में पद्मश्री अलंकरण। १९८१ में विश्वभारती ने उन्हें अवनीन्द्र गगनेन्द्र पुरस्कार और १९९९ में उन्हें देशकोत्तम उपाधि प्रदान की। ललित कला अकादेमी के फ़ेलो चुने गये १९८२ में।

शंखो चौधुरी की कृतियाँ जिन सब स्थानों पर लगी हुई हैं उनमें उल्लेखनीय हैं दिल्ली आकाशवाणी में 'म्यूज़िक' त्रिमूर्ति भवन (नेहरू मेमोरियल म्यूज़ियम)। 'म्यूरल' बड़ौदा विश्वविद्यालय और एलेम्बिक केमिकल्स में। महात्मा गाँधी की एक बारह फुट ब्रोंज मूर्ति है रिउ-डी-जेनिरो में एवं पाँच फुट ऊँची कोपेनहेगेन में। 'कल्चर ऑफ़ हेरिटेट' सफ़ेद पत्थर से बनी यह मूर्ति नैरोबी में है।

उल्लिखित व्यक्तियों का परिचय

'अ'

अंकू-(अरुण चक्रवर्ती)

राम छाटपार के प्रमुख शिष्य, शंखो दा के ब्रोंज शिल्प-निर्माण में सहायक। कला भवन शान्तिनिकेतन में अजीत चक्रवर्ती के अधीनस्थ अध्ययन। केन्द्रीय ललित कला अकादेमी कोलकाता के रीजनल सेण्टर में कार्य। कोलकाता में निवास।

अजित दत्त

ढाका (बाङ्लादेश) के साहित्यकार, शंखो दा के परिवार से सम्बद्ध।

अजित चक्रवर्ती

मूर्तिशिल्पी, फ़ैकल्टी ऑफ़ फ़ाइन आर्ट्स, बड़ौदा, फ़ैकल्टी ऑफ़ विजुअल आर्ट्स, वाराणसी एवं 'कला भवन' शान्तिनिकेतन में अध्यापन एवं निवास।

अब्दुल क़रीम ख़ाँ

ख़ान साहिब अब्दुल क़रीम ख़ाँ, हिन्दुस्तानी शास्त्रीय संगीत के सुप्रसिद्ध रत्न।

अमरेश चन्द्र भट्टाचार्या

पॉटर, के.वी. जेना के शिष्य, फ़ैकल्टी ऑफ़ विजुअल आर्ट्स, बी.एच.यू. में शिक्षक, वाराणसी में निवास।

अर्चना हेब्बार

फ़ैकल्टी ऑफ़ फ़ाइन आर्ट्स, बड़ौदा से कला इतिहास-आलोचना में अध्ययन। वर्षों से लन्दन में एक दाशक टोक्यो में निवास। शिल्प-कार्य तथा लेखन में समर्पित।

अर्जुन सिंह

मध्य प्रदेश के मुख्यमन्त्री, संस्कृति प्रेमी, कला सम्बन्धित कार्यों को प्रोत्साहन। भारत भवन, भोपाल के निर्माण में अभूतपूर्ण सहयोग एवं योगदान।

अरुण मित्र

कवि। शंखो दा के मित्र, यूरोप यात्रा के दौरान पेरिस में भेंट।

अरुणा आसफ़ अली

स्वतन्त्रता सेनानी, दिल्ली की प्रथम मेयर, शिक्षण कार्य, राजनीतिज्ञ तथा पत्रकार।

अरुण शर्मा

अंकू, रमाशंकर के सहपाठी, के.वी.जेना के अधीनस्थ पॉटरी का अध्ययन। श्रीनिकेतन-शान्तिनिकेतन में पॉटरी-सिरेमिक्स के शिक्षक।

अवतार सिंह पँवार

मूर्तिशिल्पी। रामकिंकर के शिष्य। राजकीय ललित कला महाविद्यालय, लखनऊ में शिक्षक। प्रसिद्ध व्यक्तियों की शबीह रचना।

अशोक पटेल

मूर्तिशिल्पी। फ़ैकल्टी ऑफ़ फ़ाइन आर्ट्स, बड़ौदा में कृष्ण छाटपार के

शिष्य। २० वर्षों तक लन्दन में स्वतन्त्र शिल्प रचना कार्य। बड़ौदा से ८० कि.मी. दूर नर्मदा के तट पर स्थित स्टूड़ियो में स्वतन्त्र रचना।

अशोक वाजपेयी

कवि, आलोचक, भारत सरकार के संस्कृति विभाग में सचिव, ललित कला अकादेमी के अध्यक्ष, आजीवन कला-संगीत-साहित्य के उत्थान के लिए 'रज़ा फ़ाउण्डेशन' के संस्थापक न्यासी के रूप में समर्पित। भारत भवन, भोपाल के निर्माण में प्रमुख भूमिका।

'इ'

इतु चौधुरी

शंखो दा के कनिष्क पुत्र। स्थापत्य कला में अध्ययन तथा सुप्रसिद्ध समकालीन डिज़ाइनर।

इरा चौधुरी

शंखो दा की जीवनसंगिनी। कला भवन में रामकिंकर की छात्रा, सुप्रसिद्ध सिरामिक्स पॉटर, हम सभी की प्रिय इरा दी, इरा माँ, इरा बेन और उत्तरा और कबीर की 'दादी'।

इन्दिरा गाँधी

भारत की प्रधानमन्त्री। शान्तिनिकेतन की छात्रा, कला प्रेमी एवं अनुरागी। शंखो दा के कला सम्बन्धित योजनाओं में प्रमुख सहायक।

इन्दिरा छाटपार

चित्रकार। फ़ैकल्टी ऑफ़ फ़ाइन आर्ट्स, बड़ौदा के पेंटिंग विभाग की छात्रा। राम छाटपार की धर्मपत्नी। आई.पी.सी.एल. में कला-शिक्षिका, बड़ौदा में निवास।

ईसी आत्सूओ

जापानी मूर्तिशिल्पी। तामा कला विश्वविद्यालय में मूर्तिकला विभाग के शिक्षक। मदन लाल के जापानी गुरु, शिल्प न्यास की योजना में तन-मन-धन से समर्पित। राम छाटपार शिल्प न्यास के आजीवन न्यासी एवं सदस्य। टोक्यो में निवास।

ईस्थर डेविड

शंखो चौधुरी की शिष्या, लेखिका, कला समीक्षक, स्वरचित उपन्यासों का चित्रण, अँग्रेज़ी साहित्य में अभिरुचि एवं लेखन।

ईविज़ूका

जापानी मूर्तिशिल्पी, भारतीय त्रैवार्षिकी में पुरस्कृत तामा कला विश्वविद्यालय में शिक्षक।

'उ'

उदित चौधुरी

शंखो दा के प्रथम पुत्र, रसायनशास्त्र में अध्ययन। मुम्बई में यूनिका इण्टरप्राइजेज के संस्थापक। अल्पायु में निधन।

'ए'

ए. माधवन

जापान में भारतीय राजदूत (१९८५-८८), पति-पत्नी कला प्रशंसक और सहृदय प्रेमी, जापान में भारत महोत्सव में प्रमुख भूमिका।

ए.पी. गज्जर

चित्रकार एवं ग्राफ़िक्स डिज़ाइनर। दृश्यकला संकाय वाराणसी के अल्पाइड आर्ट्स विभाग के शिक्षक। जीवनपर्यन्त काशी में निवास।

एन.एस. बेन्द्रे

सुप्रसिद्ध चित्रकार। फ़ैकल्टी ऑफ़ फ़ाइन आर्ट्स, बड़ौदा चित्रकला विभाग के अग्रणी महत्त्वपूर्ण शिक्षक। शंखो दा के सहकर्मी। आजीवन मुम्बई में निवास।

एम. रामचन्द्रन

चित्रकार, मूर्तिकार, म्यूरलिस्ट, बिनोद बिहारी मुखर्जी एवं रामकिंकर के छात्र। जामिया मिलिया विश्वविद्यालय के ललित कला विभाग में चित्रकला के शिक्षक। दिल्ली और केरल में निवास।

एम.बी. कृष्णन

मूर्तिशिल्पी। काशी हिन्दू विश्वविद्यालय के दृश्य कला संकाय के शिक्षक, मूर्तिकला विभाग के संस्थापक। कोचीन में आजीवन निवास।

एम.एस. उमेस

बैंगलुरु में स्वतन्त्र मूर्तिशिल्पी, रंगकर्मी बैंगलुरु में शिल्प रचना।

'क'

किरनमयी

शंखो दा की माँ, गम्भीर व्यक्तित्व वाली, व्यवस्था प्रिय जननी के व्यक्तित्व का सम्पूर्ण परिवार पर गहरा प्रभाव। माँ का शिक्षा पर अटूट विश्वास जिसके कारण सभी आठ भाई-बहनों के उच्च शिक्षा अध्ययन पर विशेष ध्यान। माँ की कला-संस्कृति, बाङ्ला साहित्य एवं विश्व इतिहास में गहरी रुचि।

के. आर. कृपलानी

रवीन्द्रनाथ की दौहित्री। नन्दिता गंगोपाध्याय के पति, शान्तिनिकेतन में बहुत वर्षों तक शिक्षा-भवन के अध्यक्ष, रवीन्द्रनाथ टैगोर के कई रचनाओं

का अँग्रेज़ी में अनुवाद, स्वतन्त्र्योत्तर पर्व में साहित्य अकादेमी के सचिव, नेशनल बुक ट्रस्ट के निदेशक, राज्य सभा के मनोनीत सदस्य एवं रवीन्द्रनाथ के जीवनी के लेखक। दिल्ली में शंखो दा के स्थानीय संरक्षक।

के.जी. सुब्रह्मण्यन्

प्रख्यात चित्रकार, मूर्तिकार, म्यूरलिस्ट, कला चिन्तक–अध्येता, बिनोद बिहारी मुखर्जी एवं रामकिंकर के शिष्य। फ़ैकल्टी ऑफ़ फ़ाइन आर्ट्स, बड़ौदा एवं कला भवन शान्तिनिकेतन में अग्रणी शिक्षक, भारतीय आधुनिक–समकालीन कला में अद्वितीय योगदान। बड़ौदा में निवास।

के.के. हेब्बार

सुप्रसिद्ध अन्तरराष्ट्रीय ख़्यातिलब्ध चित्रकार तथा ललित कला अकादेमी के फ़ेलो। शंखो दा के अन्तरंग मित्र।

कृष्ण छाटपार

मूर्तिशिल्पी। अग्रगण्य शिक्षक, फ़ैकल्टी ऑफ़ फ़ाइन आर्ट्स, बड़ौदा में शिक्षण कार्य। राम छाटपार के अग्रज भ्राता। शंखो चौधुरी के शिष्य। बड़ौदा में निवास।

केशव मलिक

अँग्रेज़ी भाषा के कवि, कला आलोचक। दिल्ली में निवास।

के.वी. जेना

पॉटर, काशी हिन्दू विश्वविद्यालय में सिरामिक्स स्टूडियो पॉटरी के शिक्षक, देश में सिरामिक्स–पॉटरी के विकास में योगदान।

कुँवर जी अग्रवाल

नाट्यविद्, संस्कृतिकर्मी, जीवनपर्यन्त स्वतन्त्र रूप से नाटक एवं कला सम्बन्धित अनेकों संस्थानों में व्याख्यान, कार्यशालाएँ आदि। वाराणसी में स्थायी निवास।

कुमुद बेन

शंखो दा की प्रारम्भ की शिष्या। फ़ैकल्टी ऑफ़ फ़ाइन आर्ट्स, बड़ौदा के पॉटरी सिरामिक्स में शिक्षण कार्य। आजीवन बड़ौदा में निवास।

ग

गिरीश भट्ट

मूर्तिशिल्पी शिक्षक। शंखो दा के शिष्य। फ़ैकल्टी ऑफ़ फ़ाइन आर्ट्स, बड़ौदा में जीवनपर्यन्त शिक्षण कार्य। आजीवन बड़ौदा निवास।

गुलाममोहम्मद शेख

प्रख्यात चित्रकार, कला लेखक, आलोचक, गुजराती भाषा के कवि, फ़ैकल्टी ऑफ़ फ़ाइन आर्ट्स, बड़ौदा में कला इतिहास–सौन्दर्यशास्त्र एवं चित्रकला विभाग के शिक्षक। ग्रुप १८९० के संस्थापक सदस्य। निवास बड़ौदा एवं दिल्ली।

'ज'

जाडकिन

रशियन मूल के मूर्तिकार। कार्य स्थल फ्रांस। मूर्तिकला के अतिरिक्त चित्रकला व लिथोग्राफ़ी में भी कार्य।

जगमोहन चोपड़ा

प्रधानमन्त्री इन्दिरा गाँधी के कार्यकाल में दिल्ली विकास प्राधिकरण के उपाध्यक्ष। महत्त्वपूर्ण राजनीतिज्ञ एवं प्रशासनिक अधिकारी।

जे. स्वामीनाथन

ख़्यातिलब्ध चित्रकार, चिन्तक, कला और समसामयिक लेखक। भारत भवन भोपाल के निर्माण में विशेष भूमिका। १८९० ग्रुप के संस्थापक सदस्य। लोकप्रिय इनसान।

जेराम पटेल

प्रसिद्ध ब्लैक एण्ड ह्वाइट इंक के कलाकार। ग्राफ़िक्स डिज़ाइनर फ़ैकल्टी ऑफ़ फ़ाइन आर्ट्स, बड़ौदा में शिक्षक। १८९० ग्रुप के संस्थापक सदस्य।

ज्योति भट्ट

प्रसिद्ध ग्राफ़िक्स आर्टिस्ट, फ़ोटोग्राफर, चित्रकार, फ़ैकल्टी ऑफ़ फ़ाइन आर्ट्स, बड़ौदा के शिक्षक। १८९० ग्रुप के संस्थापक सदस्य। शंखो दा के सन्निकट। बड़ौदा में निवास।

ज्योत्स्ना भट्ट

पॉटरी सिरेमिक्स की कलाकार। फ़ैकल्टी ऑफ़ फ़ाइन आर्ट्स, बड़ौदा में पॉटरी-सिरामिक्स की शिक्षिका। शंखो दा एवं उनके परिवार की घनिष्ठ। बड़ौदा में निवास।

जयशंकर प्रसाद मिश्रा

बनारसी टेक्सटाइल्स के डिज़ाइनर, काशी हिन्दू विश्वविद्यालय के दृश्य कला संकाय के शिक्षक। बनारस के नज़दीक पैतृक गाँव अहरौरा में निवास।

जोजो

सिरामिक्स एवं मिक्स मीडिया में कार्य। सिंधिया स्कूल ग्वालियर में शिक्षण कार्य। ग्वालियर और दिल्ली में निवास।

‘त’

तोशिआकी मिनेमुरा

जापान के विख्यात आधुनिक कला के समालोचक, तामा कला विश्वविद्यालय टोक्यो के शिक्षक। महत्त्वपूर्ण देश-विदेश में आधुनिक जापानी कला के क्यूरेटर। टोक्यो में स्थायी निवास, राम छाटपार शिल्प न्यास के न्यासी सदस्य।

प्रो. तोनो

जापान के सुप्रसिद्ध कला समालोचक, लेखक। तामा कला विश्वविद्यालय टोक्यो में कला इतिहास के शिक्षक।

तोशिकी कोईजमी

जापान के मूर्तिशिल्पी। कला शिक्षक। तामा कला विश्वविद्यालय टोक्यो से सम्बद्ध। राम छाटपार शिल्प न्यास के न्यासी सदस्य।

तपन शान्तिकारी

मूर्तिकार, काशी हिन्दू विश्वविद्यालय से अध्ययन एवं अध्यापन। शान्तिनिकेतन में अजित चक्रवर्ती के अधीनस्थ भी अध्ययन। मृदुभाषी, अल्पायु में निधन।

'द'

देव नारायण चौधुरी

शंखो दा के दूसरे बड़े भाई। भौतिक विज्ञान के यशस्वी विद्यार्थी—स्वर्ण पदक। इलेक्ट्रॉनिक उद्योग को लेकर पश्चिम बंगाल में अत्यन्त ही प्रसिद्ध। पचास-साठ वर्ष पहले इन्होंने बंगाल में प्रत्यक्ष काम करके दिखाया और इस उद्योग की नींव डाली।

दिनेश प्रताप सिंह

पारम्परिक मूर्तिशिल्पी। लखनऊ कला महाविद्यालय से मूर्तिशिल्प में उपाधि। काशी हिन्दू विश्वविद्यालय के मूर्तिकला विभाग के अध्यापक। अल्प आयु में निधन।

दिलीप दास गुप्ता

अमूर्त चित्रकार। दिल्ली पॉलिटेक्निक से कला में अध्ययन। काशी हिन्दू विश्वविद्यालय के चित्रकला विभाग में अध्यापक। इटली से कला अध्ययन।

दीपक बनर्जी

ग्राफ़िक्स कलाकार। देश–विदेश में प्रदर्शनियाँ। काशी हिन्दू विश्वविद्यालय में शिक्षण। निवास कोलकाता।

दत्तात्रेय आप्टे

ग्राफ़िक्स कलाकार। वर्षों तक गढ़ी स्टूडियो में कार्यरत। प्रगति मैदान नयी दिल्ली के कला–विभाग में कला डिज़ाइनर एवं कलाधाम ग्रेटर नोयडा में कार्यरत।

'ध'

धरित्री देवी

शंखो दा की मझली दीदी (दूसरी बहन) इनके पति मनीष घटक। जयश्री पत्रिका में लेखन। महाश्वेता देवी की माँ।

ध्रुव मिस्त्री

मूर्तिशिल्पी। बड़ौदा एवं लन्दन से अध्ययन। कृष्ण छाटपार के प्रतिभाशाली शिष्य। प्रखर वक्ता एवं कुछ वर्ष तक फ़ैकल्टी ऑफ़ फ़ाइन आर्ट्स, बड़ौदा में अध्यापन।

न

नर नारायण चौधुरी/शंखो चौधुरी

शंखो दा का बचपन का नाम, सब कुछ उन्हीं के नाम।

नरेन्द्र नारायण चौधुरी

शंखो दा के पिताजी, पेशे से उस समय ढाका के सुप्रसिद्ध वकील, विद्यानुरागी, नम्र स्वभाव के पिता बंगीय साहित्य परिषद् की ढाका शाखा के मुखपत्र

'प्रतिभा' के काफ़ी दिनों तक सम्पादक। जीविका के सिलसिले में शंखो दा के पिताजी और परिवार के अन्य अनेक लोग ढाका में रहते थे। भारेंगा गाँव की पैतृक ज़मींदारी की देखभाल शंखो दा के ताऊजी (पिताजी के अग्रज भ्राता) देखते थे। अनेकों जनहित कार्यों में जुड़े हुए थे।

नन्दिता टैगोर

ठाकुर रवीन्द्रनाथ टैगोर की दौहित्री, मीरा देवी और नगेन्द्र नाथ बंद्योपाध्याय की कन्या। कृष्ण कृपलानी की पत्नी।

नन्दलाल बोस

मास्टर मोशाई, शिल्पाचार्य, कला भवन के अध्यक्ष, रामकिंकर बैज एवं बिनोद बिहारी मुखर्जी के गुरु। बंगाल शैली के प्रणेता।

निवेदिता

शान्तिनिकेतन कला भवन की छात्रा, स्विट्ज़रलैण्ड में ग्राफ़िक्स तकनीक की अध्ययन के दौरान शंखो दा की भेंट। इरा दी एवं शंखो दा की मित्र।

नीलिमा बरुआ

कला भवन की छात्रा। पेरिस में उच्चकला अध्ययन करते समय शंखो दा से भेंट।

नानु अमीन

उद्योगपति। शंखो दा एवं इरा दी के घनिष्ठ मित्र। अटूट पारिवारिक सम्बन्ध। सामाजिक, राजनीतिक एवं धार्मिक रूप से सक्रिय।

नीलिमा शेख

संवेदनशील चित्रकार, कला पर लेखन। बड़ौदा और दिल्ली में निवास, देश-विदेश में अनेकों प्रदर्शनियाँ। फ़ैकल्टी ऑफ़ फ़ाइन आर्ट्स, बड़ौदा से चित्रकला में अध्ययन।

नागजी पटेल

पाषाण–मूर्तिशिल्पी। शंखो चौधुरी के शिष्य। अनेकों अन्तरराष्ट्रीय मूर्तिशिल्प कार्यशालाओं का आयोजन और हिस्सेदारी। बड़ौदा में निवास। राम छाटपार शिल्प न्यास के न्यासी–सदस्य।

नारायण कुलकर्णी

शंखो दा के प्रतिभाशाली शिष्य, मूर्तिशिल्पी। अल्प आयु में निधन। गढ़ी स्टूडियो में कार्य।

प

पण्डित रविशंकर

महान सितार वादक। रिम्पा के संस्थापक। देश–विदेश में कार्यक्रम एवं प्रवास।

परितोष सेन

कोलकाता के मशहूर चित्रकार। शंखो दा के अनन्य मित्र। आजीवन कोलकाता निवास।

पवित्र गंगोपाध्याय

ढाका (बाङ्लादेश) के साहित्यकार। चौधुरी परिवार के अन्तरंग स्नेही–मित्र। शंखो दा की बचपन में भेंटवार्ता।

पम्मी लाल

डिज़ाइनर। काशी हिन्दू विश्वविद्यालय के एप्लाइड आर्ट्स में शिक्षक। दिल्ली में निवास।

पाँचु दा

काशी हिन्दू विश्वविद्यालय के पॉटरी सिरामिक्स में के.वी. जेना के सहायक

कर्मी। छात्रों के बीच लोकप्रिय।

पाण्डेय चन्द्र विनोद

धातु मूर्तिशिल्पी। रामकिंकर एवं सुशेन घोष के कला भवन के छात्र। काशी हिन्दू विश्वविद्यालय मूर्तिकला विभाग में अध्यापक। लखनऊ में निवास।

पी.डी. धुमाल

ग्राफ़िक्स कलाकार। फ़ैकल्टी ऑफ़ फ़ाइन आर्ट्स, बड़ौदा से अध्ययन एवं अध्यापन। बड़ौदा में निवास।

पुपुल जयकर

सुप्रसिद्ध कलाविद्, लेखिका। प्रधानमन्त्री इन्दिरा गाँधी की विशेष कला सम्बन्धित सलाहकर्ता।

प्रदोष दास गुप्ता

प्रसिद्ध शिल्पी। फ़ैकल्टी ऑफ़ फ़ाइन आर्ट्स, बड़ौदा एवं कोलकाता आर्ट कॉलेज में प्राध्यापक। शर्वरी राय चौधुरी के गुरु।

प्रयाग शुक्ल

कवि, कथाकार, कला समीक्षक। कल्पना, दिनमान, नवभारत टाइम्स के सम्पादकीय विभाग में कार्य। समकालीन कला, रंग प्रसंग एवं संगना के सम्पादक। दिल्ली में प्रवास।

प्रशान्त

मूर्तिकार। बड़ौदा में कृष्ण छाटपार के छात्र। नयी दिल्ली में स्वतन्त्र रचना।

प्रज्ञा

मदन लाल की दूसरी पुत्री। मुम्बई आई.आई.टी. में शोध छात्रा।

ब

बिड़ला

घनश्याम दास बिड़ला। भारत के विख्यात उद्योगपति।

बिनोद बिहारी मुखर्जी

मास्टर मोशाय नन्दलाल बोस के शिष्य। मनीषी कलाकार, प्रगतिशील चिन्तक, अनेकों प्रख्यात कलाकारों, फ़िल्मकारों के गुरु। कला भवन के छात्र एवं शिक्षक। आजीवन शान्तिनिकेतन एवं दिल्ली में निवास।

ब्रांकुसी

महान रोमानियन मूर्तिकार, आधुनिक मूर्तिकला के जनक। शुरुआती दौर में रोदां से प्रभावित, सक्रिय शिल्पी जीवन पेरिस से प्रारम्भ।

बुद्धदेव बसु

बाङ्‌लादेश के नवीधारा के आधुनिक साहित्यकार। प्रारम्भिक ढाका के दिनों में शंखो दा के पारिवारिक सम्बन्ध।

बी.आर. पटेल

चित्रकार। फ़ैकल्टी ऑफ़ फ़ाइन आर्ट्स के छात्र एवं शिक्षक।

बलवीर सिंह कट्ट

पाषाण शिल्पी। रामकिंकर एवं शंखो चौधुरी के शिष्य। शान्तिनिकेतन से शिक्षा। उच्च शिक्षा, बड़ौदा, लन्दन। काशी हिन्दू विश्वविद्यालय के मूर्तिकला विभाग के शिक्षक।

'भ'

भूपेन खख्खर

प्रख्यात चित्रकार। आजीवन स्वतन्त्र चित्र रचना। देश–विदेश में लगातार

प्रदर्शनियाँ।

भगत

राम छाटपार के मित्र। बड़ौदा फ़ाइन आर्ट्स में चित्रकला विभाग के विद्यार्थी। वीर्भस सर्विस सेण्टर में कलाकार। बड़ौदा में निवास।

‘म’

महात्मा गाँधी

‘राष्ट्रपिता’ मोहनदास करमचन्द गाँधी।

मणि मौसी

क्षेत्रमणि देवी देवघर के घर में रहा करती थीं। शंखो दा के परिवार वालों में यह सभी की परम आत्मीय थीं। शंखो दा के नाना द्वारा निर्मित अशोका श्रम में आजीवन निवास करती रही।

महाश्वेता देवी

शंखो दा की दूसरी बहन (मझली दादी) धरित्री देवी जी की पुत्री। शंखो दा इनके सबसे छोटे मामा। सुप्रसिद्ध बाङ्ला साहित्य की लेखिका, समाज सेविका, कोलकाता में निवास।

मनीष घटक

शंखो दा की मझली दीदी, धरित्री देवी के पति। महाश्वेता देवी के पिताजी। चौधुरी परिवार के अत्यन्त विशेष आत्मीय।

मार्कण्डेय भट्ट

फ़ैकल्टी ऑफ़ फ़ाइन आर्ट्स, बड़ौदा के संस्थापकों में से एक। विशेष रूप से महाराजा सयाजी राव विश्वविद्यालय बड़ौदा की कुलपति श्रीमती हंसा मेहता द्वारा फ़ाइन आर्ट्स को प्रारम्भ करने के लिए फिलाडेल्फिया से आमन्त्रित।

मक़बूल फ़िदा हुसेन

प्रख्यात चित्रकार, फ़िल्म मेकर, आधुनिक भारतीय कला में अभूतपूर्व योगदान। अन्तिम समय में दुबई प्रवास एवं लन्दन में निधन।

मदुरा सिंह

शान्तिनिकेतन, कला भवन में किंकर दा की छात्रा, सिंहली महिला। किंकर दा की सुप्रसिद्ध पोर्ट्रेट मदुरा सिंह की 'मॉडल'।

मासाकाजू उत्सुमी

तामा कला विश्वविद्यालय, टोक्यो के प्रोफ़ेसर एवं विदेशी छात्र अधिष्ठाता। शंखो दा की जापान यात्रा के समय लेखक के निवास पर भेंट।

महेन्द्र पाण्ड्या

मूर्तिशिल्पी। फ़ैकल्टी ऑफ़ फ़ाइन आर्ट्स, बड़ौदा में प्रारम्भ के शंखो दा के शिष्य एवं अग्रणी शिक्षक।

महेन्द्र सिंह कुण्डाल

मूर्तिशिल्पी। कला भवन, शान्तिनिकेतन एवं दृश्य कला संकाय, बी.एच.यू. के मूर्तिकला के विद्यार्थी।

मृदुल

मदन लाल के पुत्र। मैकेनिकल इंजीनियरिंग में अध्ययनरत।

र

रवीन्द्रनाथ टैगोर

महान कवि, नाटककार, गीतकार, लेखक, चित्रकार। विश्वभारती विश्वविद्यालय के संस्थापक। गुरुदेव का सान्निध्य-स्नेह शंखो दा को लगभग छह वर्ष तक प्राप्त हुआ था।

रामकिंकर बैज

महान मूर्तिशिल्पी, भारत में आधुनिक मूर्तिशिल्प के जनक। शंखो चौधुरी के साथ अनेक मूर्तिकारों, चित्रकारों, कलाकारों आदि के श्रेष्ठ गुरु। आजीवन शान्तिनिकेतन में निवास।

रामकुमार

सुप्रसिद्ध चित्रकार, लेखक, कहानीकार। बनारस पर केन्द्रित चित्रों के लिए विख्यात। दिल्ली में निवास।

रिजर्ड बोर्थलाम्यू

सुप्रसिद्ध कला आलोचक। ललित कला अकादेमी के सचिव।

राघव कनेरिया

मूर्तिशिल्पी, फ़ोटोग्राफ़र, शंखो दा के शिष्य। बड़ौदा फ़ाइन आर्ट्स एवं रॉयल कॉलेज ऑफ़ आर्ट्स, लन्दन से मूर्तिशिल्प में अध्ययन एवं अध्यापन। १८९० ग्रुप के संस्थापक सदस्य। बड़ौदा में निवास।

रतन परिमू

बड़ौदा फ़ाइन आर्ट्स के छात्र एवं वहीं पर आजीवन कला-इतिहास विभाग के अध्यापक। कला समालोचक, लेखक। बड़ौदा में निवास।

राम छाटपार

शंखो दा के शिष्य। काशी हिन्दू विश्वविद्यालय के मूर्तिकला में अध्यापन, अल्पायु में निधन।

रमेश पटेरिया

पाषाण शिल्पी। शंखो दा के शिष्य। आजीवन मकराना (राजस्थान) में स्वतन्त्र शिल्प-सृजन।

रजनीकान्त पांचाल

मूर्तिशिल्पी, शंखो दा के शिष्य। बड़ौदा फ़ाइन आर्ट्स में अध्यापन। बड़ौदा में निवास।

रेनू मोदी

गैलरी एस्पास की संस्थापिका–निदेशिका, नयी दिल्ली निवास।

राजेन्द्र टिक्कू

मूर्तिशिल्पी। जम्मू–कश्मीर से मूर्तिकला में प्रशिक्षित एवं जम्मू फ़ाइन आर्ट्स में अध्यापन। जम्मू में निवास।

राजीव लोचन

चित्रकार, शिक्षक, राष्ट्रीय आधुनिक कला संग्रहालय के निदेशक, दिल्ली में निवास।

रवीन्द्र रेड्डी

मूर्तिशिल्पी। बड़ौदा एवं लन्दन से मूर्तिकला में प्रशिक्षण। कृष्ण छाटपार के यशस्वी शिष्य। विशाखापट्टनम में निवास।

रमाशंकर

मूर्तिशिल्पी। काशी हिन्दू विश्वविद्यालय से मूर्तिशिल्प में अध्ययन। राम छाटपार के शिष्य। शंखो दा के अधीनस्थ कार्य।

रागिनी सिंह

राम छाटपार की शिष्या। वाराणसी, लखनऊ, दुबई में निवास।

राधिका वैद्यनाथन

मूर्तिशिल्पकार। नेशनल स्कूल ऑफ़ डिज़ाइन, अहमदाबाद एवं तामा कला विश्वविद्यालय, टोक्यो से अध्ययन। मद्रास एवं बैंगलुरु में निवास।

रवि पटनायक

राघव कनेरिया के बड़ौदा में छात्र। विशाखापट्टनम के आन्ध्र विश्वविद्यालय में मूर्तिकला के अध्यापक।

रवि सिंह

काशी हिन्दू विश्वविद्यालय से चित्रकला के विद्यार्थी। अल्पायु में निधन।

राजश्री गुप्ता (राजू)

मदन लाल की धर्म पत्नी। राम छाटपार शिल्प न्यास की संस्थापिका, आजीवन न्यासी।

व

वी.आर. अम्बेरडकर

महाराजा सयाजीराव विश्वविद्यालय के फ़ैकल्टी ऑफ़ फ़ाइन आर्ट्स के संस्थापकों में से एक। कुलपति हंसा मेहता द्वारा विशेष रूप से आमन्त्रित।

वी.एस. पटेल

चित्रकार, ग्राफ़िक्स कलाकार, फ़ैकल्टी ऑफ़ फ़ाइन आर्ट्स के छात्र एवं शिक्षक।

विनोद भारद्वाज

कवि, कला-फ़िल्म समीक्षक, कविता एवं कला सम्बन्धित पुस्तकों का प्रकाशन एवं दिल्ली में निवास।

विनोद सिंह

मूर्तिशिल्पी। पटना एवं बड़ौदा से शिल्प में अध्ययन। काशी हिन्दू विश्वविद्यालय के मूर्तिकला विभाग में शिक्षक, वाराणसी में निवास।

वर्न्ड पिचल्वक्र

जर्मन संगीत कलाकार। वाराणसी में सितार की गुरु–शिष्य परम्परा में प्रशिक्षण। थाईलैण्ड में निवास।

स/श/श्र

सचिन चौधुरी

शंखो दा के बड़े भाई। ढाका विश्वविद्यालय के उज्ज्वल विद्यार्थी। विख्यात अर्थशास्त्री, बहुमुखी प्रतिभा के धनी। १९४९ में मुम्बई की सुप्रसिद्ध पत्रिका 'इकोनॉमिक वीकली' की स्थापना एवं सम्पादक, जो बाद में 'इकोनॉमिक एण्ड पॉलिटिकल वीकली' के नाम से विश्वविख्यात।

सुकुमार राय

बंगाली लेखक। इनकी पुस्तक 'हाजावारलां' का गुजराती भाषा में बड़ौदा में शंखो दा और वहाँ के छात्रों और अध्यापकों द्वारा नाट्य मंचन।

सत्यजित राय

महान फ़िल्म निर्देशक, लेखक, कलाकार। बिनोद बिहारी मुखर्जी एवं रामकिंकर बैज के शिष्य। कला भवन से अध्ययन।

प्रो. सागरा

तामा कला विश्वविद्यालय, टोक्यो के मूर्तिकला विभागाध्यक्ष। शंखो दा की जापान यात्रा के दौरान टोक्यों में भेंट–वार्ता।

शर्वरी राय चौधुरी

संवेदनशील मूर्तिशिल्पी। प्रदोष दासगुप्ता एवं शंखो चौधुरी के शिष्य। विख्यात संगीतकारों के अनेकों पोर्ट्रेट। कला भवन शान्तिनिकेतन में अध्यापन एवं आजीवन निवास।

शुभा चौधुरी

शंखो दा की पुत्री। भाषाशास्त्र में पीएच.डी. अमेरिकन इंस्टीटूयूट ऑफ़

इण्डियन स्टडीज़ में आर्काइव एण्ड रिसर्च सेण्टर फॉर ईथिनोम्यूज़िकोलॉजी की निदेशक। दिल्ली में निवास।

श्यामल दासगुप्ता

काशी हिन्दू विश्वविद्यालय के दृश्य कला संकाय के एप्लाइड आर्ट्र्स के अध्यापक। राम छाटपार के मित्र। वाराणसी में निवास।

सन्तोष कुमार सिंह

काशी शैली के समकालीन चित्रकार। दृश्य कला संकाय में अध्यापक। वाराणसी में निवास।

सुशान्त कुमार दास

काशी हिन्दू विश्वविद्यालय में राम छाटपार के शिष्य। दिल्ली में निवास।

सुमित चक्रवर्ती

काशी हिन्दू विश्वविद्यालय में एम.वी. कृष्णन एवं कला भवन शान्तिनिकेतन में अजीत चक्रवर्ती की शिष्या। दिल्ली में निवास।

साधना कौल

काशी हिन्दू विश्वविद्यालय में राम छाटपार की शिष्या। दिल्ली में निवास।

सिद्धार्थ छाटपार (शशा)

राम छाटपार के पुत्र। मैकेनिकल इंजीनियरिंग में अमेरिका से पीएच.डी.। अमेरिका में कार्यरत एवं निवास।

सुदर्शन छाटपार

राम छाटपार के बड़े भाई के पुत्र, इंजीनियर, बड़ौदा में निवास

श्याम कुमार

काशी हिन्दू विश्वविद्यालय से मूर्तिकला का विद्यार्थी। दिल्ली में स्कूल

शिक्षक एवं निवास।

श्रद्धा

मदन लाल की पुत्री। काशी हिन्दू विश्वविद्यालय के संगीत संकाय के गायन विभाग से पीएच.डी.। दिल्ली में निवास।

ह

हंसा मेहता

महाराजा सयाजीराव विश्वविद्यालय की कुलपति। शिक्षाविद्, कला विदुषी एवं सामाजिक-राजनीतिक गतिविधियों में रुचि।

हिम्मत शाह

प्रखर मूर्तिशिल्पी। बड़ौदा एवं पेरिस से अध्ययन। १८९० ग्रुप के संस्थापक सदस्य। जयपुर में निवास।

हितेन नारायण चौधुरी

शंखो दा के तीसरे भाई। सुदर्शन, मितभाषी। हितेन दा मुम्बई में चलचित्र बनाने और प्रदर्शन के व्यवसाय से जुड़े हुए थे। लोगों की मदद करने में अग्रणी।